Joachim Wagner
Die Macht der Moschee

Joachim Wagner

Die Macht der Moschee

Scheitert die Integration am Islam?

Aktualisierte Neuausgabe

HERDER

FREIBURG · BASEL · WIEN

Titel der Originalausgabe: Die Macht der Moschee
© Verlag Herder GmbH, Freiburg im Breisgau 2018
ISBN 978-3-451-38149-2

Aktualisierte und überarbeitete Sonderausgabe
© Verlag Herder GmbH, Freiburg im Breisgau 2019
Alle Rechte vorbehalten
www.herder.de

Umschlaggestaltung: wunderlichundweigand, Stefan Weigand
Umschlagmotiv: © Mrs_ya/shutterstock
Satz: Carsten Klein, Torgau

Herstellung: GGP Media GmbH, Pößneck
Printed in Germany

ISBN Print 978-3-451-03194-6
ISBN E-Book 978-3-451-81947-6

Inhalt

heit zur Mehrheit wird: Segregation | Schüler als Gotteskrieger: Gewaltprävention in der Schule | Konkurrenten: Koranschulen und staatliche Schulen | Glaube kontra Evolution: religiöse, ethnische und politische Konflikte | »Du Jude«: Disziplinlosigkeit, Mobbing, Gewalt | Notbetreuung für deutsche Kinder: islamische Feierund Fehltage | Dauerbrenner: der Streit um das Beten in der Schulzeit | Gefälligkeitsgutachten: Schwimm- und Sportunterricht | Wunder Punkt: Klassenfahrten und Ausflüge | Schlechte Zeugnisse im Ramadan: Fasten gefährdet Gesundheit und Leistungen von Schülern | Hohe Ziele und wenig Unterstützung: die schwierige Zusammenarbeit mit muslimischen Eltern | Schule als Lebensraum: Erziehung auf Kosten der Bildung | Ziele der Schule: Integration, Miteinander oder Nebeneinander? | Kein Reparaturbetrieb der Gesellschaft: die überforderte Schule

Einleitung

»Neukölln sagt NEIN zu Zwangsheirat und arrangierter Ehe – Neukölln sagt ja für die selbstbestimmte Partnerwahl aller jungen Menschen«, lautete der Text einer gemeinsamen Erklärung, den nach den Vorstellungen der damaligen Neuköllner Bezirksbürgermeisterin Franziska Giffey möglichst viele Vorstände von Moscheevereinen und Imame unterzeichnen sollten. In einem Brief vom 16. Oktober 2015 lud die Buschkowsky-Nachfolgerin die 20 Moscheen des Berliner Stadtteils zu einer »gemeinsamen Neuköllner Kampagne« ein – mit einer feierlichen Unterzeichnung der Erklärung gegen Zwangsheirat im Rathaus und mehrsprachigen Plakaten in U-Bahnhöfen und auf Litfaßsäulen. Giffeys Pech: Zwei Drittel der Imame und Moscheevereine gingen auf ihre Einladung gar nicht ein. Nur sieben reagierten und erklärten sich bereit, die Initiative zu unterstützen. Ein Imam deutete an, dass die Bürgermeisterin bei einem Zusammentreffen damit rechnen müsse, dass er den Handschlag verweigern werde.

Diese gescheiterte Initiative enthält mehrere Botschaften. Obwohl Franziska Giffey als langjährige Bildungsstadträtin und Bürgermeisterin der religiös-kulturelle Kosmos der muslimischen Gemeinden eigentlich vertraut sein müsste, forderte sie Geistliche zu einer politischen »Kampagne« gegen eine Tradition auf, die in religiös-konservativen Milieus bis heute gelebt wird. Muslimische Vorbeter zu einer Initiative aus dem politischen Alltag der Berliner Republik einzuladen, noch dazu zu einem Thema aus einem Kernbereich muslimischen Lebens, verrät, dass Giffey die Kommunikationsbereitschaft eines Teils der muslimischen Geistlichkeit mit der deutschen Gesellschaft völlig falsch eingeschätzt hat. Andererseits offenbart das Ausbleiben jeder Reaktion bei zwei Dritteln der angeschriebenen Imame und Moscheevorstände eine krasse Missachtung deutscher Gebräuche und Höflichkeitsregeln. Ein verstörender kultureller Dissens.

Der Islam ist im Einwanderungsland Deutschland mittlerweile die zweitgrößte Religionsgemeinschaft, die kontinuierlich wächst. Zwischen 2011 und Ende 2018 sind mindestens 1,7 Millionen Muslime dazugestoßen.

Zwischen Flensburg und Bodensee sind zwei gegenläufige Entwicklungen zu beobachten. Durch die nachlassende Bindungswirkung der

beiden großen christlichen Kirchen ist das Land einerseits säkularer geworden. 1970 waren noch 95 Prozent der westdeutschen Bevölkerung Mitglied der katholischen oder evangelischen Kirche, 2018 nur noch 53 Prozent mit abnehmender Tendenz. Demgegenüber ist der Glaube an Allah
lebendig und vital. Er besetzt offensiv öffentliche Räume – durch den Bau
von Moscheen und die Umwidmung von nicht mehr genutzten Kirchen in
muslimische Gotteshäuser. Und er hat mit der Einführung eines muslimischen Religionsunterrichts in einigen Bundesländern und der Gründung
von Fakultäten für »islamische Theologie« in unserem Bildungswesen Fuß
gefasst.

Diese Entwicklung ist bis vor vier, fünf Jahren auf wenig Widerstand
gestoßen. In Deutschland hat die Religion wie in vielen westlichen Gesellschaften an sozialer Bedeutung verloren. Eine steigende Zahl von Bürgern
braucht Religion nicht mehr für ihre Sinn- und Weltdeutung. Im Alltagsleben wird sie durch die Wegweiser Vernunft und Humanität ersetzt. Wenn
im Bewusstsein breiter Bevölkerungsschichten eine »moderne Glaubenslosigkeit« (Kardinal Lehmann) dominiert, können nach der Analyse des
Kulturwissenschaftlers Fuad Kandil bei areligiösen oder wenig religiösen
Bürgern leicht »emotionale Vorbehalte und Akzeptanzschwierigkeiten
auftreten, wenn sie mit einer religiösen Weltsicht und einer vorwiegend
religiös geprägten Kultur zusammentreffen«.[1] Dieses Aufeinandertreffen
von religiösen und areligiösen Teilwelten ist der Nährboden für einen
langen Entfremdungsprozess zwischen Muslimen und Nichtmuslimen in
Europa. Er begann mit der Iranischen Revolution 1979, bekam einen kräftigen Schub durch die Anschläge am 11. September 2001 in den USA und
schlägt sich in einer islamkritischen bis islamfeindlichen Haltung weiter
Teile der Bevölkerung in Deutschland und seinen Nachbarländern nieder.[2]

Das war die Lage vor 2015 und 2016, den Jahren der Flüchtlinge und
des islamistischen Terrorismus in Europa. Die Flüchtlinge kamen zu 70 bis
80 Prozent aus muslimischen Ländern, in denen der »Islam einen Krieg
gegen sich selbst führt« (Navid Kermani, Träger des Friedenspreises des
Deutschen Buchhandels) und Pläne für den »Heiligen Krieg« gegen den
Westen entworfen wurden. Als nach dem Pariser Anschlag im November
2015 bekannt wurde, dass die Mehrzahl der Attentäter als Flüchtlinge getarnt auf der Balkanroute aus Syrien nach Frankreich gekommen war, war
die humanitäre Hilfe für zugewanderte muslimische Flüchtlinge unlösbar
mit der inhumanen Gewalt der Gotteskrieger verknüpft. An dieser Naht

stelle überschneiden sich und verschmelzen die Diskurse über die Integration von Muslimen und die Bekämpfung des islamistischen Terrorismus.

Wenn Politik und Gesellschaft von Integration sprechen, benutzen sie einen unscharfen Begriff, über dessen inhaltliche Ausfüllung bis heute kein Konsens besteht – weder in der Politik noch in der Wissenschaft. Soziologen haben deshalb zum Teil sehr komplexe Integrationsmodelle entworfen, die bis zu vier verschiedene Arten von Integration unterscheiden.

Wenn im öffentlichen Diskurs von Integration die Rede ist, ist in erster Linie die sogenannte strukturelle oder soziale Integration gemeint: Schulerfolg, berufliche Bildung, Studium, Arbeit, Einkommen, soziale Lage und Wohnung. In diesen Feldern belegt die Bundesrepublik einen Spitzenplatz auf der europäischen Integrationsrangliste. Das haben die OECD und selbst Hilfsorganisationen wie Pro Asyl und das UNHCR, das Flüchtlingshilfswerk der Vereinten Nation, anerkannt.[3] Dieser Erfolg beruht auf unserer Wirtschaftskraft, dem Interesse von Firmen und Unternehmen an Arbeitskräften und der Hilfsbereitschaft eines Teils unserer Bevölkerung.

Unverzichtbar für den Erfolg in Bildung und Beruf ist aber auch eine kulturelle Komponente: die Sprache als Kommunikationsmittel und Kulturträger.[4] Sie ist zugleich die Basis für die sogenannte kulturelle Integration, nach einer vorläufigen Arbeitsdefinition der Verbundenheit mit Deutschland und der Akzeptanz unserer Rechts- und Wertordnung.[5] Zum einfacheren Verständnis soll sich im Folgenden auf die beiden tragenden Säulen der Integration beschränkt werden: auf die soziale und die kulturelle. Sie hängen voneinander ab, sind Zwillinge.

Unter Religionssoziologen, Migrationsforschern, Integrationsbeauftragten und Islamwissenschaftlern setzt sich langsam die Erkenntnis durch, dass die Bedeutung der kulturellen Integration bisher unterschätzt wurde. Für den Bielefelder Konfliktforscher Andreas Zick ist das ein »wunder Punkt«. In den Augen des Göttinger Islamwissenschaftlers Tilman Nagel ist es das »größte Versäumnis der letzten drei Jahrzehnte«, dass die »kulturelle Integration nicht ernsthaft in Angriff genommen wurde«. Warum hat sie bisher nur eine Nebenrolle gespielt?

In den ersten Jahrzehnten der Einwanderung ging die Politik davon aus, dass der größte Teil der muslimischen Migranten in ihre Heimatländer zurückkehren würde. Sie mussten nur so viel Deutsch lernen, wie

sie an ihrem Arbeitsplatz benötigten. Als sich im Laufe der Jahre heraus-
stellte, dass die Mehrheit der Muslime in Deutschland bleiben wollte, hat
die Politik den Schalter nicht umgelegt. Sie meinte, dass jeder, der bei uns
zur Schule geht oder arbeitet, automatisch eingegliedert ist. Das war ein
Irrtum, wie wir inzwischen wissen. Mohammed Atta, einer der Attentäter
des 11. September 2001, hat Deutsch gesprochen, sein Ingenieurstudium
bei uns abgeschlossen, und er war kriminell nicht vorbelastet. Er war
Vorzeigemigrant, bevor er sich in einen Terroristen verwandelte. Hinzu
kommt, dass sich Politik und Gesellschaft in der kulturellen Integrationsbereitschaft und -fähigkeit der Muslime getäuscht haben. »Man hat nicht
damit gerechnet«, bilanziert Konfliktforscher Zick, »dass Menschen, die
einwandern, ihre kulturellen Wurzeln behalten« und sich nicht verwest-
lichen. Für Tilman Nagel haben sich die Deutschen »Illusionen über die
tatsächliche Fremdheit des Islam gemacht«. Und Bürger haben, verleitet
durch ihr eigenes Verständnis von Religion als einer privaten Angelegenheit, über Jahre gedacht, dass Muslim sein etwas Privates ist. Auch das
ist, wie wir mittlerweile realisieren, ein Irrtum. Vom Anspruch her ist
der Islam eine Religion, die die Staats- und Gesellschaftsordnung mit-
bestimmen will und das in vielen muslimischen Ländern auch tut. Das
versuchen seine Repräsentanten natürlich auch in der Diaspora.

Ländervergleichende Studien zeigen, dass Religion und Kultur Wert-
orientierungen prägen. Über religiöse und kulturelle Konfliktfelder ehr-
lich zu sprechen scheitert häufig daran, dass Muslime versuchen, negative
Ausprägungen des Islam möglichst weit von Religion oder Kultur wegzu-
rücken oder zu relativieren. So hat der Vorsitzende des Zentralrats der
Muslime Aiman Mazyek lange vom Terror von Al-Qaida und IS behauptet,
er sei entweder »unislamisch« oder ein »Missbrauch des Islam«. Ähnliche
Argumentationsmuster tauchen auch im Zusammenhang mit dem Verhältnis von Mann und Frau im Islam auf. Im April 2012 behauptete zum
Beispiel der frühere DITIB-Vorstandsvorsitzende Ali Dere in der Islamkonferenz sogar dreist, dass »Geschlechterungleichheit nicht dem Islam
zuzuschreiben ist«.[6] Diese Distanz zu Religion verfliegt hingegen, wenn es
gilt, den Islam in einem positiven Licht darzustellen. In seinem Buch *Was
machen Muslime an Weihnachten?* zitiert Mazyek den Koran über 110 Mal.

Ein anderes beliebtes Argumentationsmuster, um negative Einflüsse
von Religion, Kultur und Tradition im Islam zu relativieren und zu entkulturalisieren, sind Verweise auf religions- und kulturbedingte Miss-

stände in anderen Kulturen und Religionen: Zwangsehen und Ehrenmorde kommen auch in Indien vor, sexuelle Belästigungen wie in der
Kölner Silvesternacht auch auf dem Oktoberfest.[7] Für eine redliche und
offene Diskussion über die kulturelle Integration von Muslimen ist es
daher bedeutsam, diese Entlastungsstrategien auf ihre Berechtigung hin
abzuklopfen und die religiösen Quellen von für uns befremdlichen Verhaltensweisen beim Namen zu nennen, unter anderem durch Hinweise
auf entsprechende Stellen im Koran. Nach dem Motto des *Spiegel*-Grün-
ders Rudolf Augstein: »Sagen, was ist.«

Dabei ist klar, dass gerade im Islam die Einflüsse von Religion, Kultur und
Tradition nicht immer zu trennen sind. Der Koran hat viele Traditionen
aus vorislamischen Zeiten rezipiert, zum Beispiel die Grundmuster des
Strafens. Und in islamischen Ländern prägt die Religion in hohem Maße
auch die Alltagskultur. Es gibt aber auch Traditionen wie Ehrenmorde
oder Zwangsheiraten ohne religiöse Verortung. Für die Fragestellung des
Buches ist es aber ohne Belang, ob bestimmte Verhaltensweisen kultur-,
religions- oder traditionsbedingt sind. Für die kulturelle Eingliederung
von muslimischen Zuwanderern in Deutschland ist allein entscheidend,
ob die mitgebrachten und hier gelebten Werte, Einstellungen, Sitten und
Gebräuche mit unserer Wert- und Rechtsordnung vereinbar sind – unabhängig davon, ob sie nun in Religion, Kultur oder Tradition wurzeln.
Wenn im Text die Begriffe »Kultur«, »kulturelle Integration«, »Wert- und
Kulturkonflikte« oder »Mehrheits- und Minderheitskultur« auftauchen,
ist damit immer ein weiter Kulturbegriff gemeint, der Religion, Kultur
und Tradition umfasst. In diesem begrifflichen Rahmen sollen folgende
Fragen im Zentrum des Buches stehen:

- Ist die kulturelle Integration der Muslime ge- oder misslungen?
- Ist die kulturelle Prägung durch den Islam eine Ursache dafür, dass bei
  vielen Muslimen die Integration schlechter gelingt als bei Zuwanderern
  aus westlichen Kulturen?
- Welche Rolle spielt die Zuwanderungswelle nach dem 5. September
  2015 für die kulturelle Integration der Muslime?
- Hat sich die Kluft zwischen muslimischer Minderheit und deutscher
  Mehrheitsgesellschaft vertieft?
- Wie viel humanitär begründete Zuwanderung ist mit der Integrations-
  fähigkeit der deutschen Gesellschaft vereinbar?

Der öffentliche Diskurs über diese Fragen ist bisher von Pauschalurteilen sowie positiven oder negativen Einzelbeispielen infiziert, die Integration, je nach Stoßrichtung, in hellem Sonnenlicht erstrahlen lassen oder in dunkle Nacht tauchen. Diesen Defiziten soll auf zwei Wegen begegnet werden. Einmal durch die Auswertung von Studien der Rechtssoziologie sowie der Migrations- und Bildungsforschung. Mit ihrer Hilfe sollen Analysen und Wertungen auf eine möglichst breite empirische Basis gestellt werden. Zum anderen durch den Besuch von Schulen und Gesprächen mit Lehrern und Schülern. Die Schule ist neben der Familie die wichtigste Integrationsagentur – als Sprungbrett für berufliche Bildung, Studium und Arbeitsmarkt sowie als Vermittlerin der deutschen Wert- und Rechtsordnung. In keiner anderen Institution prallen die muslimischen und westlichen Wertewelten so unmittelbar aufeinander wie in der Schule – mit einem entsprechenden Konfliktpotenzial. Um die Integrationsleistung von Schulen zu ergründen, sind Gespräche mit 65 Lehrern, fünf Schulräten beziehungsweise Schulamtsdirektoren und 29 vorwiegend muslimischen Schülern an 21 Grundschulen, Realschulen, Mittelschulen, integrierten Gesamtschulen und Gymnasien in Berlin, Hamburg, Dortmund, Hanau und Nürnberg geführt worden. Alle Schulen lagen in sozialen Brennpunkten oder gemischten Wohnvierteln mit hohen Migrantenanteilen. Das Buch beschäftigt sich also nur mit einem Teil der Schullandschaft: nicht mit Schulen in Berlin-Grunewald oder Hamburg-Blankenese, sondern mit Schulen in Berlin-Neukölln oder Hamburg-Billstedt. Interviewt wurde außerdem eine Reihe von Migrationsbeauftragten, Islamwissenschaftlern, Religionssoziologen und Konfliktforschern.

Das Buch erhebt keinen wissenschaftlichen Anspruch.

»Gottes-Dienst«: Der Islam prägt das Leben im Alltag

»Der Islam strukturiert den Alltag eines Muslim«, sagt Aiman Mazyek, Vorsitzender des Zentralrats der Muslime. Was der Satz für gläubige Muslime bedeutet, erklärt der lauteste und wohl politisch wirksamste muslimische Frömmigkeitsverstärker der Republik so: »Islamkonformes Leben« ist »in weit gefasstem Verständnis« ein »Gottes-Dienst«, der »nicht nur religiöse Handlungen im engeren Sinne umfasst, sondern eben auch die tägliche Arbeit (Beruf), das Streben nach Wissen (Schule und Studium). Ja, selbst der Dienst an der Familie und die Liebe des Mannes zu seiner Frau oder die der Frau zu ihrem Mann ist im Islam Gottesdienst (Ibada).«[1] Am Ende seines Buches *Was machen Muslime an Weihnachten?* dankt Mazyek deshalb auch »in erster und letzter Linie« seinem »Herrgott«: »Gott ist mir näher als meine Halsschlagader (Sure 50:16).« Erst in den nächsten Absätzen folgen dankende Verbeugungen vor seinen »Eltern« und seiner »Familie, insbesondere meiner Frau«. Die Rangfolge bei einem deutschstämmigen Autor wäre eine andere: zuerst der Dank an die Ehefrau oder die Familie. Ein Dank an Gott kommt fast nie vor.

Unantastbar und unveränderbar: Koran und Sunna als Wegweiser

Der Koran ist das heilige Buch des Islam und als Gottes Wort der zentrale Wegweiser für alle Gläubigen. In der Sunna sind die traditionellen Handlungsweisungen Mohammeds in Form von Berichten überliefert. Zusammen legen die beiden Schriften die Leitlinien für Muslime in allen Lebenslagen fest, in privaten wie öffentlichen, spirituellen wie gesellschaftlichen.

Für viele Muslime sind die Botschaften des Korans unantastbar. Dieser Dogmatismus ist nach einer Untersuchung des Wissenschaftszentrums Berlin (WZB) unter Muslimen verbreitet. Für 57 Prozent gibt es nur eine bindende Interpretation von Glaubensregeln. Diese Einstellung lässt wenig Raum für Liberalisierung und Modernisierung – und damit auch für Integration. Der Koran taugt jedoch nicht in allen Lebenslagen als Wegweiser für klare Orientierungen. Zwar gilt die Heilige Schrift als unveränderbar, aber sie ist zugleich in hohem Maße widersprüchlich. Für den Politologen Hamed Abdel-Samad enthält der Koran zum Beispiel zwei »Botschaften«: die der »Liebe« und die des »Hasses«.[2] IS-Kämpfer berufen sich ebenso auf den Koran wie Reformmuslime. Der Islamwissenschaftler Mouhanad Khorchide etwa versteht den Islam als eine Religion der Barmherzigkeit. Geradezu virtuos gelingt es den verschiedenen Strömungen im Islam, für sie unangenehme oder widersprüchliche Stellen im Koran zu verschweigen, nicht wortgetreu zu interpretieren oder als nicht zeitgemäß zu ignorieren. Auch in Deutschland legen Verbände, Moscheevereine und Imame den Koran in bunter Vielfalt aus. Am Ende hat wohl »jeder Muslim seine eigene Interpretation des Koran«, wie der Ethnologe Wulf Köpke anmerkt.

Was bedeutet diese Diversität unter Muslimen im Verhältnis zu Nichtmuslimen im Alltag? Sie ist für die politische und gesellschaftliche Integration und Partizipation der Muslime eine hohe Hürde und häufig Keim für innermuslimische Konflikte. Nach zwölf Jahren Islamkonferenz sind die Akteure dort so zerstritten wie am Anfang, was ihre Gesprächsfähigkeit für die Politik erheblich einschränkt und die Legitimität ihrer Forderungen mindert.

Haribo ist haram: Erlaubtes und Verbotenes im Islam

Seit Jahren backt Frau Germer, Lehrerin an der Schule Kerschensteinerstraße in Hamburg-Harburg, in der Vorweihnachtszeit Knusperhäuschen für Schüler der ersten Klasse und belebt damit eine alte Tradition, die auf das Märchen »Hänsel und Gretel« zurückgeht: »Knusper, knusper, Knäuschen, wer knuspert an meinem Häuschen?« Dekoriert hat sie die kleinen Lebkuchenhäuser früher mit Haribo-Gummibärchen. Eines Tages erklärten türkische Eltern ihr, dass Haribo-Gummibärchen mit Gelatine hergestellt werden, die Schweinefleisch enthält, und baten sie, diese nicht mehr zu benutzen, weil sie nach ihrer Religion haram seien, verboten. Nach dieser Beschwerde hat sie die muslimischen Eltern aufgefordert, sich die Dekoration für die Knusperhäuschen selbst zu besorgen, was sie auch getan haben. Inzwischen gehört es zum Grundwissen von Grundschullehrerinnen, dass sie Gummibärchen von Katjes oder aus einem türkischen Supermarkt mit Halal-Siegel kaufen müssen, wenn sie die Essensvorschriften religiöser Muslime einhalten wollen.

Der Islam ist eine Religion, die Gläubigen Verhaltensregeln an die Hand gibt, die festlegen, was halal (erlaubt) und was haram (verboten) ist. Diese Vorschriften sollen Muslime täglich in ihrem Glauben unterstützen und festigen. Wenn sie diese befolgen, bringen sie dadurch Gehorsam gegenüber Gott zum Ausdruck und bekräftigen, dass sie zur Umma gehören, der Glaubensgemeinschaft der Muslime. Für einen guten Muslim reicht es nicht, privat spirituell zu sein. Er muss seinen Glauben auch nach außen dokumentieren – und zwar in allen Lebensbereichen: durch das Einhalten von Kultvorschriften wie Beten oder Fasten und das Befolgen von Regeln für das gesellschaftliche und kulturelle Leben: Essgewohnheiten, Kleidungsstil, Hygiene, Gefühlsleben, Sexualität, Kunst, Freizeit, Finanzen und soziales Engagement.[3] Nach Schätzungen von Experten enthält der Koran 200 bis 300 religiöse, moralische und soziale Vorschriften.

Diese Regeln werden in der Praxis selektiv befolgt – gestaffelt nach dem Grad der Religiosität. Für säkulare Muslime spielen sie fast keine Rolle, für Gläubige prägen sie den Alltag.

Für Hussein vom Neuköllner Albrecht-Dürer-Gymnasium ist zum Beispiel ein »wichtiger Punkt, was erlaubt und verboten ist«. Seine Klassenkameradin Sueda fastet, weil sie ein »Muslim ist und das machen muss«. Merve vom Hamburger Kurt-Körber-Gymnasium ist überzeugt, dass die »Religion vollkommener wird und man eine neue Spiritualität erreicht, wenn man die Gebote Gottes verwirklicht«. Rauchen, Alkohol und Schweinefleisch stehen bei den meisten muslimischen Schülern auf dem Index. In anderen Bereichen gehen viele Schüler lockerer mit der Gut-oder-Böse-Welt des Korans um.

Zum Teil skurril anmutende Orientierungsschwierigkeiten tauchen bei Produkten und Verhaltensweisen auf, die es zu Mohammeds Zeiten noch nicht gab. Can Yörenc, Kulturmittler an der Schule Kerschensteinerstraße, wurde jüngst von einer Schülerin gefragt, ob Nagellack halal oder haram sei. Ein anderer Schüler wollte wissen, ob er während des Fastens im Ramadan einen Asthmaspray benutzen dürfe. In beiden Fällen gab es nach Studium des Korans beziehungsweise Rücksprache mit einem Imam grünes Licht. Geklärt ist mittlerweile auch die lange offene Frage, ob Tattoos islamisch sind. Sie sind unislamisch. »Mit Tattoos ist man nicht rein,

weil Allah uns geschaffen hat, wie wir sind. Tattoos bedeuten, sich einzu-
mischen in das, was er geschaffen hat«, erläutert Hussein.

Die Einteilung der Welt in Gut und Böse im Islam ist eine Wurzel für
ein Bündel von Wert- und Religionskonflikten, die der kulturellen Integration der Muslime im Wege stehen: Sie spielt eine Rolle in der »Angstpädagogik« (Ahmad Mansour), bei Auseinandersetzungen innerhalb der
muslimischen Community, bei der Missionierung von Islamisten und
Salafisten sowie Kontroversen zwischen Muslimen und Arbeitgebern am
Arbeitsplatz.

In vielen Schulen registrieren Schulleiter und Lehrer, wie konservative, islamistische und salafistische Schüler Druck auf liberale Mitschüler
ausüben, sich an die Kult- und Verhaltensregeln zu halten, und sich dabei
zu Sittenwächtern aufspielen. Da kriegt eine Schülerin zu hören, dass
sie eine »Schlampe sei, wenn sie nicht fastet oder kein Kopftuch trägt«.
»Sie beobachten und kontrollieren sich gegenseitig, ob jemand ein guter
oder schlechter Muslim ist«, fällt dem Schulleiter der Neuköllner Otto-Hahn-Schule André Koglin immer wieder auf. Ein Teil der Jugendlichen
hat das Erlaubt-Verboten-System so verinnerlicht, dass man bereits von
einer »Generation Haram« spricht.

Fatale Re-Islamisierung:
Neue Hürden für die Integration

Wer aus der Türkei auswandert, um in einer Zeche zu arbeiten, oder vor Assads Truppen flüchtet, um hier eine neue Existenz aufzubauen, der gibt seine Religion, Kultur und Tradition in Essen oder Hamburg nicht auf. Im Gegenteil. Im Diaspora-Bewusstsein wächst ihre Bedeutung eher noch – als Anker in einer fremden Welt. Syrer, Afghanen oder Tunesier wandern mit einem bunten Strauß von Meinungen, Einstellungen, Feindbildern und Vorurteilen ein. Nach Ansicht des Migrationsforschers Ruud Koopmans (Wissenschaftszentrum Berlin) hat der »Einfluss aus dem Ausland und das Konfliktpotential durch Zuwanderung« zugenommen. Das Denken und Fühlen der meisten muslimischen Migranten ist durch eine epochale Entwicklung in ihren Heimatländern geprägt: der Re-Islamisierung des Nahen und Mittleren Ostens in den Achtziger- und Neunzigerjahren des 20. Jahrhunderts. Diese friedliche Revolution in den Heimatländern hat, bisher unterschätzt, auch den Alltag der Muslime in Deutschland re-islamisiert. Diese Veränderungsprozesse sind vielfach parallel verlaufen. Zum Beispiel bei den Türken in der Türkei und ihren Landsleuten in Deutschland. Nach den Daten des World Values Survey verstanden sich 75 Prozent der Türken 1990 als religiös, 2011 waren es bereits 85 Prozent.[1] Die Religiosität der Deutschtürken ist von 57 Prozent 2000 auf 82 Prozent 2013 hochgeschnellt.

Dieses »Islamische Erwachen« war eine Bewegung gegen Modernisierung und Verwestlichung, gegen Kolonialisierung und US-Imperialismus, gegen die westliche Demokratie und die Emanzipation der Frau. Der Traum von einer Wiedergeburt des Kalifats, der Blütezeit des Islam, führte zu einer größeren Religiosität, einer Rückbesinnung auf die islamische Kultur mit Geschlechtertrennung, strengeren Bekleidungsvorschriften und einer stärkeren Betonung der Scharia. Diesen historischen Hintergrund zu gewärtigen ist ein unverzichtbarer Schlüssel, um die Integrationsprobleme der hier lebenden und der mit der Flüchtlingswelle neu hinzugekommenen Muslime besser zu verstehen.

Bei der Flucht im Gepäck: Kultur und Konflikte der Heimatländer

Nach empirischen Studien ist in muslimischen Ländern die Gläubigkeit ein selbstverständlicher und natürlicher Bestandteil des alltäglichen Lebens – von großer Bedeutung für die Lebensführung und die Befolgung religiöser Normen. In Ländern wie der Türkei oder Marokko sehen über lange Zeit- räume stabile 90 Prozent der Bürger den Glauben an Gott als wichtig für ihr Leben an.[2] Nach Umfragen des amerikanischen PEW Research Cen- ters gibt es in der Türkei und den arabischen Ländern ein großes Poten- zial radikal-konservativer Grundüberzeugungen.[3] Dem Satz, dass »eine Frau ihrem Mann immer gehorchen muss«, stimmen in Ägypten 85 Pro- zent zu, in der Türkei immerhin noch 65 Prozent. Auch die verklemmte Sexualmoral, die sich in der Silvesternacht 2015/2016 Bahn brach, könnte aus den Heimatländern importiert sein. Nach einer UN-Studie über das Geschlechterverhältnis im Nahen Osten und Nordafrika aus dem April 2017 haben mehr als 60 Prozent der Männer in Ägypten berichtet, dass sie Frauen oder Mädchen auf der Straße sexuell belästigt haben. In Marok- ko waren es mehr als 50 Prozent, im Libanon ein Drittel. Außerdem hat sich nach den Anschlägen am 11. September 2001 in mehrheitlich mus- limischen Ländern ein negatives Bild vor allem der Vereinigten Staaten, und, wenn auch weniger, Europas verfestigt.[4] In der muslimischen Welt wird der Westen als Eindringling und Usurpator wahrgenommen. Mit die- sen Meinungen, Feindbildern und Komplexen im Gepäck ist ein Teil der Flüchtlinge in den letzten Jahren nach Deutschland gekommen.

Die weitaus größte Zahl sucht hier Schutz vor Bürgerkrieg und Ver- folgung – mit friedlichen Absichten. Zugleich werden damit aber auch fun- damentalistische Einstellungen nach Europa und Deutschland verpflanzt. In ihnen sieht der Migrationsforscher Koopmans auch die Hauptursache für Islamismus, Salafismus und terroristische Gewalt. Nach einer Analyse sozialer Daten kommt er zu dem Ergebnis, dass »soziale und ökonomische Charakteristika« wie Bildung und Beschäftigung zwar aufzeigen, »warum manche Muslime oder manche Christen stärker fundamentalistisch oder fremdengruppenfeindlich sind als andere, den Unterschied zwischen den religiösen Gruppen erklären sie aber nicht«.[5] Gewichtiger ist für Koop- mans, dass Fundamentalismus und Fremdgruppenfeindlichkeit »als kulturelles und religiöses Erbe aus ihren Herkunftsländern importiert« werden: »Die Migranten werden nicht zu Fundamentalisten, weil sie hier so schlecht behandelt werden, nein, sie kommen aus Ländern, in denen Fundamentalismus und Fremdgruppenfeindlichkeit stark ausgeprägt sind.«[6] Und wo seit Jahren Bürgerkriege toben. In Afghanistan, Irak und Syrien stammen die Zündsätze der Gewalt aus dem Kampf »von zwei islamischen Lagern um die Vorherrschaft, vergleichbar mit den Religionskriegen im 16. und 17. Jahrhundert in Europa«, analysiert Koopmans.

Nach einer repräsentativen Umfrage des türkischen Metropol Instituts ist jeder fünfte Türke der Auffassung, dass Gewalt im Namen des Islam unter bestimmten Umständen gerechtfertigt sein kann und der Anschlag auf *Charlie Hebdo* eine Strafe für Gotteslästerung war.[7] Erschreckend ist, dass 44 Prozent der türkischen Muslime glauben, dass die Pariser Bluttaten das Werk ausländischer Geheimdienste waren. Nach Meinungsumfragen befürworten in Tunesien ein Drittel der Jugendlichen den Salafismus und 5 bis 7 Prozent terroristische Gewalt.[8] Aus keinem Staat der Welt sind mehr IS-Kämpfer in den »Heiligen Krieg« nach Syrien gezogen als aus Tunesien, nach Schätzungen der UN mehr als 5000. Der Berliner Weihnachtsmarkt-Attentäter Anis Amri stammte aus Tunesien. Umfragen des PEW Research Centers, welche die Einstellungen von Muslimen in der Türkei und arabischen Ländern mit Einstellungen von muslimischen Zuwanderern in westeuropäischen Ländern direkt vergleichen, bestätigen dasselbe Phänomen: Fundamentalistische Potenziale und Akzeptanz religiöser Gewalt sind in den Herkunftsländern in der Regel stärker als in ihrer neuen, zweiten Heimat, in Europa.[9] Einige Flüchtlinge aus diesen Ländern haben diese Einstellungen im Gepäck.

Zwischen Selbstständigkeit und Abhängigkeit: der Einfluss der Herkunftsländer auf die Verbände

Eine hohe Hürde für die kulturelle Integration von Muslimen ist nach wie vor der starke Einfluss, in einigen Fällen sogar die Abhängigkeit der muslimischen Verbände von Ländern im Nahen und Mittleren Osten. »Die muslimische Landschaft in Deutschland stellte ein Spiegelbild der religiösen Verhältnisse im Heimatland dar«, urteilte Thomas Lammers über die Entstehungsphase muslimischer Organisationen in den Achtziger- und Neunzigerjahren des vorigen Jahrhunderts. Diese Bilanz ist, etwas abgeschwächt, immer noch aktuell. Viele muslimische Verbände unterhalten heute noch enge Verbindungen zu den Mutterorganisationen in den Herkunftsländern der Zugewanderten.

Ein Paradebeispiel ist die Deutsch-Türkische Union der Anstalt für
Religion (DITIB), die Auslandsvertretung des Präsidiums für Religionsangelegenheiten (Diyanet) in Ankara. Sie bildet alle Prediger für Deutschland aus, wählt sie aus und entsendet sie für drei bis fünf Jahre nach Köln,
Frankfurt am Main oder München. Auf sie wird später zurückgekommen.[10]

Die Islamische Gemeinschaft Milli Görüş (IGMG) ist ein Ableger der
politischen Bewegung um den mittlerweile verstorbenen Necmettin Erbakan. Sie hat sich vor einigen Jahren gespalten. Einige Verfassungsschutzämter beobachten sie, andere nicht. Zur Organisation gehören
nach Angaben des Generalsekretärs Bekir Altaş 420 Moscheevereine. Die
Zentrale in der Türkei bildet Imame aus, verwaltet die Finanzen, organisiert Pilgerreisen nach Mekka und schickt Imame nach Deutschland. Im
Kielwasser der Einwanderung war die Zahl der Moscheegemeinden und
Mitglieder in einem Umfang gestiegen, dass ihr Bedarf an ausgebildeten
Imamen und Religionslehrern nicht mehr mit eigenem Personal befriedigt
werden konnte, auch weil die Imam-Ausbildung nach Meinung Altaş'in
Deutschland »noch in den Kinderschuhen steckte«. Da viele muslimische
Gemeinden in Europa und im Nahen und Mittleren Osten in ähnlichen
Personalnöten steckten, sah die Diyanet Mitte der Nullerjahre eine Chance, durch personelle und finanzielle Hilfe für muslimische Verbände und
Moscheevereine ihren religiösen Einfluss zu vergrößern und ihr konservаtiv-islamistisches Religionsverständnis weltweit zu exportieren. Sie legte
ein Imam-Hilfsprogramm für muslimische Verbände und Moscheevereine auf, das nach Altaş zwei Modelle anbot: eine Überlassung von Diyanet-Imamen für zwei Jahre ohne finanzielle Unterstützung aus Ankara
und eine Abordnung und Finanzierung solcher Geistlicher für fünf Jahre
durch die Religionsbehörde. Milli Görüş entschied sich für das Zwei-Jahre-Modell, um nicht in eine zu starke Abhängigkeit von Ankara zu geraten.
Zwischen 2013 und 2019 haben zeitweise bis zu 92 Imame aus der türkischen Religionsbehörde in deutschen Milli-Görüş-Moscheen Allah gedient.

Nach Angaben der türkischen Botschaft in Berlin sollen in den Moscheen der »Union Türkisch-Islamischer Kulturvereine« (ATIB) im April
2015 25 Imame beschäftigt gewesen sein, die ebenfalls von der Diyanet
bezahlt wurden.[11] Auch hier gibt es eine gewisse finanzielle Abhängigkeit

von Ankara. Damit gar nicht erst Zweifel über die Loyalitäten der nationalistischen ATIB auftauchen, spricht sie in ihrem Internetauftritt von
Deutschland gleich »als zweiter Heimat«.

Der Verband der Islamischen Kulturzentren (VIKZ) wird als Depen-
dance der türkischen Sülemanci-Bewegung mit Hauptsitz in der Türkei
verstanden.[12] Eine eingeschworene Gemeinschaft mit wenig Öffnung nach
außen und einer ausgeprägten Neigung der Anhänger, untereinander zu
heiraten.

Eine religiöse Abhängigkeit von Iran lässt sich auch bei der schiitischen
Ali-Taouil-Moschee durch ihr Verhalten beim Neuköllner Runden Tisch
»Schule im Ramadan« belegen.[13] Die Moschee war über längere Phasen
der Gespräche nicht entscheidungsfähig, weil sie den Entwurf der Handreichung dem europäischen Zentrum der Schiiten in Hamburg (»Blaue Moschee«) weiterleiten musste, das seinerseits Religionsgelehrte in Teheran
um Zustimmung bitten musste. Zurück an den Neuköllner Verhandlungs-
tisch kam dann ein vielfach geänderter und aus schiitischer Sicht nicht
mehr veränderbarer Entwurf. Deshalb konnten die Ali-Taouil-Moschee
und die beiden anderen schiitischen Gotteshäuser in Berlin-Neukölln die
Handreichung am Ende nicht unterstützen. Es fehlte das grüne Licht aus
Teheran.

Die ernüchternde Erkenntnis des Neuköllner Integrationsbeauftragten
Arnold Mengelkoch: »Selbst eine so einfache Handreichung zum Fasten
in der Schule kann man mit den Autoritäten vor Ort nicht verhandeln,
weil sie vom Ausland abhängen und von dort gesteuert werden.« Aufgrund
dieses Verfahrens wird man auf eine ähnliche Abhängigkeit bei allen Moscheevereinen schließen können, die der »Islamischen Gemeinschaft der
schiitischen Gemeinden Deutschlands« (IGS) angehören.

Auf eindeutige Abhängigkeiten stoßen wir auch bei der Lahore-Ah-
madiyya. Die ist nach Ansicht der Frankfurter Islamwissenschaftlerin
Susanne Schröter straff organisiert. Das bestätigt indirekt der Imam der
Ahmadiyya-Moschee Amir Aziz in Berlin-Wilmersdorf, der ältesten Moschee Deutschlands. Er spricht freimütig darüber, dass die Gemeinschaft
ein Oberhaupt und einen obersten Rat hat: »Unser Hauptsitz« ist in Laho-
re/Pakistan.[14] Dort gebe es einen »sogenannten Hauptsekretär«, der der
»administrative Chef der Organisation« sei. Daneben wirke ein »weiterer
Abteilungsleiter zum Beispiel für Finanzen und Missionierung«. Aziz sagt,
dass er »frei entscheiden« könne, was er in Berlin predigt, aber dann wohl

doch nicht ganz: »Es darf nicht gegen die Ahmadiyya-Politik verstoßen. Wir müssen unsere Ideologie promoten.«

Der Verfasser hat den Islamrat, den Zentralrat der Muslime, VIKZ und ATIB schriftlich gefragt, wie sie ihre Imame rekrutieren, wer sie finanziert und ob sie Hauptsitze im Ausland haben. Bei den Verbänden VIKZ und ATIB hat er sich überdies erkundigt, ob die türkische Religionsbehörde Diyanet für einen Teil ihrer Imame aufkommt. Keiner der Verbände hat geantwortet – ebenso wenig wie die Diyanet.

Die Herkunftsorientierung der muslimischen Verbände hat mehrere Wurzeln. Viele Gemeinden haben nicht genug Geld, um den Bau von Moscheen und die Gehälter von Imamen zu finanzieren. Außerdem fehlen in Deutschland Vorbeter mit theologischer Qualifikation. Deshalb waren und sind viele Moscheevereine bis heute auf die Hilfe ihrer Mutterorganisationen angewiesen.

Finanzielle, personelle, religiöse und politische Einflüsse beziehungsweise Abhängigkeiten von muslimischen Verbänden und Moscheevereinen von ihren Herkunftsländern hat die deutsche Politik Jahrzehnte übersehen oder ignoriert. Sie hat diese Verbindungen, wenn überhaupt, bisher allein unter dem Aspekt der inneren Sicherheit gesehen, aber nicht als Integrationshindernis. Es existiert deshalb eine riesige Erkenntnislücke zwischen der Auslandsaufklärung des Bundesnachrichtendienstes (BND) und der Beobachtung extremistischer Bestrebungen durch das Bundesamt für Verfassungsschutz (BfV) und die Landesämter für Verfassungsschutz. Obwohl das Bundesinnenministerium seit zwölf Jahren in der Islamkonferenz mit den muslimischen Verbänden an einem Tisch sitzt, hat die Bundesregierung bis heute keinen Einblick in die Finanzlage, die internen Machtverhältnisse und die religiösen und personellen Verbindungen zu den Mutterorganisationen. Gut geschützt durch das Grundrecht auf Religionsfreiheit weiß niemand hierzulande, wer in den Moscheevereinen des Islamrates oder der VIKZ das Sagen hat, der jeweilige Vorsitzende oder ein Emir oder ein Rat von Religionsgelehrten im fernen Kuwait oder Riad.

Der Neuköllner Integrationsbeauftragte Mengelkoch schätzt, dass 75 Prozent der 20 Moscheevereine in seinem Stadtteil »aus dem Ausland gesteuert oder starkem Einfluss aus dem Ausland ausgesetzt sind«. Das ist eine faire Schätzung auch für die Bundesrepublik, gehen doch allein auf das Konto der DITIB 32 Prozent der 2800 Moscheevereine.

Reisen, Telefon, Fernsehen, Internet: der wachsende Einfluss der Herkunftsländer

Serkat von der Hamburger Otto-Hahn-Gesamtschule sieht mit seinen Eltern regelmäßig türkische Nachrichten, die er freilich nicht immer als neutral empfindet. Seine Mutter skypt jeden Tag eine Stunde mit Familienmitgliedern in der Türkei. Früher fuhr seine Familie jedes Jahr in den Sommerferien an den Bosporus, heute alle zwei Jahre. Kein Wunder, wenn er meint, »relativ gute Kontakte zur Türkei zu haben«.

Nach Beobachtungen der Neuköllner Schulrätin Gisela Unruhe ist die Bindung der Muslime an die Heimat »unterschiedlich ausgeprägt, sehr stark vor allem bei Türken«. Nach Schätzungen mehrerer Lehrer fahren 90 Prozent aller türkischen Kinder in den Sommerferien in die Türkei, vorwiegend aus finanziellen Gründen, aber auch um die Familienbande zu stärken.

Kontakte zur Heimat zu pflegen helfen heute Fernsehen und soziale Medien. Durch sie ist die Welt kleiner geworden – mit negativen Auswirkungen auf die kulturelle Integration der Muslime in Deutschland. Nach dem Eindruck der Leiterin der Frankfurter Berthold-Otto-Schule Ingrid König ist für Kinder ein »Flachbildschirm« das »Fenster zur Welt, aus dem sie ihre Muttersprache hören und mit dem sie die Nabelschnur zur alten Welt täglich erneuern«.[15]

Durch die neuen Kommunikationsmittel ist der »Einfluss der Türkei« nach Ansicht des Neuköllner Psychologen Kazim Erdogan »heute stärker als in den Achtzigerjahren«. Auch der ehemalige Lehrer und Lehrerfortbilder Kurt Edler ist überzeugt, dass der Einfluss der Herkunftsländer »durch Fernsehen und Internet wieder größer geworden ist«. Per Satellitenschüssel lassen sich normale türkische und arabische Fernsehsender empfangen, aber auch Hetzsender. Durch den Medienkonsum sind Türken und Araber mit zwei Werte- und Kulturwelten verbunden. Dieser Spagat erleichtert es, den familiären Zusammenhalt aufrechtzuerhalten und der Kultur des Heimatlandes verbunden zu bleiben. Er macht es aber auch schwerer, die Sprachkompetenz im Deutschen zu verbessern und sich der deutschen Kultur zu nähern.

Übersehen und unterschätzt: Die kulturelle Integration von Muslimen

»Was ist deutsch?«, fragt die Religionslehrerin und Autorin Lamya Kaddor.[1] Und Marina und Herfried Münkler fragen, »was es heißt, aus Fremden ›Deutsche‹ zu machen«.[2] Es sind Fragen nach der nationalen Identität der Deutschen, die viele Bürger, Wissenschaftler und Politiker umtreibt, ausgelöst vor allem durch eine Massenzuwanderung von Muslimen in den letzten Jahren. Wenn in Deutschland über den Islam geredet wird, dann in erster Linie über den islamistischen Terror, der Krieg gegen die westliche Kultur führt und der das staatliche Gewaltmonopol wie die Demokratie westlicher Prägung ablehnt, zwei Säulen unserer politischen Kultur. Erst in zweiter Linie geht es um den Islam in unserem Alltag. Wir debattieren über das Kopftuch am Arbeitsplatz, vor Gericht und in der Schule, über Burka, Burkini und Niqab in der Öffentlichkeit, über die Verweigerung eines Handschlages bei der Begrüßung von Frauen oder Gebetsräume in Schulen und Universitäten. Das sind für Muslime Fragen der gelebten Religion, Kultur oder Tradition, für Nichtmuslime Fragen nach der Vereinbarkeit von Mehrheits- und Minderheitskultur. Im öffentlichen Diskurs ist bisher nicht realisiert worden, dass Themen der kulturellen Integration in jüngster Zeit häufiger und intensiver diskutiert werden als die soziale Integration. »Spätestens seit den Silvesterereignissen auf der Kölner Domplatte wird der Integration in das deutsche Wert- und Normensystem ein ähnlich hoher Stellenwert zugeschrieben wie der Bildungs- und Arbeitsmarktintegration«, erkennt das Jahresgutachten 2017 des Sachverständigenrates deutscher Stiftungen für Integration und Migration.[3] Auch in Teilen der Politik reifte nach den Silvesterübergriffen die Einsicht, dass Zuwanderer ohne kulturelle Integration in Deutschland nicht ankommen: »Wir haben die Bedeutung von Religion unterschätzt«, räumte der damalige Bundesinnenminister Thomas de Maizière im Spätsommer 2016 ein.[4]

Umstrittene Leitkultur: der Begriff der kulturellen Integration

Den Begriff der kulturellen Integration so zu definieren, dass sich hinter ihm eine Mehrheit versammeln kann, ist bisher nicht geglückt. »Integration« ist trotz aller Klärungsversuche ein unscharfer Begriff geblieben. Das gilt in gleichem, wenn nicht in noch stärkerem Maße für den Begriff der Kultur. Was ist deutsche Kultur, in die sich Muslime integrieren sollen? Trotz dieser semantischen Hürden ist es aus migrationspolitischen Gründen unverzichtbar, Antworten auf diese Fragen zu finden, entweder durch Begriffsbestimmungen oder, wenn das nicht gelingt, durch einen Katalog von Indikatoren, mit dessen Hilfe beurteilt werden kann, ob kulturelle Integration erfolgreich oder gescheitert ist.

Konsens besteht darüber, dass Integration ein langjähriger Prozess ist, dass er eine Zweibahnstraße ist, die von Muslimen und deutscher Mehrheitsgesellschaft gewollt sein muss, dass Integration »fördern« und »fordern« bedeutet und dass die Hauptverantwortung für die Integration bei den Zuwanderern liegt und erst in zweiter Linie bei Staat und Zivilgesellschaft des Aufnahmelandes.

Bei der inhaltlichen Ausfüllung des Wortes Integration dominieren zwei Denkschulen. Die eine nutzt den »assimilatorischen Integrationsbegriff«, die andere den »additiven Integrationsbegriff«.[5] Hinter diesen Begriffen verbirgt sich politischer Sprengstoff, den weite Kreise in Politik und Gesellschaft bisher nicht erkannt haben, auch weil die Wissenschaft die Unterschiede zwischen beiden Definitionen gern verschleiert. Die beiden Begriffe beschreiben nämlich unvereinbare Gesellschaftsmodelle und messen deshalb Erfolg oder Misserfolg bei der Eingliederung an völlig unterschiedlichen Integrationsindikatoren.

Die herrschende Meinung versteht unter Integration eine positive, assimilatorische Identifikation mit Deutschland und seiner Rechts- und Wertordnung. Nach einer OECD-Umfrage fordern 80 Prozent der Bevölkerung, dass Zuwanderer deutsche Lebensgewohnheiten annehmen sollen. Diese Position vertritt in der Politik Bundesinnenminister Horst Seehofer in seinem »Masterplan« und die CSU in ihrem Grundsatzprogramm: »Integration heißt, dass diejenigen, die zu uns kommen, sich anpassen ... Wir wollen, dass die Zuwanderer nach unseren Regeln leben.« Die überwältigende Mehrheit der Deutschen will bei der Zuwanderung also die kulturelle Hegemonie verteidigen, auch wenn sie es selten öffentlich sagt. Häufig wird sogar – politisch korrekt – behauptet, dass man aus Respekt vor der Kultur der Zuwanderer keine Assimilation erwarte.

Bündnis 90/Die Grünen, die Linke, muslimische Verbände sowie Soziologen und Autoren mit Migrationshintergrund nähern sich dem Integrationsbegriff aus einer ganz anderen Perspektive: aus der Realität des Einwanderungslandes Deutschland.[6] Für sie stehen die Kulturen der Mehrheitsgesellschaft und der Minderheitsgesellschaften additiv nebeneinander, das heißt gleichberechtigt und gleichrangig. Der Hintergrund: Die große Mehrheit der Zuwanderer lebt hierzulande mit Doppel- oder Mischidentitäten in zwei Kulturen. Charakteristisch für die Mehrzahl der Migranten ist, dass sie sich mit Deutschland verbunden fühlen und die deutsche Rechtsordnung akzeptieren, nicht aber ihre eigene kulturelle Identität aufgeben wollen. Für 76 Prozent der Deutschtürken ist nach einer Münsteraner Studie »Bedingung guter Integration, … selbstbewusst zu seiner eigenen Kultur/Herkunft« zu stehen.[7]

Völlig offen ist weiter, in welche deutsche Kultur sich Muslime und andere Migranten integrieren sollen. Den Deutschen fällt es schwer zu erklären, was Deutschsein bedeutet. Benedikt Mehl, Leiter des Pirckheimer-Gymnasiums in Nürnberg, denkt im Zusammenhang mit kultureller Integration an die Lektüre deutscher Klassiker, an einen Besuch des Konzentrationslagers Dachau und das Feiern christlicher Feste. Das sind sicher alles richtige Fingerzeige, offenbart aber gleichzeitig die Probleme, die bei der Annäherung an den Begriff der kulturellen Integration zu lösen sind.

Im Kielwasser der Masseneinwanderung hat deshalb der Begriff der Leitkultur als Orientierungsmarke für die Eingliederung von Migranten eine Renaissance erlebt. Bis in die Mitte der deutschen Gesellschaft hinein besteht ein starkes Bedürfnis nach Orientierung, an der sich eine kulturelle Integration ausrichten kann. Nach einer Umfrage des Instituts »policy matters« im Auftrag der CSU-Landtagsfraktion bejahen 87 Prozent der Bürger die Frage, dass »bei der Integration unsere Leitkultur zum Maßstab gemacht« werden soll. Ein ganz anderes Bild entsteht jedoch bei der Antwort auf die Frage, ob der Begriff der Leitkultur »gut beschreibt, was unsere Gesellschaft zusammenhält und unser Lebensgefühl ausmacht«. Zwar stimmten dieser These immer noch 60 Prozent der Bürger zu, bei den Grünen-Anhängern lehnten sie dagegen 70 Prozent ab. Diese Diskrepanz zeigt, dass es eine von einem breiten gesellschaftlichen Konsens getragene Leitkultur hierzulande nicht mehr gibt, sondern mehrere Leitbilder: konservative, nationale, liberale, grüne und multikulturelle.

Der entscheidende Dissens zwischen CDU/CSU und AfD auf der einen Seite und SPD, Grünen und FDP auf der anderen ist die Rolle des Grundgesetzes in der Leitkulturdebatte. Während Letztere im Grundgesetz eine geeignete und ausreichende Richtschnur für die Integration sehen, gehen Erstere davon aus, dass es unterhalb der Schwelle des Grundgesetzes Werte und Traditionen in Form von ungeschriebenen Regeln gibt, die eine Gesellschaft verbindet und kittet. In den Worten de Maizières: »Über Sprache, Verfassung und Achtung der Grundrechte hinaus gibt es etwas, was uns im Innersten zusammenhält, was uns ausmacht und uns von anderen unterscheidet.« Zustimmung erhält der Innenminister überraschend vom grünen Oberbürgermeister in Tübingen Boris Palmer. Er ist zu der Einsicht gekommen, »dass es für die Integration der Flüchtlinge aus dem arabischen Raum nicht ausreicht, die Werte des Grundgesetzes hochzuhalten«. Das lässt wegen seiner »großen Entfaltungsspielräume« zu, ein »Pascha, eine Umweltsau oder ein Schwulenverächter zu sein, solange man nicht gegen Gesetze verstößt«. Ein »Gemeinwesen – gleich, ob monokulturell oder kulturell vielfältig – benötigt« daher nach Auffassung Palmers einen »Konsens über Werte und Normen als eine Art innere Hausordnung«, um »Vielfalt zu leben, ohne die eigene Identität zu verlieren«.[8] Das ist eine zutreffende Analyse.

In der Debatte um die Leitkultur geht es im Kern um den Gesellschaftsentwurf der Zukunft, um die Alternative zwischen einer von christlich-jüdischer Tradition und westlichen Werten geprägten Gesellschaft oder einer multikulturellen Gesellschaft, die von der Mehrheit der Migranten und vom grün-linken Milieu propagiert wird. Nach Umfragen wird das Modell einer multikulturellen Gesellschaft von 20 bis 30 Prozent der deutschen Bürger favorisiert.[9] Sie verstehen kulturelle Vielfalt als Bereicherung und Anerkennung der Realitäten einer multiethnischen und multireligiösen Gesellschaft – mit einer großherzigen Toleranz gegenüber anderen religiösen und kulturellen Identitäten im Rahmen unseres Grundgesetzes.

Da eine befriedigende, von der Mehrheit getragene Definition von kultureller Integration bisher nicht gelungen ist, soll sie für eine Integrationsbilanz durch eine Reihe von Indikatoren ersetzt werden, mit denen die Migrationsforschung kulturelle Integration von Migranten misst: Sprach-

kompetenz, Medienkonsum, Kontakte zum Herkunftsland und zur Mehrheitsgesellschaft, kulturelle Identitäten, Akzeptanz unserer Wert- und
Rechtsordnung, Diskriminierung und Ausgrenzung.

»Mischmasch«: die Familiensprache als Integrationshürde

Ceren von der Hamburger Otto-Hahn-Schule spricht mit der Mutter
Deutsch, mit dem Vater Deutsch und Türkisch und mit den Geschwistern
überwiegend Deutsch. Hussein, ein Kurde aus dem Libanon, redet mit
seinem Vater Arabisch, weil der nicht gut Deutsch spricht, mit der Mutter Arabisch und Deutsch und mit den Geschwistern »Mischmasch«, also
Deutsch und Arabisch durcheinander. »Die Schüler sprechen ein Mix aus
Deutsch und Türkisch, nicht im Unterricht, aber in den Pausen und im Alltag, wenn ihnen nicht die richtigen Worte einfallen«, sagt die Dortmunder
Politiklehrerin Jenny Taubert-Düz.

Beim Sprachgebrauch der interviewten Schüler in der Familie ist ein
Muster erkennbar: Fast alle Kinder lernen auch die Sprache ihres Her-
kunftslandes und nutzen sie zu Hause. Mit dem Vater oder der Mutter
oder beiden sprechen die Schüler in der Regel Türkisch, Arabisch, Pasch-
tun oder Twi. Es kommt häufig vor, dass sie mit den Eltern verschiedene
Sprachen nutzen, je nachdem, welche Sprache die besser beherrschen.
Da die Kommunikation mit einem Elternteil oft durch fehlende Vokabel-
kenntnisse erschwert ist, wechseln Kinder regelmäßig zwischen zwei
Sprachen. Mit ihren Geschwistern reden die Jugendlichen überwiegend
Deutsch oder Mischmasch. Für nur etwa 20 Prozent der Befragten war
Deutsch die erste Sprache.

Es gibt vor allem vier Gründe dafür, dass muslimische Migranten in
Hamburg-Billstedt und Berlin-Neukölln weiter ihre Herkunftssprache ge-
brauchen. Ein Elternteil spricht gar kein Deutsch oder nur so schlecht, dass
es praktisch keine Alternative zu Türkisch oder Arabisch gibt. Viele Eltern
wollen ferner aus kulturellen Gründen, dass ihre Kinder die Heimatsprache
erlernen. Für Bereket aus Somalia (Albert-Einstein-Gymnasium, Maintal) soll »durch die Sprache der Heimat die kulturelle Identität« bewahrt
werden. Nach einer Hamburger Umfrage finden 95 Prozent der türkeistämmigen Eltern es wichtig, dass ihre Kinder in ihrer Herkunftssprache
lesen und schreiben können.[10] Das dritte Motiv für die Heimatsprache ist,

dass sich Kinder nur mit ihr mit Familienangehörigen in der Heimat verständigen können. Und viertens sehen etliche Eltern in der Zweisprachigkeit einen Vorteil in der Berufswelt und der Mehrheitsgesellschaft.

Es besteht ein Konsens darüber, dass das Beherrschen der deutschen Sprache eine Schlüsselrolle für die Integration in das Bildungssystem und in die Mehrheitsgesellschaft spielt. Deshalb ist die Familiensprache für alle Migranten ein Schlüssel für die Sprachbildung und den Erfolg im Bildungssystem.

Die wenigen empirischen Studien über die Sprachnutzung in muslimischen und anderen Familien mit Migrationshintergrund offenbaren, welche Gräben beim Spracherwerb zu überwinden sind. Nach einer Studie des Bonner Instituts für Berufsbildung sprechen nur 7 Prozent »nur Deutsch« und am häufigsten Deutsch zusammen mit Türkisch oder Arabisch (69 Prozent).[11] Zu ähnlichen Ergebnissen kommt eine Umfrage der Konrad-Adenauer-Stiftung. Nach ihr verständigen sich bemerkenswerte 71 Prozent der Türkeistämmigen zu Hause in ihrer Herkunftssprache, ein wenig mehr als in russischen Haushalten (68 Prozent) und erheblich mehr als in polnischen (52 Prozent).[12] In Berlin und in städtischen Regionen Hessens und Nordrhein-Westfalens sprechen mehr als 75 Prozent der vier- bis fünfjährigen Einwandererkinder zu Hause kein Deutsch.[13]

Über die Deutschkenntnisse von muslimischen Migranten gibt es keine verlässlichen Erkenntnisse, da alle bisherigen Studien auf Selbsteinschätzungen der Befragten beruhen und dadurch mit einem hohen Risiko von Fehleinschätzungen belastet sind. In einem Punkt sind sich jedoch alle Lehrer einig: »Die Sprache zu Hause ist eine Crux« (Bernd Tißler, ehemaliger Leiter der Stadtteilschule Hamburg-Barmbek). »Es gibt Kinder, die sind in zwei Sprachen perfekt, andere sind in beiden Sprachen unfertig«, weiß ein Hamburger Grundschulleiter aus seiner langjährigen Erfahrung: Deutsch als Zweitsprache ist seine größte Baustelle. Die Schüler sind hier geboren und können es trotzdem nicht. Wortfindungsschwierigkeiten fallen ihm immer wieder auf. »Doppelte Halbsprachigkeit«, nennt Christiane Mika von der Dortmunder Libellen-Grundschule dieses Phänomen.

Mit den mangelhaften Sprachkenntnissen muslimischer Eltern ist ein besonders wunder Punkt bei der Integration muslimischer Zuwanderer angesprochen: ihre zum Teil miserablen Sprachkenntnisse nach zehn bis zwanzig Jahren in Deutschland. Ein unverdächtiger Sozialarbeiter eines Moscheevereins: »Wir haben ... Menschen, die trotz einer Aufenthalts-

dauer von 30 bis 35 Jahren immer noch nicht die Sprachprobleme über-
wunden haben und somit Schwierigkeiten haben, einen Brief zu verstehen,
oder Schwierigkeiten haben, einen Arzttermin einzuholen oder bei einem
juristischen Problem zum Anwalt zu gehen und dem darzulegen, was für
ein Problem sie haben.«[14] Das Fazit der Migrationsforscher Aladin El-Mafaalani und Ahmet Toprak: »Die Sprachkompetenzen in den muslimischen Familien sind in beiden Sprachen ... häufig eingeschränkt und insbesondere in der dritten Generation erstaunlich schwach ausgeprägt.«[15]

RTL und Al Jazeera: der Medienkonsum von Muslimen

Wenn muslimische Schüler und Schülerinnen deutsches Fernsehen an-
schalten, dann sehen sie in erster Linie private Sender wie Sat 1, Pro 7, n-tv
oder RTL. Halil vom Neuköllner Albrecht-Dürer-Gymnasium findet ARD
und ZDF »langweilig, eintönig«: »*Sturm der Liebe* spricht uns nicht an.«
Wenn überhaupt, werden in der ARD Talkshows wie *Anne Will* oder *Frank
Plasberg* gesehen, häufig für den Politik- oder Gesellschaftskundeunter-
richt. Die beliebteste Sendung bei muslimischen Jugendlichen ist jedoch
die *heute show* im ZDF. Generell gilt jedoch, dass muslimische wie deutsche
Jugendliche sehr wenig fernsehen. Auch Zeitungen werden kaum noch gelesen. Die Hauptinformationsquelle ist mittlerweile das Internet.

Wenn türkeistämmige Jugendliche fernsehen, dann häufig als Teil des
Familienlebens. Serkat und Alyena von der Otto-Hahn-Schule in Hamburg schauen mit ihren Eltern zusammen türkische Nachrichten, Shows
und Serien. 19 Prozent der muslimischen Jugendlichen sehen nach der
Studie *Muslime in Deutschland* keine oder überwiegend nichtdeutsche
Programme, 38 Prozent deutsche und nichtdeutsche Programme gleich
häufig. 42 Prozent der muslimischen Jugendlichen bevorzugen nur oder
überwiegend deutsche Sender. Unter den Jugendlichen gibt es also, wenn
sie überhaupt auf die Einschalttaste drücken, eine Präferenz für deutsche Sender mit potenziell positiven Auswirkungen auf ihre Sprachfähigkeit und ihre kulturelle Integration. Allerdings leben die muslimischen
Jugendlichen medial mehrheitlich in zwei Kulturen.

Das gilt noch stärker für ihre Eltern. Nach der Studie *Muslime in
Deutschland* nutzt knapp ein Drittel überwiegend und oder nie deutsches
Fernsehen, 31 Prozent sehen gleich häufig deutsche beziehungsweise

nichtdeutsche Programme und 32 Prozent nur oder überwiegend Sender der Herkunftsländer.[16] Bei Erwachsenen ist die Heimat also via Satellit sehr präsent. Bei Nour mit palästinensischen Wurzeln von der Neuköllner Otto-Hahn-Schule stehen zu Hause zwei Fernsehapparate: einer für deutsche, ein anderer für arabische Programme.

Nach einer neueren Studie der Hanns-Seidel-Stiftung sieht in Bayern keine Migrantengruppe so wenig deutsches Fernsehen und liest so wenig deutsche Zeitungen wie die Deutschtürken.[17] Entsprechend gibt es auch keine Gruppe, die so häufig Heimatsender einschaltet, weit über dem Durchschnitt anderer Migrantengruppen. Das hängt einmal mit der leichten technischen Empfangbarkeit der türkischen Sender zusammen, aber auch mit der kulturellen Nähe zu ihrer Heimat. Bei der Mediennutzung lebt die Mehrheit der Türkeistämmigen in einem Kulturexil – mit negativen Auswirkungen auf ihre Sprachkompetenz und einer sich vertiefenden kulturellen Distanz zu Deutschland.

Kaum deutsche Freunde: Kontakte zur Mehrheitsgesellschaft

Nach einem langen Arbeitstag kam der Neuköllner Migrationsbeauftragte Arnold Mengelkoch auf die Idee, Integrationspolitik nicht nur zu organisieren, sondern auch privat zu leben. Zu einer Party mit deutschen Freunden lud er deshalb einige muslimische Gäste dazu. Zunächst wurde bei guter Stimmung deutsche Tanzmusik aufgelegt. Bis die muslimischen Gäste protestierten und baten, muslimische Musik zu spielen. Das wurde gemacht. Da seine deutschen Freunde danach aber nicht tanzen konnten, wurde die Musik wieder gewechselt. Darauf sind die muslimischen Gäste gegangen. Diese kleine Episode zeigt, wie kompliziert Integration sein kann – nicht muss.

Kontakte der muslimischen Minderheit zur deutschen Mehrheitsgesellschaft sind ein wichtiger Indikator für das Gelingen oder Misslingen von Integration. Je mehr Kontakte Türken und Araber zu Einheimischen haben, desto besser verstehen sie die Deutschen – und umgekehrt. Persönliche Kontakte sind das wirksamste Mittel gegen Vorurteile. Auch gegen Islamfeindlichkeit.

Kontakt ist ein weiter Begriff, der mit sehr unterschiedlichen Inhalten aufgefüllt werden kann. Ein kurzes Treffen ist zwar ein Kontakt, entfaltet aber wenig bis keine integrative Kraft. Das tun Kontakte erst, wenn sie eine gewisse Qualität und Dauer haben, zum Beispiel Freundschaften, Einladungen, Mitgliedschaften in Vereinen oder Heiraten. Solche gesellschaftlichen Verbindungen gelten als Lackmustest für kulturelle Integration.

Heben Untersuchungen nur auf Kontakte ab, scheint die Beziehung zwischen muslimischer Minderheit und deutscher Mehrheitsgesellschaft intakt. Nach der Studie *Muslimisches Leben in Deutschland* haben 80 Prozent der Muslime häufigen Kontakt zu Deutschen am Arbeitsplatz, 77 Prozent in der Nachbarschaft, 70 Prozent im Freundeskreis und 67 Prozent in der Familie.[18] Nach der Münsteraner Studie des Exzellenzclusters »Religion und Politik« berichten 61 Prozent der türkeistämmigen Zuwanderer, dass sie sehr viel Kontakt zu Menschen deutscher Herkunft haben.[19] Über die Intensität und die Dauer dieser Begegnungen sagen diese Studien allerdings nichts. Die wenigen verfügbaren Untersuchungen und Alltagserfahrungen legen nahe, dass das Hineinwachsen von Muslimen in die deutsche Mehrheitsgesellschaft von sehr verschiedenen Faktoren abhängt.

Aufschlussreiche Einblicke erlaubt eine Langzeituntersuchung des Essener Zentrums für Türkeistudien, die Kontakte zwischen Deutschtürken und Herkunftsdeutschen in Nordrhein-Westfalen zwischen 2001 und 2015 verfolgt hat. Die ernüchternde Bilanz: Die Kontakte zwischen beiden Bevölkerungsgruppen stagnieren seit 15 Jahren.[20] Der zweite Befund: Zwischen Rhein und Ruhr sind zwei auseinanderdriftende Trends in der türkischen Community im Verhältnis zur Mehrheitsgesellschaft zu beobachten, die vermutlich auch in anderen Bundesländern anzutreffen sind. Etwa zwei Fünfteln der Türkeistämmigen gelingt es, relativ normale und unkomplizierte Beziehungen zur Mehrheitsgesellschaft aufzubauen. Bei zwei anderen Fünfteln ist dagegen eine deutliche Tendenz zur Selbstisolierung und Entfremdung von der deutschen Gesellschaft zu erkennen. Drei Faktoren dürften dabei eine Rolle gespielt haben: eine Ausdehnung und Vertiefung muslimischer Parallelgesellschaften beziehungsweise sozialer Brennpunkte mit einer Mehrheit von Familien mit Migrationshintergrund, eine stärkere Religiosität und der Einfluss von Erdogans nationalistisch-islamistischem Weltbild mit osmanischen Großmachtfantasien.

Nach zwei Studien leben zwischen 20 bis 25 Prozent der Muslime in von Migranten dominierten sozialen Brennpunkten wie Dortmund-Nordstadt oder Berlin-Neukölln.[21] Ihre durch Ghettoisierung bedingte Isolation bedrückt zunehmend Psychologen und Lehrer. Für den Neuköllner Psychologen Kazim Erdogan sind die »Kontakte zur Mehrheitsgesellschaft geringer geworden. Es sind Regionen nicht funktionierender Parallelgesellschaften entstanden. Es werden Fronten gebildet – gegeneinander und nebeneinander.« In Nürnberg-Gibitzenhof registriert Benedikt Mehl, Leiter des Pirckheimer-Gymnasiums, dass sich »Milieus verfestigen und viele unter sich bleiben«.

Lehrer in Brennpunktschulen stellen fest, dass ihre Schüler nur wenige Berührungspunkte mit der deutschen Gesellschaft haben. Nach den Erfahrungen von André Koglin, Leiter der Neuköllner Otto-Hahn-Schule, haben seine »Schüler kaum Kontakte zur deutschen Gesellschaft und kaum deutsche Freunde«. Seine Kollegin vom Kreuzberger Robert-Koch-Gymnasium Eva Maltusch meint gleichfalls, dass die muslimischen Schüler »nicht im deutschen Freundeskreis drin sind«, weshalb sie viele Exkursionen in die deutsche Gesellschaft macht, zum Beispiel auf die Pfaueninsel oder ins Theater.

Diese Eindrücke von Lehrern bestätigen fast alle muslimischen Schüler in Brennpunktschulen. Alle interviewten Schüler des Helmholtz-Gymnasiums im Dortmunder Norden haben »keine deutschen Freunde, die gibt es hier nicht«. Ähnlich geht es Ceren von der Otto-Hahn-Schule in Hamburg-Billstedt: »Wir haben einen multikulturellen Freundeskreis. Wir haben nur drei deutsche Jungen und ein deutsches Mädchen in der Klasse.« Hinzu kommt bei vielen muslimischen, insbesondere türkischen Schülern eine emotionale Komponente bei der Wahl ihrer Freunde. Aleyna aus derselben Klasse »fühlt sich mit Türken wohler«. Auch Ekrem vom Helmholtz-Gymnasium ist aus diesem Grund »vorwiegend mit Türken zusammen«.

Nur wenig dichter scheinen nach Umfragen die Kontakte von muslimischen Jugendlichen in überwiegend deutsch geprägten Gegenden und gemischten Vierteln zu sein. Der Migrationsforscher Mustafa Gençer fasst zusammen: »Heute leben deutsche und türkische Jugendliche nebeneinander. Junge Türken verbringen einen größeren Teil ihrer Zeit mit Gleichaltrigen aus der gleichen ethnischen Gruppe als mit Deutschen. In der Phase der Pubertät setzen sich Verhaltensregeln durch, die auf elterliche Erziehungsmaßnahmen zurückgehen, welche sich an traditionell türkischen und islamischen Werten orientieren.«[22] Nach der Studie

Muslime in Deutschland waren nur 9 Prozent der muslimischen Schüler nur oder überwiegend mit einheimischen Deutschen befreundet.[23] Dagegen hatten 63 Prozent der muslimischen Jugendlichen gar keine oder nur wenige deutsche Freunde. Bemerkenswert ist nach derselben Umfrage, dass Nichtmuslime mit Migrationshintergrund wesentlich leichter freundschaftliche Bande mit Einheimischen knüpfen. In dieser Migrantengruppe gaben immerhin 24 Prozent an, überwiegend oder nur mit einheimischen Deutschen befreundet zu sei. Dass muslimische, vor allem aber türkische Zuwanderer weniger Kontakte zu Deutschen haben als andere Migrantengruppen, bestätigen andere Studien.[24]

In der Integrationsforschung gilt die Wahl des Ehepartners als einer der härtesten Indikatoren für die Integration von Zuwanderern. Interethnische Ehen führen zu einer dauerhaften sozialen Interaktion über die Grenzen ethnischer Milieus hinweg und verstärken dadurch die Eingliederung in viele Bereiche der Mehrheitsgesellschaft. Auch diese Integrationsbarriere ist nach wie vor schwer zu überwinden. Ingrid Koch, Leiterin der Lindenauschule in Hanau, beobachtet, dass die »Ethnien nach wie vor unter sich heiraten. Türkische oder arabische Männer, die deutsche Frauen heiraten, sind eine Seltenheit.« Diesen Befund bestätigt der Berliner Migrationsforscher Ruud Koopmans: »Interethnische Heiraten stagnieren auf niedrigem Niveau. Das hat viel mit Religion zu tun.« In Sure 2 Vers 221 fordert der Koran ausdrücklich Muslime auf, eher Sklaven als Ungläubige zu heiraten: »Und heiratet nicht heidnische Frauen, solange sie nicht gläubig werden! Eine gläubige Sklavin ist besser als eine heidnische Frau, auch wenn diese euch gefallen sollte.« Das soll nach dem Vers mutatis mutandis für »gläubige Frauen« gelten, die eher »Sklaven« als »heidnische Männer« ehelichen sollen. Dass viele Muslime diesen Koranvers auch heute noch wörtlich nehmen, bestätigt eine Untersuchung von Haci-Halil Uslucan. Nach ihr ist Religion der stärkste Einflussfaktur bei der Wahl eines Heiratspartners. Während für 16 Prozent die gleiche nationale Herkunft eine wichtige Rolle spielt, ist es für 50 Prozent die Religionszugehörigkeit.[25]

Nach der Integrationsforscherin Martina Sauer spielt die Heiratsmigration bei Türkeistämmigen in Nordrhein-Westfalen immer noch eine »bedeutende Rolle«: Bei der jüngsten Befragung des Essener Zentrums für Türkeistudien gaben 36 Prozent der Befragten an, als Heiratsmigranten aus der Türkei gekommen zu sein. Also mehr als ein Drittel! Zuwanderung aus der Türkei findet heute fast ausschließlich über Heiratsmigration statt. Solche Ehen erschweren die Integration. Sie eröffnen trübe Perspektiven für Kontakte zur Mehrheitsgesellschaft und den schulischen Erfolg der Kinder wegen mangelhafter Deutschkenntnisse der nachgezogenen Ehepartner.

Als ein besonders hohes Hindernis für die Integration via Ehe erweist sich in der Praxis das Heiratsverbot mit Andersgläubigen für muslimische Frauen. Männer dürfen zumindest theoretisch christliche oder jüdische Frauen ehelichen – Angehörige von sogenannten Buchreligionen. Wollen muslimische Frauen dagegen christliche oder jüdische Männer heiraten, müssen Letztere vorher konvertieren. Denn die Religion des Mannes entscheidet über die Religion der Kinder. Dieser Zusammenhang ist im Islam unantastbar. Kommt es zu solchen Konfliktlagen, spielen sich auf Internetforen erschütternde Dramen ab, deren Kern sich in drei Sätzen zusammenfassen lässt: »Ich liebe meinen Freund. Ich will aber meine Familie nicht verlieren. Was soll ich tun?« Nach einem Bericht in der *Zeit* dürfen wegen dieses Heiratsverbots Zehntausende von Frauen nicht die Männer heiraten, die sie lieben, es sei denn, diese treten zum Islam über.[26] Wer das nicht tut und trotzdem eine Muslima ehelicht, muss damit rechnen, dass die Familie ihre Tochter verstößt oder das Paar drangsaliert wird. Die Frauenrechtlerin und Anwältin Seyran Ateş hat einmal ein christlich-muslimisches Paar betreut, bei dem die Ehefrau so unter dem Verlust ihrer Familie gelitten hat, dass sie sich nach Jahren glücklicher Ehe wieder von ihrem christlichen Mann getrennt hat.

Fazit: Bis zu 40 Prozent der Muslime gelingt es, normale Beziehungen zur Mehrheitsgesellschaft aufzubauen und zu pflegen. Fortschritte bei der Integration im Freizeitverhalten sind in den letzten Jahren empirisch nicht erkennbar – weder bei den Kontakten zur Mehrheitsgesellschaft noch bei der Mitgliedschaft in Vereinen noch bei interethnischen Ehen. Zur Realität gehört leider auch, dass muslimische Migranten weniger Kontakte zu Deutschstämmigen haben als nichtmuslimische. Letztere schließen leichter Freundschaften und haben offenbar ein besseres Verhältnis zu Nachbarn und Arbeitskollegen.

Gespaltene Identitäten: Muslime in der Diaspora

Ekrem vom Dortmunder Helmholtz-Gymnasium kann »sich nicht richtig
entscheiden zwischen Deutsch und Türkisch«. Er meint deshalb eine »doppelte Identität« zu haben. Seine Schulkameradin Amira sieht sich weder als
»Marokkanerin noch als Deutsche. Wir haben nicht viel mit Deutschland
zu tun.« Elias mit somalischen und Thanhviet mit vietnamesischen Wurzeln haben dagegen in Deutschland eine neue Heimat gefunden. Sie fühlen
sich »ohne Abstriche als Deutsche«. Aleyna von der Hamburger Otto-Hahn-
Gesamtschule denkt, dass sie »eher türkisch« ist, ist sich aber nicht sicher.
Zusammen mit Ceren, die in Hamburg türkisch aufgewachsen ist, und
Serkat, gleichfalls mit türkischen Wurzeln, unterschreiben die drei einen
Satz: »Wir wissen nicht genau, wer wir sind.« Bei Serkat ist die Lage noch
komplizierter. Seine Identitäten wechseln mit der Umgebung: »In Deutschland fühle ich mich als Türke, in der Türkei werde ich als Deutscher, als
›Deutschländer‹ wahrgenommen.« Leonor mit albanischem und Nour mit
einem palästinensischen Hintergrund haben bei der Identitätssuche noch
einen anderen Ausweg gefunden. Sie verstehen sich als »Berliner«. Ayşe,
Jurastudentin in Hamburg: »Ich bin zuerst Hamburgerin, dann Türkin und
dann Deutsche.« Bei diesen Jugendlichen hat sich Ersatzidentität herausgebildet für die vergebliche Verortung in Deutschland oder in der Heimat
ihrer Eltern beziehungsweise Großeltern. Diesem Phänomen begegnen wir
auch bei Erwachsenen. Nach einer Umfrage des Essener Instituts für Türkeistudien fühlen sich 88 Prozent der Türkeistämmigen in Nordrhein-Westfalen mit ihrer Stadt und 89 Prozent mit ihrem Stadtteil stark oder eher
stark verbunden, erheblich mehr als mit Deutschland oder mit Europa.

Ein Hindernis bei dem insbesondere in der Adoleszenz ausgeprägten
Bedürfnis nach Identität und Bindung ist, dass muslimische Schüler morgens in der Schule und nachmittags in der Familie in unterschiedlichen
Kulturen leben. Der Leiter des Gymnasiums in Hamburg-Hamm Sven Kertelhein: »Sie verhalten sich in der Schule anders als zu Hause. Sie schätzen
und würdigen den familiären Zusammenhalt. Darauf sind sie stolz, es verunsichert sie aber auch.« »Sie leben in zwei Kulturen«, sagt auch ein Lehrer
von der Otto-Hahn-Gesamtschule in Hamburg-Billstedt: »Wenn sie nach
Hause kommen, legen sie den Schalter um.« Was sagt uns dieser bunte
Fächer von gespaltenen Identitäten, Doppel-, Misch-, Wechsel- und Nichtidentitäten?

Die Identifikation mit dem Zuwanderungsland und die gleichzeitige Abwendung vom Herkunftsland gelten gemeinhin als markante Zeichen für gelungene kulturelle Integration. In den Augen der Neuköllner Schulrätin Gisela Unruhe ist die Identitätsfindung der »Dreh- und Angelpunkt« der Eingliederung. In der Diaspora erfahren Kultur und Religion der Eltern beziehungsweise Großeltern oft ein größeres Gewicht, als sie in der Heimat hätten. Sie werden idealisiert. Das kulturelle und religiöse Erbe kann sich deshalb im zunächst fremden Land leicht zum Kern des Seins, der Identität entwickeln. Vor dieser Hürde stehen alle Integrationsbemühungen.

Das Problem ist nur: Kaum eine Frage ist komplexer als die Frage nach Zugehörigkeit, Verbundenheit oder Identifikation mit Kulturen, Religionen und Nationalitäten. Hier kreuzen sich Realitäten, Enttäuschungen und Träume im Zuwanderungsland mit Tradition, Kultur, Religion, familiären Bindungen und manchmal einer emotionalen Überhöhung des Herkunftslandes als Sehnsuchtsland. Eine Umfrage des Zentrums für Türkeistudien in Nordrhein-Westfalen legt frei, wie zwiespältig und vielschichtig das Verhältnis zwischen Deutschsein und Türkischsein ist.[27] 63 Prozent der Befragten fühlen sich in Deutschland zu Hause, aber nur 33 Prozent den Deutschen sehr nahe. 44 Prozent sehen sich hin- und hergerissen zwischen den beiden Ländern. Andererseits meinen fast ebenso viele (40 Prozent), deutsche und türkische Lebensweise ohne Brüche zusammenbringen zu können. Bei einem bemerkenswerten Teil der Deutschtürken endet die Identitätssuche im Nirgendwo: 24 Prozent fühlen sich heimatlos, 18 Prozent »nirgends zugehörig«.[28]

Zu ähnlichen widersprüchlichen Ergebnissen gelangt das Exzellenzcluster »Religion und Politik« der Universität Münster. 90 Prozent der Türken fühlen sich in Deutschland sehr oder eher wohl.[29] 70 Prozent wollen sich angeblich integrieren. Je konkreter die Fragen werden, desto mehr schrumpft der Wille zur Eingliederung. Die Verbundenheit mit Deutschland ist nur noch geringfügig stärker als die mit der Türkei: 87 Prozent gegenüber 85 Prozent. Das heißt: Vier Fünftel der Türkeistämmigen leben hierzulande bikulturell und wollen diese Doppelidentität auch nicht aufgeben.

Die Akzeptanz der Andersartigkeit statt Assimilation ist die Kernforderung aller religiös-konservativen muslimischen Verbände. »Integration und Bewahrung der islamischen Identität« fordert die »Islamische

Charta«, die Grundsatzerklärung des Zentralrats der Muslime. Der Islam-rat sieht in der »doppelten Verbundenheit« mit Deutschland und dem Herkunftsland einen »Vorteil« und »keinen Identitätskonflikt«.

Das Selbstverständnis der Verbände nimmt eine unter Muslimen ver-breitete Stimmung auf. Nach allen empirischen Untersuchungen fühlt sich über die Hälfte der Befragten stärker mit ihrem Heimatland als mit Deutschland verbunden.[30] Bei keiner Migrantengruppe ist die Distanz zur deutschen Gesellschaft größer als bei den Muslimen.[31] Unter den Muslimen sind wiederum die Türken ihrer Kultur am engsten verpflichtet. Nach einer Untersuchung der Konrad-Adenauer-Stiftung empfinden sich zwei Drittel der türkischen Zuwanderer ihrem Heimatland näher als Deutschland.[32]

Diese Zwitteridentitäten wurden einer breiteren Öffentlichkeit zum ersten Mal im Eklat um die Fußballnationalspieler Ilkay Gündogan und Mesut Özil bewusst. Als Özil sein Foto mit Präsident Erdogan zu erklären versuchte, schrieb er, dass in seiner Brust »zwei Herzen« schlagen, ein »türkisches und ein deutsches«. Seine Mutter habe ihn gelehrt, nie seine familiäre Herkunft zu vergessen. Damit wurde klar, dass sich die beiden deutschen Nationalspieler mit Deutschland und mit der Türkei identi-fizieren. Deshalb waren viele Fußballfans, Journalisten und Politiker überrascht und irritiert, als Gündogan ein Foto mit Erdogan und sich dem türkischen Autokraten widmete: »Für meinen verehrten Präsidenten.« Sein Präsident hieß also Erdogan und nicht Steinmeier. Oder hatte er gar zwei Präsidenten? Die starke Verbundenheit Özils mit der Türkei erklärt auch, warum er sich seit Jahren beharrlich weigert, die deutsche National-hymne mitzusingen. Obwohl die beiden Fußballer jahrelang das Trikot der deutschen Fußballnationalmannschaft getragen haben, waren sie im Kopf und im Herzen Türken geblieben.

Die Özil/Gündogan-Affäre hat zwei Erkenntnisse gebracht: Sie war ein Augenöffner für die komplexe Bewusstseinswelt einer multikulturellen Ge-sellschaft, insbesondere der türkischen Community mit ihren ungelösten Identitäts- und Zugehörigkeitsproblemen. Und sie hat ein Schlaglicht auf einen langen Entfremdungsprozess zwischen Türkeistämmigen und Her-kunftsdeutschen geworfen, auf den wir im nächsten Kapitel eingehen werden.[33]

Bestürzend ist, dass dieser Einstellungswandel auch die dritte Gene-ration der Türkeistämmigen erfasst hat, Deutschtürken, die hier geboren worden sind und die überwiegend einen deutschen Pass haben. In puncto

Heimatverbundenheit steht die dritte Generation schlechter da als die zweite. Das bittere Fazit der Essener Forscher: »Ein Integrationsfortschritt zeigt sich nur zwischen erster und zweiter Generation, die dritte Generation fällt wieder zurück.«[34] Dieses Resümee ist integrationspolitisch ein Debakel.

Dieses erschreckende Ergebnis wird durch andere Indikatoren für Zugehörigkeit und Identifizierung mit Deutschland untermauert. Zum Beispiel beim Wunsch nach Übernahme der deutschen Staatsbürgerschaft. Sie wird häufig als Endpunkt einer gelungenen Integration verstanden. Es schält sich allerdings heraus, dass diese Vorstellung nicht mehr stimmt. Die Identifikation mit der Aufnahmegesellschaft muss nämlich keineswegs mit einer Abwendung vom Herkunftsland und einer Hinwendung zu Deutschland einhergehen, sondern kann auch in Doppel- und Mischidentitäten einmünden.

Nach der Langzeituntersuchung des Zentrums für Türkeistudien flacht die Zahl der Einbürgerungen seit 2003 ab und stagniert seit 2010. Sie legt außerdem frei, dass das Einbürgerungspotenzial unter den Deutschtürken fast ausgeschöpft ist. 80 Prozent der türkischen Staatsbürger an Rhein und Ruhr schließen künftig eine Einbürgerung aus. Nur 13 Prozent haben noch die Absicht, sich einbürgern zu lassen, sieben weitere beschäftigen sich mit dem Gedanken. Es verbleibt also ein Einbürgerungspotenzial von 20 Prozent. Auch bei den Einbürgerungswünschen wird deutlich, dass die Türkeistämmigen in Nordrhein-Westfalen näher an ihr Herkunftsland gerückt sind und sich von ihrer zweiten Heimat in Duisburg und Wuppertal entfernt haben.

Unter den vom Verfasser befragten muslimischen Schülern hat die deutsche Staatsangehörigkeit als Identitäts- und Integrationsverstärker fast keine Bedeutung mehr. Leonor von der Otto-Hahn-Schule in Hamburg-Billstedt fühlt sich durch den Pass »nicht weniger oder mehr deutsch. Der Pass hat nichts mit Identität zu tun. Er wird fürs Reisen benutzt, aber nicht um Menschen in bestimmte Gruppen einzuteilen.« Auch für seine Mitschülerin Nour spielt der Pass »keine Rolle, sie verreist damit«. Etwas vorsichtig urteilt Sueda vom Neuköllner Albrecht-Dürer-Gymnasium: »Ich weiß nicht, wie wichtig der Pass für mich ist.« Bei etlichen Schülern hat sich die Haltung zum Pass sogar gedreht. »Einen türkischen Pass findet man bei uns gerade cool«, sagt ihr Klassenkamerad Hilal. Angesichts dieses Meinungsbildes überrascht nicht, dass nach dem Integrationsbarometer 2016 nur noch ein Fünftel aller Türkeistämmigen den »Besitz der deutschen Staatsangehörigkeit« für »wichtig« hält, »um zur deutschen Gesellschaft dazuzugehören«.[35]

Enttäuschte Erwartungen: Segregation von Deutschtürken

Die Einweihung der Kölner DITIB-Zentralmoschee am 29. September 2018 durch den türkischen Präsidenten Erdogan zeigt dreierlei: die Abhängigkeit des deutschen DITIB-Ablegers von der türkischen Regierung in Ankara, die Existenz eines türkischen Staatsislam, der keine Trennung von Staat und Religion kennt, und den Willen Erdogans, seine Desintegrationspolitik bei den Türkeistämmigen in Deutschland fortzusetzen.

Am Einweihungsgottesdienst, an dem der Imam des Gotteshauses Ali Erbaş und der türkische Präsident Erdogan nebeneinander vor der Festversammlung beteten, haben keine deutschen Politiker teilgenommen – aus unterschiedlichen Motiven. »Die lassen sich instrumentalisieren von der türkischen Regierung«, meint der zuständige Bezirksbürgermeister Josef Wirges. Er hatte sich für den Bau des Gotteshauses als Ort des interreligiösen und kulturellen Dialogs stark gemacht und musste nun den »Eindruck« ertragen, dass der Veranstalter die »Eröffnung einer Außenstelle der Diyanet feiert« und Erdogan sie »okkupiert hat«.[36] Wirges sah darin eine weitere Etappe in der »zunehmenden Abschottung« der Deutschtürken.

Dieser Trend wird im öffentlichen Integrationsdiskurs gern verschwiegen. Er ist keine Einbildung, sondern gesellschaftliche Realität. Für diese Segregationstendenzen, also den Wunsch, sich von der Mehrheitsgesellschaft abzugrenzen, um die eigene Kultur zu bewahren, hat das Zentrum für Türkeistudien eindrucksvolle empirische Belege in Nordrhein-Westfalen gesammelt. Zwischen 2001 und 2015 hat das Zentrum dort einen »deutlichen« und »unerwarteten Anstieg von Segregationstendenzen« bei einer »nicht unerheblichen Minderheit« von Türkeistämmigen festgestellt.[37]

Die Zustimmung zu dem Satz »Wir Türken müssen aufpassen, dass wir nicht allmählich zu Deutschen werden« stieg von 2001 bis 2015 um 12 Prozentpunkte: von 47 Prozent auf 59 Prozent.[38] Der Zuspruch zu dem Satz »Wir Türken müssen unter uns bleiben, um unsere türkische Lebensweise nicht zu verlieren«, kletterte im selben Zeitraum um 19 Prozent auf 43 Prozent. Am stärksten zugenommen hat die Billigung des Satzes »Wir Türken sollten möglichst unter uns heiraten«. Sie schnellte von 17 auf 44 Prozent hoch. Parallel zu diesem Prozess der Selbstisolierung sind die Religiosität der Deutschtürken, ihre Mitgliedschaft in türkischen Vereinen und ihre Verbundenheit mit der Türkei gestiegen. Der Migrationsforscher des Wissenschaftszentrums Berlin (WZB) Ruud Koopmans hat bei zeitgleichen Umfragen von Deutschtürken und Türken in der Türkei festgestellt, dass die »Auffassungen der in Deutschland lebenden türkischen Muslime denen der Türken in der Türkei um ein Vielfaches näher stehen als denen der deutschen Mehrheitsgesellschaft«.[39]

Als Ursachen für diese wachsenden Segregationstendenzen haben die Essener Türkeiforscher gestiegene Religiosität, geringe gesellschaftliche Einbindung, bescheidene Bildungserfolge, prekäre wirtschaftliche Lagen und Gefühle der Benachteiligung ausgemacht.[40]

Nach den Langzeituntersuchungen des Zentrums für Türkeistudien hat der Rückzugsprozess der Deutschtürken vor allem ab 2010 Fahrt aufgenommen. Seitdem beobachten die Migrationsforscher unter den Deutschtürken einen »wachsenden Trend zur Türkeiorientierung« und eine »zunehmende Distanz zu Deutschland«.[41] Warum? In das Jahr 2010 fielen zwei Ereignisse, die dem gegenseitigen Entfremdungsprozess zwischen Türkeistämmigen und Herkunftsdeutschen zusätzlichen Schub gegeben haben: die Kölner Rede Erdogans, in der er »Assimilation zu einem Verbrechen gegen die Menschlichkeit« erklärte, und das Erscheinen von Thilo Sarrazins Bestseller *Deutschland schafft sich ab*. Das Buch und sein Erfolg waren in der Wahrnehmung der meisten Türkeistämmigen ein Signal dafür, dass sie in Deutschland nicht willkommen sind. Damals fühlten sich 81 Prozent der Deutschtürken diskriminiert, der höchste jemals ermittelte Wert. Genährt wurde dieses Gefühl mangelnder Wertschätzung 2011, als die rechte Terrorgruppe NSU enttarnt wurde. Ihre Opfer waren mit einer Ausnahme türkeistämmig. Die Empörungswelle über das staatliche Versagen bei der Aufklärung der NSU-Morde und das Anerkennungsvakuum nach Sarrazins Bestseller hat die Erdogan-Regierung genutzt und das Amt für Auslandsangelegenheiten gegründet. Es soll die Bindung und Identifikation der Deutschtürken mit der Türkei fördern und sich um Diskriminierung und Ausgrenzung von Landsleuten in Deutschland kümmern. Seitdem betreibt Erdogan eine gezielte Desintegrationspolitik unter den 2,8 Millionen Deutschtürken hierzulande. Erdogan, erklärt der Türkeiexperte Haci-Halil Uslucuan, habe den Deutschtürken damals das »Gefühl des Stolzes vermittelt, Teil einer immer stärkeren Türkei zu sein«.

Mit dem Amt für Auslandsangelegenheiten, der Türkisch-Islamischen Union der Anstalt für Religion (DITIB) und der Union Europäisch-Türkischer Demokraten (UETD), des deutschen AKP-Ablegers, hat Erdogan eine schlagkräftige Struktur aufgebaut, um die türkische Community in Deutschland in eine türkische Kolonie zu verwandeln. »Wo immer einer unserer Landsleute ist, da sind auch wir«, erklärt Erdogan die Rolle der Türkei als Schutzmacht und Interessenvertreter.

Weitere Wegmarken dieser Diasporapolitik sind Erdogans Aufforderung, zuerst die türkische Sprache zu lernen, seine Landsleute als »Brüder und Schwester« zu umschmeicheln und an ihren Nationalismus und Patriotismus zu appellieren. 2012 hat er ihnen das Wahlrecht in der Türkei verschafft, wodurch er ihre Verbundenheit mit ihren heimatlichen Wurzeln gepampert hat. Der dreiste Höhepunkt dieser Langzeitstrategie: der Aufruf an alle Deutschtürken, bei der Bundestagswahl 2017 nicht für SPD, CDU oder Grüne zu stimmen: »Das sind alles Türkenfeinde.«

Die Desintegrationspolitik Erdogans hat anscheinend tiefe Spuren im Bewusstsein der Türkeistämmigen hinterlassen. 2017 fühlten sich 51 Prozent der Deutschtürken eher durch die türkische Regierung vertreten, nur 37 Prozent durch die Bundesregierung.[42] Das war mal anders. Erst ab 2010 meinen die Deutschtürken, dass ihre Interessen besser in Ankara als in Berlin aufgehoben sind. Dass eine solche Verschiebung der politischen Prioritäten »im Blick ... auf die (politische) Integration« der Türkeistämmigen »äußerst bedenklich« ist, gibt selbst das Zentrum für Türkeistudien in Essen zu.[43] Sein Fazit: Für die zweite und dritte Generation der Türkeistämmigen ist »Deutschland zwar das Zuhause, die Türkei jedoch ihre Heimat«.[44]

Wenn zwischen zwei Fünftel und knapp zwei Drittel der Deutschtürken es vorziehen, in Essen oder Frankfurt am Main wie in der Türkei zu leben, ihre Kultur zu bewahren und möglichst unter sich zu heiraten, ist dies gewollte Segregation, das totale Scheitern kultureller Integration. Hier ist nicht nur das Ziel der Eingliederung in unsere Gesellschaft verfehlt, sondern durch den Rückzug in die eigene Community eine Gegengesellschaft entstanden mit fatalen Folgen für die Erziehung und Bildung künftiger Generationen.[45]

Abschottung ist nicht nur für Türkeistämmige ein Integrationshindernis, sondern für alle Muslime. Nach einer vergleichenden Integrationsstudie von Ruud Koopmans leben Muslime in allen europäischen Ländern am stärksten segregiert, ausgenommen säkulare Muslime und Iraner.[46]

Grundgesetz und Wertegemeinschaft: mangelnde Akzeptanz unserer Wert- und Rechtsordnung

»Muslime bejahen die vom Grundgesetz garantierte gewaltenteilige, rechtsstaatliche und demokratische Ordnung«, stellt der Zentralrat der Muslime in der »Islamischen Charta« fest, einer Art Grundsatzerklärung der Organisation. Auch die DITIB bekennt sich zur »freiheitlich-demokratischen Grundordnung«. Diese Bekundungen sind wichtig und unverzichtbar, müssen aber mehr als Lippenbekenntnisse sein. »Formale Treue zur Verfassung reicht nicht«, fordert daher zu Recht Christine Langenfeld, ehemaliges Mitglied des Sachverständigenrates deutscher Stiftungen für Integration und Migration und heutige Bundesverfassungsrichterin.[47]

Ob die demokratische Ordnung des Grundgesetzes in den muslimischen Verbänden und Gemeinden tatsächlich verinnerlicht und gelebt wird, bezweifeln viele. Denn in der »Islamischen Charta« des Zentralrats der Muslime steht auch der Satz: »Das Islamische Recht verpflichtet Muslime in der Diaspora«, also auch in Deutschland. Das ist eine doppeldeutige Aussage. Sie kann meinen, dass sich die Muslime an der Scharia orientieren oder an die jeweilige nationale Rechtsordnung halten sollen.[48] Diese Vieldeutigkeit ist im religiös-konservativen Milieu kein Zufall. »Wir halten uns an die deutschen Gesetze, aber wir schämen uns nicht für die Gesetze des Islams, die ewig gültig sind«, unterstreicht Abdel Qader Daoud, Imam der Ibrahim-al-Khalil-Moschee in Berlin-Tempelhof.[49] Eine gefährliche Unentschiedenheit. »Denn es ist nicht zu leugnen«, sagt die Bundesverfassungsrichterin Christine Langenfeld, »dass jedenfalls ein traditionelles Verständnis des Islam Fragen nach der Vereinbarkeit mit dem Grundgesetz aufwirft.«[50] Unterhalb des formellen Verfassungsbekenntnisses schlummern also zahlreiche ungelöste Kultur- und Rechtskonflikte zwischen muslimischer Minderheit und Mehrheitsgesellschaft. Deshalb genügen formale Bekenntnisse zum Grundgesetz und zu unserer

Rechtsordnung nicht. Zu verlangen sind vielmehr eine verinnerlichte Rechts- und Demokratietreue.

Pluralistische Gesellschaften brauchen dringender als homogene Gesellschaften gemeinsame Werte, die Bürger unabhängig von Kulturen und Religionen miteinander verbinden. Das gilt vor allem für Einwanderungsgesellschaften. Je vielfältiger und pluraler sie werden, desto notwendiger ist eine Wertordnung als Basis für ein Miteinander der Kulturen und Religionen, insbesondere dann, wenn so unterschiedliche Kulturen wie die islamische und die westliche aufeinanderprallen.

In diesem Spannungsfeld stellt das Grundgesetz zunächst nur einen Rahmen zur Verfügung. Er muss durch den Gesetzgeber und die Rechtsprechung inhaltlich ausgefüllt werden. Dabei sind zwei Kategorien von Wert- und Kulturkonflikten zu unterscheiden: jene, die durch Rechtsprechung oder Gesetzgeber verrechtlicht sind, und jene, die als Teil der Wertordnung noch nicht in Recht transformiert sind oder nicht gesetzlich geregelt werden sollen. Zur ersten Kategorie gehören das Tragen eines Kopftuches am Arbeitsplatz, in der Schule und im Gericht, die Teilnahme am Schwimmunterricht und an Klassenfahrten, das Einrichten von Gebetsräumen in Schulen, das Verbot von Zwangsehen und, jüngst, die Einschränkung von Kinderehen. Daneben leben wir in der westlichen Wertegemeinschaft aber auch noch von Werten unterhalb der Schwelle des Rechts. Auf der gesellschafts- und staatspolitischen Ebene vom Humanismus, von der Aufklärung, von den Freiheitsbewegungen des vergangenen Jahrhunderts, der Trennung von Staat und Kirche und der christlich-jüdischen Tradition. Und im Alltag von Höflichkeitsregeln wie der Begrüßung und Verabschiedung mit Handschlag, dem Respekt vor Lehrerinnen und Krankenschwestern, dem Kommunizieren mit freiem Gesicht statt verschleiert hinter Niqab oder Burka; vom gemeinsamen Sitzen von Männern und Frauen in Kirchen statt der nach Geschlechtern getrennten Sitzordnung in Moscheen; von der Erziehung zu Selbstständigkeit, Eigenverantwortung und Selbstentfaltung in Schulen und Familien statt zum Respekt vor Autorität, zu Gehorsam und Loyalität in den religiös-konservativen Milieus der muslimische Gemeinden.

Das Nebeneinander von Rechts- und Wertordnung als Zielen kultureller Integration macht eine zweistufige Annäherung an ihre Akzeptanz unter Muslimen notwendig. Erstens: In welchem Umfang fühlen sich Muslime dem freiheitlich-demokratischen Rechtsstaat verpflichtet? Und zweitens: In welchem Ausmaß sind Muslime bereit, die westliche Wertewelt anzuerkennen?

Keine Zweifel bestehen, dass der Gottesstaat, den der islamistische Terrorismus anstrebt, nicht mit der freiheitlich-demokratischen Grundordnung vereinbar ist. Zu ihr gehört das Gewaltmonopol, eine Säule unseres Rechtsstaates. Gegen dieses Monopol verstößt, wer politische oder religiöse Ziele mit Gewalt zu erreichen versucht. Das tun zum Beispiel Al-Qaida und der IS. Als Muslime begehen sie terroristische Gewalttaten im Namen des Islam. Bin Laden hat sich auf den Koran und auf Hadithe (Aussprüche und Taten des Propheten, die als nachahmenswert gelten) berufen, wie es heute die Sprecher des IS tun. Der Koran »verpflichtet« uns, die »ganze Welt ohne Ausnahme ... zu bekämpfen«, verkündet der offizielle Sprecher des IS Abu Muhammed al-Adana.[51]

Bis heute ist es unter Muslimen und muslimischen Verbänden üblich, den islamistischen Terrorismus für »unislamisch« oder als »Missbrauch des Islam« zu erklären. Das Ziel solcher Distanzierungen ist klar: Sie sollen den Islam als Religion von einer Mitverantwortung für das mörderische Treiben von Al-Qaida und IS befreien und die Muslime in Deutschland vor Sippenhaft und Generalverdacht schützen.

Fast alle Experten vertreten mittlerweile die Auffassung, dass der Kriegszug des IS in Syrien und dem Irak sowie die Bomben in Paris, Brüssel und Berlin im Islam wurzeln. Ihre religiösen Führer interpretieren den Koran und die Hadithe nur auf eigenwillige, aber mögliche Weise. Zwei Stimmen: Der Sachverständigenrat deutscher Stiftungen für Integration und Migration erklärt, dass der »im Namen« des Islam »ausgeübte Terror ... nicht vollständig von religiösen Fragen zu lösen ist«, weil »eine fundamentalistische Interpretation des Koran ... ihm als Referenzrahmen« und »als Legitimationsbasis für ihre Taten ... dient«.[52] Für den Islamrechtler Mathias Rohe sind die »Texte«, auf die sich der »Islamische Staat« heute beruft, »solche, auf die man auch in saudi-arabischen Bildungsstätten verweist. Was heute in der IS-Hochburg Rakka praktiziert wird, wird zu erheblichen Teilen in Medina gelehrt. Insofern hat es objektiv sehr wohl etwas mit dem Islam zu tun.«[53]

Die überwältigende Mehrheit der Muslime in Deutschland lehnt nach allen Studien religiöse Gewalt ab. Aber es gibt beachtliche Minderheiten, die Gewalt unter bestimmten Umständen als legitim erachten. Dem Satz »Gewalt ist gerechtfertigt, wenn es um die Verbreitung und

Durchsetzung des Islam geht« stimmen nach der Umfrage des Exzellenzclusters »Religion und Politik« der Universität Münster 7 Prozent der
Türkeistämmigen zu.[54] Die Akzeptanz von Gewalt erhöht sich jedoch
sprunghaft, wenn die Frage etwas anders formuliert wird. 20 Prozent
billigen den Satz: »Die Bedrohung des Islam durch die westliche Welt
rechtfertigt, dass Muslime sich mit Gewalt verteidigen.«[55] Eine solche
Bedrohungslage ist für politisch-religiöse Brandstifter leicht mit der Behauptung zu konstruieren, dass die Muslime weltweit unterdrückt und
verfolgt werden und terroristische Gewalt das letzte Mittel ist, um sich
zu wehren. Eine noch beunruhigendere »defensive Gewaltbereitschaft«
fördert die Studie *Muslime in Deutschland* zutage.[56] Nach ihr halten es
38 Prozent der Muslime für gerechtfertigt, sich gegen die Bedrohung
des Islam durch den Westen mit Gewalt zu verteidigen. Und 44 Prozent
glauben, dass Muslime, die im bewaffneten Kampf für den Glauben sterben, ins Paradies kommen. Das Gewaltmonopol als Säule unseres Rechtsstaates wird also von einer starken Minderheit in bestimmten Situationen infrage gestellt.

Ähnlich bedenklichen Einstelllungen zum Rechtsstaat begegnen wir
bei türkeistämmigen Neuntklässlern in Niedersachsen bis in die jüngste
Zeit. Umfragewellen des Kriminologischen Instituts Niedersachsen in den
Jahren 2013, 2015 und 2017 entwerfen ein sehr gemischtes, zum Teil be-
drückendes Bild bei der Befürwortung von Gewalt sowie der aktiven und
defensiven Gewaltbereitschaft.[57] Erfreulich ist, dass nur 3 bis 4 Prozent
terroristische Gewalt sowie Predigten und Videos unterstützen, die zur Gewalt gegen Ungläubige aufrufen. Irritierend sind dagegen die Sympathie-
werte für den »Islamischen Staat«. 8 Prozent der Türkeistämmigen finden
es richtig, dass »Muslime im Nahen Osten versuchen, durch einen Krieg
einen islamischen Staat zu gründen«. Noch ausgeprägter sind Sympathien
für defensive Gewalt. Bei zwei Befragungswellen denken 10 beziehungsweise 14 Prozent, dass sich Muslime »mit Gewalt zur Wehr setzen« dürfen, wo Muslime auf der Welt »unterdrückt« werden. Erschreckend ist,
dass sich über ein Viertel der Befragten »gut vorstellen« kann, »selbst für
den Islam zu kämpfen und mein Leben zu riskieren«. Anscheinend gelingt
es niedersächsischen Schulen bei türkeistämmigen Jugendlichen nicht in
notwendigem Maße, die Gewalt als Mittel der politischen Auseinandersetzung zu ächten. Hier lugt ein Mangel an Rechtsverständnis und Rechtstreue durch den Schulalltag.

Nach Umfragen scheint der demokratische Rechtsstaat unter Muslimen eine breit akzeptierte Staatsform zu sein. Nach der Studie *Lebenswelten deutscher Muslime* halten rund 90 Prozent der Muslime die Demokratie für eine gute Regierungsform.[58] Allerdings fällt auf, dass nach anderen Untersuchungen die Zustimmungsraten für die Demokratie unter Deutschtürken merklich geringer sind. Nach einer Studie der Konrad-Adenauer-Stiftung sind nur 83 Prozent sehr oder einigermaßen mit der Demokratie zufrieden.[59] Nach einer Erhebung der Hanns-Seidel-Stiftung finden Zuwanderer aus der Türkei das »demokratische System in Deutschland« weit unter dem Durschnitt aller Migranten vorbildlich.[60]

Das sind durch Befragungen ermittelte Meinungsbilder. Es gibt jedoch etliche Indizien für die These, dass die innere Zustimmung zur Demokratie erheblich geringer ist als die öffentlich bekundete. Tatsächlich stößt die Integration von Muslimen in unserer Rechtsstaats- und Demokratietradition an zwei Grenzen: an Stammesstrukturen und die Religion.

Die geringste Akzeptanz genießt unser Rechtsstaat bei libanesischen Großfamilien. Ein Arbeitspapier der Bremer Informations- und Sammelstelle ethnischer Clans formuliert das drastisch: »Der deutsche Rechtsstaat wird verachtet. Eine Integration findet nicht statt und ist auch nicht beabsichtigt. Die Familie steht über dem Gesetz.«[61] Die Clans leben hierzulande das Recht des Stärkeren aus und regeln ihre Konflikte mithilfe einer islamischen Paralleljustiz.[62]

Für knapp die Hälfte der Muslime endet die Unterstützung für Rechtsstaat und Demokratie an der Bastion Religion. Für 45 Prozent der Muslime beziehungsweise 47 Prozent der Deutschtürken ist es wichtiger, die »Gebote meiner Religion« zu befolgen als die »Gesetze des Staates, in dem ich lebe«.[63] Diese fatale Grundhaltung zu Rechtsstaat und Religion wird manchmal sogar öffentlich. In einer Predigt in der Berliner Moschee der Ahmadiyya-Gemeinde verkündete ein Geistlicher: »Die Pflichten der Staatsbürger bestehen in der Achtung vor seinen Gesetzen und im Gehorsam gegenüber seinen Befehlen, solange dies nicht Ungehorsam gegenüber Gott bedeutet. Befehle des Staates, die einen Ungehorsam gegenüber Gott in sich schließen, sollen nicht beachtet werden.«[64] Für gleichfalls 47 Prozent der Muslime ist nach der Untersuchung *Muslime in Deutschland* das Befolgen der »Gebote meiner Religion wichtiger als die Demokratie«.[65] Vereinzelt taucht diese Meinung sogar im Internet auf. Auf seiner Facebook-Seite hat der Vorsitzende der Wilhelmsburger DITIB-Gemeinde

Ishak Kocaman einmal ein Foto mit einem Imam und einem türkischen Zitat gepostet: »Demokratie ist für uns nicht bindend. Uns bindet Allahs Buch, der Koran.«[66]

Diese demokratieskeptische Grundhaltung schlägt sich weiter in einigen grundrechtsfeindlichen Einstellungen nieder. 65 Prozent sind dafür, dass der Staat »Fernsehen und Zeitungen kontrollieren soll, um Moral und Ordnung sicherzustellen«.[67] Nach der Untersuchung des Münsteraner Exzellenzclusters sollen nach Meinung von 73 Prozent der Türkeistämmigen »Bücher und Filme ... gesetzlich verboten werden, ... die Religionen angreifen und die Gefühle tief religiöser Menschen verletzen«.[68]

Diese Einstellungen wurzeln zu einem Großteil in den demokratie- und rechtsstaatsfeindlichen Traditionen der muslimischen Heimatländer und ihren Regierungen. In diesen Ländern plädiert ein erheblicher Teil der Bürger dafür, die Scharia zum staatlichen Recht zu erklären: Afghanistan (99 Prozent), Irak (91 Prozent), Pakistan (84 Prozent), Marokko (83 Prozent) und Tunesien (56 Prozent).[69] Die Kairoer Erklärung der Menschenrechte, die 45 Außenminister islamischer Länder 1990 unterzeichnet haben, legt fest, dass »Rechte und Freiheiten ... der islamischen Scharia nachgeordnet sind«. Die Kairoer Erklärung lehnt das westliche Konzept der Menschenrechte ab und widerspricht unserer Idee eines säkularen, gegenüber den Religionen neutralen Staates.

Um die Demokratie ist es in den muslimischen Heimatländern nicht besser bestellt. »Es gibt kaum ein muslimisches Land, in dem Demokratie ansatzweise etabliert wäre – auch in der Türkei nicht«, bilanziert der Erziehungswissenschaftler Ahmet Toprak.[70] Von den 47 unabhängigen, mehrheitlich islamischen Staaten der Welt sollen nach einer Freedom-House-Untersuchung nur zwei – Senegal und Tunesien – freie Demokratien sein. Unter den nichtislamischen Staaten dominieren inzwischen freie Demokratien (57 Prozent).[71]

Resümee: Bei knapp 50 Prozent der Muslime beziehungsweise Türkeistämmigen ist die Integration in unsere Rechts- und Demokratiekultur fehlgeschlagen. Sie haben den Wert demokratischer Regeln nicht verstanden und nicht begriffen, dass das Grundgesetz in unserem Verfassungsverständnis über der Bibel, dem Koran oder anderen heiligen Büchern steht – und das mit verbindlichem Vorrang. Und ihr Verständnis von Meinungsfreiheit schrumpft, sobald ihre Religion ins Spiel kommt.

Bürger zweiter Klasse: Diskriminierung und Ausgrenzung von Muslimen

»Du musst besser sein als die anderen. Wenn sie 100 Prozent geben, musst du 200 Prozent geben. Das habe ich früh gelernt. Also biss ich die Zähne zusammen«, erzählt Leila aus ihrer holprigen, aber letztlich erfolgreichen Schulkarriere zur Jurastudentin: »Obwohl ich Klassenbeste war und Deutsch mein stärkstes Fach war, landete ich im Deutsch-Förderkurs. Und obwohl ich begann Jura zu studieren, mich zu engagieren, spürte ich, dass Muslime wie ich immer nur als Ausnahme gelten, als Ausnahme von der Regel: Kopftuch gleich unterdrückt, ungebildet, nicht integriert.«[72] Schlechte Erfahrungen hat auch Yussuf gesammelt, insbesondere bei der Wohnungssuche: »Ich sehe mich nicht als integriert an. Ich glaube auch nicht, dass ich jemals integriert sein werde. Es entstehen Ghettos, da man als Ausländer gesteuert in bestimmte Wohnviertel gezwungen wird. Die Deutschen wollen keine Vermischung mit den Ausländern. Sie wollen unter sich bleiben und keinen Kontakt zu Ausländern haben.«[73] Muslime aller Generationen klagen darüber, dass die deutsche Mehrheitsgesellschaft nur eine geringe Integrationsbereitschaft zeigt. Ein erheblicher Teil der Muslime fühlt sich diskriminiert und ausgegrenzt.

Diese Distanz bis zur Ablehnung behindert die Eingliederung. Denn die Bereitschaft von muslimischen Migranten, sich auf die Aufnahmegesellschaft einzulassen, Kontakte zu knüpfen und ein Zugehörigkeitsgefühl zu entwickeln, hängt auch vom Verhalten der Mehrheitsgesellschaft ab – vom alltäglichen Umgang, von der Rechtslage und dem gesellschaftlichen und politischen Klima.[74] »Ablehnung durch die Mehrheitsgesellschaft wirkt auch als Desintegrationsfaktor«, wie der Islamrechtler Mathias Rohe zu Recht bemerkt.[75]

Verbreitung und Tiefe von Diskriminierung und Ausgrenzung zu ergründen ist empirisch kompliziert, partiell sogar unmöglich. Es gibt offene und versteckte Diskriminierungen, objektive und nur subjektiv empfundene Benachteiligungen. Nicht zu bestreiten ist, dass es zu objektiven Benachteiligungen kommt. Tatsache ist aber auch, dass das Schwingen der Diskriminierungskeule hin und wieder nur den Zweck verfolgt, vom eigenen Versagen abzulenken. Zum Beispiel bei den immer wieder erhobenen Beschwerden muslimischer Eltern, dass die schlechten Noten ihrer Kinder auf ihr Muslimsein zurückzuführen seien. Diese Behauptung wird von nahezu allen Lehrern entschieden zurückgewiesen.

Da die objektive Wahrheit bei Diskriminierungen fast nie zu ermitteln ist, müssen wir uns mehrheitlich mit Erhebungen zufriedengeben, die sich allein auf die Selbsteinschätzung der Muslime stützen. Nach der Studie des Essener Zentrums für Türkeistudien haben sich 29 Prozent der Türkeistämmigen in Nordrhein-Westfalen in den letzten zwei Jahren an Arbeitsplatz/Schule/Universitäten sehr häufig oder eher häufig diskriminiert gefühlt, bei Behörden waren es 22 Prozent, bei der Arbeitssuche 19 Prozent, bei der Polizei 17 Prozent, beim Einkaufen 16 Prozent, bei der Wohnungssuche 16 Prozent und jeweils 14 Prozent beim Arzt und in der Nachbarschaft.[76] In einer Studie des Instituts für Arbeitsmarkt- und Berufsforschung der Bundesagentur für Arbeit beklagten zwei Drittel aller Muslime Diskriminierung. Und sie meinen, im Vergleich zu anderen Zuwanderern, schlechter behandelt zu werden: türkeistämmige Muslime um 13 Prozentpunkte und arabischstämmige Muslime um 10 Prozentpunkte – und das über die gesamte Bandbreite: bei der Arbeits- und Ausbildungsplatzsuche, bei Ämtern und Behörden, bei der Wohnungssuche, im Alltag und bei der Polizei.[77] Dass sich Muslime in der Selbstwahrnehmung häufiger benachteiligt fühlen als alle anderen Migrantengruppen, bestätigen alle empirischen Studien.[78]

Belegt ist durch mehrere Untersuchungen, dass muslimische Migranten vor allem auf dem Wohnungsmarkt benachteiligt werden.[79] Viele haben den Eindruck, dass sie eine Wohnung nicht bekommen haben, weil sie den »falschen« Namen haben. In Hamburg musste die städtische Wohnungsbaugesellschaft Saga eine Strafe zahlen, weil sie eine Frau mit türkischem Namen nicht berücksichtigt hatte.[80]

Auch auf dem Arbeitsmarkt ist Diskriminierung ein reales Phänomen – nicht nur in Deutschland, sondern überall in Europa. Der Mainstream der Integrationsforschung schreibt der ethnischen beziehungsweise religiösen Benachteiligung von Muslimen eine Schlüsselrolle, ja sogar einen »ausschlaggebenden« Effekt bei beruflichen Misserfolgen zu.[81] Nach empirischen Studien und Alltagserfahrungen werden Muslime bei Bewerbungen offen – eher selten – oder versteckt – häufiger – benachteiligt, wegen ihres Namens, ihres Aussehens oder religiöser Symbole. Allgemein gilt: je größer die Betriebe, desto geringer die Diskriminierungsbereitschaft bei der Personalauswahl.

Starke Indizien für ethnische oder religiöse Benachteiligungen liefern die sogenannten Testingverfahren. Bei ihnen werden von fiktiven

Bewerbern wie »Hakan Yilmaz« und »Tim Schultheiß« nach Lebenslauf und Qualifikation gleichwertige Bewerbungen versandt. Das Ergebnis mehrerer Studien: Bewerber mit muslimisch anmutenden Nachnamen wurden seltener zu Vorstellungsgesprächen eingeladen als solche mit deutsch klingenden Nachnahmen. Doch auch hier ist die Interpretation keinesfalls so eindeutig, wie es auf den ersten Blick scheint. Neben unbewussten Stereotypen und Vorurteilen können auch legitime Motive bei der Personalauswahl eine Rolle spielen: Bevorzugung der eigenen sozialen Gruppe, mögliche negative Kundenerwartungen und die Befürchtung innerbetrieblicher Spannungen.[82]

Reicht die nicht zu leugnende Diskriminierung aus, um zu begründen, warum muslimische Migranten in allen europäischen Ländern zu den Schlusslichtern auf dem Arbeitsmarkt gehören – in Deutschland die Türken, in Frankreich die Nordafrikaner, in Belgien die Pakistani und in Großbritannien die Bangladeschi?[83] Mitnichten. Diskriminierung ist nur die halbe Wahrheit.

Niemand kann ernsthaft bestreiten, dass neben einer Benachteiligung auch andere soziale und kulturelle Faktoren auf dem Arbeitsmarkt Gewicht haben: schlechte Sprachkenntnisse, geringe schulische und berufliche Bildung, unterdurchschnittliche Zensuren, überzeugungsschwache Bewerbungsunterlagen sowie mangelhafte Kontakte zur Mehrheitsgesellschaft. Wissenschaftlich ist bisher ungeklärt, welchen Einfluss diese verschiedenen Faktoren bei der Bewerbung um Praktika, Lehrstellen und Arbeitsplätze, aber auch später im Beruf bei Muslimen haben. Die Schlüsselfrage: Welche Rolle spielen soziale und kulturelle Faktoren neben der Diskriminierung beim Einstieg von Muslimen in den Arbeitsmarkt? Zwei akzeptierte Erklärungsmuster sind Bildungsferne und der niedrige sozialökonomische Status vieler muslimischer Familien. Aber auch diese beiden Faktoren können die negative Bilanz nicht erschöpfend ausleuchten, weil wir ihnen auch bei vielen nichtmuslimischen Migrantenfamilien begegnen, die auf dem Arbeitsmarkt erfolgreicher sind. Der niederländische Migrationsforscher Ruud Koopmans hat deshalb diese beiden traditionellen Erklärungsmuster um drei soziokulturelle Faktoren ergänzt: Sprachkenntnisse, interethnische Kontakte und bei Frauen Wertvorstellungen über ihre Rolle in der Gesellschaft. Das Ergebnis seiner Untersuchungen: Die »niedrige Arbeitsmarktpartizipation von muslimischen Frauen und die hohen Arbeitslosigkeitsraten von Muslimen«

sind »nahezu vollständig auf defizitäre Sprachkenntnisse ..., fehlende interethnische soziale Kontakte sowie traditionelle Geschlechterrollenverständnisse zurückzuführen«.[84] Arbeitgeberdiskriminierung hat nach seiner Analyse nur einen »geringen Einfluss«.

Mit diesen Erkenntnissen nimmt Koopmans eine Außenseiterposition unter den Integrationsforschern ein, die überwiegend kulturelle oder religiöse Einflüsse auf die soziale Integration leugnen. Dabei erscheinen seine Thesen plausibel, wenn man den Blickwinkel ein wenig verschiebt. Dann sind seine Befunde nämlich nichts anderes als eine wissenschaftliche Bestätigung der verbreiteten Annahme, dass sich liberale oder säkulare Muslime besser integrieren als religiös-konservative. Auch wenn es keiner mehr aus Gründen der politischen Korrektheit ausspricht: Assimilation fördert soziale und kulturelle Integration.[85]

Nach der Migrationsforschung und Alltagserfahrungen hängen die Diskriminierungswahrnehmungen von Muslimen direkt vom jeweiligen gesellschaftlichen Klima ab. Nach dem Zustrom von muslimischen Flüchtlingen seit 2015 und mehreren Terroranschlägen in Frankreich, Belgien und Deutschland im Jahr 2016 ist das Stimmungsbarometer negativ zulasten der Muslime ausgeschlagen. Das spürt Nader Khalil vom Deutsch-Arabischen Zentrum in Berlin-Neukölln im Alltag. In seiner Wahrnehmung hat die »Diskriminierung wieder zugenommen. Das Feindbild Islam hat sich festgesetzt.« Auch der Neuköllner Psychologe Kazim Erdogan erkennt wieder »weniger Wertschätzung und weniger Akzeptanz. Wäre ich nicht Türke oder Kurde, hätte ich meine Träume realisieren können.«

Diese Beobachtungen korrespondieren mit verbreiteten Gefühlen von kultureller Fremdheit und islamkritischen bis islamfeindlichen Haltungen in der Mehrheitsgesellschaft. Bei der Hälfte bis zu zwei Dritteln der Mehrheitsgesellschaft gibt es nach den Allensbacher Meinungsforschern ausgeprägte Gefühle der »Fremdheit und Distanz« gegenüber dem Islam.[86] Diese kulturelle Distanz bei mehr als der Hälfte der Nichtmuslime zu Muslimen hat sich im Sog wachsender Islamfeindlichkeit in den letzten Jahren deutlich vertieft. Mit der Flüchtlingskrise wuchs die Ablehnungsfront sprunghaft: Fast zwei Drittel der Bundesbürger meinten 2015 beziehungsweise 2016, dass der Islam nicht zu Deutschland gehört (infratest dimap: 60 Prozent, Allensbach: 65 Prozent). Hinter dem Zuwachs verbirgt sich nach infratest dimap bei gut jedem zweiten Deutschen die

Sorge, dass durch die Flüchtlinge der Einfluss des Islam in Deutschland zu stark wird. Selbst nach dem deutlichen Rückgang der Flüchtlingszahlen in den Jahren 2017 und 2018 hat sich die Islamskepsis der Deutschen nach der jüngsten Leipziger Autoritismus-Studie 2018 weiter erhöht.[87] Dem Satz, dass Muslime die Zuwanderung nach Deutschland untersagt werden sollte, stimmten 2018 44 Prozent aller Bundesbürger zu – gegenüber 2014 ein Plus von 8 Prozent. Die Zahl der Menschen, die sich durch die vielen Muslime wie Fremde im eigenen Land fühlen, ist im selben Zeitraum um 13 Prozent gestiegen, auf 56 Prozent. Nach der Bertelsmann-Studie *Weltanschauliche Vielfalt in der Demokratie* hat sich die »Negativwahrnehmung des Islam verfestigt«.[88] Jeder zweite Bundesbürger empfindet den Islam als Bedrohung.

Diese Stimmungs- und Gefühlslagen unter den Herkunftsdeutschen spüren die Muslime natürlich. Bestürzende 73 Prozent der Türkeistämmigen fühlen sich aus der Gesellschaft in Deutschland ausgeschlossen.[89] Nach Terroranschlägen macht es 83 Prozent der Deutschtürken »wütend, wenn Muslime als Erste verdächtigt werden«.[90] Diese spontane Empörung nach Gewalttaten und die verbreitete Distanz beziehungsweise Ablehnung durch die Mehrheitsgesellschaft haben im Bewusstsein von Türken, Arabern und Nordafrikanern tiefe Spuren hinterlassen – in der Selbstdefinition als Ausländer, als Muslime und als Bürger zweiter Klasse.

Tabuisiert: Kulturelle und religiöse Integrationshindernisse

Ist der Islam ein Hindernis, vielleicht sogar die höchste Hürde bei der Integration von Muslimen in die deutsche Gesellschaft? Diese Frage wird selten offen gestellt und noch seltener offen beantwortet. Sie ist tabuisiert. Denn selbst tastende Annäherungsversuche laufen schnell Gefahr, als islamophob, diskriminierend oder sogar als rassistisch diffamiert zu werden. Nur wenige haben bisher den Mut gehabt, die integrationshemmende Rolle von islamischer Religion, Kultur und Tradition direkt anzusprechen. »Der Koran wird immer konservativer ausgelegt und macht Schwierigkeiten im alltäglichen Miteinander, bei Begegnungen mit Amtsträgern und in der Schule«, klagt Arnold Mengelkoch, Integrationsbeauftragter von Berlin-Neukölln. Für Ingrid Koch, Leiterin der Lindenauschule in Hanau, »überlagert die Religion die Integration und behindert sie«. Im Folgenden soll versucht werden, Lebensbereiche und -haltungen zu identifizieren, in denen sich die Trias Religion, Kultur und Tradition auf die kulturelle Integration auswirkt. Dabei geht es nicht um Religion, Kultur und Tradition als solche, sondern immer nur darum, ob und wie sie gelebt werden.

Die »größte Baustelle«: die Ungleichbehandlung der Geschlechter

Wolfgang Schäuble (CDU) ist ein Meister der klaren wie unklaren Worte. Beim Thema Integration hat er als Innenminister immer mal wieder Klartext gesprochen. »Wenn ihr hier heimisch werden wollt«, ließ er die muslimischen Migranten wissen, »müsst ihr beispielsweise die Gleichberechtigung von Mann und Frau akzeptieren. Wem es nun gar nicht gefällt, dass seine Tochter so aufwächst, wie Frauen hier in Europa aufwachsen, der muss sich fragen, ob er in einem modernen, europäischen Land zu Hause sein will.«[1] Ein relativ großer Teil der Muslime, vor allem im religiös-konservativen Milieu ist Schäubles Aufforderungen bisher nicht gefolgt. Deshalb ist das »freie Zusammenleben der Geschlechter« für den Islamrechtler Mathias

Rohe die »größte Baustelle, die wir bei der Integration haben«.[2] Nach Ansicht des Bielefelder Konfliktforschers Andreas Zick ist die »fehlende Gleichstellung von Mann und Frau ein Integrationshindernis«.

Der Koran enthält eine Reihe von Suren, die die Ungleichheit der Geschlechter zementieren. Zwar sind Mann und Frau nach dem Koran vor Gott gleich, aber nicht im Verhältnis zueinander, weil sie von Natur aus unterschiedlich sind. In der religiös legitimierten Geschlechterordnung nimmt die Gehorsamspflicht der Frau gegenüber dem Mann eine Schlüsselfunktion ein. Sure 4 Vers 34: »Die frommen Frauen sind demütig ergeben, hüten das Verborgene, weil es auch Gott hütet.« Der Gehorsam soll sich auch auf den ehelichen Sexualverkehr erstrecken, den Sure 2 Vers 223 regelt: »Die Frauen sind für euch ein Saatfeld. So geht zu eurem Saatfeld, wann ihr wollt.« Für die rechtliche Besserstellung übernimmt der Mann die Pflicht, für die Frau und die Familie zu sorgen, sie zu führen und sie zu schützen. Die Frau darf ihn dabei beraten und unterstützen, vor allem aber soll sie Kinder erziehen und betreuen. Der Mann ist im Koran noch »Herr im Haus«, die Frau noch »Frau am Herd«.

Klassische Rollenbilder, bei denen der Mann der Bestimmer und Ernährer ist und die Frau in Haushalt und Familie das Sagen hat, sind unter Muslimen deutlich stärker verbreitet als unter Christen. Bei zwei Dritteln der muslimischen Ehepaare arbeitet der Mann Vollzeit und die Frau wenig oder gar nicht. Damit liegt die klassische Rollenverteilung unter Muslimen deutlich höher als bei Christen (38 Prozent). Ein zentraler Punkt für die niedrige Arbeitsmarktbeteiligung von muslimischen Frauen sind Kinder im Alter von unter sechs Jahren, die häufiger ausschließlich zu Hause aufwachsen als in deutschen Familien. Diese Praxis stimmt mit den Wunschvorstellungen von Christen und Muslimen von der Rolle der Frau zwischen Beruf und Familie überein. Während nur 16 Prozent der deutschen Christen meinen, dass sich Frauen stärker um Familie und Haushalt kümmern sollen, sind unter den Deutschtürken ein Drittel dieser Auffassung. Bei Zuwanderern aus dem Nahen Osten und Nordafrika ist es sogar die Hälfte. Diese Rollenaufteilung empfinden viele Muslima nicht als Zwang, sondern als eine vom Koran vorgesehene Ordnung mit etlichen Vorteilen.

Aufgrund des traditionellen Frauenbildes sind Hausfrauen und Mütter unter den Muslimen am schlechtesten integriert. Ohne Arbeitsplatz haben sie fast keine Kontakte zur Mehrheitsgesellschaft und keine Möglichkeiten, ihr Deutsch zu verbessern, da sie in der Familie und im

Kiez gewöhnlich nur türkisch oder arabisch sprechen. Erschüttert sind die
Lehrer manchmal über das Ausmaß fehlender Integration vor allem bei
religiös-konservativen Müttern. Als der Leiter des Pirckheimer-Gymnasiums Benedikt Mehl eine alevitische Familie aufsuchte, um zu kondolie-
ren – die Tochter war an einem Herzversagen in der Schule gestorben –,
war er »entsetzt«, weil die meisten der dort versammelten Mütter kein
Deutsch sprachen. Eine Erzieherin an einer Grundschule in Hamburg-Altona: »Die Mütter leben in einem türkischen Ghetto. Sie kämpfen mit sich
selbst. Sie denken anders, müssen aber anders leben und teilnehmen.« Die
Sprachkompetenz der Mütter ist häufig so schwach, dass sie als Partner
von Lehrern bei der schulischen Erziehung ihrer Kinder praktisch ausfallen. Sie haben große Mühe zu verstehen, was in der Schule passiert.
Diese Integrationsdefizite durch Nichtteilnahme am Erwerbsleben ver-
erben sie zum Teil an ihre Kinder – weil die Mütter als Sprachvorbilder
und Wegweiser in die deutsche Gesellschaft fehlen.

Sex außerhalb der Ehe gilt im Koran als Unzucht und damit als Ver-
gehen gegen die göttliche Ordnung. Auch eine Begegnung von Mann und
Frau außerhalb der Familie und der Ehe ist nach dem Heiligen Buch nicht
vorgesehen. Frauen allein in der Öffentlichkeit sind in religiösen Milieus
tabu. Selbst Verlobte sollen sich nach einem Rechtsgutachten der Diyanet
islamkonform verhalten: keine unbeobachteten Treffen, kein Flirten und
kein Händchenhalten in der Öffentlichkeit.[3] Welten prallen bei der Frage
aufeinander, ob Frauen allein mit Freundinnen abends ausgehen dürfen.
Während deutsche Christen hier kein Problem sehen, lehnen zwischen
50 Prozent und gut 60 Prozent der Muslime aus der Türkei, dem Nahen
Osten und Nordafrika solche abendlichen Ausflüge ohne männlichen
Schutz und Aufsicht ab.[4] Nach einer BAMF-Studie über Geschlechter-
bilder bei Christen und Muslimen hat der freie Umgang der Geschlechter
unter Deutschstämmigen die Keuschheitsnormen unter den Muslimen
bislang nicht aufgeweicht.[5] Rund die Hälfte der in Deutschland geborenen
und aufgewachsenen Muslime misst Keuschheit eine hohe Bedeutung bei.
Das gilt für Frauen, aber auch für Männer. Bei Letzteren hat die Zahl der
Gegner von vorehelichem Sex sogar zugenommen – und zwar mit steigender Bildung. Bei Christen hat Keuschheit dagegen so gut wie kein Gewicht
mehr. Fast sensationell mutet das Fazit der BAMF-Forscher an: Unter
Muslimen ist »für den Bereich der Sexualität keine Liberalisierung durch
eine Sozialisation in Deutschland zu beobachten«.[6]

Die Apartheid von Männern und Frauen außerhalb der Ehe führt spätestens mit der Pubertät dazu, dass die Kontakte zwischen Männern und Frauen in religiösen Familien auf ein Minimum reduziert werden. Der ungezwungene Kontakt zu Gleichaltrigen in der Mehrheitsgesellschaft wird dadurch erschwert und kann nicht eingeübt, geschweige denn gepflegt werden. In Schulen kommt es immer wieder vor, dass Mädchen bei Klassenreisen wegen der unkontrollierten Nähe zum anderen Geschlecht nicht mitfahren dürfen. In den Moscheen beten Frauen und Männer weiter getrennt. Gewährleistet muss vor allem sein, dass Frauen nicht vor den Männern beten – wegen der Vorrangstellung der Männer und der Gefahr verführerischer Gedanken während des Betens.

Der Kampf um die Gleichberechtigung und die Emanzipation gelten hierzulande als Meilensteine des gesellschaftlichen Fortschritts, die alle verteidigen wollen. Viele Herkunftsdeutsche empfinden deshalb die tradierten Geschlechterrollen im Islam als gesellschaftlichen Rückschritt und begegnen ihnen mit Unverständnis, Distanz und Ablehnung. Bei der Gleichberechtigung trennen Muslime und Herkunftsdeutsche unsichtbare Schranken.

»Der Macho lebt«: religiöse Erziehung und patriarchalisches Familienbild

In der Dortmunder Libellen-Grundschule gehören »Lesenächte« zum Lehrplan. Die Kinder bringen Matratzen, Schlafsäcke und Decken mit, und die Lehrerin liest mit einer Taschenlampe Geschichten vor. Solche Übernachtungen sollen das Gemeinschaftsgefühl der Kinder stärken, garniert mit einer Prise Abenteuer. In der zweiten Klasse schlafen Jungen und Mädchen zusammen in einem Raum, in der dritten und vierten Klasse in getrennten Zimmern. Diese Geschlechterteilung reichte einer Mutter als Vorsichtsmaßnahme nicht aus. Sie verbot ihrer Tochter, an der Lesenacht teilzunehmen: »Ich muss mich vor Allah rechtfertigen, wenn meinem Kind etwas passiert, Sie nicht«, begründete die Mutter ihre Entscheidung. Die Haltung dieser Mutter, jedes auch noch so geringe Lebensführungsrisiko auszuschließen, ist sicher ein Extremfall. Sie erhellt jedoch gleichzeitig das Konfliktpotenzial, das eine islamische Erziehung in den Schulalltag bringen kann.

Erziehungswissenschaftler haben in muslimischen Familien drei Erziehungsstile ausgemacht: einen religiös-autoritären, einen leistungsorientiert-einfühlsamen und einen permissiv-nachsichtigen.[7] Eine Erzieherin mit türkischen Wurzeln an einer Grundschule in Hamburg-Altona ist immer wieder überrascht über die »total unterschiedlichen Erziehungsstile in türkischen Familien«. Die einen sind »westlich orientiert und haben den Kopf für andere Kulturen offen«. Bei Kurden trifft sie indes häufig auf Eltern, die unbedingt »ihre kurdische Kultur und Identität weitergeben wollen, weil sie Angst haben, dass die Kinder sie verlieren«.

Beim religiös-autoritären Erziehungsstil stehen »religiöse Orientierung« und »autoritäre Rigidität« im Vordergrund. Bei ihm ist Gewalt verbreitet und akzeptiert. Angelika Cipa vom Albert-Einstein-Gymnasium in Maintal hat wiederholt erlebt, dass die »Eltern bei Problemen in der Schule Druck machen und schlechte Leistungen oder Fehlverhalten sanktionieren – sogar mit Schlägen«: »Autoritäre Erziehung wirkt bei diesen Kindern besser als eine verständnisvoll-nachsichtige.« Insofern sei es für Lehrerinnen wichtig, »klare Ansagen zu machen, um Autorität aufzubauen«. Oliver Eissing von der Hanauer Lindenauschule erinnert sich an eine Begebenheit im Unterricht, in der diskutiert wurde, ob man Kinder schlagen dürfe. Die 15- bis 16-jährigen Jungen antworteten: »Das gehört zur Erziehung dazu, sonst hätten wir vor dem Vater keinen Respekt.« Dann hat er sie weiter gefragt, ob sie sich auch von ihm schlagen lassen würden. Das haben sie bejaht: »Ich war entsetzt«, erinnert er sich. Ähnliche Erfahrungen hat die Kasseler Gesamtschullehrerin Julia Wöllenstein in einer neunten Klasse gesammelt, in der nur noch drei Kinder ohne Migrationshintergrund saßen. Einige Eltern hatten Kollegen bei Elterngesprächen sogar zu Schlägen ermuntert: »Sie dürfen alles mit meinem Kind machen. Auch schlagen.«[8] Selbst Schüler haben in Ausnahmefällen nichts dagegen, wenn sie vom Lehrer eine Schelle bekommen: »Sie müssen mich schlagen, wenn ich etwas falsch mache«, hatte ein Schüler eine Kollegin wissen lassen. Wöllenstein »erschrickt die grundsätzliche Haltung zur Gewalt, die inzwischen viele Schüler als probates Mittel zur Konfliktlösung sehen«.[9]

Auf der anderen Seite ist Lehrern wie Katja Ruth-Rössel von der Hanauer Erich-Kästner-Schule aufgefallen, dass insbesondere Mütter ihre Kinder »aus Angst vor Liebesentzug nicht konsequent erziehen«. Viele Eltern sind verunsichert, wie sie ihre Kinder großziehen sollen. Ein Hamburger Grundschulleiter: »Die Eltern haben einen traditionellen Erziehungs-stil genossen, auch mit Gewalt. Sie wollen etwas anderes machen, wissen aber nicht, wie. Sie wissen nicht, wo sie Grenzen setzen sollen, und fallen dann in das Gegenteil. Erziehung findet nicht mehr statt.« Dieses Phä-nomen macht sich besonders in den unterschiedlichen Erziehungsstilen bei Jungen und Mädchen negativ bemerkbar. Während Mädchen weiter überwiegend streng-autoritär erzogen werden, bekommen Jungen nach den Erfahrungen eines bayerischen Schulrats häufig »wenig Grenzen und Schranken gesetzt und treten dann als kleine Könige auf, was sich nach-teilig im Schulerfolg niederschlägt«.

In der Lehrerschaft dominiert der Eindruck, dass das patriarchalische Familienbild das Leben in den meisten muslimischen Familien bis heute prägt – auch in der Erziehung. »Während wir Deutschen uns bei den The-men Gleichberechtigung und Emanzipation verändert haben«, argumen-tiert der hessische Religionslehrer Oliver Eissing, »ist das Männerbild des Islam eine Bremse für die Integration.« Auch die Islamwissenschaftlerin Rita Breuer sieht in der Rollenverteilung in der Familie ein »Integrations-hindernis«, weil die Mädchen neben der Schule Aufgaben im Haushalt er-ledigen müssen und gleichzeitig in ihren Freizeitaktivitäten und im außer-schulischen Umgang mit Gleichaltrigen stark eingeschränkt sind.

Muslimische Schülerinnen haben noch ein zusätzliches Integrations-hindernis zu überwinden. Sie werden »aufgrund des traditionellen Rollen-bildes« nicht so gefördert wie Jungen«, weiß Stefanie Böhmann von der Stadtteilschule Hamburg-Öjendorf. Ihr Deggendorfer Kollege Heinz-Peter Meidinger sieht hier allerdings neuerdings positive Entwicklungen: »Die fehlende Unterstützung für Mädchen hat sich verbessert.« Trotz dieser Handicaps gelingt es vielen Mädchen, mit Ehrgeiz und Eifer bessere Noten zu erzielen als die Jungen. Sie nutzen ihre Chancen.

In der familiären Hackordnung dominiert weiter der männliche Nach-wuchs. Stefanie Böhmann trifft häufiger auf Typen, die die traditionellen Rollenbilder verinnerlicht haben: »Lehrerinnen haben mir als Frau nichts zu sagen.« Der »Macho« oder »Prinz« lebt. Besonders stark ausgeprägt ist die Macho-Erziehung in libanesischen Familienclans. André Koglin, Lei-ter an der Otto-Hahn-Schule, hat einen kleinen dicken Schüler an seiner Schule, der anderswo gehänselt werden würde. Hier ist er mit dem Clan im Hintergrund der »Chef«, der vermutlich andere Kinder bis zur Ober-stufe »abzieht« (ihnen Geld wegnimmt). Er kann sich so aufführen, weil er beschützt wird. Eines Tages wird er allerdings, fürchtet Koglin, für das »raue Leben des Wettbewerbs nicht gerüstet sein«, weil er Grenzen zu Hause nicht kennengelernt hat.

Auch die Mehrheit der Schüler ohne Machoallüren kommt mit einem festen Wertegerüst in die Klassen. Die Familien setzen ihre eigenen Erziehungsziele und halten an ihnen fest – unabhängig davon, ob sie die Integration fördern oder behindern. Sechs Erziehungsziele spielen in türkei- und arabischstämmigen Familien eine zentrale Rolle: Respekt vor Autoritäten, Ehrenhaftigkeit, Zusammengehörigkeit, Leistungsstreben, türkische beziehungsweise arabische Identität und religiöse Identität.[10] Hier soll sich auf die Erziehungsziele beschränkt werden, die für die Integration relevant sind.

Die Erziehung zu Respekt, Gehorsam, Höflichkeit, Ordnung und gutem Benehmen hat unter muslimischen Migranten nach wie vor einen hohen Stellenwert. In der Türkei gibt es eine Untersuchung, nach der 59 Prozent der befragten Mütter angaben, dass die wichtigsten Erziehungsziele Respekt und Gehorsam sind.[11] Bei den Vätern waren es sogar 61 Prozent. Im Gegensatz dazu waren die Werte zum Erziehungsziel »Selbstständigkeit« relativ niedrig: 17 Prozent bei den Vätern, 19 Prozent bei den Müttern. Im Migrationskontext gewinnen diese Erziehungsziele eher noch mehr Bedeutung als im Herkunftsland. Eltern vergleichen gern das Verhalten ihrer Kinder mit dem der deutschen Peergroup und leiten daraus die Vorstellung ab, dass ihre Kinder nicht »eingedeutscht« werden sollen. Im Umgang mit Älteren gelten deutsche Jugendliche bei ihnen als unhöflich, unfreundlich und respektlos. Deutsche Erziehungsziele wie »Individualität, Selbstständigkeit und Eigenverantwortung« nehmen viele muslimische Eltern nach den Erziehungswissenschaftlern Aladin El-Mafaalani und Ahmet Toprak als »Bedrohungen« wahr.[12] Hier wird deutlich, wie stark die Erziehungsstile und -ziele von muslimischen Familien und deutschen Schulen voneinander abweichen.

Verschärft werden diese pädagogischen Konflikte durch die »Angstpädagogik« (Mansour) oder »Pädagogik der Unterwerfung« (Ourghi). Unter »Angstpädagogik« versteht der Psychologe Ahmad Mansour eine »einschüchternde«, auf Gehorsam aufbauende Erziehung, die sich so resümieren lässt: »Wir sind die wahre Religion. Nur wenn ihr uns folgt, werdet ihr von Gott nicht bestraft.« Wohin diese Angstpädagogik schlimmstenfalls führen kann, hat Banu Graf erlebt, Leiterin der Grundschule

Kerschensteinerstraße in Hamburg-Harburg. Eltern hatten sich bei ihr beschwert, dass ihre Töchter zu Hause nicht mehr auf die Toilette gegangen sind, sondern in die Hose gepinkelt haben. Bei der Ursachenforschung stellte sich heraus, dass ihnen jemand erzählt hatte, dass wenn man etwas Falsches isst oder etwas tut, was nicht dem Koran entspricht, der Teufel durch die Toilette kommt und sie holt. Deshalb waren die Mädchen weder in der Schule noch zu Hause aufs WC gegangen.

Von hohem Rang ist in vielen muslimischen Familien auch Erziehung zur türkischen beziehungsweise arabischen Identität. Hinter diesem Ziel verbirgt sich die Angst etlicher Eltern, ihre Kinder würden sich von türkischen oder arabischen Wert- und Normvorstellungen entfernen. Das Motto: Kinder dürfen nicht vergessen, woher sie kommen. Um die eigene Identität zu festigen, sprechen fast alle Eltern mit ihren Kindern in der Herkunftssprache und verherrlichen die Heimat. Bei Deutschtürken wird dieses Erziehungskonzept durch die jährlichen Sommerferien in der Türkei und Türkischunterricht als Zweitsprache und im sogenannten Konsularunterricht ergänzt. Auch hier springt sofort ins Auge, dass die Erziehung in der Familie zum Teil völlig andere Ziele verfolgt als die in der Schule.

Das gilt auch für die Erziehung zur religiösen Identität, die für zahllose Eltern mindestens so bedeutsam ist wie die zur nationalen Identität.[13] Auch hier steckt bei muslimischen Eltern die Angst dahinter, dass sich ihre Kinder in der westlichen Welt von ihrem Glauben entfremden könnten. Religiöse Erziehung in der Diaspora dient daher auch der kulturellen Selbstvergewisserung und Selbstbehauptung, weshalb viele muslimische Familien ihre Sprösslinge in Koranschulen schicken.

Ein bestimmter Teil der Muslime sind sogenannte Kulturmuslime. Sie sind zwar nominell Muslime, aber nicht gläubig, und feiern höchstens das Opfer- und Zuckerfest – vergleichbar den »U-Boot-Christen«, die nur einmal im Jahr auftauchen, nämlich bei der Weihnachtsmesse. Bei diesen liberalen beziehungsweise säkularen Muslimen wird die Erziehung nicht religiös geprägt sein, sodass bei ihnen keine pädagogisch bedingten Wert- und Kulturkonflikte auftauchen können. Christiane Mika, Leiterin der Dortmunder Libellen-Grundschule, schätzt sehr grob, dass 10 Prozent der Familien streng religiös sind, 50 Prozent sehr religiös und dass 40 Prozent nur an Feiertagen in die Moschee gehen. Angelika Cipa vom Albert-Einstein-Gymnasium in Maintal geht davon aus, dass 70 bis 80 Prozent der

Familien eher religiös-konservativ und 20 bis 30 Prozent eher liberal oder
säkular orientiert sind.

Nur wenige Lehrer sind bereit einzugestehen, dass sie häufig gegen
die Familien erziehen müssen. Zu den Ausnahmen gehört André Kowalske von der Neuköllner Otto-Hahn-Schule. Mit Argwohn blickt er deshalb
auf das Nachmittagsprogramm »in den Familien und in den Moscheevereinen, das oftmals ein Gegenprogramm zur Schule ist«. Sein Kollege
Koglin verzweifelt hin wieder, wenn er sich bewusst macht, dass für viele
seiner Schüler die Erziehungsagentur »Familie wichtiger ist als die Schule«: Weil der »Zusammenhang in muslimischen Familien so eng ist und
die Schule nur sechs Stunden dauert, haben wir Schwierigkeiten, unseren
Erziehungsauftrag zu erfüllen«. Seine bittere Einsicht: »Die Schulen kommen in die Familien nicht rein.«

Fazit: Über die Hälfte der muslimischen Familien hängt Erziehungsstilen und -zielen an, die im Widerspruch zu denen der Erziehungsagentur
Schule stehen. Hier arbeiten Familien und Schulen in verhängnisvoller
Weise gegeneinander. Die islamisch-religiös sowie national-kulturell ausgerichtete Erziehung in den muslimischen Familien zusammen mit dem
patriarchalischen Weltbild türmen sich zu hohen Hürden bei der kulturellen Integration von Muslimen.

Fordernd und arrogant: der religiös-moralische Wahrheits- und Überlegenheitsanspruch

»Ihr seid die beste Gemeinschaft, die unter Menschen entstanden ist. Ihr
gebietet, was recht ist, verbietet, was verwerflich ist, und glaubt an Gott.«
Dieser Vers 110 der Sure 3 kann Muslimen das Gefühl vermitteln, einer
auserwählten Religionsgemeinschaft anzugehören, die zudem über die
Einsicht verfügt, Gut und Böse zu unterscheiden. Sure 48 Vers 28 spricht
vom Islam als der »Religion der Wahrheit«, die Allah »siegreich« machen
soll »über jede andere Religion«. Verse wie diese haben dazu beigetragen,
dass sich in Teilen der Umma ein Absolutheits- und Überlegenheitsgefühl
gegenüber anderen Religionen herausgebildet hat. Und zwar auf zwei
Stufen. Da ist einmal das Verständnis, die einzige wahre Religion zu sein.
Und daraus abgeleitet, anderen Glaubensrichtungen überlegen zu sein.
Nach Meinung der Islamwissenschaftlerin Rita Breuer ist die Genese der

Überlegenheit gegenüber dem älteren Christentum und Judentum historisch begründet: »Der Koran wurde offenbart, die Verfälschungen und Irrtümer der Vorläuferreligionen aus dem Weg zu räumen und die Wahrheit vollkommen zu machen.«[14] Anders ausgedrückt: Der Islam ist fortschrittlicher, weil er Christentum und Judentum vereint und als jüngste Religion den wahren Weg des Menschen weist. Die Kairoer Erklärung der Menschenrechte im Islam benennt den Islam deshalb folgerichtig als »wahre Religion«. Zwar äußert der Koran an einigen Stellen auch Respekt für Christen. Das Überlegenheitsgefühl bleibt jedoch die Grundhaltung, in deren Sinn Muslime erzogen werden. Nach Ansicht von Heinz Buschkowsky, Ex-Bürgermeister von Berlin-Neukölln, ist dieses Überlegenheitsgefühl nicht nur religiös, sondern auch historisch verwurzelt: »Die muslimische Gemeinschaft ist immer noch geprägt von der Zeit, in der sie über Jahrhunderte hinweg den größten Herrschaftsraum auf der Welt repräsentierte. Hieraus ist die von Generation zu Generation weitergetragene Überzeugung entstanden, dass die muslimische die beste Gemeinschaft ist, die Gott geschaffen hat. Dass Muslime die besseren Menschen sind und ihnen von Gott der Herrschaftsauftrag über die Welt erteilt wurde.«[15]

Nach mehreren empirischen Untersuchungen sind zwischen einem Drittel und der Hälfte der Muslime überzeugt, dass es nur eine wahre Religion gibt.[16] Was bedeutet dieser Überlegenheitsanspruch der Muslime für ihre Integration?

Für die Islamwissenschaftlerin Rita Breuer gehört dieser Wahrheits- und Überlegenheitsanspruch »zu den religionsspezifischen Hindernissen, die es bei Spaniern und Koreanern nicht gibt«. Auch der Islamrechtler Mathias Rohe erklärt die Tatsache, dass es mit Muslimen eher zu Konflikten kommt als mit Juden oder Buddhisten vorsichtig mit einer »bestimmten Haltung, die den Islam als einziges Wertesystem anerkennt«.[17] Auch muslimische Verbände schlagen, hat der Islamwissenschaftler Abdel-Hakim Ourghi beobachtet, häufiger »in der Öffentlichkeit den Ton des Überlegenen an, der zu fordern und nicht so sehr zu geben hat«.

Wenn ein erheblicher Teil der muslimischen Minderheit in der Mehrheitsgesellschaft teils offen, teils versteckt mit einem Wahrheits- und Überlegenheitsanspruch auftritt, muss das zwangsläufig zu Irritationen, Konflikten und islamkritischen Reaktionen führen – im politischen Diskurs, vor allem aber in Schulen. »Muslimische Schüler verstehen sich aufgrund ihrer Kultur und Religion als besondere Gruppe«, sagt die Leiterin der Hanauer Lindenauschule Ingrid Koch. An einer Gesamtschule in Aachen hat ein muslimischer Schüler gefordert, bei einer Abiturfeier aus Rücksicht auf ihn keinen Alkohol auszuschenken. Nach einer Diskussion waren sogar einige seiner Mitschüler bereit, dieser Forderung nachzugeben. Gegenüber der Frankfurter Hauptschullehrerin Ingrid Freimuth haben einige muslimische Schüler die Auffassung vertreten, dass ihre Religion es erlaube, »Ungläubige« anzulügen, die Wahrheit sei ausdrücklich für Glaubensbrüder reserviert.[18] Dieses Gefühl der moralischen und politischen Überlegenheit kollidiert hierzulande häufig mit der realen Erfahrung der Unterlegenheit.

Befremdlich finden etliche Lehrer und Schulräte das manchmal fordernd-arrogante Auftreten von muslimischen Eltern. In einer Arbeitsgruppe auf einer Lehrertagung zum Thema Schule und Extremismus beklagte ein Drittel aller Schulleiter im Rhein-Main-Gebiet den Gesprächsstil einiger muslimischer Mütter und Väter: Sie beginnen unterwürfig, geradezu devot. Wenn sie jedoch mit ihrem Anliegen nicht durchdringen, werden sie arrogant, sprechen von oben herab und drohen sogar hin und wieder: »Man wisse ja nicht, was heute Abend passiert.« Allgemeiner Tenor: Das Anspruchsdenken muslimischer Eltern ist gewachsen.

Aufgrund eines Grundgefühls des Andersseins und der Überlegenheit haben viele Muslime nach Ansicht der Islamwissenschaftlerin Rita Breuer die Bedeutung des Pluralismus in unserer Gesellschaft nicht verinnerlicht. Wenn jeder Diabetiker, Vegetarier oder Antialkoholiker seine Forderungen absolut setzen würde, könnte unsere Gesellschaft nicht mehr funktionieren: »Pluralismus heißt, dass verschiedene Meinungen und Lebensformen grundsätzlich gleichberechtigt nebeneinander existieren. Auch Muslime müssen dies als eine Grundvoraussetzung für Integration akzeptieren.«

Intoleranz: die Einteilung der Welt in Gläubige und Ungläubige

In den Mittelpunkt seiner Handlungsempfehlungen stellte die Arbeitsgruppe »Deutsche Gesellschaftsordnung und Wertekonsens« der Islamkonferenz die Toleranz. Und das gleich als dreifachen »moralischen Imperativ«: Ein friedliches und gedeihliches Zusammenleben erfordert »Toleranz und Respekt gegenüber Andersgläubigen«, gegenüber »Menschen mit einer anderen Weltanschauung oder Lebensgestaltung« und der »Muslime untereinander«. Diese zentrale Stellung der Toleranzforderungen wäre sicher nicht notwendig, wenn es nicht ein verbreitetes Unbehagen an intoleranten Strukturen im Islam gäbe. Der »islamische Kreuzzug« (Ex-ARD Korrespondent Samuel Schirmbeck) der Gotteskrieger zeuge davon ebenso wie die Dauerfehde zwischen Sunniten und Schiiten oder die Unterdrückung von religiösen Minderheiten – Christen, Aleviten, Jesiden – in islamischen Ländern. Eine Wurzel für diese Intoleranz ist die Einteilung der Menschen in Gläubige und Ungläubige durch den Koran und Allahs Aufforderung, sich von Ungläubigen fernzuhalten und sie zu bekämpfen. Dafür gibt es zahlreiche Belege. Sure 4 Vers 144 lautet: »Ihr Gläubigen! Nehmt euch nicht die Ungläubigen anstatt der Gläubigen zu Freunden.« An anderer Stelle (Sure 8 Vers 8): »Aber Allah wollte durch seine Worte der Wahrheit zum Sieg verhelfen und die Ungläubigen ausrotten ...« In Vers 12 der Sure 8 fordert Allah direkt zum Kampf gegen die Ungläubigen auf: »Festigt diejenigen, die gläubig sind! Ich werde denjenigen, die ungläubig sind, Schrecken einjagen. Haut ihnen mit dem Schwert auf den Nacken und schlagt zu auf jeden Finger von ihnen.« Diese Unterteilung der Menschen in Gläubige und Nichtgläubige kann psychologisch verhängnisvolle Folgen für die Eingliederung in eine nichtmuslimische Gesellschaft haben. Für den langjährigen ARD-Redakteur in Nordafrika Samuel Schirmbeck ist die Einteilung in Gottesfürchtige und Frevler »integrationsfeindlich«.[19]

Muslim wird man durch Geburt und bleibt es bis zum Ende des Lebens. Denn schon der Unglaube eines Menschen, der sich Gott nicht unterwirft, gilt im Koran als schwere Sünde. Wer vom Glauben abfällt, begeht eine Todsünde. Die Apostasie wird im Islam mit dem Tode bestraft. Religion und Glauben im Islam sind nicht wie im Westen privat, sondern eine öffentliche Angelegenheit. Ein Abfall vom Glauben erschüttert daher die muslimische Gemeinschaft und Lebensordnung. Deshalb bedroht der Koran ihn an mehreren Stellen mit dem Tod.

Die Vorstellung des Islam, dass man seinen Glauben von Geburt bis zum Tod nicht verlassen kann, steht im Widerspruch zur negativen Religionsfreiheit, die in Art. 4 Abs. 3 des Grundgesetzes garantiert ist. Unter ihr versteht man die Freiheit, einen Glauben nicht zu haben, sich nicht zu bekennen und nicht an religiösen Gebräuchen und Riten teilnehmen zu müssen. Lehrer können nicht gezwungen werden, Religion zu unterrichten, Schüler können sich vom Religionsunterricht abmelden und jedes Mitglied der evangelischen oder katholischen Kirche kann jederzeit seine

Religionsgemeinschaft verlassen. Dieses Religionsverständnis des Grundgesetzes steht im eklatanten Widerspruch zur lebenslangen Zwangsmitgliedschaft eines jeden Muslims im Islam. In einem offenen Brief an die »liebe SPD« stellt der Historiker und Religionskritiker Tomas Spahn fest: »Solange weltweit alle führenden islamischen Rechtsgelehrten ein solches Verhalten von Geburts-Zwangsmuslimen im Apostasieverbot mit Todesstrafe belegen und dieses immer wieder bestätigen, ... verstößt« der Islam »gegen Art. 4 des Grundgesetzes«.[20] Der Gedanke, dass der Islam eine Zwangsgemeinschaft ist, kommt in der deutschen Debatte um Religionsfreiheit kaum vor.[21]

Die Freiheit zu glauben und nicht zu glauben ist die Basis für religiöse Toleranz in unserer Gesellschaft. Sie ist in einer religiös-pluralen Gesellschaft für das friedliche Zusammenleben unverzichtbar und gehört zum Kern unserer Rechtsordnung und Wertegemeinschaft. Das haben zahlreiche Muslime nicht begriffen, auch einige Geistliche nicht. So bezeichnete ein Imam in der Berliner Mehmed-Zahid-Kothu-Tekksi-Moschee das Weihnachts- und Neujahrsfest in einer Predigt im Dezember 2016 als eine der »größten aller Gefahren« und forderte die Gemeinde auf, die Feste nicht zu feiern. »Gehört denn Silvester zu uns? Sind Weihnachtsbäume denn ein Teil von uns? Nein, sind sie nicht.«[22] Die Interpretation der Predigt durch die Leipziger Islamwissenschaftlerin Verena Klemm: »Muslime und Christen sollen kulturell auseinanderdividiert werden.«[23] Die Vorstellung, zwischen Gläubigen und Ungläubigen zu unterscheiden und Letztere aus der Gemeinschaft auszuschließen, ist unserer Gedankenwelt fremd. Nach einer Bielefelder Studie hält gut die Hälfte der Deutschen den Islam für eine »Religion der Intoleranz«.[24] Sie erschwert das friedliche Zusammenleben in unserer multikulturellen und multireligiösen Gesellschaft.

Dieses negative Meinungsbild von der Toleranz wird sicher in erster Linie vom terroristischen Feldzug der Gotteskrieger gegen die Ungläubigen und Phänomenen wie Ehrenmorden und Zwangsheiraten geprägt. Eine Rolle dürfte aber auch gespielt haben, dass Bücher, Filme, Bilder und Karikaturen, die nach unserem Verständnis durch Religionsfreiheit, Meinungs- und Kunstfreiheit geschützt sind, von religiösen, vor allem fundamentalistischen Gruppen als Gotteslästerung verstanden und verfolgt werden. Wenn der Politologe Hamed Abdel-Samad, der Islamwissenschaftler Mouhanad Khorchide und die Frauenrechtlerin Seyran

Ateş wegen islamkritischer Bücher mit dem Tode bedroht werden und zeitweise unter Polizeischutz leben müssen, ist das ein Zeichen von religiöser Intoleranz. 73 Prozent der Deutschtürken sprechen sich dafür aus, »Bücher und Filme, die Religionen angreifen und die Gefühle tief religiöser Menschen verletzen«, gesetzlich zu verbieten.[25] In der deutschen Mehrheitsgesellschaft haben das nur 34 Prozent gefordert. Hier zeigt sich, dass fast drei Viertel der Muslime nicht verstanden haben, in welchem Umfang Religionskritik durch die Meinungs- und Kunstfreiheit geschützt ist – als Freiraum für religiöse Toleranz.

Schein ist wichtiger als Sein: die Kultur der Ehre

Warum erlaubt es die marokkanische Regierung nicht, dass abgelehnte Asylbewerber in Sammeltransporten in Chartermaschinen, sondern nur in Linienmaschinen bis zu einer Höchstzahl von fünf Personen in die Heimat geflogen werden dürfen, wollte der Verfasser vom früheren Außenminister und heutigen Bundespräsidenten Frank-Walter Steinmeier wissen. Er antwortete nur mit einem Wort: »Ehre.« Das Bild von 20 bis 30 geflüchteten Marokkanern, die, in Deutschland unerwünscht, gegen ihren Willen in ihre Heimat zurückgeschoben werden, empfindet die Regierung in Rabat als Schande. Drei oder vier gescheiterte Asylbewerber, zwischen normalen Passagieren nicht zu erkennen, schmerzen weniger.

Die Ehre hat in der muslimischen Wertewelt eine enorme Bedeutung. Sie wird im Nahen und Mittleren Osten aber völlig anders definiert als im westlichen Kulturkreis. Hier wird die Ehre individuell verstanden, als Sammelbegriff für charakterliche Tugenden wie Zuverlässigkeit, Aufrichtigkeit oder Treue. Im muslimischen Kulturkreis ist die Ehre ein kollektiver Begriff mit zwei Aspekten. Zum einen geht es um die Achtung der Person in der Öffentlichkeit als jemand, der die tradierten Regeln einhält und dafür sorgt, dass dies auch seine Familienmitglieder tun, zum anderen geht es um die durch Leistung und Verdienst erworbene allgemeine Wertschätzung.

Der Schutz der Ehre und die oft fatalen Reaktionen auf ihre Verletzung behindern die kulturelle Integration von Muslimen, weil uns dieser Ehrbegriff fremd ist und in seiner Bedeutung kaum nachvollzogen werden kann. Muslimische Ehrvorstellungen können politische Verhandlungen,

Kommunikation und Konfliktlösungen erschweren und Gewalt bis zum
Ehrenmord provozieren. Ihr konfliktreicher Einfluss erfasst fast alle
Lebensbereiche, politische, familiäre und persönliche. Im ungelösten
Palästinakonflikt etwa sehen einige Muslime die kollektive Ehre der Ara-
ber beziehungsweise Muslime bedroht.[26]

Im Zentrum des Ehrbegriffes stehen die Familienehre, die Ehre des
Mannes und die der Frau. Für die Frau bedeutet Ehre, dass sie bis zur Ehe
ihre Jungfräulichkeit bewahren und während der Ehe treu bleiben muss.
Die Ehre eines Mannes hängt in erster Linie vom Verhalten seiner Frau
und seiner Töchter ab. Die Ehre verlangt von Frauen züchtige Bekleidung
sowie korrekten Umgang mit anderen Männern. Beides wird vom Ehe-
mann beziehungsweise von den älteren Brüdern in religiös-konservativen
Familien überwacht.

Die Ehre der Familie und die von Familienmitgliedern können aus ver-
schiedensten Richtungen angegriffen werden. Zum Beispiel, wenn eine
muslimische Tochter mit einem Ungläubigen liiert ist und dies vor den Eltern verbirgt. Muslimische Männer sind hin und wieder schockiert, wenn
sie in einer freien und fremden Gesellschaft auf eine Frau stoßen, die bei
einem Annäherungsversuch Nein sagt. Ist Alkohol im Spiel, werden sie
dann schon mal gewalttätig, weil sie die Ablehnung als Beleidigung empfinden.

Der Schutz der Ehre prägt vor allem bei muslimischen Mädchen in bestimmten Milieus den Schulalltag mit. Auswirkungen sind unter anderem:
Mädchen dürfen keine Tops mit Spaghettiträgern tragen; einige dürfen
nur in Begleitung eines Bruders ins Kino oder Theater gehen, oder sie werden nach dem Ende von einem Familienmitglied abgeholt; Klassenreisen
können gegen die Familienehre verstoßen und den Töchtern den Ruf einer
Schlampe und dem Vater den eines Schlappschwanzes einbringen. Eine
solche Einengung und Kontrolle von Kontakten erschwert natürlich das
Knüpfen von Bekanntschaften und Freundschaften.

Eine Ausprägung der Ehrkultur ist die Schamkultur, in der das Ein-
geständnis eigenen Fehlverhaltens und das öffentliche Austragen von
Konflikten als Ehrverlust gelten. Ein Fall aus einem Neuköllner Gymnasium: Ein Schüler hatte eine Lehrerin unsittlich mit einem Federmäpp-
chen berührt. Die Schule hatte die Polizei eingeschaltet, um ein Signal in
die Schülerschaft zu senden verbunden mit der Drohung, den Schüler von
der Schule zu weisen. Dem Schulleiter gelang es nicht, den Vater zu einem

Besuch in die Schule zu bewegen; er fühlte sich nicht zuständig. Mutter und Schwester schienen »unangenehm berührt«, stritten aber den Sachverhalt ab: »Mein Sohn tut so etwas nicht.« Die Mutter warf der Schule »überzogenes Agieren vor, nur weil der Sohn einen Migrationshintergrund« habe. Und die Schwester beschuldigte die Schule, den »Namen und das Ansehen des Sohnes beschmutzt zu haben«. Mutter und Schwester hatten sich also auf die Seite ihres Sohnes gestellt – der Ehre wegen.

Bernd Tißler, ehemaliger Leiter der Stadtteilschule Hamburg-Barmbek, und André Koglin von der Neuköllner Otto-Hahn-Schule ist aufgefallen, dass persönliche Konflikte zwischen Schülern häufig familiär aufgeladen werden. Beleidigungen und Prügeleien bei Angriffen auf die Familienehre sind alltägliche Phänome. »Muslime streiten wie die Verrückten. Die beleidigen sich permanent«, sagt der ehemalige Weddinger Grundschullehrer Joachim Butzlaff. »Am heftigsten wird es, wenn Sätze fallen wie ›Deine Mutter ist eine Hure‹.« In den Augen von Schulleiter Koglin »eskalieren Konflikte sofort, wenn die Familie beleidigt wird«. Beim Vorwurf, »deine Eltern haben dich schlecht erzogen, gehen sie an die Decke«. Bernd Tißler weiß: »Wenn sich Schüler prügeln und beschimpfen, zielen sie oft auf die Familie. Ein heikler Punkt. Das ist schlimmer, als die Person zu beleidigen.«

Die muslimische Kultur der Ehre kann Gewalt auslösen und unterhalb der Gewaltschwelle die kulturelle Integration erheblich behindern: Sie erschwert das offene Gespräch und für Mädchen und Frauen Kontakte zur Mehrheitsgesellschaft, gebiert Konflikte und beeinträchtigt einvernehmliche Konfliktlösungen. Und sie verstärkt in der deutschen Mehrheitsgesellschaft das Gefühl der Fremdheit.

Mohammed statt Voltaire: die versäumte Aufklärung

»Für den Gläubigen ist seine Religion Teil seiner Identität«, sagt der britische Historiker Timothy Garton Ash und fährt fort: »Aber wenn wir die Glaubensinhalte nicht infrage stellen dürfen, verspielen wir das hart erkämpfte Erbe der Aufklärung.«[27] Deshalb will Ash zwar »alle Gläubigen ... respektieren, ... aber nicht unbedingt alle Glaubensinhalte«. Im Zeitalter der Aufklärung wurde in Europa und Nordamerika die Überzeugung geboren, mithilfe der Vernunft die Hauptprobleme des gesellschaftlichen

Zusammenlebens lösen zu können: den Kampf gegen Vorurteile, die Hinwendung zu den Naturwissenschaften, das Plädoyer für religiöse Toleranz und die Orientierung am Naturrecht. Gesellschaftspolitisch zielte die Aufklärung auf Emanzipation, Mündigkeit, Bildung, Bürger- und Menschenrechte und das Gemeinwohl als Staatspflicht. Am Ende der vorausgegangenen Reformation hatte sich die Erkenntnis durchgesetzt, dass es eine wahre Religion nicht gibt und keine Religion einen Allgemeingültigkeitsanspruch mehr erheben kann. Was hat dieser Befund mit der Integration von Muslimen in Deutschland zu tun?

In der Philosophie und in den Religionswissenschaften gibt es einen breiten Konsens darüber, dass zahlreiche Probleme der islamischen Welt ungelöst sind, weil eine Aufklärung im westlichen Sinne nicht stattgefunden hat. Welch Teufelszeug die Aufklärung sein kann, bekam zum Beispiel die Potsdamer Gemeinde der Al-Faruq-Moschee im Dezember 2016 zu hören: »Die wahrhaftige Überlieferung ist das Buch Gottes. Das Schlimmste aller Dinge sind ihre Neuerungen. Jede Neuerung in der Religion ist Ketzerei«, erklärte der Imam und fuhr fort. »Ich rate euch und mir, Gott den Erhabenen zu fürchten und ihm zu gehorchen.«[28] In der Berliner Imam-Riza-Moschee erklärte der Vorbeter, dass die »Weisheit der Familie des Propheten« der »Maßstab der Wissenschaft« ist. Als Oppositionsführerin war Angela Merkel noch so mutig, dem Islam vorzuhalten, dass er die »Aufklärung nicht erlebt« habe.[29]

Mit der Behauptung des Islam, die absolute und einzige Wahrheit zu besitzen, und dem verbreiteten Alleinvertretungsanspruch geht häufig das Verbot einher, den Koran zeitgemäß auszulegen, religiöse Aussagen zu hinterfragen, kritisch zu denken, sich für naturwissenschaftliche Erkenntnisse wie zum Beispiel die Evolutionstheorie zu öffnen. Stefanie Böhmann, Lehrerin an der Stadtteilschule Hamburg-Öjendorf: »Muslimische Schüler kommen mit traditionellem Denken in die Schule, das nie hinterfragt wurde. Masoma, eine Schülerin mit afghanischen Wurzeln, erschien eines Tages mit Handschuhen in die Klasse. Warum, konnte sie nicht erklären.« Eine Kultur, die von Religion und Tradition geprägt ist, braucht nicht zu fragen: Sie hat die Antworten.

An diesem Punkt schält sich heraus, warum die versäumte Aufklärung Integration behindern kann. Aufgrund eines erkenntnistheoretischen Fortschritts ist heute Allgemeingut, dass es eine objektive Wahrheit nicht gibt, sondern nur eine Annäherung an sie. Und dass mehrere subjektive

Wahrheiten nebeneinander bestehen können. Das ist die erkenntnistheoretische Prämisse jeden Unterrichts hierzulande. Wenn ein großer Teil der Muslime davon ausgeht, dass es nur eine wahre Religion gibt, wird deutlich, dass diese Muslime Werte wie Emanzipation, Mündigkeit, religiöse Toleranz und die Pluralität der Meinungen wegen versäumter Aufklärung schwer im Denken verankern können. Dass es hier knirschen kann, ergibt sich unter anderem durch das Nebeneinander von Koranschulen und Religions- und Ethikunterricht. Während die Kinder bei den Imamen in der Moschee den Koran auswendig lernen, Arabisch studieren und das Beten einüben, ohne auch nur eine Position des Korans zu hinterfragen, sollen in der Schule das Christentum, das Judentum und der Islam idealerweise aus verschiedenen Perspektiven dargestellt und debattiert werden.

Aufgrund der Aufklärung konnten sich Werte wie Emanzipation, Mündigkeit, Meinungsfreiheit und Offenheit für wissenschaftliche Forschung und Erkenntnisse in westlichen Gesellschaften wesentlich freier entfalten als in muslimischen Ländern. Das gesellschaftliche Modernitätsgefälle bremst bei einem Teil der Zugewanderten Bildungs- und Berufserfolge sowie das kulturelle Hineinwachsen in die deutsche Mehrheitsgesellschaft.

Identitätsstiftend: Die Rolle der Religion im Integrationsprozess

Nach den Anschlägen am 11. September 2001 ist der Islam als Religion in das Zentrum des Integrationsdiskurses gerückt. »Die Religion«, so der Islamrechtler Mathias Rohe, »spielt heute eine tragende Rolle in der Kultur, in den Traditionen und dem Bewusstsein zahlreicher Muslime.« Einerseits. Andererseits hoffte die Politik, durch Dialog und Teilhabe der Muslime am gesellschaftlichen und politischen Leben ihr Verhältnis zur Religion so zu verändern, dass die Muslime allmählich in die Wertewelt einer pluralistischen Gesellschaft hineinwachsen und sie dadurch gewissermaßen »domestiziert« werden.[1] Für die kulturelle Integration der Muslime ist es daher wichtig zu wissen, welche Bedeutung die Religion bei ihnen hat – ihre Religiosität, ihre Verbreitung und die religiöse Praxis.

»Generation Allah«: steigende Religiosität und religiöse Praxis

80 bis 90 Prozent der interviewten Lehrkräfte beobachten, dass ihre Schülerinnen und Schüler in den letzten Jahren religiöser geworden sind. Die Indikatoren: Mehr Mädchen und immer jüngere Mädchen tragen Kopftücher. Eine steigende Zahl von Schülern fastet im Ramadan und fängt damit in jüngeren Jahren an. Jungen drängen Mädchen, sich bedeckt zu kleiden. Dass man Haribo-Gummibärchen wegen des Schweinefleisches in der Gelatine nicht essen darf, war früher kein Thema. Einigen Lehrern ist aufgefallen, dass es schwieriger geworden ist, Klassenreisen zu organisieren, weil einige Mädchen nicht mitfahren dürfen. »Religion spielt eine wichtige Rolle bei den muslimischen Schülern«, sagt der Leiter der Neuköllner Otto-Hahn-Schule André Koglin und gibt damit die Mehrheitsmeinung seiner Kollegen wieder.

Alle empirischen Studien stellen fest, dass die Religiosität der Muslime in Deutschland gestiegen ist. Unter den Deutschtürken ist der Anteil jener, die sich für »sehr« oder »eher religiös« halten, von 59 Prozent 2001 auf 82 Prozent 2013 gewachsen.[2] Zwischen 70 und 90 Prozent der Muslime schätzen sich als religiös ein.[3] Für Muslime in der Diaspora hat die Religion nach der Studie *Muslimisches Leben in Deutschland* eine »zusätzliche Funktion bekommen«: »Religion kompensiert auf vielfältige Weise Marginalisierungs-, Diskriminierungs- und Deprivationserfahrungen sowie Widersprüche, demografische Brüche, gesellschaftliche Konflikte« und »Orientierungsverlust«.

Überraschend ist, dass junge Muslime und Angehörige der zweiten und dritten Generation sich als religiöser einschätzen als die erste. Nach der Münsteraner Studie *Integration und Religion aus der Sicht von Türkeistämmigen in Deutschland* verstehen sich in der ersten Generation 62 Prozent als religiös, in der zweiten und dritten Generation 72 Prozent.[4] Auch die Studie *Muslime in Deutschland* kommt zu dem Schluss, dass »jugendliche Muslime eine noch etwas stärkere Bindung zur Religion haben als die muslimische Allgemeinbevölkerung«.[5] Worin liegen die Ursachen für dieses irritierende Selbstbild der bereits in Deutschland Geborenen?

Bei vielen Jugendlichen ist Religiosität ein demonstratives Bekenntnis zur kulturellen Heimat und ein Teil jugendlicher Identitätsfindung. Nach Ansicht der Neuköllner Schulrätin Gisela Unruhe nutzen die Schüler die Religion zur »Idealisierung des Andersseins – zum Beispiel im Fastenmonat Ramadan«. Der Psychologe Ahmad Mansour hat für diese Jugendlichen den Begriff »Generation Allah« geprägt. Für sie ist Religion eine »identitätsstiftende Größe« und »so etwas wie ihr persönlicher unantastbarer Gral«, den man »verteidigen muss«.[6] Wenn Jugendliche zeitgleich »mit der Erfahrung aufgewachsen sind, von der sie umgebenden Gesellschaft ausgegrenzt zu werden«, steigt nach Mansour das »Bedürfnis, sich eine neue Identität zu suchen und sich auf diese Weise von der Mehrheitsgesellschaft abzugrenzen«. Dieser Anspruch auf religiöse und kulturelle Selbstbehauptung in der zweiten und dritten Generation der Muslime steht quer zu allen Bemühungen um kulturelle Integration.

Unterschiedliche Integrationsdefizite: fundamentalistische, religiös-konservative und säkulare Muslime

»Fundamentalistische und religiös-konservative Einstellungen haben zugenommen«, davon ist der Neuköllner Psychologe Kazim Erdogan überzeugt. Träfe diese These zu, hätten sich die Chancen für eine kulturelle

Integration der Muslime verschlechtert. Denn Religion ist nach Ansicht des Religionssoziologen Detlef Pollack ein »signifikanter Faktor« für die Eingliederung: »Es gibt religiöse Barrieren für die Integration. Bei religiös-konservativen Muslimen gibt es eine geringere Integrationsbereitschaft und -fähigkeit.« Nach Meinung von Ufuk Özbe zeigen Studien, dass es eine »negative Korrelation zwischen Religiosität und der Akzeptanz moderner Grundwerte bei den Muslimen« gibt: »Je frommer sie sind, desto problematischer ist ihr Verhältnis zur Freiheit.«[7] Aufgrund dieser empirischen Fakten sind Antworten auf zwei Fragen zu suchen: Gibt es wissenschaftlich valide Erkenntnisse über die Rolle der Religion beim Gelingen oder Misslingen der kulturellen Integration? Und: Wie groß muss der Anteil der kulturell integrierten Muslime sein, um von einer erfolgreichen oder gescheiterten kulturellen Integration zu sprechen?

Nach den Beobachtungen der Religionslehrerin Stefanie Böhmann von der Stadtteilschule Hamburg-Öjendorf »schaffen liberale Muslime die Integration, sie fühlen sich wie Deutsche. Bei einigen konservativen Familien ist Integration gar nicht erwünscht.« Alltagserfahrungen und Erkenntnisse der Migrationsforschung sprechen dafür, dass es eine enge Beziehung zwischen religiöser Orientierung und Integrationserfolg gibt.

Empirische Untersuchungen zur kulturellen Integration von Muslimen als gesellschaftlicher Prozess existieren bisher nicht. Bei der sozialen Integration gilt die Formel: je größer die Assimilation, desto erfolgreicher die Schul- und Berufskarrieren. Diese Erkenntnis soll auch Ausgangspunkt für die Suche nach Antworten auf die Frage nach dem Gelingen oder Misslingen kultureller Integration sein. Die beiden wichtigsten Quellen sind dabei religiöse Orientierungen der Muslime und empirische Untersuchungen einzelner Indikatoren für kulturelle Integration.[8]

In der Migrationsforschung gibt es mehrere Studien zur Verbreitung religiöser Orientierungen und ihren Integrationsfolgen. Für unsere Fragestellung taugen diese nur bedingt. Sie haben das Schwergewicht auf fundamentalistische Einstellungen gelegt und säkulare Kulturmuslime vernachlässigt. Außerdem fehlt in der Migrationsforschung ein Konsens über Kategorien religiöser Einstellungen. Deshalb überrascht es auch nicht, dass die empirischen Befunde durch die Vielfalt der Kategorien sehr unterschiedlich ausfallen. Hier soll sich aufgrund der Fragestellung und aus Gründen der Verständlichkeit auf drei Kategorien religiöser Einstellungen beschränkt werden: fundamentalistisch, religiös-konservativ und liberal-säkular.

Fundamentalistisch eingestellte Muslime lehnen die freiheitlich-demokratische Grundordnung und die westlichen Werte im Alltag ab. Sie wollen unseren Staat durch einen Gottesstaat und ein Leben nach dem Koran ersetzen. Sie wollen sich kulturell nicht integrieren. Der Anteil derer, die ein fest etabliertes fundamentalistisches Weltbild haben, bewegt sich nach Untersuchungen zwischen 13 und 30 Prozent.[9]

Eine religiös-konservative Grundhaltung hat die Studie *Muslime in Deutschland* bei 40 Prozent der Muslime festgestellt.[10] Merkmale dieser Orientierung sind ein hoher Stellenwert der Religion im Alltag, klare Vorstellungen, was einen guten von einem schlechten Muslim unterscheidet, pauschale Aufwertung des Islam und Abwertung anderer gesellschaftlicher Ordnungen. Drei Viertel dieser Gruppe gelten nach der Studie als kaum oder nur wenig sprachlich-sozial integriert.[11] Auf einen Anteil von 40 Prozent »hochreligiöser« Muslime kommt auch der Religionsmonitor 2017 der Bertelsmann-Stiftung.[12]

Bei den liberal-säkularen Muslimen ist zu vermuten, dass sie keine Probleme haben, westlich zu leben, sich der westlichen Wertewelt anzupassen, und durch Eigenleistung und Engagement beruflich erfolgreich sind. Die Spannweite der Forschungsergebnisse oszilliert erheblich. Sie reicht von 16 bis 45 Prozent.[13] Keine Erhebung kommt bisher aber zu dem Ergebnis, dass die Mehrheit der Muslime liberal-säkular orientiert ist. Damit stimmen die Ergebnisse der Integrationsforschung weitgehend mit den Schätzungen der befragten Lehrerschaft über die Anteile religiös-konservativer und liberal-säkularer Muslime überein.[14]

Der Traum eines jeden Integrationspolitikers ist, dass sich 100 Prozent einer Migrantengruppe sozial und kulturell integrieren. Dieser Traum wird sich nie erfüllen. Deshalb taugen die 100 Prozent auch nicht als Messlatte für das Gelingen oder Misslingen von Integration. Die Frage ist: Wie hoch müssen die Anteile von integrierten beziehungsweise nichtintegrierten Teilgruppen von Zuwanderern sein, um eine Integrationspolitik als erfolgreich oder gescheitert anzusehen? Denkbar wäre, Grenzen bei 20 oder 30 Prozent von Nichtintegrierten zu ziehen, weil die Politik dann doch erhebliche Teile einer ethnischen oder religiösen Migrantengruppe nicht mitgenommen hätte. Hier soll, um auf der sicheren Seite zu sein, die Grenze bei 50 Prozent nicht kulturell integrierter Muslime gezogen werden.

Wenn eine Integrationspolitik bei der Hälfte ihrer Zielgruppe das Ziel nicht erreicht, kann man sie als gescheitert betrachten.

Diese Schwelle kann natürlich nicht für alle gesellschaftlichen Bereiche gelten. In zahlreichen Sektoren wird man die Messlatte für das Scheitern von Integration senken müssen. Zum Beispiel beim muslimischen Antisemitismus. Wenn nach empirischen Untersuchungen unter den Deutschstämmigen zwischen 11 und 16 Prozent und unter Muslimen zwischen 28 und 56 Prozent als judenfeindlich gelten, dann hat hier die Wertevermittlung versagt.[15] Das gilt auch für die Verbreitung homophober Einstellungen, die, obwohl unter 50 Prozent, unter Muslimen dreimal so häufig vorkommen wie unter Herkunftsdeutschen. Das heißt: Neben der gesamtgesellschaftlichen Orientierung an der 50-Prozent-Marge für das Gelingen oder Misslingen von Eingliederung wird man in zahlreichen gesellschaftlichen Bereichen bereits bei wesentlich niedrigeren Messlatten zu dem Schluss kommen, dass hier eine Integration gescheitert ist.

Integrationsagentur und Konfliktfeld: Die Schule

Vor allem Schulen sind aufgefordert, die Grundlagen für eine erfolgreiche und dauerhafte Integration zu legen. Nach einem Beschluss der Kultusministerkonferenz aus dem Dezember 2013 sollen sie für die interkulturelle Erziehung und Bildung verantwortlich sein: »Schulen« sollen »allen Kindern und Jugendlichen unabhängig von ihrer Herkunft ... Chancen für den größtmöglichen Bildungserfolg« eröffnen, »Integrationsprozesse« erfolgreich »gestalten« und »damit zu einem friedlichen, demokratischen Zusammenleben beitragen«. Mit der zunehmenden religiösen und ethnischen Vielfalt werden die Hürden höher, die dabei zu überspringen sind. Mit der Beschulung der Flüchtlingskinder, die seit dem 5. September 2015 in unser Land gekommen sind, stehen die Schulen als Integrationsmotoren vor der größten Herausforderung seit dem Zweiten Weltkrieg. Zwischen 60 bis 70 Prozent der Flüchtlinge stammen aus muslimischen Ländern.

Bei Flüchtlingskindern umfasst der Integrationsauftrag nicht nur Erziehung und Wissensvermittlung, sondern auch die Vorbereitung auf eine multireligiöse und multikulturelle deutsche Gesellschaft mit ihren zahlreichen Brüchen und Konflikten. Deshalb ist Schule heute nicht nur Integrationsagentur, sondern auch Konfliktfeld. In keinem anderen gesellschaftlichen Sektor mussten Gerichte bisher so viele Konflikte wie in der Schule lösen: Schwimm- und Sexualkundeunterricht, Klassenfahrten und Gebetsräume, religiöse Feiertage und Kopftuch tragende Lehrerinnen im Unterricht. Für Rainer Kistermann, Leiter des Neuköllner Albrecht-Dürer-Gymnasiums, ist Schule deshalb ein »Labor für die Gesellschaft der Zukunft«: »Durch gemeinsames Lernen und Erleben und das Austragen von Konflikten in der Schule werden die oft in ihren Wertesystemen stark verhafteten Schülerinnen und Schüler in die Gesellschaft reingezogen.« Das ist das pädagogische Ziel. Und wie sieht die Realität aus?

Ein Spiegelbild der Einwanderungsgesellschaft: die multikulturelle Schülerschaft

Mit dem Satz »Das ist eine Hausnummer« schloss Christiane Mika, Leiterin der Libellen-Grundschule in Dortmund-Nordstadt, das Kurzporträt ihrer Schule in Zahlen: 96 Prozent der Schüler sind nichtdeutscher Herkunftssprache, 86 Prozent haben einen muslimischen Hintergrund. Die Schüler stammen aus 32 verschiedenen Ländern und sprechen 27 Sprachen. 58 Prozent leben von staatlichen Transferleistungen. »Es ist eine deutsche Schule, die die Veränderungen der Gesellschaft widerspiegelt«, schließt sie nüchtern.

Insbesondere in den Stadtstaaten Berlin, Bremen und Hamburg, aber auch im Rhein-Main-Gebiet und im Ruhrgebiet hat Schule heute nichts mehr mit der Schule der Sechziger- und Siebzigerjahre gemein. In diesen Bundesländern wird ein Teil der Schullandschaft von multikulturellen und multireligiösen Schulen geprägt. Ob sie die hohen Erwartungen an die Integrationsleistungen erfüllen können, hängt auch und zuvorderst von der Zusammensetzung der Schülerschaft ab. Hier gilt der Grundsatz: Je heterogener sie ist, desto komplexer Erziehung und Wissensvermittlung.

Bundesweit haben knapp 30 Prozent der Schüler einen Migrationshintergrund, in Großstädten wie Hamburg ist es bereits knapp die Hälfte (48 Prozent). 2016 hatten in Berlin 49 Prozent der Schüler bei der Einschulung einen Migrationshintergrund, in Hamburg 49 Prozent, in Nordrhein-Westfalen 38 Prozent. In Nordrhein-Westfalen hat jeder achte Schüler als Religion muslimisch angegeben.[1] Zwischen der ersten PISA-Studie 2000 und 2015 hat sich der Anteil von Schülern mit Migrationshintergrund um 6 Prozent erhöht. Das ist eine riesige Herausforderung: wegen der Sprachdefizite, der Herkunft aus meist sozial benachteiligten Familien und des häufig niedrigen Bildungsniveaus der Eltern. Diese Anteile werden sich durch die Zuwanderung noch einmal drastisch erhöhen.[2] Eine besondere Hypothek: Flüchtlingskinder ohne Schulerfahrung. 2015 waren 9 Prozent der Asylbewerber Analphabeten in der Altersgruppe elf bis 15 Jahre und 13 Prozent der Gruppe 16 bis 20 Jahre.[3] Hier türmen sich in den Schulen gewaltige Berge von Problemen, auf die sie nicht vorbereitet waren.

Wegen der Fokussierung auf Flüchtlinge aus dem Nahen und Mittleren Osten sowie Nordafrika ist unter dem öffentlichen Radarschirm geblieben, dass die Schulen Jahr für Jahr zusätzlich mit den Auswirkungen der EU-Binnenwanderung zu kämpfen haben, Zuwanderer aus Bulgarien, Rumänien und Polen, aber auch aus Spanien oder Italien. Bis 2014 einschließlich kam die Mehrheit der Zugewanderten aus EU-Ländern, 2015 waren es noch 45 Prozent. 2016 und 2017 haben jeweils über 630 000 Unionsbürger ihre Zelte bei uns aufgeschlagen mit einem positiven Wanderungssaldo von 294 000 beziehungsweise 257 000 Personen.[4] Ihre Kinder sprechen in der Regel kein Deutsch.[5] Pädagogische Schwierigkeiten der besonderen Art bringen Kinder von Roma und Sinti mit. Sie haben häufig noch nie eine Schule besucht und müssen alphabetisiert werden. Katja Ruth-Rössel, Deutschlehrerin an der Erich-Kästner-Schule in Hanau, fühlt sich beim Thema EU-Zuwanderer von der Politik im Stich gelassen: »Europas Grenzen sind offen. Das europäische Ausland darf kommen, um die Lehrer kümmert sich niemand.« Im Dortmunder Norden und in Duisburg ist die Sinti- und Roma-Binnenwanderung im Vergleich zu den Bürgerkriegsflüchtlingen das größere Problem. Den betroffenen Schulleiter in der Dortmunder Nordstadt bringt es auf die Palme, wenn die Medien immer nur über Flüchtlinge berichten, nicht aber über ihre Hauptlast, die Roma- und Sinti-Kinder.

Schulstatistiken unterscheiden nicht zwischen Flüchtlingen und EU-Binnenwanderern. Einige orientieren sich am Migrationshintergrund, andere an der Staatsbürgerschaft der Schüler. Statistiken mit der Kategorie »Ausländer« sagen für die Zeit vor 2015 wenig aus. Sie verfälschen die Migrationsrealität, weil bereits die Hälfte der Muslime die deutsche Staatsbürgerschaft besitzt und deshalb in diesen Statistiken nicht auftaucht. Beiden Kategorien ist ein weiterer Nachteil eigen, der ihre Aussagekraft für den Schulalltag beschränkt. Hinter den Worten Migrant oder Ausländer verbergen sich nämlich sehr verschiedene Schülergruppen, deren Beschulung und Lernerfolge erheblich voneinander abweichen. Nach wissenschaftlichen Studien macht es einen Unterschied, ob Schüler aus Ländern der ehemaligen Sowjetunion oder Jugoslawien, aus Polen oder Spanien oder aus muslimischen Ländern mit Ausnahme Irans kommen. Die Bildungsforschung zeigt, dass die Lernerfolge von Schülern aus dem europäischen Kulturkreis im Durchschnitt besser abschneiden als jene aus dem muslimischen.

Vom Erkenntnisgewinn her ist es daher fragwürdig, auf Forschungsergebnisse zurückzugreifen, die nicht zwischen verschiedenen Migrantengruppen differenzieren und nur zwischen Schülern mit und ohne

Migrationshintergrund unterscheiden. »Eigentlich macht die Dichotomie Migranten – Nichtmigranten keinen Sinn, weil die Trennung zu unscharf ist«, stellt der Bildungsforscher Kai Maaz fest. Bei vielen Fragen führt allerdings kein Weg an diesen Studien vorbei, obwohl ihre Aussagekraft beschränkt ist.

Wenn Bayern bei Bildungsvergleichen meist an der Spitze liegt, hat das auch damit zu tun, dass dort über 45 Prozent der Migranten EU-Pässe haben, der höchste Anteil von allen Bundesländern.[6] Umgekehrt ist sicher ein Faktor für das schlechtere Abschneiden von Hessen, Nordrhein-Westfalen, Hamburg, Bremen und Berlin bei Bildungsvergleichen, dass dort die Anteile der Türkeistämmigen unter den Migranten am höchsten sind, nämlich bei oder über 20 Prozent.[7] In Bayern liegt er zwischen 10 und 14 Prozent. Die Schülerschaft in Ländern wie Nordrhein-Westfalen, Hessen, Hamburg und Berlin ist wesentlich problembeladener zusammengesetzt als in Bayern.

Ein weiterer Faktor, der den Schulalltag in den letzten Jahren verkompliziert hat, ist der übers Knie gebrochene Ausbau der Inklusion. Im Schuljahr 2016/2017 wurden bereits 40 Prozent aller Schüler mit sonderpädagogischem Förderbedarf (208 000) in Regelklassen allgemeinbildender Schulen unterrichtet.[8] In den letzten zwölf Jahren hat sich der Anteil der geistig und körperlich behinderten Schüler an allgemeinen Schulen mehr als verdoppelt.[9]

Die Besuche des Verfassers von 21 Schulen waren Ausflüge in ein multikulturelles Deutschland, das die große Mehrheit der Bevölkerung nur aus dem Fernsehen oder der Zeitung kennt.[10] An einer Schule kamen die Lernenden aus 26 Nationen, an einer anderen aus 62 Nationen. An der Stadtteilschule Hamburg-Barmbek wurden 74 verschiedene Muttersprachen gesprochen. Im Hamburger Kurt-Körber-Gymnasium sitzen orthodoxe Juden, Sikhs, Buddhisten und Muslime nebeneinander.

Neun der besuchten Schulen hatten ihren Erziehungs- und Bildungsauftrag unter den erschwerten Bedingungen von sozialen Brennpunkten beziehungsweise muslimischen Parallelgesellschaften zu erfüllen: Berlin-Neukölln, Berlin-Kreuzberg und Dortmund-Nordstadt. An den drei Neuköllner Schulen lag der Anteil der Schüler mit Migrationshintergrund zwischen 70 und 90 Prozent, der der Schüler mit muslimischen Wurzeln zwischen 40 und 85 Prozent. An der Schule am Teltowkanal bezogen 75 Prozent der Familien staatliche Transferleistungen. An der Otto-

Hahn-Gesamtschule waren die muslimischen Schüler in der Mehrheit. Im Nachbarstadtteil Kreuzberg pendelte der Migrantenanteil zwischen 42 und 95 Prozent. An einer Kreuzberger Sekundarschule und dem Robert-Koch-Gymnasium stellten muslimische Schüler die Mehrheit: 86 beziehungsweise 75 Prozent. 80 beziehungsweise 60 Prozent der Familien waren dort auf staatliche Transferleistungen angewiesen. Ähnlich dramatisch die Zusammensetzung der Schülerschaft an den drei Schulen in der Dortmunder Nordstadt. Hier waren 90 bis 96 Prozent der Schüler mit einer nichtdeutschen Sprache aufgewachsen. An allen drei Schulen hatten muslimische Schüler die Mehrheit erobert: zwischen 63 und 86 Prozent.

Von den 60 000 Bewohnern der Nordstadt sind 69 Prozent Migranten, die Arbeitslosenquote liegt bei 24 Prozent. In Berlin bekommt nach Auskunft der Senatsverwaltung für Bildung, Jugend und Familie etwa ein Drittel aller Schulen wegen der heterogenen Schülerschaft und der sozialen Lage der Familien Mittel aus Sonderprogrammen, unter anderem für Erzieher, Sozialpädagogen und Kulturmittler. An den Hamburger Schulen lag der Anteil der Migranten zwischen 50 und 95 Prozent, der der muslimischen Schüler zwischen 33 und 79 Prozent. An zwei der sechs Hamburger Schulen waren die muslimischen Schüler in der Mehrheit. In der Hansestadt erhalten 33 Schulen wegen der heterogenen Schülerschaft Sondermittel.

In Hanau, dem Main-Kinzig-Kreis und Nürnberg lagen die Schulen in gemischten Wohngebieten mit hohem Migrantenanteil. In Hanau hatte die Erich-Kästner-Schule mit 65 Prozent Migranten und 33 Prozent Muslimen unter den Schülern die höchsten Quoten. In Nürnberg bewegten sich die Migrantenquoten zwischen 50 und 88 Prozent, die der Muslime zwischen 20 und 45.

Etliche Schulleiterinnen und Schulleiter blicken angesichts der Flüchtlingsströme mit Sorgenfalten in die Zukunft. »Wir geben uns Mühe, aber es wird schwieriger«, sagt Renate Wiegandt von der Hamburger Otto-Hahn-Gesamtschule. Im Hinterkopf hat sie dabei Klassen, in denen nach den Richtlinien maximal bis zu vier Kinder mit sonderpädagogischem Förderungsbedarf (Blinde, Hörgeschädigte, Sprachgeschädigte oder -gestörte, Autisten, geistig Behinderte) und maximal bis zu vier Zugewanderte in einer Klasse sitzen dürfen. Viele Lehrer bedrückt, dass der Anteil an Migranten weiter wachsen und ihre Arbeit dadurch weiter erschwert wird. Peter Ort, Leiter der Sankt-Leonhard-Mittelschule in Nürnberg, verweist darauf, dass in einigen Klassen nur noch ein bis zwei deutsche Schüler sitzen, in einer siebten Klasse gibt es keine mehr. Und seinen Nürnberger Kollegen Benedikt Mehl vom Pirckheimer-Gymnasium bekümmert, dass in einigen Klassen die Migrantenanteile 84 Prozent erreicht haben.

Zwischen Idealismus und Frust: die engagierte Lehrerschaft

Bei gut der Hälfte der besuchten Schulen hat ein Schild mit dem Slogan »Schule ohne Rassismus – Schule mit Courage« den Verfasser begrüßt. Es signalisiert, dass die Schule zu einem Netzwerk mit deutschlandweit knapp 1800 Schulen und über einer Million Schülern gehört. Mit dem Beitritt zu dieser Initiative verpflichten sich die Schulen, aktiv gegen Rassismus und jede Form von Diskriminierung vorzugehen. Dieses Selbstverständnis verbindet die Mehrheit der Lehrer an multikulturellen und multireligiösen Schulen. »Viele Lehrer sind sehr engagiert, auch weil sie Kinder lieben«, weiß die Kreuzberger Schulrätin Marita Knauf. Die Mehrzahl der Pädagogen an multikulturellen Schulen unterrichtet dort nicht zufällig, sondern hat sich bewusst für den pädagogischen Hindernislauf entschieden und nimmt die damit verbundene, intensive Mehrarbeit in Kauf. Diese »Überzeugungstäter« geben an den meisten Schulen mit hohen Migrantenanteilen den Ton an. Aber dort unterrichtet noch eine zweite Fraktion, die Pragmatiker oder Skeptiker.[11] Beide Lager trennt vor allem die Haltung zum Islam.

Rainer Kistermann, Leiter des Neuköllner Albrecht-Dürer-Gymnasiums, gehört zur Gruppe der Idealisten. Mit Wohlwollen nimmt er wahr, dass einige Lehrer »freiwillig zu ihm gekommen sind, um bei der Integration zu helfen«. Er »hofft, dass sich durch das Praktizieren der Demokratie im Kleinen bei den Schülern eine positive Einstellung zu demokratischen Werten und zur Partizipation entwickelt«. Der Dortmunder Mathematiklehrer Florian Althoff wollte »Neuland« betreten und möchte das Helmholtz-Gymnasium »mit keiner anderen Schule auf der Welt tauschen«. Geradezu schwärmerisch beschreibt Elke Behrens, Lehrerin an der Hamburger Louise-Schroeder-Schule, ihr Selbstverständnis: »Wir begegnen Kindern, Religionen oder Traditionen sind untergeordnet. Toleranz ist unser oberstes Ziel. Wir fühlen uns als multikulturelle Gemeinschaft.« Nach einer neuen Studie *Vielfalt im Klassenzimmer* haben Lehrer gegenüber Muslimen eine etwas liberalere Haltung als die Gesamtbevölkerung. Ihre »multikulturelle Orientierung« soll stärker ausgeprägt sein als im Rest der Bevölkerung.[12]

Bei den Schülern kommen diese Lehrer gut an. Hussein vom Albrecht-Dürer-Gymnasium findet, dass die »meisten Lehrer tolerant sind«. In den Augen seiner Mitschülerin Sueda »respektieren die meisten Lehrer ihre Religion und interessieren sich für sie«. Stören tut beide nur, dass die »Deutschen beim Melden ab und zu bevorzugt aufgerufen werden«.

Es gibt einige Grenzgänger zwischen beiden Lagern. Eine Lehrerin von der Kreuzberger Reinhardswald-Grundschule empfindet »Integration als anstrengend, aber lohnend und alternativlos«. Sie denkt dabei an einen Fall, dass sich Jungen und Mädchen im Alter von sechs bis acht Jahren für den Sportunterricht in einem Raum umziehen sollten, ein Mädchen das aber nicht wollte. Es folgte ein langes Gespräch mit dem Vater, an dessen Ende ein Kompromiss stand: An Tagen mit Sportunterricht zieht das Mädchen die Turnsachen unter ihre normale Kleidung an, damit sie sich im Umkleideraum nicht ausziehen muss. Zu den Grenzgängern zwischen beiden Lagern gehört wohl auch Jan Meister vom Albrecht-Dürer-Gymnasium. Er wollte nicht nach Neukölln, wurde aber dorthin zugewiesen und fühlt sich heute wohl. In einer seiner Klassen trug einmal ein halbes Dutzend Mädchen Kopftücher. Die hat er »als Barriere empfunden und auf Distanz geachtet«. Über die Jahre hat er sich »an die Kopftücher gewöhnt, aber etwas ist immer geblieben: das Fremde«.

Eine starke Minderheit unter den Lehrern ist islamkritisch beziehungsweise islamfeindlich eingestellt. Nach der Studie *Vielfalt im Klassenzimmer* plädieren immerhin 30 Prozent der Lehrer dafür, den Bau von Moscheen einzuschränken, und über ein Drittel der Lehrkräfte hält Muslime für »weniger bildungsorientiert« als andere Schüler.[13] Viele sind konservativ, aber einige haben nach Meinung von Joachim Butzlaff von der Weddinger Albert-Gutzmann-Grundschule sogar ein rechtspopulistisches Weltbild. Er nennt sie »Pegida-Lehrer«. Nach seinen Erfahrungen und denen anderer Kollegen werden die »Konflikte zwischen Optimisten und Pragmatikern im Lehrerkollegium nicht offen ausgetragen«. In Konferenzen wabern Vorurteile wie: »Die Eltern sind zum Schmarotzen nach Deutschland gekommen.« Ein Lehrer vom Dortmunder Helmholtz-Gymnasium weiß von zwei Kollegen, dass sie die »Klientel nicht mögen«. Offen zugeben würden diese Pädagogen ihre Voreingenommenheit nie. Diese Lehrer haben nach

Butzlaffs Auffassung ein Problem: Sie müssen im Umgang mit muslimischen Schülern »immer eine innere Aversion überwinden«, was sehr belastend ist. Zum Vorschein kommen diese Vorbehalte, wenn Lehrer von Heinz Buschkowskys Buch *Neukölln ist überall* begeistert sind oder eine Mehrheit im Kollegium den Versuch der Schulleitung blockt, Kontakt zur nächsten Moschee aufzunehmen.

Islamkritische bis islamfeindliche Einstellungen im Lehrkörper sind natürlich nicht immer zu kontrollieren, sondern brechen sich hin und wieder in abwertenden Äußerungen und Diskriminierungen Bahn, häufig im Zusammenhang mit dem Kopftuch.[14] Da fragt ein Schulleiter eine Schülerin, die sich in der zwölften Klasse entschieden hatte, ein Kopftuch zu tragen, ob sie meine, dass andere Frauen unrein seien, und ob sie nun zwangsverheiratet werden solle. Der Rektor eines Berliner Gymnasiums ließ eine Schülerin wissen, dass man auf seiner Schule kein Kopftuch trage. Ein anderer Schulleiter soll während des Ramadan ein Wasserglas vor einen Schüler gestellt haben, um ihn zu provozieren, das Fasten zu brechen.

Dass bei vielen Lehrern Interesse, Neugier am und Wissen über den Islam fehlen, moniert der Psychologe Ahmad Mansour. Kritikwürdig findet er ferner, dass sich viele Pädagogen nicht nach den Biografien ihrer Schüler erkundigen. Sie pauschal als »Türken oder Muslime zu verstehen« ist für ihn »purer Rassismus, pädagogisches und politisches Versagen nicht nur der Lehrerin, sondern auch der Schule«.[15] Dass ein Lehrer in Berlin-Neukölln an einer Schule mit einem Anteil von Jugendlichen mit muslimischem Hintergrund von 99 Prozent nicht wisse, wann Opfer- und Zuckerfest gefeiert werden, sei ein Armutszeugnis.

Wenn die Minderheit zur Mehrheit wird: Segregation

Selbst im gentrifizierten In-Stadtviertel Kreuzberg gibt es noch Schulen, deren Profil von Migranten geprägt wird. Zum Beispiel eine Sekundarschule. Hier haben 86 Prozent der Schüler muslimische Wurzeln, und 80 Prozent der Familien leben von staatlichen Transferleistungen. An der Schule fühlen sich etliche Lehrkräfte von der Politik im Stich gelassen. Einer, der anonym bleiben will: »Der Trend zur Apartheit in der Berliner Schullandschaft ist ungebrochen. In Berlin ist Schule ghettoisiert. Hier liegt staatliches Versagen vor, ein gesellschaftlicher Skandal. Das macht mich wütend.« Warum? Der Auftrag seiner Schule lautet, eine »Minderheit durch die Schule in die Mehrheitsgesellschaft zu integrieren«. Aber wie soll das funktionieren, fragt er. »Ich bringe die Schüler in eine Situation, wo sie offensichtlich in der Mehrheit sind.« Mehrere Blocks weiter sitzt Rainer Völkel, Rektor des Robert-Koch-Gymnasiums. Er singt dasselbe Klagelied. An seiner Schule haben 90 Prozent der Schüler muslimische Wurzeln. Er wünscht sich, dass die Gentrifizierung des Stadtteils die Schülerschaft schneller verändert. Wer im Viertel der beiden Schulen umherschlendert, merkt in der Tat schnell, dass der Kiez boomt und Deutschstämmige das Straßenbild prägen. Nur, diese Bevölkerungsmischung bildet sich in der Schülerschaft der beiden Schulen bisher kaum ab. Wegen des hohen Ausländeranteils auf beiden Schulen schicken die Eltern in der Nachbarschaft ihre Schützlinge gern auf Schulen in anderen Teilen Kreuzbergs oder sogar in andere Stadtviertel.

Womit die Lehrer in Kreuzberg kämpfen, ist ein bundesweites Phänomen, vor allem in Großstädten und Ballungsräumen. Der Bildungsbericht 2016 stellt nüchtern fest, dass »migrationsspezifische Segregationstendenzen ... in der frühkindlichen Bildung« und auf der »Schule« den »Erwerb der deutschen Sprache im Alltag ... erschweren«.[16] Damit ist eines der höchsten Hindernisse bei der sozialen wie kulturellen Integration von Muslimen benannt: der ungebrochene Trend zu »ethnischen Kolonien«, »Ghettos« oder »Parallelgesellschaften«, der sich durch die jüngsten Zuwanderungswellen noch verstärken wird. Die Ursachen dieses Phänomens sind bekannt: die schlechte wirtschaftliche Situation vieler Migranten, niedrige Mieten in unattraktiven Stadtvierteln, freiwilliger Rückzug und Absonderung von Migranten in vertraute ethnische und religiöse Milieus, Diskriminierung bei der Wohnungssuche in anderen Stadtteilen, Wegzug von Herkunftsdeutschen und erfolgreichen Migranten aus Brennpunktvierteln und letztlich die Schulwahl von Eltern, die ihre Kinder auf Schulen ohne hohe Migrantenanteile schicken – auch in andere Stadtteile.

Eine Sonderauswertung der Schulleistungsuntersuchungen IGLU und TIMSS zeigt, dass knapp 60 Prozent der Kinder mit Migrationshintergrund bereits in der Grundschule eine Schule besuchen, an der mehrheitlich Kinder nichtdeutscher Herkunft lesen und schreiben lernen.[17] Bei Kindern ohne Migrationshintergrund trifft das nur auf gut 17 Prozent zu. Im gesamten Bundesgebiet besuchen Schüler mit Migrationshintergrund rund

fünfmal häufiger eine segregierte Grundschule (mit einem Zuwandereranteil von über 50 Prozent) als Schüler ohne Migrationshintergrund und
sind dadurch besonders oft lernhemmenden Bedingungen ausgesetzt.[18]
Einige besonders erschreckende Beispiele segregierter Schulen vor der
Grenzöffnung 2015: In Offenbach am Main lag der durchschnittliche Zuwandereranteil an öffentlichen Hauptschulen bei 75 Prozent, in München
und Mannheim bei knapp 65 Prozent.[19]

Die meisten Lehrer unterschreiben den Satz: Je höher der Migrantenanteil ist, desto größer die negativen Effekte. Schulen mit einem hohen
Ausländeranteil geraten schnell als »Türkenschule« oder »Ausländer-
schule« in Verruf. Tina Valdfogl-Saier, Lehrerin an der Hanauer Erich-
Kästner-Schule, ist überzeugt, dass die Schule, um als Integrationsagentur erfolgreich zu sein, »immer eine Mehrheit von Kindern und
Eltern braucht, die in der deutschen Kultur leben, nicht nur im Christentum, sondern auch in der Demokratie, und für die Gleichberechtigung
von Mann und Frau sind«. Integrationshemmend wirkt sich vor allem das
Fehlen von Peergroups aus – als Sprachvorbilder und Wertemittler. Die
Essener Gesamtschulleiterin Julia Gajewski beklagt, dass an ihrer Schule die »positiven Vorbilder« fehlen, »also ganz normale Kinder«: »Unsere
Kinder haben ein Bild von der Gesellschaft, das definitiv das Ende der Gesellschaft ist.«[20] Weil Sprache der wichtigste Integrationsfaktor ist, fällt es
einem Kreuzberger Lehrer »schwer, die Sprachkompetenz zu verbessern,
wenn 90 Prozent der Kinder zu Hause nicht Deutsch sprechen. Als Lehrer
schraubt man seine Anforderungen runter.« Ein weiterer Faktor, der die
Lernmöglichkeiten und Entwicklungschancen von Kindern an segregierten Schulen begrenzt, ist der häufig niedrige Bildungsstand der Eltern. Sie
können ihre Kinder in der Schule nicht im erforderlichen Umfang unterstützen. Die Zusammenarbeit zwischen Eltern und Schulen ist an segregierten Schulen in der Regel schwieriger als an besser gemischten Schulen.
Nur an 2,6 Prozent aller segregierten Schulen berichten Schulleiter von
Eltern, die den Lernerfolg ihrer Kinder stark oder sehr stark unterstützen
können.[21] Den anderen fehlt die Fähigkeit, Kindern bei Hausarbeiten zu
helfen, und sie besuchen selten Elternabende und Elternsprechtage.

In der Bildungsforschung gilt es inzwischen als gesichert, dass sich die
Zusammensetzung der Schülerschaft von einem Anteil von 40 Prozent
oder mehr fremdsprachiger Schüler nachteilig auf den Lernerfolg aller
Schüler auswirkt. Schüler in solchen Klassen erreichen beim PISA-Lese-

test 25 Punkte weniger als vergleichbare Jugendliche in Schulen mit einem Migrantenanteil von weniger als 5 Prozent.[22] Die Differenz entspricht einem Leistungsrückstand von einem Jahr. Das Schlimme: Die 40-Prozent-Schwelle war bereits bei 20 Prozent der Hauptschulen überschritten, die PISA untersucht hat. Das heißt, dass die Bildungschancen von einem Fünftel aller Schüler auf Hauptschulen durch ausgeprägte Segregationstendenzen vermindert sind. Dramatisch ist die Lage an den Hamburger Stadtteilschulen – vergleichbar mit integrierten Gesamtschulen. Hier hat im Schnitt jeder zweite Schüler einen Migrationshintergrund. Sie sind in der Definition der Bildungsforschung segregierte Schulen, in denen sich Kompositionseffekte der Schülerpopulation negativ auf den Lernerfolg auswirken.

Der IQB-Bildungstrend 2016 hat zum ersten Mal ländervergleichende Zahlen über die Verteilung von Grundschülern mit Zuwanderungshintergrund erhoben.[23] Sie helfen, das Leistungsgefälle der Schulen unter den Bundesländern zu erklären, und zeigen auf, in welchen Bundesländern Qualitätsverluste durch das Überschreiten der 40-Prozent-Schwelle in besonders hohem Maße verursacht werden. Nach Berliner Bildungsforschern ist diese Grenze bundesweit bei fast einem Viertel (24 Prozent) der Schulen überschritten. Unter den besuchten Ländern liegen die Schulen Bayerns deutlich unter dieser Qualitätsscheide (19 Prozent), während die Schulen in anderen besuchten Ländern deutlich darüber liegen: Nordrhein-Westfalen (29 Prozent), Berlin (31 Prozent), Hessen (33 Prozent) und an der Spitze Hamburg (39 Prozent). In den letztgenannten Bundesländern hat etwa ein Drittel aller Viertklässler aufgrund der Zusammensetzung der Schülerschaft strukturell schlechtere Bildungschancen als der Rest.

Im April 2017 hat die damalige Bundesbildungsministerin Johanna Wanka auf die fatalen Folgen der wachsenden Segregation aufmerksam gemacht und angeregt, den Anteil von Migranten in Schulklassen zu begrenzen.[24] Dabei hatte sie allerdings keine festen Quoten im Blick, weil die regionalen Unterschiede zu groß seien, sondern nur einen »möglichst ausgewogenen Anteil von Kindern mit und ohne Migrationshintergrund«. Die Begründung: Es dürfe keine Klassen geben, »in denen der hohe Migrantenanteil dazu führt, dass die Schüler untereinander vorwiegend in ihrer Muttersprache sprechen und dadurch ihre Integration erschwert wird«. Der Philologenverband begrüßte Wankas Initiative. Sein Vorsitzender Heinz-Peter Meidinger forderte eine Höchstquote von 35 Prozent Migranten pro Klasse, weil höhere Anteile »zu Leistungsabfall und Integrationsproblemen führen«.[25] Recht hat er, schade nur, dass solche Quoten rechtlich, politisch und praktisch nicht umsetzbar sind. Quotierungen an Brennpunktschulen oder Schulen mit hohem Migrantenanteil sind aber in der Praxis »abstrus und illusionär«, wie der VBE-Chef Beckmann konterte.[26]

An Neuköllner Gymnasien machen sich einige Lehrer Sorgen, dass nicht nur in der Schülerschaft aus muslimischen Minderheiten Mehrheiten werden (was sie häufig schon sind), sondern auch in der Schulkonferenz. Auf einer Elternversammlung einer Schule haben sich religiös-konservative Muslime einmal lautstark darüber beschwert, dass Klassenfahrten in einem Jahr in die Zeit des Ramadan fielen. Sie forderten von der Schulleitung, die Klassenreisen zu verschieben, obwohl sie aus organisatorischen Gründen immer in der letzten Woche vor den Schulferien stattfinden. Das Gegenargument: Klassenfahrten seien Reisen, auf denen man nach dem Koran nicht zu fasten brauche. Am Ende stimmte die Mehrheit in der Schulkonferenz noch gegen die Verschiebung. Aber der Schulleiter hat auch schon erlebt, dass eine Klassenreise nicht durchgeführt wurde, weil eine Mehrheit der Eltern dagegen war. Der Schulleiter kann sich gut vorstellen, dass aus der muslimischen Minderheit eines Tages eine religiös-konservative muslimische Mehrheit in der Schulkonferenz wird, die dann bei religiösen Themen wie Kopftuch oder Gebetsräumen die Schulpolitik bestimmt. Noch hofft er, dass dann aufgeklärte Muslime ihn dabei unterstützen, die religiöse und weltanschauliche Neutralität der Schule zu verteidigen. Aber ganz wohl ist ihm bei dem Gedanken nicht.

Liegt der Anteil von Schülern mit nichtdeutscher Herkunftssprache zwischen 50 und 70 Prozent oder noch darüber, können Schulen ihre Aufgabe als Integrationsagentur nicht mehr erfüllen. Sie werden, so Marina und Herfried Münkler, zu »Orten der Trennung«.[27]

Schüler als Gotteskrieger: Gewaltprävention in der Schule

»Die Terrorangriffe in Paris am letzten Freitag haben uns alle erschreckt und hilf- und sprachlos gemacht und ... sind auch in den Schulen entsprechend und angemessen thematisiert worden. Vielen Dank«, schrieb der Neuköllner Integrationsbeauftragte Arnold Mengelkoch am

18. November 2015 an alle »Schulleiterinnen und Schulleiter der Neuköllner Schulen«. Dem Lob folgte Kritik: »Dass in derselben Woche
vergleichbare Attentate in Beirut verübt wurden, wurde in kaum einer
Schule thematisiert: Dies stellt für viele ihrer Schülerinnen und Schüler
eine Beleidigung dar, kommen doch viele« von ihnen »aus dem Libanon.
Wir bitten Sie deshalb, sensibel mit der Situation umzugehen und Schülerinnen und Schülern mit angemessener Empathie zu begegnen.« Im Übrigen gelte nach den Anschlägen in Paris weiter: »Null Toleranz! Jede Schülerin und jeder Schüler, der oder die die Anschläge begrüßt, ist zur Rede
zu stellen.« Dieser Brief, ein kleiner Ratgeber für Gedenken und Trauern
wie Terrorismusbekämpfung, ist ein Hinweis darauf, dass Schulen seit
etwa acht Jahren eine neue Aufgabe zugewachsen ist, auf die sie nicht
vorbereitet waren: die Prävention terroristischer Gewalt. Integration und
Extremismus gehören zusammen, weil fundamentalistische oder gar terroristische Karrieren häufig Endpunkte gescheiterter individueller wie
struktureller Integration sind. Deshalb haben Schulen bei der Terroris-
musprävention mittlerweile eine Schlüsselrolle übernommen. Die Vorbeugung ruht hierzulande auf drei Säulen: staatlichen Institutionen wie
Verfassungsschutz und Polizei, Nichtregierungsorganisationen wie Ufuc,
Hero oder Legato und eben Schulen. In drei Feldern wirkt der islamistische Terrorismus in den Schulalltag hinein: Reaktion auf Terroranschläge,
Früherkennung von Radikalisierungsprozessen und Umgang mit extre-
mistischen Schülern.

Alle Schulen sind angehalten, nach Anschlägen wie in Paris, Brüssel,
Nizza oder Berlin das Thema Terrorismus im Unterricht aufzugreifen.
Besonders betroffen sind muslimische Schüler, weil sie unter Recht-
fertigungsdruck stehen. »Terroranschläge spalten auch Jugendliche«, sagt
die Neuköllner Schulrätin Gisela Unruhe. Muslimische Schüler beklagen,
dass sie manchmal als »Terrorist«, »Bombenleger« oder »Taliban« diffamiert werden.[28] Andererseits empört muslimische Schüler, dass Schulleiter und Lehrer zwar auf Anschläge in Paris oder Berlin eingehen, nicht
aber wenn sie in Istanbul oder Beirut verübt werden, also in den Heimatländern etlicher Schüler.

Al-Qaida und IS sind Unterrichtsstoff geworden und prägen inzwischen
den Schulalltag mit. Bei den Lehrern löst dieses Thema oft Ratlosigkeit,
Verunsicherung und in Einzelfällen hohen pädagogischen Aufwand aus.
Die Schlüsselfrage: Wie umgehen mit dem Terrorismus?

Die große Mehrheit der muslimischen Schüler distanziert sich von den Gotteskriegern, die in ihren Augen irregeleitet und unislamisch sind. Nach jedem Anschlag haben sie Angst, dass die Diskriminierungsgefahr wächst. Eine kleine Minderheit sympathisiert jedoch mit den Terroristen.[29] Nach dem 11. September 2001 gab es in einer Kreuzberger Schule lauten Beifall. Zu Applaus und einem Freudenausbruch kam es ferner an einer anderen Kreuzberger Schule nach dem Attentat auf die Satirezeitung *Charlie Hebdo*.

Besonders deutlich zeigen sich Orientierungsprobleme bei Schweigeminuten, zu denen viele Schulen nach den Attentaten in Paris und Nizza aufgerufen hatten. Die dabei gemachten Erfahrungen waren jedoch überwiegend negativ, sodass heute kaum noch auf diese Weise Terroropfern gedacht wird. Der Kreuzberger Schulleiter Rainer Völkel hat davon Abstand genommen, weil es Schülern »in den unteren Klassen schwerfällt, Disziplin zu halten«. Warum täglich Menschen in Syrien sterben und es dann keine Schweigeminuten gibt und der Grad der Empathie unterschiedlich ausfällt, weil die Opfer aus unterschiedlichen Kulturen kommen, ist nicht immer leicht zu erklären und damit ein weiterer Grund, auf Schweigeminuten zu verzichten. »Das ist keine Ausdrucksform der Jugendlichen«, ergänzt Rainer Kistermann vom Albrecht-Dürer-Gymnasium. Benedikt Mehl, Leiter des Nürnberger Pirckheimer-Gymnasiums gibt offen zu, dass die Schulleitung keine »Linie nach Anschlägen« mehr hat.

An der Hamburger Stadtteilschule Öjendorf haben sich fünf Schüler geweigert, an einer Schweigeminute teilzunehmen. Die Schulleitung hat sie daraufhin zu einem Gespräch gebeten, das teilweise sehr aggressiv verlief. Die Schüler, berichtet die Schulleiterin Barbara Schmidt, »fühlten sich an den Pranger gestellt«. Das Argument der Schüler: Der Westen mache Theater bei so ein paar Menschen, die in Paris, Brüssel oder Berlin umgekommen sind, während in der islamischen Welt in Kriegen im Irak und in Afghanistan Hundertausende gestorben sind, die von den USA und dem Westen verschuldet sind. Schulleiterin Schmidt ist überzeugt, dass das Gespräch, das sehr viel Zeit gekostet hat, etwas bewirkt hat: »Danach hatten die Schüler wieder Respekt.«

Zeitaufwendig und belastend für Lehrkräfte ist die Früherkennung terroristischer Karrieren unter Schülerinnen und Schülern. In den letzten Jahren sind Allahs gewaltbereite Jünger immer jünger geworden. Seitdem ein zwölfjähriger Junge aufgeflogen ist, der zwei Nagelbombenanschläge auf den Weihnachtsmarkt in Ludwigshafen vorbereitet hatte, sprechen

Experten von einem »neuen Dschihad im Kinderzimmer«. Die Terrormiliz »Islamischer Staat« spricht Kinder und Jugendliche gezielt an. Und von denen gleiten nach den Beobachtungen von Präventionseinrichtungen immer mehr in die islamistische Szene ab. In Köln ist ein 16 Jahre alter syrischer Flüchtling festgenommen worden, weil er einen Anschlag in der Rhein-Metropole geplant haben soll. In Hamburg ist Bilal als 17-Jähriger von der Schulbank in den »Heiligen Krieg« nach Syrien gezogen, wo er gestorben ist. Der Attentäter von Würzburg hatte zur Tatzeit eine Mittelschule besucht. In Hannover hat die 15-jährige Schülerin Safia S. einen Polizisten mit einem Messer in den Hals gestochen, wofür sie das OLG Celle zu sechs Jahren Gefängnis verurteilt hat. Das Landgericht Essen verhängte gegen drei Schüler, die einen Bombenanschlag auf einen Sikh-Tempel verübt hatten, lange Freiheitsstrafen: zwischen sechs und sieben Jahren. Die 16-jährige Linda W., eine gute, etwas schüchterne Schülerin aus der sächsischen Stadt Pulsnitz, hat sich von der Schulbank heimlich nach Syrien in den »Heiligen Krieg« aufgemacht. Nach der Befreiung Mossuls im Juli 2017 hat sie die irakische Armee in einer Tunnelanlage der IS-Hochburg als Mitglied einer Frauenbrigade festgenommen. Das Motiv bei allen: Hass auf Ungläubige. Nach einer Studie von Sicherheitsbehörden waren vor der Ausrufung des Kalifats im Juni 2014 8 Prozent der Syrien-Reisenden Schüler, danach 20 Prozent.[30] Diese Zahl macht deutlich, welch schwere Verantwortung auf den Schulen bei der Vorbeugung islamistischer Gewalt lastet.

Lange Zeit haben Schulen die Strategie verfolgt, salafistische Umtriebe unter der Decke zu halten, um ihren Ruf nicht zu gefährden. Je näher die terroristische Gefahr an Deutschland herangerückt ist, desto mehr ist die Bereitschaft der Schulen gewachsen, ihr offensiv zu begegnen und mit Polizei, Verfassungsschutz und Präventionseinrichtungen zu kooperieren. Unterrichtsmaterialien über Salafismus sind inzwischen ebenso verfügbar wie Fortbildungsangebote. Die Vorbeugung verläuft allerdings nicht immer unfallfrei. Nach einem Vortrag des renommierten Politologen und Islamkritikers Hamed Abdel-Samad kam es an der Neuköllner Otto-Hahn-Gesamtschule zu einem Eklat. Ein Schüler stand auf und hielt eine anscheinend auswendig gelernte Wutrede gegen den Westen – mit Zustimmung einer starken Minderheit seiner Mitschüler. Er bezeichnete die »ungläubigen Lehrer« als »Hunde«. Die Kollegen, so der Schulleiter André Koglin, waren »sehr betroffen und erschrocken«: »Sie konnten sich nicht vorstellen, dass Schüler der Oberstufe, die in der Demokratie groß geworden sind und deren Werte sie in der Schule vermittelt bekommen haben, ihre wahre innere Überzeugung so lange verborgen hatten.« Dass der Schüler während der zehnminütigen beleidigenden Suada nicht unterbrochen wurde, offenbart die Hilflosigkeit der Lehrer bei ihrer neuen Aufgabe, die mit Erziehung oder Wissensvermittlung nichts zu tun hat.

Islamismus ist an Schulen mit einem hohen Anteil von muslimischen Schülern kein Randphänomen. Hamburg, Nürnberg und das Rhein-Main-Gebiet gelten als salafistische Hochburgen. Der ehemalige Lehrer und Präventionsexperte Kurt Edler schätzt, dass an 15 Prozent der Hamburger Schulen Jugendliche vom Extremismusbazillus infiziert sind. Bei einem Viertel der besuchten Schulen hatten Lehrer Missionsversuche von Salafisten bemerkt, auf Straßen im Kiez, in der Nähe von und in Schulen. Auf der Oberstufe der Hamburger Otto-Hahn-Gesamtschule haben salafistische Schüler andere zum Beten gedrängt. Im Gymnasium Hamburg-Hamm wurden in Pausen Zettel mit der Überschrift »Wie werde ich ein guter Muslim« verteilt. An einer Berufsschule im Rhein-Main-Gebiet war eine Clique von einem halben Dutzend Salafisten aktiv. Sie haben darauf gedrängt, die Koranausgaben der Schulbibliothek durch Ausgaben der Lies-Kampagne zu ersetzen, einen Gebetsraum einzurichten, religiöse Kleidung zu tragen, und die Jungen sollten sich Bärte wachsen lassen. Einige der betroffenen Eltern haben sich hilfesuchend an die Schulen gewandt mit der Bitte, ihre Kinder wieder einzufangen.

Die erste Aufgabe der Schulen besteht darin, Radikalisierungsprozesse möglichst früh zu bemerken. Im Juni 2015 forderte die Neuköllner Schulrätin Gisela Unruhe »aus gegebenem Anlass« alle Schulleiterinnen und Schulleiter auf, »in ihrer Aufmerksamkeit bezüglicher Veränderungen Ihrer Schülerinnen und Schüler (z. B. in der Kleidung) nicht nachzulassen« und sich gegebenenfalls an die Polizei oder den Integrationsbeauftragten zu wenden. In etwa der Hälfte der besuchten Schulen sind Lehrer zwischen einem und sechs Verdachtsfällen nachgegangen. Einzelfälle, gewiss. Aber sie strahlen ins Kollegium aus und erfordern Energie, Zeit und Fingerspitzengefühl. Viele Lehrer fühlen sich in ihrer neuen Rolle als Verdachtsschöpfer nicht wohl, unsicher oder unzuständig.

Der sensible Umgang mit dem Thema Terrorismus ist zu einer pädagogischen Herausforderung für alle Schulen geworden, insbesondere nach Anschlägen. Es erschwert die Integration muslimischer Schüler, weil es die Schülerschaft spaltet und das Verhältnis von Lehrern zu ihren muslimischen Schülern belastet. Die Schulen wirken in diesem erzieherischen Neuland verunsichert, zum Teil sogar überfordert.

Konkurrenten: Koranschulen und staatliche Schulen

Als eine Freiburger Lehrerin am Montagmorgen ihre Schüler wie üblich mit Handschlag begrüßen wollte, gab ein muslimischer Schüler ihr nur die linke Hand. Auf die Frage nach dem Warum antwortete er, sie sei eine Ungläubige. Das habe er am Wochenende in der Moschee gelernt. Für den Freiburger Religionspädagogen Abdel-Hakim Ourghi war das ein Zeichen, dass da etwas »schiefläuft«.

Koranschulen sind für die meisten Lehrer eine Art Black Box. Ina Schenk vom Neuköllner Albrecht-Dürer-Gymnasium spricht von einem »blinden Fleck«, ihr Neuköllner Kollege Robert Himberg von der Schule am Teltowkanal, weiß nicht, »was da passiert«. Sie haben keine Vorstellung davon, wie viele ihrer muslimischen Schüler dort hingehen und was sie dort lernen. Koranschule ist ein Thema, über das Lehrer ungern sprechen.

Gut die Hälfte der interviewten Schüler hatte meist auf Wunsch der Eltern Koranschulen besucht. Gläubige Eltern legen Wert darauf, dass ihre Liebsten religiös erzogen werden. Menschen, so ein beliebtes Bild in der muslimischen Welt, sollen erzogen werden, als wenn sie wie Engel zwei Flügel hätten: eine weltliche und eine religiöse Bildung. Nur wenn der Mensch zwei Flügel hat, kann er fliegen. Nach verschiedenen Studien gehen zwischen 20 und 60 Prozent der Jugendlichen im Alter von vier bis sechs Jahren zum ersten Mal in eine Koranschule.[31] Im Durchschnitt dauert der Besuch eineinhalb Jahre. Auf den Koranschulen sollen sie die Rituale des Betens einüben, den Koran studieren, ihn möglichst auswendig lernen und sich Arabisch aneignen. Einige Schüler brechen den Besuch nach wenigen Wochen oder Monaten ab, für andere entwickelt sich der Unterricht zu einer Herzensangelegenheit, der sie über Jahre mit Engagement und Ehrgeiz nachgehen. Einige Beispiele: Nour von der Otto-Hahn-Schule in Berlin-Neukölln hat die religiöse Zweitschule länger besucht, um Arabisch zu lernen und um den Koran zu studieren. Elias mit somalischen Wurzeln besucht seit dem vierten Lebensjahr eine Koranschule. Er versucht jeden Tag einen Teil des Korans auswendig zu lernen. Eine dreiviertel Seite schafft er pro Woche: »Ich bin stolz, wenn ich den Koran auswendig kann.« Daneben wird den Schülern beigebracht, was sittlich und moralisch richtiges Benehmen und was erlaubt (halal) und was verboten (haram) ist. Elias vom Albert-Einstein-Gymnasium in Hanau geht eigentlich freiwillig und gern zur Koranschule, nur eines schätzt er nicht: die »Radikalität der Imame« – »Selbst bei Kleinigkeiten wird uns vorgehalten: Du bist kein guter Moslem.«

Im Koranunterricht sitzen Jungen und Mädchen getrennt, und sie lernen, dass die sexuelle Liebe vor der Ehe tabu ist, und bekommen den Rat, möglichst früh zu heiraten, weil dann alles erlaubt ist. Außerdem verbringen etliche muslimische Schüler aus dem religiös-konservativen Milieu einen Teil ihrer Freizeit in Moscheevereinen. Von denen bieten einige neuerdings Unterstützung bei Hausaufgaben und Nachhilfe an und machen Angebote für Spiel, Sport und Ausflüge – natürlich im Zeichen Allahs.

Nur eine Minderheit von Lehrern merkt im Unterricht, dass ihre Schüler parallel eine zweite Schule besuchen, etwa wenn die sich auf einen Hodscha berufen. Das hören die meisten nicht gern. Die Leiterin der Schule Kerschensteinerstraße Banu Graf stört, dass den Kindern »beim Auswendiglernen die Bedeutung des Korans nicht bewusst wird«. Einige Lehrer fürchten, dass das Nebeneinander von Koranschulen und Gymnasium pädagogische Konflikte schafft. Sevda Kamaci macht sich Sorgen um die »kulturelle Integration«, weil ein Teil der Imame als Lehrer in den Koranschulen hier »nicht lebt«. Couragiert greift Christiane Mika das Thema Koranschulen auf. Macht sich deren Einfluss in ihrer Libellen-Grundschule negativ bemerkbar, spricht sie mit den Eltern. In vielen Fällen kann sie ihnen deutlich machen, wie wichtig es ist, dass die Kinder nicht mit zwei verschiedenen Wertesystemen konfrontiert werden und dass sich auch die Eltern kritisch mit Koranschulen auseinandersetzen müssen.

Niederschmetternd muss für alle Befürworter des bekenntnisgebundenen islamischen Religionsunterrichts (IRU) sein, dass kein einziger der interviewten Lehrer Indizien dafür hatte, dass Schüler wegen dieser Alternative die Koranschule nicht besuchen. »Gläubige Eltern wollen eine religiöse Erziehung im traditionellen Stil«, meint ein bayerischer Schulamtsdirektor.

Nach einem »Stimmungsbild« des American Jewish Committee von 21 Berliner Schulen üben Koranschulen und Moscheevereine einen verhängnisvollen moralischen Druck auf Schüler aus, worunter insbesondere junge Mädchen, säkulare Muslime, Juden und Homosexuelle leiden.[32] Während sich Kinder und Jugendliche früher über die ethnische Zugehörigkeit definiert hätten, berichten die Lehrer, würden sie es heute über die Religion tun, was zu einer Ablehnung und Ausgrenzung Andersgläubiger führe. Einige Schüler würden sich als »Moralwächter« aufspielen, die augenscheinlich von »religiösen Autoritäten« geschult worden seien. Ein Drittel der Lehrkräfte berichtet von ausgeprägten Konflikten zwischen den Religionsvorstellungen mancher Schüler und demokratischen Grundwerten.[33] »Die Akzeptanz für Demokratie und Rechtsstaatlichkeit schwindet immer mehr«, sagt ein Pädagoge. Ein Lehrer beklagt sogar eine Gehirnwäsche bei Schülern, die regelmäßig die Al-Nur-Moschee in Berlin-Neukölln besuchen, die seit Langem als Zentrum des Salafismus gilt: »Wir fragen uns, wie geschickt eine Gehirnwäsche ablaufen muss, damit die Schüler so schnell antiwestlich, antiamerikanisch und antisemitisch werden.«

Koranschulen sind Bastionen der Gegenerziehung, in denen Gehorsam gegenüber dem Propheten und Glauben ohne kritische Reflexion vermittelt werden. Dort bekommen Kinder und Jugendliche ein Weltbild vermittelt, das den Absolutheitsanspruch des Islam untermauert, patriarchalische Strukturen festigt und sie vom westlichen Umfeld entfremdet. Dadurch fördern Koranschulen Segregationstendenzen und untergraben die Bereitschaft und Fähigkeit zur kulturellen Integration.

Glaube kontra Evolution: religiöse, ethnische und politische Konflikte

Am Ende der Sommerferien rief eine Mutter beim Leiter des Albert-Einstein-Gymnasiums in Maintal an und forderte ihn vehement auf, ihren Sohn aus der Klasse zu nehmen und in eine andere Klasse umzusetzen. Begründung: In der bisherigen Klasse säßen sechs kurdische Schüler, die ihren Sohn belästigen und mobben würden. Außerdem seien Kurden bekanntermaßen Terroristen und Staatsfeinde der wahren Demokratie in der Türkei. Gegen Ende des Telefonats erklärte sie emphatisch, dass »wir durch die falsche Berichterstattung im Fernsehen getäuscht würden, sie schaue zu Hause nur türkisches Fernsehen, in dem die Wahrheit berichtet werde«. Der Schulleiter blieb standhaft und kam der Forderung der Mutter nicht nach. Das zahlte sich aus, denn die Mutter verfolgte ihr Ansinnen plötzlich nicht weiter. Dass türkische Kinder auf Wunsch der Eltern oder aus eigenem Antrieb nicht neben kurdischen Schülern sitzen wollen, ist hin und wieder auch an anderen Schulen vorgekommen, zum Beispiel an der Lindenauschule und der Erich-Kästner-Grundschule in Hanau.

An der kleinen Auseinandersetzung am Albert-Einstein-Gymnasium wird deutlich, dass religiöse und ethnische Einstellungen und Konflikte den Schulalltag belasten, nach Bekundungen der Schulleiter nicht an allen Schulen, aber doch bei einer starken Minderheit. Der Umgang mit zunehmender religiöser Vielfalt kann nach dem Bundesverwaltungsgericht durch die »Einübung von gegenseitiger Toleranz ... Integration« fördern, aber auch »mit einem größeren Potenzial möglicher Konflikte in der Schule verbunden« sein.[34] Um dieses Konfliktpotenzial zu entschärfen, verfolgen Lehrer zwei pädagogische Ziele: Religionsfreiheit und Religionsneutralität. In Klassenzimmern sollen Religion, Nationalität und Migrationshintergrund möglichst keine Rolle spielen. »Schule soll religionsfrei sein«, ist die Leitlinie von Banu Graf, Leiterin der Grundschule Kerschensteinerstraße in Hamburg-Harburg. Das Selbstverständnis dieser Lehrer: Wir begegnen Kindern, nicht Religionen oder Traditionen. 90 Prozent des Unterrichts, berichten Lehrer, verlaufen religionsfrei. Kommt es zu »religiösen Spannungen«, sollte »religiöse Neutralität durchgesetzt« werden, rät der Autor und ehemalige Lehrer Kurt Edler.

In der Schule werden religiöse und ethnische Konflikte meistens auf dem Schulhof ausgetragen, sodass die Lehrer sie nicht bemerken. Die Schüler wissen, dass sie in unterschiedliche Moscheen gehen, sprechen darüber aber nicht im Unterricht. Einige Lehrer wie Oliver Eissing von der Hanauer Lindenauschule und Rainer Kistermann vom Neuköllner Albrecht-Dürer-Gymnasium nehmen die unterschiedlichen Glaubensrichtungen in ihren Schulen wahr: das spannungsreiche Verhältnis zwischen Sunniten und Schiiten und vor allem die Diskriminierung von Aleviten. Nach der Beobachtung eines Schulleiters in der Dortmunder Nordstadt sind Aleviten »liberaler und integrationsbereiter als Muslime«. Ihm erzählen alevitische Schüler, dass die nicht sagen, dass sie Aleviten sind, weil sie dann »Ärger bekommen«. Auch sein Neuköllner Kollege Rainer Kistermann beobachtet, wie konservative Sunniten Aleviten »unter Druck setzen, weil sie bestimmte Ess- und Bekleidungsvorschriften verletzen«. Hin und wieder werden Abneigungen auch nur nonverbal ausgedrückt: Man guckt sich nicht in die Augen oder verweigert den Handschlag.

Tiefe Sorgenfalten bei Schulleitern und Lehrern provoziert der Import von Konflikten aus der Türkei: die uralte Fehde zwischen Türken und Kurden, die Ausgrenzung von Minderheiten wie Aleviten und das Großkampffeld pro und kontra Erdogan. Bei Kindern und Jugendlichen wiederholt sich, was Erwachsene gegeneinander aufbringt. »Normale menschliche Konflikte werden durch ethnische und religiöse Aspekte aufgeladen«, beobachtet eine Lehrerin von einem Neuköllner Gymnasium. Kinder wissen in der Regel, wer Türke und wer Kurde ist. Verbreitet sind Stereotype wie »Kurden sind gegen Erdogan« oder »Kurden sind keine richtigen Türken«. In Ausnahmefällen beschimpfen und prügeln sich kurdische und türkische Schüler auf dem Schulhof. Die Weichen für solche Vorurteile und Ressentiments werden im Elternhaus gestellt. Auf Wunsch linker kurdischer Eltern wurde zum Beispiel an der Hamburger Louise-Schroeder-Schule eine als »türkisches Kinderfest« geplante Party als »internationales Kinderfest« gefeiert.

Nach dem Putschversuch im Juli 2016 reagierten die türkischen Schüler an allen Schulen nach einem ähnlichen Muster: Die AKP-Anhänger geben den Ton an, Kurden befinden sich in der Defensive, säkulare Türken beziehen keine Stellung, und Gülen-Anhänger geben sich nicht zu erkennen. Die Atmosphäre ist angespannt, wenn unter Schülern wie Eltern das Thema Erdogan hochkocht. Es vergiftet den Schulalltag an etlichen Schulen und spaltet die Türken auch in Klassenzimmern und auf Schulhöfen. Erdogan ist für die Mehrheit der »türkischen Schüler eine Lichtgestalt«, weiß die Leiterin der Hanauer Lindenauschule Ingrid Koch: »Man ist stolz darauf, Türke zu sein.« Einige Schüler tragen in der Schule Erdogan-T-Shirts. »Schüler sind häufig persönlich betroffen, wenn Erdogan kritisiert wird«, sagt André Kowalske von der Berliner Otto-Hahn-Schule: »Sie reagieren immer emotional auf die Armenien-Resolution des Bundestages und fühlen sich durch das Schmähgedicht des ZDF-Satirikers Jan Böhmermann beleidigt.«

In Schulen mit hohen Quoten muslimischer Schüler prägen »konfrontative Religionsausübung« sowie religiös und kulturell gefärbte Konflikte noch nicht den Alltag. Der verläuft bisher in der Regel relativ reibungslos. Seit einiger Zeit häufen sich jedoch religiöse und kulturelle Konfliktlagen in einem Maße, dass Einzelfälle eine Dimension gewonnen haben, die zumindest in der Wahrnehmung der Lehrerschaft die Bedeutung eines Randphänomens überschritten haben. In der Wahrnehmung der hessische Gesamtschullehrerin Julia Wöllenstein scheinen »religiöse Themen immer mehr Platz im Schulalltag einzunehmen« und inzwischen zum »Alltag eines Lehrers« zu gehören – als Folge der Zuwanderung strenggläubiger Muslime aus arabischen Ländern und der wachsenden Identifikation der dritten und vierten Generation mit dem Islam.[35] Besonders negativ stößt ihr auf, dass muslimische Schüler immer häufiger versuchen, nichtmuslimische Schüler zu religionskonformem Verhalten zu drängen, zum Beispiel im Ramadan keine Wasserflaschen auf den Tisch zu stellen, kein Schweinefleisch oder keine Gummibären mit Gelatine zu essen, weil die »haram« seien.[36] »Das Gefühl der Lehrer ist, dass da etwas ins Rutschen gekommen ist. Es wird immer schlimmer«, meint der frühere Lehrer und Lehrerfortbilder Kurt Edler.

Irritiert sind Lehrer, wenn Kinder bereits in der ersten und zweiten Klasse ein Kopftuch tragen – zum Beispiel an der Neuköllner Schule am Teltowkanal oder an der Dortmunder Libellen-Grundschule. Das tun sie, obwohl der Koran religiöse Kleidung erst ab der Pubertät empfiehlt. Der Neuköllner Schulleiter Robert Himberg duldet Kinder in diesem Alter mit Kopftüchern, obwohl er sie für zu jung hält, und versucht mit ihnen darüber zu sprechen. In Berlin versuchen einige Schulleiter und Lehrer darauf hinzuwirken, dass sich Kinder nicht schon in der Grundschule Kopftücher umbinden. Solchen Pädagogen gab die damalige Neuköllner Bürgermeisterin Franziska Giffey sogar öffentlich Rückendeckung.[37]

In höheren Klassen verhüllen nach Lehrerschätzungen und Umfragen rund 10 bis 20 Prozent aller muslimischen Schülerinnen ihr Haar.[38] Die große Mehrheit der Lehrer nimmt das Kopftuch zur Kenntnis, ohne nachzufragen, warum Mädchen es plötzlich tragen – aus Respekt vor ihrer Persönlichkeit oder der Religionsfreiheit. Florian Althoff ist einer der wenigen Lehrer, der Kopftuchträgerinnen noch nach ihren Motiven fragt, um sicherzugehen, dass kein externer Druck der Eltern oder der Moscheegemeinde dahintersteckt.

Erfreut sind die meisten Lehrer nicht, wenn sich eine Schülerin für ein Kopftuch entscheidet, weil es ihre Berufschancen schmälert. Einige Lehrer sprechen ihre Schützlinge darauf an, meist erfolglos, weil ihnen der Glaube wichtiger ist als die Karriere – eine integrationshemmende Einstellung. Hinzu kommt, dass das Kopftuch in der Schule die Distanz der Trägerinnen zur Mehrheitsgesellschaft vertieft. Nach einer Studie des Münsteraner Exzellenzclusters »Religion und Politik« sind 68 Prozent der Westdeutschen und 75 der Ostdeutschen dagegen, dass Mädchen aus religiösen Gründen ein Kopftuch in der Schule tragen.[39] Hier zeigt sich abermals, wie tief das Verständnis der Schule als einer religionsneutralen Institution in den Köpfen der Herkunftsdeutschen verankert ist.

Erheblich weniger Toleranz bringen Schulleitungen und Lehrer gegenüber Schülerinnen und Müttern mit Burka oder Niqab auf. Bis vor Kurzem konnte es tatsächlich passieren, dass Lehrer in Berlin-Wedding, in Düsseldorf oder in Belm bei Osnabrück Mädchen im Niqab unterrichtet haben – aus Unkenntnis der Rechtslage, Unsicherheit, Konfliktscheu oder falsch verstandener multikultureller Toleranz. Im Kern geht es um den Konflikt, wie Schülerinnen, die sich weigern, den Vollschleier abzulegen, ihre Schulplicht erfüllen sollen, wenn sie von Schulen nicht aufgenommen oder wegen der Vollverschleierung verwiesen werden. Deshalb haben zum Beispiel auch das Innenministerium in Hannover und der Kulturausschuss des Landtages zunächst entschieden, dass Lehrer der Niqab-Trägerin in Belm den Schulabschluss ermöglichen sollen, weil sich die Schülerin am Unterricht beteiligt habe und der Schulfrieden durch sie nicht gefährdet gewesen sei, es außerdem keine Beschwerden gegeben habe.[40] Inzwischen dominiert jedoch die Auffassung, dass die Erfüllung der Schulpflicht eine offene Kommunikation voraussetzt, die bei einer Vollverschleierung nicht möglich ist. Diese Linie haben inzwischen auch der Bayerische Verwaltungsgerichtshof München und das Verwaltungsgericht Osnabrück bestätigt.[41] In Hamburg endeten Konflikte mit Schülerinnen, die Niqab trugen, in zwei Fällen mit Abmeldungen nach Beendigung der Schulpflicht, in einem dritten Fall erschien die Schülerin unverschleiert in der Schule.[42] Bemerkenswert ist, dass ein Imam einer DITIB-Moschee, der an den Beratungsgesprächen beteiligt war, das Beharren auf einer Gesichtsverhüllung verteidigte.[43]

In hohem Maße irritiert sind Lehrer, wenn sie mit vollverschleierten Müttern kommunizieren sollen – bei Aufnahme- oder später bei Elterngesprächen. Werner Munk, Leiter der Kreuzberger Reinhardswald-Grundschule, würde deshalb »Niqab-Mütter wegschicken«. Beatrice Germer von der Grundschule Kerschensteinerstraße findet, dass bei einer vollverschleierten Mutter die »Grenze überschritten« ist. Die meisten Schulleiter versuchen zu verhindern, dass Burka-Mütter ihre Kinder bei ihnen einschulen. »Wir waren sehr verunsichert und hatten Angst, dass die Schule in den Ruf kommt, dass sie solche Verhaltensweisen duldet«, erklärt Ro-

bert Himberg, als zwei Mütter mit Niqab ihre Liebsten an der Neuköllner
Schule am Teltowkanal einschulen wollten. Vor einer Entscheidung lud
er beide Mütter in die Gesamtelternversammlung ein. Ein geschickter
Schachzug. Die Vorstellung, dort ihre Kleidung verteidigen zu müssen,
war beiden Müttern anscheinend so unangenehm, dass sie anschließend
auf eine Anmeldung verzichteten.

Die Mehrzahl der Lehrer begegnet Müttern mit Burka oder Niqab mit
Unbehagen. Sie sind irritiert, wenn sie gegen ein Tuch sprechen müssen.
Vor einem Gespräch bestehen einige allerdings darauf, dass die Mütter in
einem separaten Raum den Schleier lüften, um sie identifizieren zu können. Andere Pädagogen bestehen darauf, dass sich die Mütter mit einem
Personalausweis ausweisen. Einige Schulordnungen haben expressis ver-
bis festgelegt, dass wer sein Kind von der Schule abholen oder mit Lehrern sprechen will, dies unverschleiert tun muss. An der Albert-Gutzmann-Grundschule in Berlin-Wedding war die Schulleitung großzügiger.
Sie hat Mütter mit Burka geduldet, weil sie meinte, rechtlich keine andere
Wahl zu haben. Halb befremdet, halb amüsiert hat Joachim Butzlaff dort
beobachtet, dass Kinder ihre in eine Burka gehüllten Mütter im Winter,
wenn es dunkel war, an der Hand nach Hause führen mussten, weil die
nicht genug sehen konnten.

Ein relativ neues Phänomen ist der verweigerte Handschlag zwischen
den Geschlechtern in Schulen, von besonderer Brisanz bei der Über-
reichung von Abiturzeugnissen. In einer Neuköllner Schule hatte eine
Abiturientin angekündet, dass sie dem Schulleiter bei der Zeremonie
aus religiösen Gründen nicht die Hand geben wolle. Darauf drohte dieser, dass er dann bei allen Abiturienten auf den traditionellen Handschlag
verzichten würde. Das wäre auf eine hierzulande höchst befremdliche
Abweichung vom traditionellen Feierritual hinausgelaufen. Eine weitere
Alternative im eskalierenden Streit war, dass die muslimische Schülerin
ihr Abiturzeugnis im Sekretariat abholen sollte, was dann schließlich auch
geschah. Ähnliche Konflikte bei Abiturfeiern sind auch in Hamburg und
Hessen aufgeflackert. Als in Hamburg ein Junge seiner Klassenlehrerin
ankündigte, dass er ihr bei der Feier nicht die Hand geben wolle, drohte
diese, der Übergabe der Zeugnisse fernzubleiben. Am Ende gab der Junge
nach. Auch das Schulamt in Hanau vertritt bei diesem Thema eine stand-
feste Haltung. Die Leitlinie: Wer beim Abitur den Handschlag verweigert,
muss das Zeugnis am nächsten Tag im Sekretariat abholen.

Das Reaktionsspektrum der Schulleiter bei dieser zur deutschen Kultur gehörenden Begrüßungsgeste ist bunt. In Berlin-Neukölln hat eine Schulleiterin ein Kind nicht in die Schule aufgenommen, nachdem der zugezogene Vater ihr nicht die Hand gegeben hatte, ihr Kreuzberger Kollege Werner Munk überspielt die Situation, wenn eine Frau die Hand nach hinten hält. An einigen Schulen ist der verwehrte Handschlag kein Einzelfall mehr. Jenny Taubert-Düz vom Dortmunder Helmholtz-Gymnasium schätzt, dass etwa 20 Prozent der muslimischen Väter den hierzulande üblichen Gruß ablehnen: »Zuerst ist man irritiert und versucht darüber hinwegzusehen. Aber es bleibt eine Schwelle in der Kommunikation, eine Distanz. Es fehlt an Offenheit von Anfang an.«

Einen schweren Stand haben nach wie vor Lehrerinnen bei muslimischen Schülern. Bei etwa der Hälfte der besuchten Schulen haben Schulleiter und Lehrerinnen über fehlenden Respekt gegenüber dem weiblichen Geschlecht geklagt, obwohl sie in Deutschland geboren sind und in der Mehrheitsgesellschaft ein anderes Geschlechterbild dominiert. »Da tun sich kulturelle Gräben auf«, sagt eine Berliner Schulrätin: »Beschimpfungen wie ›du Schlampe‹, ›du Hure‹ kommen vor. Die Schüler befolgen Anweisungen nicht: Was hast du mir zu sagen?« Besonders betroffen sind nach den Beobachtungen des Kreuzberger Schulleiters Munk »hübsche Kolleginnen«.

Mit einer besonderen Gefahr haben die Neuköllner Schulen zu kämpfen: der »Zwangsverheiratung in den Sommerferien«. Nach einer Umfrage des Berliner Senats sind allein in der Hauptstadt jedes Jahr 300 Mädchen zwangsverheiratet worden. Die Dunkelziffer wird sehr viel höher liegen. Im Libanon gibt es einen Heiratsmarkt, wo Jungen wie Mädchen aus Berlin und anderen Städten wegen ihres deutschen Passes einen besonders hohen Wert haben. Dieses Umfeld war für die damalige Neuköllner Bürgermeisterin Franziska Giffey und die Gleichstellungsbeauftragte Sylvia Edler Anlass, vor den Sommerferien 2016 einen Brief an alle Neuköllner Schulen zu schicken. Darin warnten sie davor, dass für einige Schülerinnen und Schüler die »Sommerfeien zu einem Albtraum werden: Sie werden gegen ihren Willen im Heimatland verheiratet.« Nach einer offiziellen Studie ist ein Drittel der Betroffenen in Deutschland minderjährig und somit im schulpflichtigen Alter. Über 50 Prozent der Zwangsheiraten finden im Ausland statt. Weil Schülerinnen und Schüler häufig ahnen, dass in den Sommerferien etwas passieren könnte, sind dem Brief Vollmachten für Anwälte und Vordrucke

für eidesstattliche Erklärungen beigefügt, in denen die Schülerinnen und
Schüler erklären sollen, dass sie nicht die Absicht haben, in den Ferien zu
heiraten. Diese Papiere sollen allerdings nur an jene Jugendlichen verteilt
werden, bei denen es Hinweise auf eine Zwangsverheiratung gibt.

Einige Lehrer berichten von Tanz- und Spielverboten und Sonder-
wünschen bei Theateraufführungen aus religiösen Gründen. Der eine
oder andere mutet skurril an. So etwa, wenn eine Konvertitin ihrer Tochter untersagt, Geige oder Cello zu lernen, weil diese Instrumente nicht
im Koran erwähnt sind. Oder wenn dieselbe Mutter nicht möchte, dass
ihre Tochter am Laternenumzug teilnimmt, weil dort Kinderpunsch aus-
geschenkt wird, in ihren Augen eine Vorstufe zum Alkohol. Es gibt aber
auch den Schulalltag überschattende Verhaltensweisen und Ereignisse, die
sich integrationshemmend auswirken oder am Integrationswillen einiger
Eltern zweifeln lassen. Zum Beispiel: Eine elfte Klasse der Hamburger
Otto-Hahn-Schule wollte im Bunker auf dem Hamburger Heiligengeist-
feld eine Diskothek besuchen. Die muslimischen Jungen sind nicht mitgekommen, weil sie keinen Alkohol trinken und den Mädchen nicht zu
nahe kommen wollten. Auf der Klassenreise einer Kreuzberger Sekundarschule nach Holland trauten sich in einer Diskothek nur zwei Mädchen,
vor den Jungen zu tanzen. Dann hat der Lehrer die Jungen 20 Minuten
früher ins Bett geschickt, damit die Mädchen ohne Schamgefühle tanzen
können. Bei einer Theateraufführung in einer Offenbacher Schule im Rahmen einer Abiturprüfung wollten Mädchen ihr Kopftuch nicht ablegen,
weil in der Jury Männer saßen. Unbegreiflicherweise haben die Lehrer
daraufhin die Jury so geändert, dass in ihr nur noch Frauen saßen.

Heikel ist für einige muslimische Schüler auch der Umgang mit dem
Christentum. Auf der Hanauer Erich-Kästner-Schule hat ein Kind ge-
flucht: »Scheiß Christen, ihr seid alle unsere Feinde.« Als ein muslimischer
Junge in der Grundschule Kerschensteinerstraße erzählte, dass sie einen
Weihnachtsbaum zu Hause aufgestellt hätten, ging ein Aufschrei durch
die Reihen der Glaubensbrüder. Entsetzt war Frau Germer, Lehrerin an
der Grundschule, als einige Zweitklässler weinend zu ihr kamen, weil andere Schüler sie beim Lego-Spiel auf dem Flur nicht mitmachen ließen. Begründung: »Hier spielen nur Moslems. Christen dürfen nicht mitspielen.«
Solche trennenden Sätze fallen nicht vom Himmel. Sie sind das Produkt
einer religiösen, antichristlichen und integrationsfeindlichen Erziehung
im Elternhaus und in Koranschulen.

Besonders kompliziert wird das Verhältnis zwischen muslimischen, christlichen und areligiösen Schülern in der Adventszeit. Hier bemühen sich die meisten Schulen trotz multikultureller Schülerschaft, christliche Tradition zu pflegen: Adventskränze und Tannenbäume aufzustellen, Weihnachtslieder zu singen und gemeinsam Gottesdienste zu besuchen – als Teil der deutschen Kultur. Das klappt mal besser, mal schlechter. Am Sankt-Martins-Umzug mit Pferd, der von den Eltern mit organisiert wird, nehmen an der Hanauer Erich-Kästner-Schule auch die muslimischen Kinder teil. Erleichtert wird ihnen das, weil beim Fest auch Halal-Würste angeboten werden. In der Adventszeit werden in der Schule jeden Montag neben dem Tannenbaum Weihnachtslieder gesungen – christliche und muslimische Kinder gemeinsam. Auch zum ökumenischen Gottesdienst kommen die muslimischen Kinder mit, nicht hingegen zum Adventsgottesdienst.

Die Religiosität der muslimischen Schüler wirkt sich im Unterricht in der Regel nicht aus – ausgenommen in den Biologie-, Ethik- und Geschichtsstunden. Die Lehrerinnen Jenny Taubert-Düz und Simone Ogorek haben Schwierigkeiten, muslimischen Schülern die Evolutionstheorie zu erklären, weil sie ihrem Glauben widerspricht. Als Ogorek einem Schüler einmal darlegte, dass die Evolutionstheorie Naturwissenschaft sei, entgegnete der: »Ich kann die Evolutionstheorie nicht mit meinem Glauben in Einklang bringen, aber als gläubiger Muslim erwartet Allah von mir, dass ich mich mit ihr auseinandersetze.« An einem Neuköllner Gymnasium klammert eine Lehrerin das Thema »Luther und die Reformation« aus, weil die muslimischen Schüler es nicht verstehen. Ein Schüler der Nürnberger Mittelschule Sankt Leonhard wollte kein Englisch lernen, weil das die »Sprache des Feindes« sei.

In der Mehrzahl der Schulen lernen die Schüler verschiedener Religionen, Ethnien und politischer Strömungen bisher relativ spannungsfrei miteinander. Die in diesem Abschnitt geschilderten Einzelfälle sind im Vergleich zu »heißen Eisen« wie Fasten während des Ramadan, Beten in der Schule sowie Klassenreisen Nebenkriegsschauplätze. Trotzdem belasten sie den Alltag der Lehrer, weil jeder religiöse oder kulturelle Minikonflikt mit muslimischen Schülern und Eltern sie verunsichert und dann häufig zum Thema im Kollegium und in der Schulleitung wird.

»Du Jude«: Disziplinlosigkeit, Mobbing, Gewalt

Am ersten Tag nach den Ferien begrüßt Christiane Mika, Leiterin der Dortmunder Libellen-Grundschule, alle Schüler persönlich, sie schreibt aber auch alle auf, die zu spät kommen. Das macht sonst ein Sozialarbeiter. Und wenn Kinder nicht zur Schule kommen, kann es sein, dass Frau Mika sie persönlich abholt. Als Schulleiterin fühlt sie sich nämlich für die Einhaltung der vom Kinderparlament vereinbarten Regeln an ihrer Schule persönlich verantwortlich.

Disziplinlosigkeit, Mobbing und Gewalt sind Problemzonen, mit denen fast alle besuchten Schulen bei Schülern mit und ohne Migrationshintergrund zu ringen haben. Das allerdings in sehr unterschiedlichem Maße. Während das Klima auf Gymnasien überwiegend als freundlich und sozial geschildert wird, weht insbesondere in Grundschulen, Sekundarschulen I und integrierten Gesamtschulen in abgehängten Stadtvierteln ein rauer Wind. Schimpfworte »du Kurde«, »du Schiit«, »du Schweinefleischfresser« oder »du Kartoffel« gehören zum Schulalltag. »Zu uns kommen Kinder, die den Straßendarwinismus durchlaufen haben«, sagt die Essener Gesamtschulleiterin Julia Gajewski: »Häufig ist das Recht des Stärkeren das Einzige, was sie kennen.«[44] Mit Hausordnungen, Gesprächen mit Schülern wie Eltern, Anti-Mobbing-Programmen und Sanktionen versuchen sie das Konfliktpotenzial zu entschärfen. Zahlreiche Lehrer wie Barbara Schmidt, Leiterin der Hamburger Stadtteilschule Öjendorf, klagen darüber, wie »anstrengend es ist, Regeln und Sanktionen zu erklären«.

Zerbröselnde Disziplin, Mobbing und Gewalt gehören nach einer Umfrage des Verbandes Bildung und Erziehung (VBE) vom November 2016 zum Alltag vieler Schulen. 59 Prozent der Lehrer berichten, dass es an ihrer Schule in den letzten fünf Jahren Fälle gab, in denen sie direkt beschimpft, bedroht, beleidigt, gemobbt oder belästigt wurden.[45] Immer drängender wird das Problem des Cybermobbings. 78 Prozent der Lehrer meinen, dass diese Form des Mobbings zugenommen hat. Nach einer neuen PISA-Studie zur Zufriedenheit deutscher Schüler wird fast jeder sechste Schüler regelmäßig Opfer von Mobbing.[46]

Aus allen Winkeln der Republik klagen Lehrer in Brandbriefen und Hilferufen über zunehmende verbale und physische Gewalt unter Schülern und gegenüber Lehrern.[47] »Es gibt hier keine Normalität mehr«, sagt Karin Haller, Leiterin der Peter-Ustinov-Schule in Hannover-Ricklingen.[48]

2017 hat es an der Schule 100 Disziplinarkonferenzen mit vielen Suspendierungen gegeben. Auslöser waren unter anderem zertretene Spiegel und Türen, angezündete Klopapierrollen und Prügeleien. »Ich habe hier schon vor Wut geheult, wie respektlos die Kinder sein können«, gesteht die Lehrerin Anette Wintzer. In einer Saarbrücker Schule ist einem Mädchen ein Messer an den Hals gedrückt, einem anderen Schüler während der Pause ein Arm gebrochen worden. Bei einer Prügelei unter Achtjährigen hat am Ende die Polizei die Kampfhähne beruhigen müssen. An einer Frankfurter Haupt- und Realschule hat der Schulleiter eine Waffensammlung mit Messern, Springmessern, Ketten und allerlei Metallgeräten angelegt, die Schülern im Laufe eines Schuljahres abgenommen worden sind. In Berlin haben Schulen in Neukölln und Schöneberg private Wachdienste angeheuert.[49]

Nachdem Jugendkriminalität und -gewalt über Jahre zurückgegangen waren, ist zumindest die Gewalt an Schulen spätestens seit 2015 wieder gestiegen – und zwar im Hell- wie Dunkelfeld. Nach den Lagebildern der Landeskriminalämter zum Tatort Schule registrieren alle Bundesländer ab 2013 oder später eine erhebliche Zunahme von psychischer und physischer Gewalt gegen Personen.[50] Dass Gewalt an Schulen zwischen 2015 und 2017 statistisch signifikant zugenommen hat, bestätigt auch eine repräsentative Umfrage des Kriminologischen Forschungsinstituts Niedersachsen (KFN) unter Neuntklässlern des Bundeslandes auf erschreckende Weise: mehr Gewalt, mehr Messer, mehr Aggressionen. [51]

Nach der neuen KFN-Studie ist die psychische und physische Gewalt zwischen 2015 und 2017 um gut 26 Prozent gestiegen.[52] Für eine erhöhte Gewaltaffinität spricht ferner, dass Schüler 2017 auch erheblich mehr Waffen (Messer, Schlagringe, Schlagstock und Tränengas beziehungsweise Pfefferspray) als zwei Jahre zuvor in die Schule geschmuggelt haben: knapp 8 Prozent gegenüber 6 Prozent.[53]

Die Gewaltbelastung von Jugendlichen mit Migrationshintergrund liegt deutlich über der von Heranwachsenden deutscher Herkunft: 12 gegenüber 6 Prozent.[54] Bei den Jugendlichen mit türkischem oder arabischem Hintergrund bleiben die Gewaltraten relativ hoch. Weil Schüler mit Migrationshintergrund in vielen Kriminalitätsbereichen überrepräsentiert sind, kommen die KFN-Forscher zu dem Schluss, dass die »Integration von Jugendlichen mit Migrationshintergrund stagniert«.[55] Forschungsgruppenleiter Kliem vermutet, dass gerade bei Migrantengruppen, die schlecht integriert sind, die Neigung zu kriminellen Handlungen steigt.[56]

Der hier im Dunkelfeld beobachtete Gewaltanstieg spiegelt sich auch im Hellfeld wider. Nach der Polizeilichen Kriminalstatistik ist die sogenannte Tatverdächtigtenbelastungszahl (TVBZ) zwischen 2015 und 2017 bei Jugendlichen in Niedersachsen für Gewaltkriminalität um 22 Prozent und für leichte Körperverletzung um 23 Prozent gestiegen.[57]

Nun kann man einwenden, dass die Studie nur etwas über Trends über Gewalt in den Schulen Niedersachsens aussagt. Die Forscher sind jedoch überzeugt, dass sich aus ihrer Studie auch wertvolle Erkenntnisse für andere Bundesländer ableiten lassen. Niedersachsen sei ein Flächenland mit acht Millionen Einwohnern mit städtischen wie ländlichen Strukturen.

Die Lehrerschaft ist also keinesfalls hysterisch, wenn sie sich über Schüler beschwert, die sich mit anderen prügeln, wild um sich schlagen, treten oder kratzen. Es ist keine Einbildung, dass heute Konflikte schneller in Gewalt umschlagen – was auch daran liegen kann, dass die Schülerschaft sozial, ökonomisch, religiös, kulturell und ethnisch heterogener geworden ist. Hinzu kommt, dass sich nach Erkenntnissen des VBE die Zahl der Schüler mit Verhaltensauffälligkeiten in den letzten zehn Jahren fast verdoppelt hat.

Der Anstieg im Gewaltverhalten geht mit einer Zunahme von Schulabsentismus einher – ein weiteres Indiz für zerfallende Disziplin in Schulen. Das Schwänzen von einzelnen Unterrichtsstunden und Schultagen kommt inzwischen relativ häufig vor. Nach dem Niedersachsensurvey 2017 nimmt es sogar zu.[58] 2017 hatte knapp ein Viertel der befragten Neuntklässler im letzten Schulhalbjahr mindestens einmal einen Tag geschwänzt, 3,4 Prozentpunkte mehr als 2015. Auch die Zahl der Mehrfachschwänzer (fünf Tage und mehr) hat sich auf 5,6 Prozent erhöht, gut 1,5 Prozent mehr als zwei Jahre zuvor. Ein Teil des Zuwachses ist darauf zurückzuführen, dass Schüler mit Migrationshintergrund wesentlich häufiger dem Unterricht unerlaubt fernbleiben als Jugendliche deutscher Herkunft (30 gegenüber 23 Prozent).[59] Das gilt für das gelegentliche wie für das intensive Schwänzen. Die Unterschiede betragen bei beiden Formen des Schwänzens rund 3 Prozent.

Aufgrund von Rückmeldungen aus der Lehrerschaft ist der sogenannte Schulabsentismus für den Chef des Deutschen Lehrerverbandes Heinz-Peter Meidinger kein flächendeckendes Phänomen, sondern vorwiegend im sozialen Milieu von Brennpunktschulen ausgeufert. Dort kommt es zu Quoten von 20 bis 30 Prozent. Die Freiheit, im Bett zu bleiben, statt in die

Schule zu gehen, nähmen sich vorwiegend ältere Schüler raus, die für sich keine Chance auf sozialen Aufstieg mehr sehen und weder Sanktionen der Eltern noch der Schule fürchten müssen. Damit ist ein weiterer heikler Punkt berührt. Nach dem Niedersachsensurvey 2017 hat nämlich die Bereitschaft der Lehrerschaft, Schulschwänzen zu sanktionieren, sowohl bei Gelegenheitsschwänzern als auch Mehrheitsschwänzern »hoch signifikant« abgenommen.[60] Insgesamt ist nur noch knapp ein Drittel (29 Prozent) der schwänzenden Schüler mit Sanktionen wie Nachsitzen oder Strafarbeiten, Brief an die Eltern, Gespräch mit dem Jugendamt oder, in der mildesten Form, auch nur mit einem Gespräch mit dem Lehrer oder Schulleiter belegt worden. Das waren knapp 5 Prozentpunkte weniger als 2015. Was sind die Ursachen für die schwindende Bereitschaft der Lehrerschaft, Grundregeln des Schulalltages durchzusetzen? Erschöpfung, Resignation, Überlastung oder eine »partnerschaftliche Pädagogik«, die »um Anerkennung und Zuneigung buhlend« möglichst auf Strafen verzichtet, wie die Frankfurter Lehrerin Ingrid Freimuth vermutet. Mitverantwortlich ist nach ihren Erfahrungen eine häufig unwillige Schulaufsicht, die die juristischen Hürden für Sanktionen hoch hängt.[61] Die lasche Sanktionspraxis der niedersächsischen Lehrer bei Schulschwänzen fördert Disziplinlosigkeit bei den Schülern.

Eine besondere pädagogische Herausforderung ist der Antisemitismus muslimischer Schüler. Schimpfworte wie »du Jude« oder »du Opfer« gehören zu ihrem Jugendjargon. In Einzelfällen brechen in Schulen starke antisemitische Ressentiments auf. Als Karin Saremba von der Kreuzberger Reinhardswald-Grundschule in den Film *Schindlers Liste* gehen wollte, weigerten sich die arabischen Schüler mitzugehen. Im Gemeinschaftskundeunterricht von Jan-Ole Jochens vertrat ein muslimischer Schüler die Meinung: »Die Juden haben das Dritte Reich verdient, weil die Juden das mit den Palästinensern im Gazastreifen auch gemacht haben.« Und in der Dortmunder Libellen-Grundschule verkündete ein muslimischer Junge: »Ich weiß, woher der Krieg kommt, von den Juden.« Als die Schulleiterin daraufhin die Eltern anrief, hörte sie die übliche Antwort: Solche Sätze kommen nicht aus der Familie.

In Einzelfällen sind jüdische Schüler von arabischen Mitschülern gezielt gemobbt worden. Die jüdische Moses-Mendelssohn-Oberschule in Berlin erhält jährlich im Schnitt zwischen sechs bis zehn Anmeldungen von Eltern, die ihre Kinder von staatlichen Schulen wegen antisemitischer

Schmähungen wegnehmen, sagt der Leiter der Schule Aaron Eckstaedt: »Die Mehrzahl der Diffamierungen stammt von arabischen oder türkischen Klassenkameraden.«[62] Außerdem beschweren sich viele jüdische Familien darüber, dass die Schulen ihrer Ansicht nach nicht angemessen auf antisemitische Vorfälle reagieren. Das war auch ein Grund, weshalb die Eltern ihren 14-jährigen Sohn Ferdinand nach antisemitischem Mobbing und Gewalt von einer Friedenauer Gemeinschaftsschule genommen haben. Der Fall hat im April 2017 bundesweites Aufsehen erregt. Die Leidensgeschichte des Schülers begann, als seine Mitschüler erfahren hatten, dass er Jude ist. Einer sagte ihm ins Gesicht: »Du bist ja eigentlich ein cooler Typ, aber ich kann nicht mit dir befreundet sein. Juden sind alle Mörder, wollen Geld und hassen Muslime.«[63] Er sei wiederholt von Schülern aus der Türkei und dem Nahen Osten getreten und gewürgt worden. Das Fass zum Überlaufen brachte schließlich ein Vorfall an einer Bushaltestelle. Dort nahmen zwei Schüler ihren jüdischen Kameraden in den Schwitzkasten, richteten eine Pistole auf ihn. Dass die Waffe eine Spielzeugpistole war, habe er nicht gewusst. Er habe sich gefürchtet und sich darum auf den Boden gelegt: »Alle brachen in Gelächter aus und nannten mich schwul.« Seitens der Schule bekamen die Eltern zunächst zu hören, dass die Jugendlichen nicht für ihre Handlungen verantwortlich gemacht werden könnten, weil sie die Ansichten ihrer Eltern wiedergäben. Die Mutter des drangsalierten Schülers hatte kritisiert, dass die beteiligten Schüler nur eine Verwarnung bekommen hatten: »Ich hätte mir ein deutlicheres Zeichen der Schule gewünscht.« Gegen zwei arabischstämmige Schüler hat die Schule später Strafanzeigen erstattet, ein dritter hat die Schule verlassen.

Nach den Erfahrungen Sergey Lagodinskys, Mitglied der Repräsentantenversammlung der Jüdischen Gemeinde zu Berlin, ist der Friedenauer Fall »längst Alltag«: »Friedenau ist überall! Seit Monaten, ja schon seit Jahren erreichen uns Berichte über die Zustände an deutschen Schulen: ›Jude‹ als Schimpfwort auf den Schulhöfen, Schüler, die sich weigern, über den Holocaust zu lernen, Lehrerinnen, die von Schülern antisemitisch terrorisiert werden.«[64] Die Jüdische Gemeinde Berlin warnt deshalb bereits seit Längerem vor einer »neuen Dimension des Antisemitismus«. Neben Anfeindungen von Rechtsextremen schlägt jüdischen Kindern zunehmend Hass von muslimischen Jugendlichen entgegen. Die Gemeinde rät Eltern, bei Konflikten Kinder lieber auf eine jüdische Schule zu schicken – dort seien sie wenigstens sicher.[65]

Nach einem neuen Stimmungsbild des American Jewish Committee von 21 Berliner Schulen haben sich die antisemitischen Tendenzen verstärkt.[66] Judenfeindliche Stereotype und Feindbilder sind nach Aussagen der befragten Lehrkräfte an einigen Schulen stark präsent. Unterricht zum Thema Nahost sei teilweise »nahezu unmöglich«.[67]

Die Judenfeindlichkeit muslimischer Schüler nimmt in Einzelfällen sogar jüdische Lehrinnen nicht aus. In Hessen hat eine Lehrerin sogar das Handtuch geworfen, weil sie das antisemitische Mobbing nicht mehr ertragen konnte. Sie hatte eines Tages einen Zettel auf dem Schreibtisch mit dem Satz »Fick die Juden, bis sie bluten«. Danach wurde sie zwei Jahre vom Unterricht befreit. In Berlin hat eine Lehrerin im November 2014 einen »Frontbericht« an Bundeskanzlerin Angela Merkel und den damaligen Vorsitzenden des Zentralrats der Juden Dieter Graumann geschickt.[68] Als eine jüdische Kollegin, klagt sie in dem Brief, vergessen hatte, ihren Davidstern am Hals abzunehmen, sei das ein »fataler Fehler« gewesen: »Seitdem fallen permanent antijüdische und antiisraelische Sprüche im Unterricht.« Das Thema »Israel und Judentum« im Ethik- und Geschichtsunterricht anzusprechen meidet sie inzwischen, weil dann »gleich eine kleine Intifada im Klassenraum« starte.

Dass Pädagogen heute eine Verrohung von Sprache und Umgang, ausfransende Disziplin, demütigendes Mobbing und eine bedrohliche Zunahme von psychischer und körperlicher Gewalt in den Schulen beklagen, ist zunächst nur ein Spiegelbild negativer gesellschaftlicher Entwicklungen – ohne jeden religiösen und kulturellen Bezug. Sie einzuhegen erschwert und belastet die pädagogischen Kernaufgaben. Dazu kommt aber noch ein Bündel Probleme mit religiöser oder kultureller Konnotation. Am heikelsten ist für Schulen, wenn eine Minderheit muslimischer Schüler durch antisemitische Vorurteile und Ausfälle mit dem kulturellen Erbe unserer nationalsozialistischen Vergangenheit über Kreuz gerät.

Notbetreuung für deutsche Kinder: islamische Feier- und Fehltage

Am Robert-Koch-Gymnasium in Berlin haben 75 Prozent der Schüler muslimische Wurzeln. Wenn nach dem Ende des Ramadan das Zuckerfest oder das Opferfest gefeiert wird, findet an der Schule nach Aussagen des Rektos Rainer Völkel »fast kein Unterricht statt«. Weil islamische

Feiertage mit bestimmten religiösen Pflichten verbunden sind, die mit
der Schulpflicht kollidieren können, ist es inzwischen in allen Bundesländern Praxis und verfassungsrechtlich anerkannt, dass sich Muslime
an den beiden höchsten religiösen Feiertagen von der Schulpflicht befreien lassen können, in Bayern sogar für jeweils zwei Tage. Dafür gibt
es mehrere Modelle: Die Eltern müssen die Befreiung von der Anwesen-
heitspflicht entweder beantragen oder anzeigen, oder ihre Kinder teilen
dem Klassenlehrer formlos beziehungsweise auf einem Befreiungszettel
mit, dass sie an ihren Festtagen dem Unterricht fernbleiben wollen. In
Hamburg und Rheinland-Pfalz fordern Richtlinien sogar dazu auf, bei der
Terminplanung für das Schuljahr auf muslimische Feiertage Rücksicht zu
nehmen, zum Beispiel bei der Festlegung von Klassenarbeiten und Elternabenden.

Was diese Befreiungsmöglichkeiten von der Schulpflicht für den Schulalltag bedeuten, hängt vom Anteil der muslimischen Schüler ab. Sind die
muslimischen Kinder in der Minderheit, verhalten sich die Eltern anders,
als wenn sie die Mehrheit stellen. An der Hanauer Erich-Kästner-Schule,
an der ein Drittel der Kinder eine muslimische Familiengeschichte hat,
sind in der Klasse der Lehrerin Katja Ruth-Rössel nur zwei muslimische
Kinder an den Feiertagen nicht zum Unterricht gekommen. Die anderen
holen das Feiern am Nachmittag oder Abend nach. Am Pirckheimer-Gymnasium in Nürnberg lässt sich nach Schätzungen des Rektors Benedikt
Mehl lediglich ein Drittel der muslimischen Schüler befreien. Davon wird
der Schulalltag nicht beeinträchtigt.

Ein vollkommen anderes Bild in Schulen mit muslimischer Mehrheit
in der Schülerschaft. Dort findet an islamischen Feiertagen entweder gar
kein oder nur ein rudimentärer Unterricht statt. Am Kreuzberger Robert-Koch-Gymnasium wird ein Sonderstundenplan entworfen, in dem
Klassen oder sogar Jahrgangsstufen zusammengeführt werden. »In der
siebten und achten Klasse sitzen an diesen Tagen nur noch zwölf deutsche Schüler«, sagt Schulleiter Rainer Völkel etwas säuerlich: »Lehrer bekommen zwei zusätzliche freie Tage. Das ist Normalität seit Jahren.« Auch
die Neuköllner Otto-Hahn-Schule organisiert nur noch eine Notbetreuung.
»Die Schüler an der Schule kann man an einer Hand abzählen«, berichtet
der Schulleiter André Koglin. Wenn deutsche Schüler nicht erscheinen,
werden ihnen keine Fehlzeiten notiert. Ähnlich die Lage am Albert-Einstein-Gymnasium in Hamburg-Billstedt, an der Libellen-Grundschule und

dem Helmholtz-Gymnasium im Dortmunder Norden, wo man die negativen Folgen des Unterrichtsausfalls dadurch zu begrenzen versucht, dass die Lehrer ihre Fortbildungstage freiwillig auf die muslimischen Feiertage legen. An der Grundschule in der Kerschensteinerstraße in Hamburg-Harburg »spielen die nichtmuslimischen Kinder, Unterricht findet nicht statt«, sagt die Lehrerin Beatrice Germer.

Die Lehrkräfte an Schulen mit muslimischer Mehrheit in der Schülerschaft sind erkennbar nicht froh über den praktischen Ausfall des Unterrichts während des Zucker- und Opferfestes. Er erschwert die Terminplanung und erhöht den Druck bei der Vermittlung des Lehrstoffes. Von noch größerem Gewicht ist das Phänomen, dass an den Schulen, wo die muslimische Minderheit zur Mehrheit geworden ist, die deutsche Schulpflicht in der Praxis ausgehebelt wird. Diese Konstellation haben Verfassungsrichter und Anhänger der multikulturellen Gesellschaft vor 20 Jahren wahrscheinlich nicht vorausgesehen, als sie das Grundrecht auf freie Religionsausübung weit auslegten. Die Leidtragenden sind die nichtmuslimischen Schüler, Eltern und die Lehrerschaft. Heute sind von der Umkehr der Macht- und Mehrheitsverhältnisse in Schulen geschätzt erst 5 bis 10 Prozent der Schulen betroffen, vornehmlich in islamisch geprägten sozialen Brennpunkten. Aber das kann sich in Stadtstaaten wie Berlin, Hamburg, Bremen oder Ländern wie Hessen und Nordrhein-Westfalen schnell ändern, wo der Anteil der muslimischen Schulanfänger teilweise 50 Prozent erreicht hat. Je mehr sich muslimische Parallelgesellschaften ausbreiten, desto lauter und anspruchsvoller werden die muslimischen Verbände ihre Stimme erheben, um ihre religiösen Forderungen durchzudrücken. Diese Perspektive sollten Politiker und Parteien berücksichtigen, wenn sie die nächsten Weichen für die Integrations- und Flüchtlingspolitik stellen.

Dauerbrenner: der Streit um das Beten in der Schulzeit

Am 17. Februar 2017 verschickte die Schulleitung des Johannes-Rau-Gymnasiums in Wuppertal eine E-Mail an das gesamte Kollegium: »In den vergangenen Wochen wurde zunehmend beobachtet, dass muslimische Schülerinnen und Schüler im Schulgebäude für andere deutlich sichtbar beten, signalisiert durch rituelle Waschungen in den Toiletten, das Ausrollen von

Gebetsteppichen, das Einnehmen von bestimmten Körperhaltungen. Dies ist nicht gestattet.«[69] Die Mail schließt mit der Aufforderung an die Lehrer, betende Schüler freundlich auf das Verbot hinzuweisen, ihren Namen zu notieren und der Schulleitung zu melden. Das Schreiben sorgte bundesweit für Aufsehen. DITIB und der Zentralrat der Muslime protestierten und forderten erneut Gebeträume in Schulen.[70] Kritiker warfen der Schulleitung Diskriminierung von Muslimen vor. Die Bezirksregierung ging vorsichtig auf Distanz und betonte, dass »Beten unbedenklich möglich ist, wenn es den Schulfrieden nicht beeinträchtigt«. Und dann meldete sich noch anonym ein Mitglied des Kollegiums zu Wort, was schlaglichtartig beleuchtete, wie gespalten die Lehrerschaft beim Umgang mit muslimischen Schülern ist und wo die Konfliktlinien verlaufen. Es vertrat die Auffassung, dass der »Streit völlig sinnlos vom Zaun gebrochen« sei. Schon immer hätten Schüler in der Schule gebetet, im Keller oder in leeren Klassenzimmern: »Probleme hat es dabei kaum gegeben, niemand hat provozierend gebetet oder versucht andere zu missionieren.« Aber warum dann das Gebetsverbot? »Das sind ähnlich irrationale Ängste vor Überfremdung, wie sie auch in der Bevölkerung zu sehen sind«, sagte der Lehrer und fügte hinzu: »Ich will nicht ausschließen, dass mancher Kollege Ressentiments gegenüber Andersgläubigen hat.«[71]

2011 hat das Bundesverwaltungsgericht entschieden, dass Schüler auch in der Schule das Recht zum Beten in den Pausen haben, es sei denn, der Schulfrieden ist gefährdet.[72] Durch dieses Urteil wurde die letzte Verantwortung für den Umgang mit betenden Schülern an die Schulleitungen delegiert. Sie müssen im konkreten Fall entscheiden, ob durch das Beten auf Fluren oder durch den Wunsch nach einem Gebetsraum der Schulfrieden gefährdet wird oder nicht. Durch die erhöhte Religiosität eines Teils der muslimischen Schüler ist der Streit um das Beten in der Schule zu einem Dauerbrenner geworden.

Ausgangspunkt aller Kontroverse war immer der Wunsch einzelner oder einer Gruppe von muslimischen Schülern nach einem Gebetsraum, manchmal auch vom Imam der nächsten Moschee aufgestachelt. In der Lehrerschaft ist die Abneigung gegenüber Gebeträumen verbreitet. In ihrem Selbstverständnis sind staatliche Schulen religionsfreie Zonen, in evangelischen Bundesländern ausgeprägter als in katholischen. Dass sichtbare Frömmigkeit bei muslimischen Schülern keine private Angelegenheit mehr ist, sondern den öffentlichen Raum der Schule besetzt, befremdet die meisten. Ein kultureller Bruch, den Lehrer ohne die Rechtsprechung des Bundesverwaltungsgerichts gern vermeiden würden.

Die Argumente, Gebetsräume zu blocken, wechseln. In der Stadtteilschule Hamburg-Barmbek wurde darauf verwiesen, dass dann jede Religion einen Gebetsraum beanspruchen könne. Im Kollegium war die überwältigende Mehrheit der Auffassung, dass Schule religionsneutral sein und bleiben soll. Hilfreich war in diesem Fall der Kontakt zum Imam einer benachbarten Moschee. Er erläuterte, dass man nicht in einer Physikstunde beten müsse. Einige Lehrer haben betende Schüler angesprochen, wie unwürdig es sei, wie früher die Raucher in einer Ecke zu beten. Einige Schüler folgten den Argumenten der Lehrer, andere nicht. In der Stadtteilschule Hamburg-Öjendorf haben sich muslimische Schüler gezielt in den Schülerrat wählen lassen, um die Forderung nach einem Gebetsraum durchzusetzen. Dort kam es zu einer heftigen Diskussion mit Lehrern und Schulleitung. Am Ende stand das Nein zu einem »separaten Gebetsraum«, wie es auch die Hamburger Leitlinie »Vielfalt in der Schule« empfiehlt. Die Schulleiterin Barbara Schmidt vertrat die Auffassung, dass jeder, dem das Beten am Herzen liege, dafür überall einen Platz finde.

In den besuchten Schulen hat sich im Laufe der Jahre eine relativ einheitliche Praxis beim Beten in der Schule herausgemendelt, die sich auch in den Handreichungen der Schulverwaltungen einiger Länder widerspiegelt: Gebetsräume sind tabu. »An den Schulen in Schleswig-Holstein werden keine Gebetsräume eingerichtet«, erklärt die Handlungsleitlinie zum Thema »Islam, Islamismus und Salafismus in der Schule« im nördlichsten Bundesland apodiktisch. Als Argument zur Verteidigung dieser Position wird häufig Raummangel vorgebracht oder vorgeschützt. Die Schulen dulden hingegen das Beten auf Fluren, auf dem Schulhof oder in Umkleideräumen in Pausen oder Freistunden. Auf Wunsch der Schüler kann bei vorhandenem Platz in der Schule ein »Raum der Stille« oder ein »interreligiöser Raum« eingerichtet werden. Oder es wird ein vorübergehend nicht genutzter Klassenraum für fromme Schüler aufgeschlossen. Voraussetzung: Der Raum steht allen Religionen offen und darf in Freistunden auch für nichtreligiöse Aktivitäten wie Bücherlesen genutzt werden. Gruppengebete und Missionierung sind in solchen Räumen untersagt. In der Praxis hat sich herausgestellt, dass diese Optionen wenig genutzt werden.

Gefälligkeitsgutachten: Schwimm- und Sportunterricht

Den Jungen hat es einen Heidenspaß bereitet, die Mädchenmannschaften beim Fußballturnier der Hamburger Stadtteilschule Öjendorf anzufeuern, und die Mädchen haben es genossen – bis auf eine: Masoma. Sie wollte nicht mit einem ärmelfreien T-Shirt kicken, und sie wollte, dass die Jungen die Halle verlassen sollten, weil die sie nicht mit einem bloßen Arm sehen sollten. Der Wunsch wurde abgelehnt, weil die Schule den koedukativen Sportunterricht praktizierte und keine Extratouren dulden wollte. Masoma musste sich ein Hemd mit langen Ärmeln überziehen.

Konflikte mit muslimischen Schülern und Eltern beim Sport- oder Schwimmunterricht sind inzwischen ein Randphänomen. Nach der Untersuchung *Muslimisches Leben in Deutschland* nehmen zwischen 4 und 7 Prozent der muslimischen Mädchen nicht am Schwimmunterricht teil.[73] Insbesondere nach dem salomonischen Burkini-Urteil des Bundesverwaltungsgerichts, das eine Befreiung vom Schwimmunterricht aus religiösen Gründen abgelehnt hat, sind die Fronten hier aufgelöst.[74] Das Bundesverwaltungsgericht hatte argumentiert, dass sich die »integrative Wirksamkeit der Schule nicht nur darin« erweist, Minderheiten einzubeziehen und ihre Eigenarten zu respektieren. Sie setzt auch voraus, dass »Minderheiten sich nicht selbst abgrenzen« und »sich nicht von vornherein« Unterrichtsinhalten »verschließen dürfen, ...gegen die sie religiöse, weltanschauliche und kulturelle Vorbehalte hegen«. Dazu gehöre, dass Mädchen den Anblick von Jungen mit kurzen Badehosen angesichts der Lebensverhältnisse in Deutschland ertragen müssen.

Vor allem muslimische Mädchen machen bis heute bei den Schwimmstunden nur unwillig mit. Die Schwimmfähigkeit ist, so der Leiter der Neuköllner Schule am Teltowkanal Robert Himberg, in der »Kultur der muslimischen Einwanderer nicht vorgesehen«. Da viele vor der Zuwanderung noch nie Kontakt zu tiefem Wasser gehabt haben, erreichen viele muslimische Schüler in der dritten beziehungsweise siebten Klasse, in denen Schwimmen Pflichtfach ist, die Schwimmfähigkeit nicht. Nach einer Berliner Untersuchung konnten am Ende des Schwimmunterrichts in der dritten Klasse im Berliner Stadtteil Pankow mit wenigen Migranten nur 6 Prozent nicht schwimmen, während es in Berlin-Neukölln mit insbesondere muslimischen Schülern 40 Prozent waren.[75] Ähnliche Hiobsbotschaften kommen aus dem Dortmunder Norden. In Berlin-Neukölln hat man deshalb ein Projekt mit dem Ziel gestartet, Kinder in der zweiten Klasse nur an Wasser zu gewöhnen, um dann in der dritten Klasse mit besseren Voraussetzungen mit dem richtigen Schwimmunterricht zu beginnen.

Anträge auf Befreiung vom Sport- und Schwimmunterricht aus religiösen Gründen werden nur noch in Ausnahmefällen gestellt, weil sich herumgesprochen hat, dass sie nicht genehmigt werden. Wenn überhaupt, stammen die unterschriebenen Vordrucke auf Befreiung entweder von Moscheevereinen oder Rechtsanwälten und sind dann mit Koran- und Rechtsprechungszitaten gepflastert. Statt solche Anträge zu stellen, werden in der Praxis andere Wege beschritten, um dem ungeliebten Schwimmunterricht zu entkommen: Gefälligkeitsatteste von Ärzten mit muslimischem Hintergrund, Menstruationsbeschwerden, das vorsätzliche Vergessen von Sachen oder Zuspätkommen. Die meisten Lehrer akzeptieren die Gefälligkeitskrankschreibungen ohne Gegenwehr, insbesondere ohne Einschaltung von Amtsärzten. Es gibt aber auch streitbare Pädagogen, die sich ärgern und bei den Ärzten anrufen oder sogar in deren Praxen gehen und drohen, sie wegen Gefälligkeitsgutachten bei der Kassenärztlichen Vereinigung anzuzeigen. Dieser couragierte Schritt soll sich nach den Erfahrungen einer hessischen Lehrerin in der Praxis auszahlen.

Auch wenn die Teilnahme am Sport- oder Schwimmunterricht nur noch in Einzelfällen offen oder versteckt verweigert wird, verdrießen solche Verweigerungen Pädagogen, weil die Lösung der Konflikte durch Gespräche und Sanktionen wegen Verletzung der Schulpflicht zeitlichen und emotionalen Aufwand verursacht.

Wunder Punkt: Klassenfahrten und Ausflüge

Aysche nimmt nicht an Klassenfahrten teil und beruft sich dabei auf die Religionsfreiheit: »Es gehört sich nicht, ich bin von meiner Familie entfernt, und es sind viele Jungs in der Nähe.« Nach Umfragen und Schätzungen von Lehrern nehmen bis zu 10 Prozent muslimischer Mädchen nicht an Klassenreisen oder Wanderausflügen teil.[76] Ein halbes Dutzend der befragten Rektoren sieht in diesen Verweigerern ein »Problem« oder einen »wunden Punkt«. Einige meinen sogar, dass sich die Auseinandersetzungen um Klassenreisen in den letzten Jahren im Sog wachsender Religiosität wieder verschärft haben. »Es war lange Ruhe, jetzt gibt es wieder einen Anstieg«, registriert ein nordrhein-westfälischer Schulrat. Auch Ralph Hartung, Leiter des Goethe-Gymnasiums in Neu-Isenburg, findet, dass der »Anteil der Schüler, der nicht mitfährt, größer geworden ist«.

Schulfahrten sind schulische Veranstaltungen. Nach den Handlungsleitlinien des schleswig-holsteinischen Bildungsministeriums zum Thema »Islam, Islamismus und Salafismus in der Schule« kommt Klassenfahrten eine »besondere Bedeutung bei der Integration in die Klassengemeinschaft und in die Gesellschaft zu«. Die Motive der Eltern, ihre Kinder nicht mitzuschicken, sind diffus. Religiöse Gründe werden selten offen angeführt, weil die Eltern wissen, dass es dann nicht klappt. Trotzdem spielen Ängste vor verbotenem Essen, Alkohol und die Nähe zu Jungen eine Schlüsselrolle. Auf der Liste der Begründungen tauchen außerdem Krankheiten auf, unterfüttert mit teilweise absonderlichen Attesten von muslimischen Ärzten, Bettnässen, Flugangst, Angst vor Terrorismus und, oft verschwiegen, nicht genügend Geld. Diese Sorge braucht eigentlich keine Rolle zu spielen, weil Bedürftige die Finanzierung von Klassenfahrten bei Schulbehörden beantragen können.

Ein Leiter einer Kreuzberger Sekundarschule »ärgert sich unheimlich«, wenn Eltern hier plötzlich Sand ins Getriebe streuen. An seiner Schule sind Klassenreisen schon ausgefallen, weil die Elternkonferenz dagegen gestimmt hat oder die von der Berliner Schulverwaltung früher vorgegebene Quote von 80 Prozent teilnehmender Schüler nicht erreicht wurde. Dann werden Klassenreisen nämlich nicht genehmigt. Am Neuköllner Albrecht-Dürer-Gymnasium hat die Mehrheit der muslimischen Eltern eine Klassenreise während des Ramadan gekippt, obwohl nach dem Koran auf Reisen nicht gefastet werden muss.

Pädagogischer Ehrgeiz motiviert die meisten Lehrer, um die Mitreise ihrer Schützlinge zu kämpfen, häufig erfolgreich, nicht selten aber auch erfolglos. Eva Maltusch vom Kreuzberger Robert-Koch-Gymnasium findet es »mittlerweile schwer, Klassenreisen zu organisieren«. Ehemals engagiert, hat sie inzwischen keine »Lust mehr, Gespräche zu führen und bei einer Minderheit auf Granit zu stoßen, weil die keinen Argumenten zugänglich ist«. Sie resigniert heute früher. In der Tat sind Lehrer manchmal machtlos, wenn eine Mutter behauptet, dass sie nicht schlafen könne, wenn ihre Tochter nicht zu Hause sei. Helfen können dagegen Versprechen von

Lehrern, dass sie aufpassen, dass die Kinder fünfmal am Tag beten. Dass solche Versprechen später dann doch nicht gehalten werden, weil Grundschüler auf Reisen anderes im Kopf haben, steht auf einem anderen Blatt.

Hinter dieser Verweigerungshaltung der Eltern steckt häufig die Angst vor den Verführungen des westlichen Lebens und Misstrauen gegenüber den nichtmuslimischen Lehrern, dass sie das religiöse Regelwerk des Islam auf Klassenfahrten nicht durchsetzen. Um Eltern zu bewegen, ihren Widerstand gegen die Teilnahme ihrer Kinder aufzugeben, hat in der Vergangenheit geholfen, dass eine muslimische Begleitung mitfährt, eine Mutter oder eine ältere Schwester. Die schleswig-holsteinische Handreichung zum Islam in der Schule empfiehlt das wegen »guter Erfahrungen« ausdrücklich. Das Problem ist nur, dass die meisten Lehrer solche Begleiter ablehnen. Sie fühlen sich gestört oder kontrolliert und sehen in der Begleitung ein Misstrauensvotum gegen ihre pädagogischen Fähigkeiten. Und noch etwas anderes zeigt dieses Modell: die Desintegration einer kleinen Minderheit religiös-konservativer Eltern.

Schlechte Zeugnisse im Ramadan: Fasten gefährdet Gesundheit und Leistungen von Schülern

»An meiner Schule habe ich zwei Kinder, die in der dritten Klasse jetzt im Ramadan fasten. Wir sind etwas besorgt, dass die Kinder Kreislaufprobleme bekommen könnten, wenn sie von morgens 8 bis nachmittags um 16 Uhr nichts trinken dürfen«, schrieb die Leiterin einer Grundschule in Hamm-Mitte an die Rechtsabteilung des Verbandes Bildung und Erziehung (VBE). In ihm sind 140 000 Lehrkräfte, vor allem Grundschullehrer organisiert. Nachdem sie bei den Eltern vergeblich angeklopft hatte, wollte sie wissen, ob es »rechtliche Regelungen« gibt, wie »wir Kinder, die bei den nun kommenden Temperaturen fasten möchten, schützen können«?

Um »rechtliche Auskunft« bei der Rechtsabteilung des Lehrerverbandes bat auch ein Grundschullehrer aus Castrop-Rauxel. In seiner Klasse sollte ein Mädchen aus dem dritten Schuljahr nach Ansicht ihres Vaters nicht am Schwimmunterricht teilnehmen, weil sie fasten müsse und »es passieren könne, dass sie Wasser schluckt«. Ob das Fernbleiben »als akzeptable Entschuldigung oder als unentschuldigtes Fehlen einzuordnen« sei, wollte der Lehrer wissen.

Allein aus Nordrhein-Westfalen hat der VBE-Bundesverband im Sommer 2016 rund 20 solcher Anfragen bekommen. Aber auch in anderen Bundesländern standen Grundschul- wie Gymnasiallehrer vielfach rat- und orientierungslos vor Herausforderungen, die der Fastenmonat Ramadan für sie bringt. Für Udo Beckmann, Bundesvorsitzender des VBE, ist es »das erste Mal, dass Anfragen in diesem Umfang auffällig wurden«. Nach übereinstimmender Beobachtung aller Lehrkräfte ist das verbreitete Fasten muslimischer Schüler ein Phänomen der letzten Jahre – ein Ausfluss gestiegener Religiosität. In jüngster Zeit fasten mehr Schüler, und sie tun es radikaler als früher. Die Motive der Kinder und Jugendlichen sind vielfältig: eigener Antrieb, Druck der Peergroup und Wunsch der Eltern.

Der Ramadan gehört zu den fünf Säulen des Islam. Die Pflicht, Essen und Trinken von Sonnenaufgang bis Sonnenuntergang zu entsagen, beginnt für alle Muslime eigentlich erst mit der Pubertät, gilt also nicht für Kinder. Außerdem erlaubt sie Ausnahmen: Kranke, Schwangere und Reisende müssen nicht teilnehmen, und das Fasten darf den Gläubigen nicht schaden. Obwohl eine liberale Auslegung des Korans Möglichkeiten für Schüler, insbesondere für Kinder eröffnet, während der Schulzeit nicht zu fasten, sprechen Berichte aus allen Ecken der Republik dafür, dass heutzutage das Gegenteil passiert: Der Konflikt zwischen Schulpflicht und dem Grundrecht auf Religionsausübung hat sich verschärft. Er belastet den Schulalltag während des Fastenmonats, schadet der Gesundheit der Schüler und verschlechtert oft ihre Leistungen.

Schülern hilft das Fasten bei ihrer Identitätsbildung. Sie wollen gute Muslime sein. Bei drei Viertel der Interviewten gehört dieses Ritual zum Selbstverständnis. Maja mit marokkanischen Wurzeln fastet »ernsthaft«. Zwar wird sie im Unterricht müde, fühlt sich dann aber abends wieder stark: »Ich habe die Kraft, meine Religion auszuüben.« Elias aus Somalia fastet aus »Überzeugung, seit er sieben« ist. Am Hamburger Kurt-Körber-Gymnasium haben Schüler einen Brief an die Schulleitung mit dem Wunsch geschrieben, eine Klassenreise wegen des Ramadan zu verschieben. Nach mehreren zähen, kontroversen Gesprächsrunden hat dann ein um Rat gebetener Imam der Schulleitung aus dem Dilemma geholfen: Er hat darauf verwiesen, dass man auf Reisen nicht fasten muss, und muslimische Jugendliche davor gewarnt, ständig Sonderbehandlungen für sich zu reklamieren.

Alarmierend ist für Lehrer und Schulleiter, dass neuerdings auch Grundschüler häufiger fasten. »Das Phänomen verschiebt sich in Richtung

Grundschule«, beobachtet Stefan Wesselmann, Vorsitzender des VBE-Landesverbandes Hessen. Einige Kleine aus der zweiten beziehungsweise dritten Klasse seien wegen der kurzen Nächte im Sommer in der Klasse eingeschlafen. Mehrere Offenbacher Schüler, denen bei einem Sportfest schlecht wurde, hätten sich geweigert zu trinken. Ein Schüler, der beim Sportfest kollabiert war, musste vom Rettungsdienst zur Beobachtung in ein Krankenhaus gebracht werden. »Wenn Kinder das Fasten ernst nehmen, sind sie nicht zu beschulen«, sagt der Leiter der Reinhardswald-Grundschule Werner Munk. Auch er musste einige Kinder nach Hause schicken. Es gibt allerdings auch nach wie vor Grundschulen, an denen muslimische Kinder während der Fastenzeit normal essen oder trinken.

In der Sekundarstufe II und auf Gymnasien fasten wesentlich mehr Schüler als auf den Grundschulen. Die Schulrätin Gisela Unruhe schätzt, dass in Berlin-Neukölln 50 bis 80 Prozent der Oberschüler während des Fastenmonats am Tage keine Nahrung zu sich nehmen. Der Leiter des Robert-Koch-Gymnasiums im bayerischen Deggendorf Heinz-Peter Meidinger geht davon aus, dass rund die Hälfte der muslimischen Schülerinnen und Schüler den Fastenmonat sehr ernst nehmen. 2016 war das Fasten besonders fordernd, weil der Ramadan vom 6. Juni bis 4. Juli dauerte und zwischen Sonnenaufgang und Sonnenuntergang 18 bis 19 Stunden lagen. Während dieser Zeit nichts zu essen und zu trinken findet der Neuköllner Schulleiter André Koglin teilweise »unmenschlich«. Um diese Zeitspanne zu überstehen, haben einige Schüler am Kreuzberger Robert-Koch-Gymnasium heimlich auf der Toilette getrunken.

Kinder fasten oft verbissener als ihre Eltern. Wenn Lehrer versuchen, Kinder mit ihrer Hilfe vom Fasten abzubringen, laufen sie in der Mehrzahl der Fälle gegen eine Wand. Manche Väter oder Mütter können ihre Kinder angeblich nicht beeinflussen, wie der Neuköllner Grundschullehrer Thomas Jancke immer wieder zu hören bekommt: »Meine Kinder wollen es.« Sein Kollege Jan Meister kann sich in Rage reden, wenn er auf die Rolle der Eltern während des Ramadan zu sprechen kommt: »Was einzelne Eltern da veranstalten, geht zu weit und ist nicht im Sinn der Kinder.« Die Unterstufenkoordinatorin Regina Haus vom Kölner Dreikönigsgymnasium hat im Mai 2017 einen Brief an die Eltern geschrieben. Während des Fastens im vergangenen Jahr seien Kinder nicht in der Lage gewesen, »dem Unterricht zu folgen, geschweige denn, sich auf Klassenarbeiten vorzubereiten beziehungsweise sie mit zufriedenstellendem Erfolg zu schreiben«. Außer-

dem müssten Kinder vor der Pubertät gar nicht fasten. Dass die Kinder
es trotzdem tun und die Eltern es zulassen, verdrießt Regina Haus: »Vier
Wochen ausklinken, so ist unser Land nicht beschaffen, so funktioniert
unser System nicht.«

Alle Schulleiter und Lehrer versuchen, auf die fastenden Schüler Rücksicht zu nehmen. Die Leitlinie: je höher der Anteil muslimischer Schüler,
desto mehr Nachsicht. So sollen während des Ramadan möglichst keine
Schul- und Sportfeste stattfinden. Kritisch wird es hingegen bei Terminen
für Klausuren und Prüfungen. Auch hier bemühen sich Lehrer, flexibel
zu reagieren und Klassenarbeiten, wenn möglich, zu verlegen. In einem
Neuköllner Gymnasium ist ein Leistungskurs auf Wunsch der Schüler verschoben worden. Aber hier gibt es vor allem am Ende des Jahres Grenzen,
die durch Lehr- und Prüfungspläne festgelegt sind. Rektor Heinz-Peter
Meidinger: »Es dürfen keine unzumutbaren Härten für andere Schüler
entstehen, zum Beispiel keine Ballung von Klausuren in den Wochen vor
und nach dem Ramadan.«

Kinderärzte verfolgen den Trend zum Ramadan in der muslimischen
Schülerschaft mit Sorge. Der Berufsverband der Kinder- und Jugendärzte
hält das Fasten von Schülern für »ungesund und schädlich«. Es drohen
Erschöpfung, Kopfschmerzen, Übelkeit, Schwindelgefühl und sogar ein
Kreislaufkollaps. Der Präsident des Verbandes Thomas Fischbach: »Kin-
der können noch weniger als Erwachsene ihren Flüssigkeitsbedarf in den
Nachtstunden decken und dann für die langen Tage speichern.«

Die muslimischen Verbände drücken sich um klare Stellungnahmen
zum Fasten in der Schule während des Ramadan. Zwar weisen sie darauf
hin, dass die islamische Lehre Fasten für Kinder nicht vorsieht, raten ihnen
aber nicht davon ab. Sie weichen aus und geben dadurch zu erkennen, dass
ihnen die Religion wichtiger ist als die Gesundheit und Leistungsfähigkeit
der Kinder. Entlarvend die Stellungnahme des DITIB-Generalsekretärs
Bekir Alboga: »Weder die Eltern noch die Schulen sollten Druck ausüben,
dass ein Kind fastet oder Fasten bricht. Wir sollen den Willen des Kindes
respektieren und ihnen die Entscheidung überlassen.« Ob Kinder eine solche freie Entscheidung treffen können oder nicht Opfer gesellschaftlichen
Druckes sind, kümmert Alboga nicht. Ähnlich fatal im Tenor: der Zentralrat der Muslime und der Islamrat.

Beim Fasten während des Ramadan prallen das Grundrecht auf
Religionsausübung und die Schulpflicht unmittelbar aufeinander – und

zwar für vier Wochen. In dieser Zeit ist die Lern- und Leistungsfähigkeit eines Teils der muslimischen Schüler erheblich eingeschränkt. Ihre Noten werden schlechter.

Hohe Ziele und wenig Unterstützung: die schwierige Zusammenarbeit mit muslimischen Eltern

Das Wochenprogramm des Elterncafés in der Dortmunder Libellen-Grundschule bietet am Montag »Gemeinsames Frühstück« an, am Dienstag »Deutschkurs 1«, am Mittwoch »Frauen im Dialog«, Donnerstag »Deutschkurs 2« und jeden Morgen zwischen acht und neun Uhr »Empfangskaffee mit dem Projekt ›Tischlein deck dich‹«. Um den Tag entspannt zu beginnen, sollen Mütter jeden Morgen das Frühstück für die Kinder vorbereiten und sich dabei näher kennenlernen. Das Frühstück ist EU-subventioniert und kostet daher nur einen Euro. Auf den Flyern des Elterncafés tragen 60 bis 70 Prozent der Mütter Kopftücher. Solche Frühstücksrunden mit elterlicher Beteiligung gibt es inzwischen an zahlreichen multikulturellen Schulen mit einem hohen Anteil muslimischer Schüler und Eltern. Diese in der Regel von Sozialpädagogen oder Erziehern betriebenen Cafés sollen Eltern in das Schulleben einbinden, vertrauensvolle Beziehungen aufbauen und die Integration fördern. Der Hintergrund: Die oft rumpelnde Zusammenarbeit mit zugewanderten Eltern, vor allem muslimischen Vätern und Müttern, ist eine Achillesferse der Erziehungsagentur Schule. Rund 80 Prozent der befragten Lehrer und Schulleiter haben die »rudimentäre«, »schwierige«, »schlechte« oder »geringe« Kooperation mit muslimischen Eltern beklagt. In der wissenschaftlichen Begleituntersuchung zum islamischen Religionsunterricht in Nordrhein-Westfalen haben zwischen 56 und 75 Prozent der Lehrerschaft die Zusammenarbeit mit den Eltern als »eher schlecht« oder »wenig befriedigend« eingestuft.[77]

Durch diese schwierige Erziehungspartnerschaft ist Lehrern und Schulleitungen eine neue Aufgabe zugewachsen, die es in dieser Form vor zehn Jahren noch nicht gab. Keine Lehrkraft leugnet ihre Notwendigkeit, aber fast vier Fünftel der Befragten betonen die zusätzliche Arbeitslast, die sie bei ihren Kernaufgaben – Erziehung und Bildung der Kinder und Jugendlichen – behindert. Der Strauß der Ursachen für die schwierige Einbeziehung der muslimischen Eltern in das Schulleben ist bunt: keine

oder schlechte Deutschkenntnisse, geringes Wissen vom deutschen Schulsystem, Bildungsferne, Übergabe der Erziehungsverantwortung an die
Schule, Diskriminierung muslimischer Schüler, Misstrauen gegenüber
der Schule aufgrund schlechter Erfahrungen sowie unterschiedliche Erziehungsstile. Durch diese Problemballung lassen sich die Pädagogen jedoch nicht abschrecken. Sie unternehmen, so der Eindruck, erhebliche
Anstrengungen, um die muslimischen Eltern zur Mitarbeit zu motivie-
ren. Das klappt nach den Beobachtungen von Marita Knauf, Schulrätin in
Friedrichshain-Kreuzberg in Berlin, »mit unterschiedlichen Ergebnissen«.
Der Leiter des Kreuzberger Robert-Koch-Gymnasiums Rainer Völkel erkennt einen »Wir-Ihr-Graben zwischen türkischen Eltern und deutschen
Lehrern«. In seiner Schule sollen zwei türkisch- beziehungsweise arabisch-
sprechende Sozialarbeiter Unsicherheiten und Misstrauen abbauen. Der
Neuköllner Schulleiter Rainer Kistermann meint, dass geschätzt etwa ein
»Drittel der muslimischen Eltern ihre traditionelle Weltsicht über die der
deutschen Schule stellt«.

»Viele Eltern sind an guten Abschlüssen interessiert, bringen sich aber
nicht ein«, findet Simone Ogorek vom Robert-Koch-Gymnasium und bün-
delt damit zugleich die Erfahrungen der Mehrheit ihrer Kollegen. Lehrer
registrieren durchweg hohe Bildungsambitionen bei muslimischen Er-
ziehungsberechtigten, vermissen aber eine entsprechende Unterstützung.
Ziel der meisten Eltern ist mittlerweile der bildungsmäßige Aufstieg ihrer
Schützlinge: das Abitur.

Die höchste Hürde bleibt bis heute, Kontakt zu Vätern oder Müttern
aufzunehmen und sie überhaupt in die Schule zu bekommen. Der Frankfurter Real- und Hauptschullehrerin Ingrid Freimuth ist es passiert, dass
Eltern ihr bei einem Hausbesuch nicht einmal die Tür aufmachen wollten.[78]

Das Haupthindernis für eine konstruktive Zusammenarbeit sind keine
oder nur geringe Deutschkenntnisse bei muslimischen Eltern und die
Scham, dass Cousins, Brüder oder sogar die eigenen Kinder bei Elterngesprächen dolmetschen müssen. Das schadet dem Familienfrieden, weil
die Rollen von Eltern und Kindern getauscht werden. Außerdem ist sich
Jenny Taubert-Düz vom Dortmunder Helmholtz-Gymnasium manchmal
»nicht sicher, ob da immer richtig übersetzt wird«. Heinz-Peter Meidinger vom Deggendorfer Robert-Koch-Gymnasium argwöhnt sogar, dass bei
Schülerübersetzern »Unangenehmes unterschlagen wird«.

Während der erste Elternabend gewöhnlich noch gut besucht ist, erlahmt das Interesse später. Die frühere Münchener Grundschulrektorin Michaela Fellner berichtet, dass sie an ihrer Schule eine »durchschnittliche Beteiligung bei Elternabenden von unter 2 Prozent« habe, »unabhängig von der Nationalität«: »In meiner wöchentlichen Sprechstunde war im ganzen Jahr nicht ein einziger Besucher.«[79] In die besuchten Schulen kommt häufig nur ein Drittel der Eltern, in Ausnahmefällen mehr als die Hälfte, meist die Mütter, weil nach muslimischer Tradition bei ihnen die Hauptverantwortung für die Erziehung liegt.

Elternabende mit Vätern oder Müttern aus zehn bis 20 Nationen vorzubereiten ist wegen der mangelnden Sprachkenntnisse mühsam. Thomas Jancke, Grundschullehrer in Berlin-Neukölln, bemüht sich, zur besseren Verständigung drei bis vier »Sprachmittler« einzuladen. Damit meint er Helfer aus privaten Initiativen wie zum Beispiel der »Stadtteilmütter« oder andere Eltern, die schon länger in Deutschland sind und Rumänisch oder Farsi sprechen. Sie sollen auf Elternabenden übersetzen, weil Geld für Dolmetscher fehlt. Diesen Service organisieren auch andere Schulen.

Unter Pädagogen verbreitet ist die Klage, dass die Mehrzahl der muslimischen Eltern wenig vom deutschen Schulsystem weiß und sich auch nicht bemüht, es besser kennenzulernen. Die Neuköllner Schulrätin Gisela Unruhe: »Die Eltern geben ihre Kinder an der Schule ab. Teilhabe und Partizipation sind ihnen total fremd. Sie haben ein anderes Verständnis von Schule.« »Das Verständnis der türkischen und arabischen Eltern ist, dass die Schule die Probleme lösen muss«, hat auch der Neuköllner Lehrer Jan Meister inzwischen gelernt. Hinzu kommt, dass Schule in bildungsfernen Milieus kein großes Gewicht hat. Elternbeiräte der Stadtteilschule Hamburg-Barmbek und der Nürnberger Mittelschule St. Leonhard waren teilweise schwer zu besetzen, weil es nicht genug Kandidaten gab oder nicht genug Erziehungsberechtigte bei der Elternversammlung anwesend waren.

Große Mühe verwenden Rektoren und Lehrkräfte darauf, Schule in einen attraktiven Lebensraum zu verwandeln, um Mütter und Väter in die Schule zu locken. In der Libellen-Grundschule dürfen Eltern jederzeit am Unterricht in den Klassen teilnehmen – nach Anmeldung oder spontan. Um Mütter in die Hanauer Erich-Kästner-Schule zu integrieren, hat sie »Mama lernt Deutsch«-Kurse angeboten, die allerdings auf wenig Interesse stießen. In der Hamburger Otto-Hahn-Gesamtschule hat die Schulleitung Modeschauen und Candle-Light-Dinner veranstaltet, um die

Väter und Mütter für Schule zu interessieren. Am Hamburger Kurt-Körber-Gymnasium unterstützen einige nichtmuslimische Väter und Mütter
im Rahmen von Patenschaften ehrenamtlich muslimische Eltern. Aber
auch diese gesellschaftlichen Angebote stoßen häufig auf wenig Resonanz.

Ein wichtiges Kommunikationsmittel zwischen Schule und Erziehungs-
berechtigten sind Elternbriefe. Diese Info-Briefe kommen nach Ansicht der
Harburger Schulleiterin Banu Graf nicht an – wegen schlechter Deutschkenntnisse und geringen Interesses an den Abläufen in Schulen. »Die
müssten eigentlich mehrsprachig sein«, weiß ein Lehrer von der Hamburger Otto-Hahn-Schule, »hier stößt die Schule an ihre Grenzen.« Frau
Graf wünscht sich deshalb von ihren Kolleginnen, dass sie vor wichtigen
Terminen und bei bedeutsamen Mitteilungen Eltern zusätzlich persönlich
ansprechen, per Telefon oder mit Hausbesuchen. Weil sich muslimische
Eltern dann akzeptiert und integriert fühlen. So viel Nähe mögen viele
Pädagogen nicht, weil Kontakte zu Eltern für ihren Geschmack leicht zu
persönlich werden und sie denken, dass Elternerziehung eigentlich nicht
ihre Aufgabe ist.

In hohem Maße ärgerlich verlaufen Gespräche aus Sicht der Lehrkräfte und der Schulleiter, wenn mit muslimischen Eltern, insbesondere
mit Vätern über Noten und Sanktionen nach Fehlverhalten ihres Nach-
wuchses gestritten wird. »Manchmal wird über Noten verhandelt wie auf
einem Basar«, sagt der Weddinger Lehrer Joachim Butzlaff und erinnert
sich an »unangenehmen Druck« bei einem Vater, dessen Tochter keine
Gymnasialempfehlung hatte. Kurt Edler weiß von einem Fall, wo ein muslimischer Vater gewaltsam gegen einen Grundschullehrer vorgehen wollte.
Der Schüler musste die Schule verlassen.

Natürlich finden wir auch bei bildungsfernen deutschen sowie bei
Roma-Familien wenig bis kein Interesse an Schule. Bei einem Teil der
bildungsfernen türkischen und arabischen Familien hat die fehlende
Unterstützung durch die Eltern aufgrund einer Reihe kultureller Faktoren
jedoch eine besondere Qualität: hohe Sprachbarrieren, forderndes Auftreten der Eltern in Konfliktlagen und ein anderes Verständnis von Schule. Desinteresse an schulischen Veranstaltungen und Abläufen bei einem
Teil der muslimischen Elternschaft hemmt die soziale und kulturelle Integration ihrer Kinder.

Schule als Lebensraum: Erziehung auf Kosten der Bildung

Wer Dirk Bennhardt, Leiter des Dortmunder Helmholtz-Gymnasiums, sprechen will, dem teilt ein Schild an der Tür zu seinem Zimmer mit, was er dabei zu beachten hat: »Anklopfen, lächeln, eintreten.« Diese drei Worte verraten, dass einige Höflichkeits- und Verhaltensregeln bei einem Teil der Schülerschaft in Brennpunktschulen nicht mehr vorausgesetzt werden können. »Wir müssen heute mehr Aufwand treiben, um die Grundlagen des gesellschaftlichen Zusammenlebens zu vermitteln, von Tischmanieren bis zum Arbeits- und Gruppenverhalten«, erläutert Florian Althoff, Mathematiklehrer am Helmholtz-Gymnasium.

Vor 20, 30 Jahren waren Schulen vornehmlich oder ausschließlich Institutionen der Wissensvermittlung. Ihr Schwerpunkt lag bei der Bildung, Erziehung war sekundär, war Aufgabe der Eltern. Diese Schwerpunkte haben sich an Schulen mit heterogener Schülerschaft verschoben. Der Erziehungsauftrag ist zunehmend in den Fokus dieser Schulen gerückt – auf Kosten der Bildung und Wissensvermittlung. »Wir machen ganz viel Erziehungsarbeit einschließlich der gesunden Ernährung«, berichtet Christiane Mika, Leiterin der Libellen-Grundschule in Dortmund-Nordstadt. »Der Erziehungsauftrag ist stark«, sagt auch Banu Graf, Leiterin der Grundschule Kerschensteinerstraße in Hamburg-Harburg: »Wir müssen das Fundament legen.« In den Augen eines Hamburger Grundschulleiters sind einige Kinder an seiner Grundschule in Hamburg-Altona »zum Teil nicht erzogen. Sie benehmen sich wie die Axt im Walde.«

Die Hauptursache: Die Mehrzahl der vom Verfasser besuchten Schulen liegt in sozialen Brennpunkten und gemischten Wohngebieten. Sie sind auch Sammelbecken für Kinder aus sozial schwachen, bildungsfernen Familien mit und ohne Migrationshintergrund. Mitverantwortlich für fehlende Kulturtechniken sind, schon wegen ihrer großen Zahl, muslimische Schüler. Unter ihnen sind dem Hamburger Grundschulleiter vor allem die Jungen negativ aufgefallen: »Die kleinen Kronprinzen sind neben der Spur. Sie halten sich nicht an Gruppenregeln und sind für Kritik und Änderungsvorschläge wenig empfänglich.« Besonders schwer drücken die Erziehungslasten Lehrkräfte in der ersten und zweiten Klasse der Grundschulen und in der fünften Klasse der Gymnasien. Und das natürlich auch nicht bei allen Kindern. Die Grundschullehrerin Christina Sills schätzt, dass sie »bei der Hälfte der Kinder nacherziehen muss, auch bei Deutschen«.

Sie muss zum Beispiel das Stillsitzen einüben, das Konzentrieren auf eine Aufgabe, Verlässlichkeit, Verbindlichkeit von Hausaufgaben, Pünktlichkeit und regelmäßiges Erscheinen in der Schule. Etliche Schüler können nicht lernen, zuhören und Regeln beachten. Daneben mangelt es vielen Schülern an elementaren Kulturtechniken, wie Schleifen von Schuhen zu binden, allein zur Toilette zu gehen und danach die Hände zu waschen, Jacken ordentlich an einen Haken zu hängen, sich beim gemeinsamen Essen hinzusetzen und nicht herumzulaufen. Erhöhter erzieherischer Aufwand ist schließlich notwendig, um die zum Teil massiven Disziplinprobleme an Brennpunktschulen in den Griff zu bekommen. Diese Zeit geht für den Unterricht verloren.

In den ersten beiden Schuljahren verbringt die Harburger Grundschullehrerin Beatrice Germer geschätzt die Hälfte ihrer Zeit mit Erziehung. Wenn die gelingt, kommt es nach den Erfahrungen von Schulleiterin Banu Graf in der dritten Klasse zu einem »immensen Lernzuwachs«. Für zahlreiche Pädagogen ist die Erfüllung des Erziehungsauftrages inzwischen sogar Voraussetzung für gutes Lernen. Eine Dortmunder Lehrerin findet, dass die Erziehung zwar »aufwendig« ist, sie dann aber die »Wissensvermittlung erleichtert«.

Von Erziehungsaufgaben überschattet ist die Wissensvermittlung oft auch noch in den fünften Klassen von Gesamtschulen und Gymnasien. Erschreckend die Eindrücke der Essener Gesamtschulleiterin Julia Gajewski: »Ein Großteil der Fünftklässler kann die Uhr nicht lesen, kennt die Monate nicht, die Handschrift ist unlesbar. Manchen müssen wir erst beibringen, mit dem Lineal eine gerade Linie zu ziehen.«[80]

Das Anforderungsprofil an multikulturellen Schulen hat sich extrem verändert, vor allem an Ganztagsschulen. Eine Schulleiterin wie Barbara Schmidt will Schule deshalb »neu denken«: »Schule als Lebensraum.« Schmidts Ausgangspunkt: Durch die digitale Welt und das Leben in verschiedenen Kulturen herrscht in vielen Schülerköpfen Chaos. Bei der Aufgabe, hier Ordnung zu schaffen und die Vielfalt zu verdauen, muss die Schule durch Erziehung und Bildung helfen. Die Schuldenkerin Schmidt ehrt, dass sie die Schattenseite ihrer Vision im Schulalltag nicht leugnet: »Die Wissensvermittlung und der Regelunterricht finden nicht in ausreichendem Maße statt.« Dass versäumte Erziehungsarbeit der Eltern vielfach nachgeholt werden muss, geht häufig auf Kosten der Wissensvermittlung. »Die Faktenvermittlung leidet«, sagt Renate Schmidt, Leiterin

der Hamburger Otto-Hahn-Schule. Mehr Sonderpädagogen, Sozialarbeiter, Erzieher und Psychologen, die Lehrer bei der Erziehung entlasten
können, fordert VBE-Chef Udo Beckmann: »Fehlen die notwendigen Ressourcen, geht es nicht ohne Verluste bei der Wissensvermittlung an Schulen mit hohem Migrantenanteil.«

Ziele der Schule: Integration, Miteinander oder Nebeneinander?

Werner Munk ist eine beeindruckende Persönlichkeit und ein engagierter
Pädagoge mit einem besonderen Interesse an Religionen und Ethnien. Die
Reinhardswald-Grundschule, die er leitet, ist im Kreuzberger Kiez außer-
ordentlich beliebt. Nie hat er »Angst gehabt vor Fremden und Flüchtlingen«. Kurz vor der Pensionierung, nach 40 Jahren im Beruf, ist er zu
einer ernüchternden Einsicht gekommen: Die Integration muslimischer
Schüler in die deutsche Gesellschaft, die Jahrzehnte Ziel seiner pädagogischen Bemühungen war, wird ein Traum bleiben. Vor ungefähr fünf Jahren hat der Prozess der Desillusionierung eingesetzt, als er merkte, dass
er in Auseinandersetzungen mit libanesischen Großfamilien mit seinem
»eigenen Anspruch an Toleranz an Grenzen gekommen« war. Lange Zeit
hatte ihn die Hoffnung getragen, dass sich Werte und Maßstäbe verändern
können. Als Beispiel nannte er Oberbayern, wo nach dem Krieg noch ar-
rangierte Ehen und strenge moralische Maßstäbe das Leben bestimmten.
Dieser Optimismus ist zerbröselt. Der Umschwung hat mit dem 11. September 2001 begonnen, in dessen Kielwasser sich die Muslime hierzulande stärker angefeindet fühlten und sich nach seiner Beobachtung auf
ihren Glauben und ihre Werte zurückgezogen haben. Die Erklärungen der
muslimischen Verbände, dass IS und Al-Qaida nichts mit dem Islam zu
tun haben, haben ihn »entsetzt«. In den letzten Jahren hatte es Munk als
Folge dieser Ereignisse mit zwei Gruppen von Muslimen zu tun. Die eine
war »stark dem Glauben verhaftet«, die andere vorwiegend »indifferent,
ohne Willen zur Auseinandersetzung«. Diese Konstellation hat bei ihm
die Erkenntnis reifen lassen, dass es Menschen gibt, die »anders leben
wollen«, und es keinen Zweck hat, »anderen das eigene Wertesystem auf-
zuoktroyieren«. Daraus hat er den Schluss gezogen, dass Schule das Ziel
Integration aufgeben und sich mit einem »friedlichen Nebeneinander«
von Muslimen und Nichtmuslimen zufriedengeben muss. Das bedeutet

für ihn: »Kontakt auf Augenhöhe, angstfrei sein und Konfrontation vermeiden.« Diese Position wirft die Frage auf, ob Schulen am Ziel Integration festhalten oder sich mit weniger anspruchsvollen Zielen wie »friedliches Miteinander« oder nur »friedliches Nebeneinander« bescheiden sollen.

Nach Meinung von Lehrern, Schulleitern und Schulräten bietet Schule weiter den besten Rahmen, um den Wir-Ihr-Graben zwischen muslimischer Minderheit und nichtmuslimischer Mehrheit zu überwinden. Und sie sind sich einig, dass dabei dicke Bretter zu bohren sind. Damit sind die Gemeinsamkeiten aber auch erschöpft. Daneben öffnet sich ein bunter Strauß von Meinungen unter den 36 Pädagogen, die sich zu dieser Frage geäußert haben. 31 Prozent der Interviewten wollen die Fahne der Integration hochhalten, weil sie diese schaffen oder diese als Wegweiser nicht aufgeben wollen. »Schule und Kindergärten sind Orte der Integration. Die Schüler müssen und können das leisten«, meint Peter Ort von der Mittelschule Sankt Leonhard. 28 Prozent halten die Integration unter den gegebenen Bedingungen für nicht erreichbar. 17 Prozent streben, weniger ehrgeizig, ein »friedliches Miteinander« an, und 24 Prozent geben sich inzwischen mit einem »friedlichen Nebeneinander« zufrieden, weil sie ein Mehr für unrealistisch halten.

Bei der Analyse des Meinungsspektrums fallen drei Aspekte ins Auge. Je höher der Anteil der Migranten und Muslime an der Schülerschaft ist, desto trüber die Integrationsperspektive. Ein Leiter einer Hamburger Grundschule meint, dass die Integration an seiner Schule »weiter fortgeschritten ist als in den Brennpunkt-Stadtteilen Veddel und Wilhelmsburg«. Außerdem hängen die Ansichten über die Integrationsfähigkeit von Schulen in hohem Maße von der Schulform ab. Fast alle Lehrer und Schulleiter von Gymnasien sind überzeugt, dass ihren Schützlingen mit dem Abitur der Weg in die deutsche Gesellschaft offensteht. Das glauben auch einige wenige Kollegen von anderen Schulformen. »Schüler mit Abitur werden sich integrieren, bei den anderen wird es schwierig«, findet die Harburger Grundschullehrerin Beatrice Germer. Angelika Cipa, die 20 Jahre an einer Gesamtschule unterrichtet hat, meint, dass diese Schulform nicht mehr als ein »friedliches Nebeneinander« schaffen kann. »Disziplinlosigkeit, Respektlosigkeit und die soziale Mischung« lassen ihrer Auffassung nach eine »erfolgreiche Integration« nicht zu. Ein dritter Faktor für den Integrationserfolg ist das Verhältnis muslimischer Eltern zum Islam und der von ihm geprägten und gelebten Kultur. Die Religionslehrerin an der Stadtteilschule Hamburg-Öjendorf Stefanie Böhmann: »Liberale Muslime schaffen die Integration. Sie fühlen sich als Deutsche, hinterfragen Traditionen und dürfen sich selbst für ihren eigenen Weg entscheiden. Bei den Konservativen ist Integration nicht erwünscht.«

»Wenn sie das Albert-Einstein-Gymnasium verlassen, sind sie in die deutsche Gesellschaft integriert«, behauptet Helga Haupt von ihrer Schule. »Wir schaffen in unserer Schule den Rahmen für ein gelingendes Zusammenleben von Jugendlichen aus verschiedenen Kulturen und Regionen«, davon ist auch der Rektor des Hamburger Kurt-Körber-Gymnasiums Christian Lenz überzeugt. Liegen die Gymnasien in sozialen Brennpunkten, verfliegt bei einigen Pädagogen der Eingliederungsoptimismus. »Integration in die deutsche Gesellschaft ist am Helmholtz-Gymnasium schwer, weil es kaum deutsche Schüler gibt«, ist die Erkenntnis von Jenny Taubert-Düz: »In meiner Klasse sind von 23 Schülern zwei deutsche.« André Koglin, Leiter der Neuköllner Otto-Hahn-Schule bedauert, dass selbst Schüler mit Abitur oft nicht wissen, was sie mit dem Reifezeugnis anfangen sollen. Sie kommen nach seinen Beobachtungen nicht aus Berlin-Neukölln heraus, Siemens oder Mercedes liegen außerhalb ihrer Vorstellungswelt. Sie verdingen sich lieber im Gemüse- oder Handyladen von Verwandten. Nur 10 bis 15 Prozent seiner Abiturienten gelingt nach seiner Schätzung der Sprung aus der Neuköllner Parallelgesellschaft. Ähnliche Verhaltensweisen bei muslimischen Jugendlichen beobachtet Jenny Taubert-Düz im Dortmunder Norden: »Viele bleiben im Stadtteil und suchen Jobs innerhalb der Familie und der Verwandtschaft. Sie haben eine Scheu rauszugehen, weil sie sprachlich an ihre Grenzen kommen. Sie fürchten Vorurteile und Ablehnung. Sie fühlen sich im eigenen soziokulturellen Milieu sicherer.« Kollegen in anderen Städten trauen immerhin 40 bis 50 Prozent ihrer Abiturienten den Sprung aus dem Kiez zu. Der renommierte Soziologe Hartmut Esser nennt dieses Phänomen »Mobilitätsfalle«: »Weil der Weg über die höhere Bildung und die ›kulturelle Assimilation‹ zu beschwerlich und zu wenig erfolgversprechend erscheint, werden leichtere Alternativen verlockend, wie die frühzeitige Beschäftigung oder eine Funktion in der ethnischen Gemeinde.«[81]

Ein friedliches Miteinander basiert auf der Annahme, dass Muslime und Nichtmuslime Werte verbinden, die über die für alle verbindliche Rechtsordnung hinausgehen. Dieser Modus Vivendi kann nur gelingen, wenn sich beide Seiten füreinander interessieren, einander ernst nehmen

und zu verstehen suchen. Toleranz und Akzeptanz reichen für dieses Ge-
sellschaftsmodell nicht aus. Die Frage, wie viel muslimische Kultur und
Identität dieses Modell verträgt, kann erst die Zukunft beantworten.

Die Perspektive des friedlichen Nebeneinanders geht von der Einsicht
aus, dass die Unterschiede zwischen westlichen und muslimischen Werten
zumindest bei einem Teil der muslimischen Community unüberbrückbar
sind. Der Kreuzberger Lehrerin Eva Maltusch reicht es deshalb, wenn sich
Muslime »an das Grundgesetz halten und die Ethnien konfliktfrei miteinander umgehen«. Einigen Befürwortern des Modells friedliches Nebeneinander kommt es allzu nüchtern daher und sie ergänzen es um eine
positive Konnotation. Der Hanauer Religionslehrer Oliver Eissing spricht
von einem »gleichwertig akzeptierten Nebeneinander«, die Dortmunder
Schulleiterin Christiane Mika von einem »Nebeneinander im Sinne wohl-
wollender Akzeptanz«.

Fazit: Im Widerspruch zur offiziellen Bildungspolitik hat eine Mehrheit der befragten Lehrkräfte an Schulen mit hohen Ausländeranteilen
das pädagogische Ziel Integration aufgegeben. Breiten Rückhalt findet es
nur noch an Gymnasien – von einigen Ausnahmen abgesehen. An Grund-,
Real- und Gesamtschulen sind die Hoffnungen auf Integration bei den
meisten Pädagogen an der rauen Realität des Schulalltages mittlerweile
zerschellt. Geblieben ist eine verbreitete und tiefe Verunsicherung über die
künftige Ausrichtung der Schulen in einer wachsenden multikulturellen
und multireligiösen Gesellschaft.

Kein Reparaturbetrieb der Gesellschaft: die überforderte Schule

Im Januar 2017 haben 57 Schulleiter und 18 Konrektoren in Frankfurt am
Main einen Hilferuf an den hessischen Kultusminister R. Alexander Lorz
gesandt. Ihre Beschwerde: die »kaum zu bewältigende Arbeitsbelastung sowohl in zeitlicher als auch in psychischer Hinsicht«. Ihre Hauptargumente:
das Zusammentreffen von Integration einer zunehmend heterogenen
Schülerschaft, die Inklusion in zu großen Klassen ohne ausreichendes Personal und eine Flüchtlingswelle in Schulen, die »schon kurz vor dem Kollaps« stehen. Ihr Monitum in einem Satz zusammengefasst: Unter 25 Kindern in einer Klasse »sitzen bis zu 80 Prozent Kinder mit mangelhaften
Deutschkenntnissen, behinderte Kinder mit speziellen Bedürfnissen und

schwer traumatisierte geflüchtete Kinder«. Für einen Hamburger Schulleiter ist die Aufnahme der Flüchtlinge »nach der Gründung von Stadtteilschulen« (eine besondere Form von Gesamtschulen) und der »Inklusion«
»bereits das dritte Mal, dass der Senat uns in unserer Überforderung erst
einmal allein gelassen hat«.[82] Der Frankfurter Brandbrief und der Hamburger Notruf schildern keine Sonderfälle in zwei Metropolen, sondern
beschreiben bundesweit realitätsgerecht die Lage von Schulen mit hohen
Ausländeranteilen und bildungsfernen, sozial schwachen Familien – mit
kleinen Abweichungen nach oben und nach unten. Ähnliche Brandbriefe
und Hilferufe sind öffentlich geworden aus verschiedenen Stadtteilen
Berlins, aus Köln, Essen, Kiel, Darmstadt, Saarbrücken, Mannheim, Hannover.[83] Zwei stammen sogar aus Orten in einem neuen Bundesland, aus
Osterwieck und Halle in Sachsen-Anhalt. In Hessen haben sich 200 Schulen mit Überlastungsanzeigen an die Schulaufsicht gewandt. Drei Päd-
agoginnen haben sich ihren Frust sogar in Brandbüchern von der Seele
geschrieben, die – Zufall oder nicht – alle aus Hessen stammen. Die Titel
sind unmissverständlich: *Lehrer über dem Limit, Schulen vor dem Kollaps*
und *Von Kartoffeln und Kanaken*.[84] Noch entlarvender sind zwei Untertitel
»Warum die Integration scheitert« (Freimuth) und »Warum Integration
im Klassenzimmer scheitert« (Wöllenstein).

Schulen in sozialen Brennpunkten und in gemischten Wohngebieten
mit hohen Migrantenanteilen sind mit ihren mannigfaltigen, zum Teil
konkurrierenden Aufgaben überfordert – trotz hoher Motivation und
starken Engagements der meisten Lehrer. Die dunkelsten Kapitel: zu
große Klassen, unbesetzte Lehrerstellen, hoher Krankenstand, Raummangel, Baumängel, Schulschwänzen, die Betreuung von behinderten und
schwer erziehbaren Kindern in Regelklassen, die Beschulung von Flüchtlingskindern und Kindern und Jugendlichen von EU-Binnenwanderern
ohne Deutschkenntnisse, massive Disziplinprobleme, verbale und physische Gewalt, das Nachholen versäumter elterlicher Erziehung durch das
Einüben elementarer Kulturtechniken, die schwierige Zusammenarbeit
mit Eltern, hoher pädagogischer Aufwand bei Wert- und Kulturkonflikten
sowie Extremismusprävention. Dieses Knäuel von Problemzonen ist für
eine große Zahl von Pädagogen nicht zu bewältigen: »Ich weiß nicht, wo
das hinführen soll«, gesteht der Neuköllner Grundschullehrer Thomas
Jahncke: »Unterricht wird auf dem kleinsten gemeinsamen Nenner gemacht. Das Niveau geht immer weiter runter. Einige Kinder können nicht

angemessen gefördert werden.« In den Augen von Rainer Kistermann,
Leiter des Neuköllner Albrecht-Dürer-Gymnasiums, sind »Lehrer noto-
risch überlastet, durch soziale, integrative, therapeutische Betreuung, individuelle Förderung und kontinuierliche Weiterbildung«. Dass hier nicht
nur gejammert wird, bestätigt der Bildungsforscher Kai Maaz: »Die Schulen sind an der Grenze ihrer Belastbarkeit angekommen.«

Unter den vielen Problemzonen sticht eine hervor: die Inklusion.
Zwar bekennt sich eine Mehrheit der Lehrkräfte weiter zur Inklusion. Sie
scheint aber bei einem relevanten Teil des Lehrkörpers weder intellek-
tuell noch emotional verinnerlicht und akzeptiert zu sein. Platz Nummer
eins auf der Mängelliste ist die mangelhafte Umsetzung, der Mangel an
Sonderschulpädagogen, Erziehern, Psychologen und Sonderpädagogen.
Diese innere Opposition bei einem Teil der Lehrerschaft bricht sich jüngst
immer häufiger öffentlich Bahn. Der Hamburger Lehrer Tom Müller hat
vier Flüchtlingskinder und vier Inklusionskinder in seiner Klasse, aber nur
vier Stunden in der Woche Unterstützung von einem Sozialpädagogen.
»Das ist absurd«, schimpft er, »wir können auf die Inklusionskinder
nicht richtig eingehen und die Flüchtlingskinder bräuchten dieselbe Betreuung.«[85] Für Michael Felten, Lehrer für Mathematik und Kunst, han-
delt es sich bei der Inklusion um einen »Systemfehler«, um »konzep-
tionelle Irrtümer, womöglich um ideologische Irreführung«.[86] In einem
»Positionspapier« kritisieren 51 Leiter von Hamburger Stadtteilschulen,
die 42 Prozent der Hamburger Kinder und Jugendlichen besuchen, dass
sie neben den »Schülerinnen und Schülern mit sonderpädagogischem
Förderbedarf ... nun auch noch den allergrößten Teil der neu nach Hamburg gekommenen Flüchtlinge integrieren sollen«. In einem Hilferuf an die
Berliner Bildungssenatorin Sandra Scheeres erklärten 20 Lehrer der Neuköllner Sonnen-Grundschule im März 2018, dass eine »unbegrenzte und
alternativlose Integration von verhaltensauffälligen oder lernbehinderten
Kindern unter unseren Bedingungen nicht gelingen kann«. Die schwierige Schülerschaft habe dazu geführt, dass der normale Schulbetrieb nur
»nebenher laufe«. 400 bis 500 Erzieher von 22 Neuköllner Grund- und
Gemeinschaftsschulen beklagen in einem Brief an die Senatorin, dass die
Herausforderungen vor allem durch die Inklusion nicht mehr zu bewerk-
stelligen seien.[87] Dasselbe Klagelied aus einem anderen Winkel der Republik, aus Saarbrücken: »Durch die radikale Umsetzung der Inklusion ohne
die Schaffung der notwendigen Voraussetzungen in personeller, materiel-

ler, sächlicher und räumlicher Hinsicht sind wir Lehrer ... belastet«, kritisiert das Kollegium einer Gemeinschaftsschule in einem Brief an die damalige Ministerpräsidentin Annegret Kramp-Karrenbauer.[88] Die »Grenze des Zumutbaren« sei erreicht. In der Konsequenz bedeuten diese Klagen und Befunde für alle Schulen mit Inklusion, dass sie weder den Kindern mit sonderpädagogischem Förderbedarf noch den Kindern ohne Förderbedarf, weder den Alt-Zuwanderern noch den Neu-Zuwanderern gerecht werden.

Verloren für die Informationsvermittlung geht auch die Zeit, die Lehrer und Schulleiter mit der Bekämpfung der zum Teil massiven Disziplin- und Erziehungsprobleme an Schulen mit hohem Migrationsanteil in Brennpunktschulen und in städtischen Ballungsgebieten verbringen. Nach Beobachtungen des Psychologen Ahmad Mansour sind Lehrer hier »häufig kaum noch Herr der Lage – zu viele Konflikte, zu viel Armut, zu häufiges Schuleschwänzen«.[89] Mansour hält Schulen für »überfordert«, auch weil es Lehrern an interkultureller Kompetenz mangelt: »Lehrer wissen nicht, wie sie mit Themen wie Patriarchalismus, Fundamentalismus, Tabuisierung von Sexualität, Ehre, Antisemitismus, Geschlechtertrennung und Konflikten zwischen verschiedenen Wertesystemen umgehen sollen.«[90] »Der Job an einer multikulturellen Schule ist schwieriger als an einer klassischen«, meint eine Lehrerin von der Nürnberger Mittelschule Sankt Leonhard: »Wir arbeiten vielschichtiger, und mir müssen mehr leisten.« Den Punkt, der am meisten schmerzt, spießt Thomas Jahncke auf: »Wir können die Eltern nicht ersetzen. Das müssen wir uns immer wieder klarmachen.« Deren Hilfe vermissen sie vor allem bei »religiös gefärbten Konfliktlagen«. Ein Hintergrundvermerk des Hamburger Landesinstituts für Lehrerbildung und Schulentwicklung fasst die Erfahrungen der Pädagogen zusammen: »Der ›tägliche Kleinkrieg‹ um Religionsfragen« ist »unglaublich anstrengend«, »strapaziert die pädagogische Konfliktfähigkeit«, senkt die Toleranzschwelle und provoziert »Überreaktionen«.

Besonders heikel und daher fast tabuisiert ist die Frage, welche Auswirkungen die heterogene Schülerschaft auf die Qualität des Unterrichts und das Leistungsniveau der Schüler in Problemvierteln haben. Die meisten der multikulturellen Schulen liegen im unteren Drittel der Leistungspyramide. Bei diesem heißen Eisen sind nur wenige Pädagogen bereit, Klartext zu reden. Zum Beispiel Robert Himberg, Leiter der Neuköllner Grundschule am Teltowkanal: »Ich sehe nicht, wie wir ein angemessenes Leistungsniveau halten sollen. Sehr, sehr unbefriedigend. Der mittlere

Schulabschluss ist, gelinde gesagt, ein Witz.« Für die Frankfurter Hauptschullehrerin Ingrid Freimuth »sinkt das Niveau der Abschlüsse«: »Das
hat sich bei den Arbeitgebern rumgesprochen. Die schauen nicht mehr
auf Zeugnisse, sondern machen noch mal Extratests.«[91] Nach Meinung
von Ralph Hartung, Leiter des Goethe-Gymnasiums in Neu-Isenburg,
ist der »Anspruch der Politik auf Binnendifferenzierung« an seiner Schule nicht mehr immer erfüllbar: »Es gelingt durchaus nicht immer, die
guten, die durchschnittlichen und die Schüler mit sonderpädagogischem
Förderungsbedarf ihren unterschiedlichen Fähigkeiten entsprechend zu
fördern.«[92]

Auffällig ist, dass fast alle Brandbriefe und Brandbücher in den Jahren
2017, 2018 und Anfang 2019 verfasst worden sind. Ihre Analyse zeigt,
dass sich in diesen Jahren zwei Entwicklungen gekreuzt und zugespitzt
haben, auf die die Schulen pädagogisch, personell und raummäßig nicht
vorbreitet waren: der überstürzte Ausbau der Inklusion ohne angemessene
Personalausstattung und der Zustrom von Hunderttausenden von Kindern
von Geflüchteten und EU-Binnenwanderern. Diese Ballung zusätzlicher
Lasten, verbunden mit dem Gefühl, dass die Politik sie allein lässt, war
für viele Lehrkräfte an Brennpunktschulen augenscheinlich der berühmte
Tropfen, der das Fass zum Überlaufen gebracht hat. In diesen Jahren hat
sich in vielen Lehrerköpfen ein Sisyphus-Gefühl eingenistet.

Alte und neue Feindbilder: Antisemitismus und Homophobie

Im November 2015 überraschte und irritierte der Präsident des Zentralrats der Juden Josef Schuster weite Teile der Öffentlichkeit und Politik mit einer Forderung, die vorher nur CSU und AfD erhoben hatten: eine Begrenzung bei der Aufnahme von Flüchtlingen. »Über kurz oder lang werden wir um eine Obergrenze nicht herumkommen«, sagte Schuster. Er fürchtete Probleme bei der Integration. Wenn es so weitergehe, werde die Vermittlung von Werten immer schwieriger: »Viele der Flüchtlinge fliehen vor dem Terror des Islamischen Staates und wollen in Frieden und Freiheit leben, gleichzeitig entstammen sie aber auch Kulturen, in denen der Hass auf Juden und die Intoleranz ein fester Bestandteil ist.«[1] Diese Äußerungen Schusters sind in mehrfacher Hinsicht bemerkenswert. Er gehört zu den wenigen Personen des öffentlichen Lebens, die schon früh die Zuwanderung muslimischer Migranten öffentlich mit der Integrationsfähigkeit und -willigkeit der deutschen Gesellschaft verknüpft haben. Und er hat darauf hingewiesen, dass der Kampf gegen den Antisemitismus, Teil deutscher Kultur und nationaler Identität, durch die Zuwanderung von Muslimen vor neuen Herausforderungen steht, dass nämlich die Eingliederung in die deutsche Gesellschaft nicht nur über Schulabschlüsse und Jobs gelingt, sondern auch über das Vermitteln von Werten.

Teil der Alltagskultur: muslimischer Antisemitismus

Mitte Dezember 2017 verbrannten Demonstranten auf einer propalästinensischen Kundgebung vor dem Brandenburger Tor eine nachgemachte israelische Fahne mit Davidstern und riefen »Tod den Juden« und »Kindermörder Israel«. Ein lodernder Protest gegen die Anerkennung Jerusalems als ungeteilte Hauptstadt Israels durch US-Präsident Donald Trump. Bundespräsident Frank-Walter Steinmeier erregte sich: »Die Ausschreitungen sind nicht nur inakzeptabel, sie sind unerträglich. ... Es darf in Deutschland kein Platz sein für den alten Antisemitismus und den neuen.«[2] Was er mit »altem« und »neuem« Antisemitismus meinte, erläuterte Steinmeier nicht. Er verzichtete darauf, obwohl die Fernsehbilder keinen Zweifel ließen: Es waren überwiegend Muslime. Ahmad Mansour meint die Gründe für sein Schweigen zu kennen: »Der muslimische Antisemitismus wird aus Angst vor Rassismus-Vorwürfen verharmlost.«[3] Nur der konservative CDU-Frontmann und heutige Bundesgesundheitsminister Jens Spahn hat damals Ross und Reiter genannt: »Dass mit der Migration auch neuer Antisemitismus nach Westeuropa gekommen ist, ist Realität und keine Theorie.«[4]

Judenfeindlichkeit gehört zur Ideologie von allen islamistischen und salafistischen Organisationen. Sie entlädt sich hin und wieder in terroristischen Anschlägen auf jüdische Personen und Einrichtungen, etwa auf eine jüdische Schule in Toulouse (2012), auf einen koscheren Supermarkt in Paris (2015) und eine Synagoge in Kopenhagen (2015). Antisemitismus ist aber nicht nur im islamistischen Milieu, sondern nach Ahmad Mansour auch im »islamischen Mainstream tief verwurzelt«.[5] Der in Damaskus geborene Politologe Bassam Tibi kam, wie er über sich selbst sagt, »als Judenhasser nach Deutschland«: »In der Schule und in den Medien habe ich jeden Tag gehört, dass die Juden Verschwörer und Feinde der Araber sind – das war die Hintergrundmusik meiner Kindheit.«[6] Viele muslimische Flüchtlinge sind nach Tibi in einer »antisemitischen Kultur sozialisiert«. Diese These bestätigen Umfragen der Anti-Defamation League (ADL) im Jahr 2015. Nach ihnen ist der Antisemitismus in ausgewählten Ländern des Nahen und Mittleren Ostens sowie in Nordafrika wesentlich verbreiteter als in westeuropäischen Ländern.[7] Während die Erhebungen in westeuropäischen Ländern auf einen Verbreitungsgrad von Judenfeindlichkeit von durchschnittlich 23 Prozent kommen, messen sie in den ausgesuchten muslimischen Ländern einen Verbreitungsgrad von durchschnittlich 74 Prozent, also mehr als dreimal so hoch.

Der muslimische Antisemitismus hat drei Anknüpfungspunkte: die klassischen Stereotypen wie den geldgierigen oder betrügerischen Juden, Verschwörungstheorien, nach denen es eine jüdische oder zionistische Weltverschwörung gibt, die auch die Finanzwelt beherrscht, und den »neuen«, »israelbezogenen Antisemitismus«, der die Politik Israels kritisiert, unterfüttert mit judenfeindlichen Vorurteilen und Ressentiments. Umstritten ist, wie immer, ob dieser Antisemitismus primär religiös motiviert oder durch politische Sozialisation in den Herkunftsländern geprägt ist. Dieser akademische Streit braucht hier nicht entschieden zu werden. Unbestreitbar ist, dass der muslimische Antisemitismus auch religiöse Wurzeln hat. Der Koran enthält eine Fülle von abwertenden und diskriminierenden Kommentaren über Juden. Er wirft ihnen zum Beispiel vor, sie hätten den Bund mit Allah und den Muslimen gebrochen: »Und weil sie ihre Verpflichtung brachen, haben wir sie verflucht« (Sure 5:13). Außerdem gelten die Juden im Koran als betrügerisch: »und (weil sie) Zins nahmen, wo es ihnen doch verboten war, und die Leute in betrügerischer Weise um ihr Vermögen brachten« (Sure 4:161). In besonderem Maße verunglimpfend wird das Heilige Buch an den Stellen, wo es Juden als »Affen« oder »Schweine« diskriminiert, unter anderem in den Suren 2, Vers 62ff und 5 Vers 59ff. Diese Äußerungen aus der Frühgeschichte des Islam haben sich im Zuge der Kolonialisierung der arabischen Welt im 19. Jahrhundert mit dem jahrhundertealten europäischen Antisemitismus verschmolzen. Durch den Nahostkonflikt befeuert, kehrt er seit einigen Jahren über die Zuwanderer als antizionistischer Antisemitismus nach Europa und damit auch nach Deutschland zurück.

In der öffentlichen Debatte über Judenfeindlichkeit dominiert nach wie vor die Auffassung, dass vor allem »Rechtsradikale und Neonazis« Menschen jüdischen Glaubens bedrohen. Der Unabhängige Expertenkreis Antisemitismus schließt aus den Zahlen der Kriminalstatistik auf ein »klares Übergewicht ›rechtsmotivierter politischer Kriminalität‹«.[8] Nach der Polizeilichen Kriminalstatistik 2017 scheint dieser Befund gerechtfertigt. 95 Prozent der 1453 registrierten antisemitischen Straftaten sollen rechts, 2 Prozent (25) muslimisch und nur eine einzige Tat links motiviert sein. Alltagserfahrungen von Juden legen nahe, dass diese Statistik nicht stimmen kann. Der Historiker Michael Wolffsohn nennt sie »freundlich« eine »Verschleierung« und »unfreundlich« eine »Lüge«: »Wenn ich mich in meinem jüdischen Bekanntenkreis umhöre, dann sagen alle das Gleiche: Gewalt gegen Juden geht ausschließlich von Muslimen aus.«[9]

Es gibt ein halbes Dutzend Argumente dafür, dass die Polizeiliche Kriminalstatistik wenig über die tatsächliche Verbreitung von Judenfeindlichkeit und das politische Milieu ihrer Täter aussagt. Ein großer Teil der antisemitischen und israelkritischen Anfeindungen spielt sich unterhalb der Strafbarkeitsschwelle ab oder wird nicht angezeigt. Viele antisemitische Vorfälle landen ferner unter dem Stichwort »Israel-Palästina-Konflikt« in der Statistik für politisch motivierte Kriminalität. Am schwersten fällt jedoch ins Gewicht, dass antisemitische Straftaten grundsätzlich immer als rechts eingestuft werden, wenn keine Anhaltspunkte zu Tatmotiven und Tatverdächtigen bekannt sind. Dadurch ist die Kategorie rechter Antisemitismus in Wirklichkeit ein statistisches Sammelbecken für alle judenfeindlichen Straftaten, die nicht zugeordnet werden können. Das ist ein unhaltbarer Zustand.

Es gibt bislang nur wenige objektive Belege für eine Zunahme von Judenhass und Israelfeindlichkeit hierzulande. Die Kognitionswissenschaftlerin Monika Schwarz-Friesel von der TU Berlin meint bei ihrer Langzeituntersuchung »zum ersten Mal in der Antisemitismusforschung« eine massive Zunahme von »verbaler Judenfeindlichkeit« im Internet »empirisch« belegen zu können, »mehrheitlich aus der Mitte der Gesellschaft«. Zwischen 2007 und 2017 habe sich die Zahl der antisemitischen Internetkommentare zu jüdischen Themen in der Mainstream-Presse fast verfünffacht: von 7,5 Prozent auf 36 Prozent.[10] Zu ähnlichen Ergebnissen gelangt eine Pionierarbeit des Landesamtes für Verfassungsschutz Hessen mit dem ersten quantitativen und qualitativen Vergleich von rechtem und muslimischem Antisemitismus im Internet. Sie hat 7000 Kommentare zu einschlägigen Themen auf Facebook-Präsenzen und YouTube-Kanälen großer Medienorgane ausgewertet und ist dabei auf 600 antisemitische Kommentare gestoßen. Das Fazit der Autorin Ann-Christin Wegener: »Der Antisemitismus unter Muslimen« ist »quantitativ und qualitativ« mindestens so relevant wie der »klassische Antisemitismus der Rechten«.[11]

Dass der muslimische Antisemitismus zugenommen hat und er Juden heute empfindlicher trifft als der rechte, spiegelt sich in der Wahrnehmung der Juden wider. Bei einer Umfrage des Unabhängigen Expertenkreises Antisemitismus wurden Juden unter anderem gefragt, welche Personen beziehungsweise Gruppen nach ihrer Ansicht für »versteckte« antisemitische »Andeutungen«, »verbale Beleidigungen/Belästigungen und körperliche Angriffe« verantwortlich sind. Mit Abstand am häufigsten wurden muslimische Personen als Täter genannt: bei »48 Prozent der versteckten Andeutungen, 62 Prozent der Beleidigungen und 81 Prozent der körperlichen Angriffe«.[12] Ein Beispiel: Im Juli 2019 wurde Yehuda Teichel, Rabbiner der Jüdischen Gemeinde in Berlin, in der Nähe einer Synagoge in Wilmersdorf bespuckt und auf Arabisch beschimpft. »Wir müssen leider feststellen, dass die Aggressionen gegen Juden sowohl auf den Schulhöfen als auch auf den Straßen ein Eigenleben entwickelt haben«, fasst er seine bedrückenden Eindrücke zusammen.[13]

Diese Alltagserfahrungen haben nach mehreren empirischen Studien einen realen Hintergrund: »Das Ausmaß antisemitischer Einstellungen«, resümiert der Unabhängige Expertenkreis Antisemitismus den Forschungsstand und eigene Erhebungen, »ist unter muslimisch sozialisierten Jugendlichen und Erwachsenen mit Einwanderungshintergrund höher als unter nichtmuslimischen«.[14] Nach einer Studie der Anti-Defamation League sind 56 Prozent der Muslime in Deutschland in der einen oder anderen Ausprägung antisemitisch eingestellt, in der Gesamtbevölkerung hingegen nur 16 Prozent.[15]

Vom Radarschirm der Medien bisher kaum erfasst sind die Ängste, die die Einwanderung von 1,7 Millionen Migranten aus muslimischen Ländern unter den Juden hierzulande zusätzlich ausgelöst hat. Sie nehmen an, dass die Zuwanderer in ihren Herkunftsgesellschaften »antisemitisch sozialisiert« sind. 70 Prozent der Juden fürchten deshalb, dass der Antisemitismus in Deutschland ansteigen wird, und 56 Prozent meinen, dass körperliche Angriffe auf jüdische Personen zunehmen werden.[16] In einigen Flüchtlingsheimen sind antisemitische Graffiti und Karten Israels in den Farben der palästinensischen Flagge aufgetaucht. Auf der Ostseeinsel Fehmarn beschimpften, bedrängten und beraubten zwei Flüchtlinge aus Syrien und Afghanistan einen Franzosen, der eine Kippa trug.[17] Nach Beobachtungen des Präsidenten des Fußballclubs Makkabi Frankfurt Alon Meyer ist die »Zunahme des Antisemitismus mit der Aufnahme der Flüchtlinge einhergegangen«: Da gebe es eine »Korrelation«.[18]

Diese Stimmung in den jüdischen Gemeinden hat der Vorsitzende des Zentralrats der Juden Josef Schuster im Sommer 2016 aufgenommen und vor einem neuen Antisemitismus durch die Zuwanderung muslimischer Flüchtlinge gewarnt. Sie kommen nach seiner Ansicht ganz überwiegend aus »Staaten, die mit Israel tief verfeindet sind«: »Wer mit einem solchen Feindbild groß geworden ist, legt es nicht beim Grenzübertritt ab.«[19] Der Ko-Vorsitzende des Simon Wiesenthal Center Abraham Cooper erinnert daran, dass zur »Integration von muslimischen Migranten auch die Bekämpfung des Antisemitismus gehört«. Trotz aller Bemühungen der Schulen, beim Aufflackern antisemitischer Ressentiments sofort einzuschreiten und im Geschichts- und Ethikunterricht auf den Holocaust einzugehen, ist der muslimische Antisemitismus eine der größten Baustellen bei der kulturellen Integration von Muslimen geblieben.

Religiöse Intoleranz: Hass auf Homosexuelle

Bei der traditionellen Pride Parade zum Christopher Street Day (CSD) in
der Hamburger Innenstadt im August 2016 liefen ein paar Schwule, Lesben und Transsexuelle mit, die so etwas noch nie erlebt hatten: viel Tech-
no, viel nackte Haut und jubelnde Zaungäste am Straßenrand.[20] Es waren
schwule Flüchtlinge aus dem Irak und Syrien. Sie wollten mittanzen, sich
umarmen und küssen. Und fühlten sich dabei trotzdem nicht ganz frei.
Ihnen saß die Angst im Nacken, dass Handyfotos in die Heimat oder in
ihre Unterkünfte gelangen könnten. Denn für homosexuelle und transsexuelle Menschen sind Flüchtlingsunterkünfte gefährliche Zonen. Bei
der Hamburger Sozialbehörde sind im ersten Jahr nach der Öffnung
der Grenzen neben Schikanen und Drohungen zwölf Gewalttaten gegen
Schwule in Flüchtlingsheimen gemeldet worden. »Die Menschen in großen Unterkünften stehen unter Druck«, sagt Jouanna Hassoun vom Les-
ben- und Schwulenverband Berlin-Brandenburg. »Da suchen sich manche
Bewohner die Schwächsten aus, und das sind schwule Männer und Transsexuelle.« Andere Schutzsuchende haben nämlich ihre Homophobie aus
ihrer Heimat mitgebracht. Das bedrückt einen jungen Palästinenser auf
der Pride Parade: »Ich bin vor den Schwulenhassern in meiner Heimat ge-
flohen, und jetzt sitze ich in einer Unterkunft und muss mich wieder ver-
stecken.«[21]

Im Islam gilt Homosexualität als Sünde – vor allem im islamistischen
Spektrum. Der IS hat in Syrien schwule Männer getötet, indem man sie
von Dächern stieß. Der IS-Anhänger Omar Mateen, der in einem Nacht-
club in Orlando mit einer halbautomatischen Waffe 49 Schwule und Lesben ummähte, war homophob. Die gleichgeschlechtliche Liebe ist aber
auch im konservativen muslimischen Mainstream als Unzucht geächtet.
In den Augen des niederländischen Migrationsforschers Ruud Koopmans
ist der Islam »mit Ausnahme einer kleinen liberalen Minderheit ... insgesamt homophob«.[22] Zwar lehnen nach seiner Auffassung auch »Christen
und Anhänger anderer Religionen Homosexualität oder doch zumindest
die homosexuelle Ehe ab, aber der Homohass im Islam geht weit darüber
hinaus«. Diese Feindschaft hat auch religiöse Wurzeln – im Koran und den
Hadithen. In Sure 7 Vers 80–82 wirft der Koran dem Volke Lots, eines
Neffen von Abraham, vor, dass sie sich »in (ihrer) Sinnenlust wahrhaftig
mit Männern« abgeben »statt mit Frauen« und damit ein »Volk« sind, das

»nicht maßhält«. In Sure 26 Vers 165–166 nennt die Heilige Schrift des Islam Homosexuelle »verbrecherische Leute«. Alle vier bedeutenden islamischen Rechtsschulen lehnen Homosexualität als sündhaft ab. Diese religiöse Basis spiegelt sich in den Gesetzen von mehrheitlich muslimischen Ländern wider. In zwei Dritteln von ihnen kann Homosexualität mit dem Tode bestraft werden, oder sie ist zumindest illegal.[23] Nur in etwa einem Drittel der muslimischen Länder steht die gleichgeschlechtliche Liebe nicht unter Strafe. Zu diesen Ländern gehört die Türkei. Allerdings geraten auch hier Homosexuelle und Lesben im Sog von Erdogans islamischer Revolution zunehmend unter Druck. Der jährliche Gay-Pride-Umzug in Istanbul wurde bereits zwei Mal verboten. Als Folge dieser Illegalisierung oder Ächtung werden Homosexuelle, Lesben und Transsexuelle nach der Islamwissenschaftlerin Rita Breuer in ihren Herkunftsländern »an den Rand der Gesellschaft gedrängt oder leben häufig in großer Angst oder gar außerhalb der Legalität«.[24] Um diesem Joch zu entkommen und ihre sexuellen Neigungen ausleben zu können, fliehen einige nach Deutschland und bitten hier um Asyl. Das ist die eine Seite. Die andere ist, dass mit der Zuwanderung von Flüchtlingen aus konservativen muslimischen Ländern eine aggressive Homophobie importiert wird, die im Widerspruch zu unserem gesellschaftlichen Fortschritt der letzten 50 Jahre steht. In allen Umfragen ist die Zahl der Muslime, die keine homosexuellen Freunde haben wollen oder die gegen die Ehe von Homosexuellen sind, höher als die von Nichtmuslimen.[25] Deshalb kommt es auch immer mal wieder zu Übergriffen auf Schwule vor einer Moschee im Hamburger Szeneviertel St. Georg oder in Berlin-Kreuzberg. Als zwei Redakteure des Hamburger Schwulenmagazins *hinnerk* türkische Geschäftsleute in St. Georg fragten, »Was würden Sie tun, wenn Ihr Sohn schwul wäre«, antworteten nicht wenige: »Erschießen.«[26] Weil der in Berlin geborene Nasser schwul ist und kein Mädchen heiraten wollte, seine Familie aber mit einer »Schwuchtel« (seine Mutter) nicht leben wollte, haben ihn sein Vater und zwei Onkel gewaltsam entführt, damit er im Libanon ein Mädchen zwangsheiraten sollte. An der bulgarisch-rumänischen Grenze hat die Polizei die Geiselnahme nach Tipps aus Berlin gestoppt. Vater und Onkel wurden wegen Entführung und Freiheitsberaubung angeklagt.

Es gibt unter den liberalen Muslimen Anstrengungen, den Kordon des Schwulenhasses zu durchbrechen. So haben Vertreter der Türkischen Gemeinden in Berlin, Hamburg und Stuttgart offiziell an den Christo-

pher-Street-Paraden teilgenommen. Kontakte zwischen Schwulenver-
bänden und konservativen Moscheevereinen sind jedoch bisher meist im
Sande verlaufen. Ender Cetin, liberaler Vorsitzender der DITIB-Gemeinde
der Şehitlik-Moschee in Berlin-Kreuzberg, hat sich bei seinen Gesprächs-
versuchen mit Schwulen- und Lesbenverbänden über den Islam und
Homophobie eine blutige Nase geholt. Als er im November 2014 erstmals
mit ihnen in seiner Moschee diskutieren wollte, brach in der türkischen
Presse ein Sturm homophober Entrüstung los, sodass er sich gezwungen
sah, die Veranstaltung abzusagen. Danach trafen sich beide Parteien auf
neutralem Boden in der Kreuzberger Jerusalemkirche. Die dritte Begegnung fand dann endlich in kleiner Runde und ohne laute Begleitmusik
in den Räumen der Şehitlik-Moschee statt. Beide Seiten waren mit dem
Dialog zufrieden. Pech nur, dass der DITIB-Zentrale in Köln diese Übung
in religiöser Toleranz wohl gar nicht gefiel. Ein gutes Jahr später wurden
Ender Cetin und der gesamte Vereinsvorstand nämlich abgewählt – vermutlich orchestriert aus der DITIB-Zentrale. Seine Gespräche mit Homosexuellen und Lesben haben dabei nach Meinung von Insidern eine Rolle
gespielt.

Wie beim Antisemitismus stoßen wir im konservativen Mainstream-Islam auch bei der Homophobie auf eine religiös motivierte Intoleranz gegenüber Minderheiten. Auch in diesem Feld gesellschaftlichen
Miteinanders hat die kulturelle Integration der Muslime, soweit erkennbar, keine wesentlichen Fortschritte gemacht.

Die Bedeckung der Scham:
Die islamische Kleiderordnung

Die islamische Kleiderordnung hat zwei Ziele: die Keuschheit der Frau zu demonstrieren und die sexuellen Begierden des Mannes zu zügeln. Auf der Internetseite der Ahmadiyya-Gemeinde heißt es zum Beispiel: »Das Kopftuch ist ... eine Maßnahme zur Vermeidung der Unsittlichkeit. Außerdem ist zu beachten: Wenn eine Frau öffentlich ein Kopftuch trägt, so bekennt sie sich offen zum Islam und demonstriert damit ihre Gottergebenheit und Integrität ... Außerdem signalisiert sie dadurch, dass sie für Flirts nicht offen ist, da sie andere Ziele hat.« Für diese Position können sich alle religiösen Strömungen im Islam auf mehrere Koranstellen berufen. Etwa auf Sure 24 Vers 3: »Und sprich zu den gläubigen Frauen, dass sie ihre Blicke senken und ihre Scham bewahren und ihren Schmuck nicht zeigen sollen.« Oder Sure 33 Vers 59: »Prophet! Sag deinen Gattinnen und deinen Töchtern und den Frauen der Gläubigen, sie mögen die Gewänder über sich schlagen. Dann ist es leichter, dass man sie erkennt und dass sie nicht belästigt werden.« Scham bedeutet in diesem Zusammenhang nicht Gefühl, sondern meint ausschließlich Teile des Körpers. Die Scham bezieht sich bei Frauen nach einem breiten Konsens auf den ganzen Körper einschließlich der Haare mit Ausnahme des Gesichts und der Hände.[1] Eine Verschleierung des Gesichts ist freilich nirgendwo vorgeschrieben. Das Gebot, ein Kopftuch zu tragen, wird aus Sure 24 Vers 31 und einem Ausspruch Mohammeds abgeleitet, nach dem »von einer Frau nichts außer Gesicht und Händen zu sehen sein soll«. Diese Vorschriften gelten für die Muslima ab der Pubertät. Umstritten ist, ob aus ihnen eine religiöse Pflicht erwächst, da der Koran auch sagt, dass das Bekleidungsgebot nicht gegen den Willen der Betroffenen durchgesetzt werden dürfe (Sure 2:256).[2]

Die Scham des Mannes beschränkt sich nach mehrheitlicher Überzeugung auf den Bereich zwischen Bauchnabel und Knien. In der realen islamischen Welt geht das Schamgefühl jedoch weiter. Dort ist es üblich, dass Männer Arme und Beine teilweise oder vollständig bedecken.[3]

»Die islamische Kleidung hat in der aktuellen innerislamischen Debatte einen so hohen Stellenwert wie kaum ein anderes Thema«, sagt die Islam-

wissenschaftlerin Rita Breuer.[4] In allen rechtlichen und politischen Auseinandersetzungen verteidigen der Zentralrat der Muslime, die DITIB und
andere muslimische Verbände religiöse Kleidung, vor allem das Tragen von
Kopftüchern, bis aufs Messer. Sie begreifen religiöse Kleidung offenbar als
Schutzmauer, um die islamische Sexualmoral im westlichen Sündenbabel
zu erhalten. Nach der Studie *Muslime in Deutschland* halten gut 70 Prozent
der Muslime die Sexualmoral der westlichen Gesellschaft für »völlig ver-
kommen«, nach einer Umfrage der Konrad-Adenauer-Stiftung teilen diese
Auffassung 38 Prozent aller türkeistämmigen Zuwanderer.[5]

Symbol des Unbehagens: das Kopftuch

Mosama, Schülerin an der Stadtteilschule in Hamburg-Öjendorf, trägt ein
Kopftuch in der Schule, weil sie »Mohammed folgen will«, der ihr Vorbild
ist: »Das ist eine gute Tat.« Sie will einmal Lehrerin werden, ihr Kopftuch
aber für den Beruf nicht ablegen. Auch die Hamburger Jurastudentin Ayşe
will für einen Job nicht auf ihr Kopftuch verzichten. Sie hat seit der sechs-
ten Klasse ein Kopftuch getragen. »Ich liebe das Kopftuch«, bekennt sie:
»Ich bin ein sehr spiritueller Mensch. Mit ihm fühlt man sich in der Religion vollkommen.«
    Das Kopftuch hat sich zu dem Symbol des Andersseins der islamischen
Kultur in der westlichen Welt entwickelt. Für viele Musliminnen ist die
Verhüllung der Haare ein unverzichtbares religiöses Bekenntnis und Teil
ihrer Identität. Auf diesem Weg wollen sie ihre Beziehung zum Glauben
stärken und Allah näherkommen. In den Augen vieler Herkunftsdeutscher
ist das Kopftuch dagegen ein Symbol für die Unterdrückung der Frau und
für »fehlende kulturelle Integration«.[6] »Das Kopftuch wird geduldet«,
sagt der Erfurter Kommunikationswissenschaftler Kai Hafez, »aber als
Fremdköper betrachtet und nicht als legitimer Teil des gesellschaftlichen
Lebens akzeptiert und anerkannt«, es wirkt wie ein »sozialer Marker der
Desintegration«.[7] Nach Umfragen der Allensbacher Meinungsforscher
»gefällt« 47 Prozent der Deutschen nicht, wenn sie Frauen mit Kopftuch
begegnen, nur einem guten Drittel geht das nicht so.[8] Dieses »Gefühl
der Fremdheit« gegenüber Kopftuchträgerinnen ist nach Allensbach stabil. Nennenswerte Gewöhnungseffekte gegenüber dem verhüllten Haar
haben die Demoskopen bisher nicht festgestellt.

Auf der anderen Seite empfinden Muslime die weitreichende gesellschaftliche Ausgrenzung von Kopftuchträgerinnen in der Arbeits- und
Berufswelt als Diskriminierung und damit als Hindernis bei der sozialen
Integration. Beim Berliner Netzwerk gegen Diskriminierung und Islamfeindlichkeit war bei den von Frauen gemeldeten Benachteiligungen das
Kopftuch am häufigsten Stein des Anstoßes. Frauen mit Kopftuch sind
seltener erwerbstätig und geringer qualifiziert als Frauen ohne Kopftuch,
wobei dies neben einer möglichen Diskriminierung natürlich auch viele
andere Ursachen haben kann.[9] Wer ein Kopftuch trägt, gehört zu der am
schlechtesten integrierten Gruppe.[10]

Entgegen einem verbreiteten Eindruck trägt nur eine »aktive Minderheit« (die französische Soziologin Nilüfer Göle) der Musliminnen eine
Kopfbedeckung: Nach verschiedenen empirischen Studien liegt ihr Anteil
knapp unter einem Drittel: zwischen 27 und 31 Prozent.[11] Über 90 Prozent
entscheiden sich für die Haarbedeckung aus religiösen Gründen, 43 Prozent geben an, dass ihnen das Kopftuch »Sicherheit vermittelt«, gut ein
Drittel der Kopftuchträgerinnen verhüllt ihr Haar, »um in der Öffentlichkeit als Muslima erkennbar zu sein«.[12] Hier wird deutlich, dass ein Teil der
ihr Haar bedeckenden Frauen sich als Sondergruppe empfindet und sich
demonstrativ abgrenzen will, eine Facette »konfrontativer Religionsausübung«.

Das Kopftuch als religiöses Symbol steht inzwischen im Zentrum der
rechtlichen, gesellschaftlichen und politischen Debatte um die kulturelle
Integration von Muslimen im öffentlichen Dienst wie in der Wirtschaft. In
zahlreichen Gerichtsverfahren ist hartnäckig gestritten worden um Kopftücher von Lehrerinnen und Erzieherinnen in Kindertagesstätten, um
die Verhüllung der Haare von Richterinnen, Staatsanwältinnen, Gerichts-
referendarinnen, Schöffen und Rechtsanwältinnen, von Polizistinnen und
Angestellten in der freien Wirtschaft. Dass viele Auseinandersetzungen in
diesen Bereichen gerichtlich ausgefochten werden und manchmal sogar
vor dem Bundesverfassungsgericht oder dem Europäischen Gerichtshof
enden, ist ein Indikator für die Verbissenheit des Streits und ihre grundsätzliche Bedeutung für die Zukunft unserer Gesellschaft.

Im Januar 2015 hat das Bundverfassungsgericht in Abkehr von seiner
bisherigen Rechtsprechung entschieden, dass Lehrerinnen ein Kopftuch
tragen dürfen, es sei denn, der Schulfrieden wird gefährdet.[13] Dieses Urteil
pro Religionsfreiheit hat drei Schattenseiten. Es delegiert, erstens, die Ver-

antwortung für die letzte Entscheidung über das Kopftuch einer Lehrerin an die Schulen. Ihm fehlt es, zweitens, an Akzeptanz in der Gesellschaft. In einer repräsentativen Umfrage der Allensbacher Meinungsforscher fanden nur 28 Prozent der Bevölkerung die Entscheidung richtig, 51 Prozent hingegen falsch.[14] Und, drittens, hat die Karlsruher Entscheidung, wie vom Sachverständigenrat deutscher Stiftungen für Integration und Migration prognostiziert, nicht den »Streit um den religions- und islampolitischen Dauerbrenner ›Kopftuch in der Schule‹« beendet.[15] In einigen Bundesländern wie Nordrhein-Westfalen, Hamburg, Hessen oder Bremen dürfen Lehrerinnen inzwischen ein Kopftuch tragen, Bayern hat nach dem Urteil des Bundesverfassungsgerichts das einschlägige Gesetz über das Erziehungs- und Unterrichtswesen nicht geändert und will, etwas nebulös, in der Praxis für einen »praktikablen Ausgleich zwischen individueller Religionsfreiheit und der Sicherung des Schulfriedens im Verwaltungsvollzug sorgen«.

In der Lehrerschaft plädiert eine Hälfte dafür, bei Kolleginnen das Kopftuch zu erlauben, 2 Prozent mehr als in der Gesamtbevölkerung (48 Prozent).[16] Aber es existiert unter den Pädagogen nach wie vor eine breite Ablehnungsfront von knapp 40 Prozent gegenüber Kopftuchkolleginnen – unabhängig von der Rechtsprechung des Bundesverfassungsgerichts. Als dem Kreuzberger Robert-Koch-Gymnasium eine Referendarin mit Kopftuch zugewiesen wurde, gab es, berichtet der Schulleiter Rainer Völkel, »ein heftiges Stirnrunzeln«: »Man war nicht amused.« Auf einer Tagung des Schulamts Hanau mit 200 Schulleitern aus dem Rhein-Main-Gebiet gab eine große Mehrheit der Lehrerinnen und Lehrer zu erkennen, dass sie Kolleginnen mit Kopftuch ablehnen.

Was Schulen und Kindertagesstätten in der Regel rechtlich nicht dürfen, hat der Europäische Gerichtshof im März 2017 Unternehmen unter bestimmten Bedingungen gestattet: Sie dürfen Mitarbeiterinnen an Arbeitsplätzen mit Kundenkontakt das Tragen von Kopftüchern untersagen.[17] Einzige Voraussetzung: In den Unternehmen muss es eine Betriebsvereinbarung geben, die nicht speziell auf Muslime zugeschnitten sein darf, sondern als Unternehmensphilosophie alle religiösen und weltanschaulichen Symbole verbietet. Eine solche Regelung kann natürlich zu »mittelbaren Diskriminierungen« von Muslimen führen, ein Effekt, den der Gerichtshof aber bei Arbeitnehmern mit Kundenkontakten in Kauf nehmen will: »Der Wunsch eines Arbeitgebers, den Kunden ein Bild der

Neutralität zu vermitteln, gehört zur unternehmerischen Freiheit.«

Fakt ist, dass die Bereitschaft, Musliminnen mit Kopftuch einzustellen, sowohl in der Privatwirtschaft als auch in staatlichen Institutionen sehr eingeschränkt ist. Das ist per se auch nicht kritikwürdig. Muslime müssen daher damit leben, dass die Mehrheit der Herkunftsdeutschen das Kopftuch als Symbol der Unfreiheit und gescheiterten Integration deutet, es bestenfalls erträgt, aber nicht akzeptiert. Den Kopftuchträgerinnen ist unbenommen, ihr Grundrecht auf Religionsausübung bis an die Grenze auszureizen, es steht der Mehrheitsgesellschaft aber ebenso frei, das Kopftuch als Ausdruck mangelnder Integrationswilligkeit abzulehnen.

Symbole der Fremdheit: Niqab und Burka

Darf eine Zeugin mit einer Burka vor Gericht aussagen, ohne ihr Gesicht zu zeigen? Diese Frage stürzte die Münchener Justiz in einem Beleidigungsprozess in erhebliche Nöte. Auslöser: Der Angeklagte soll die muslimische Zeugin in einer Münchener U-Bahn-Station mit Sprüchen wie »Ihr Arschlöcher« und »Ihr gehört hier nicht hin« beleidigt haben.[18] In der ersten Instanz forderte der Amtsrichter die sich beleidigt fühlende Zeugin auf, unverschleiert auszusagen. »Ich möchte gern Ihr Gesicht sehen, um Ihre Reaktion und Ihre Mimik zu sehen. Ich habe sonst erhebliche Probleme bei der Bewertung Ihrer Aussage«, erklärte der Amtsrichter. Die Frau aber blieb standhaft: »Ich habe einen Gott am Ende der Welt, der mir am Ende recht geben wird.« Der Amtsrichter ließ die Frau daraufhin widerwillig gewähren. Laut *Bild*-Zeitung soll er mit den Worten reagiert haben: »Das Fass mach ich jetzt nicht auf.« Er wählte einen bequemen Ausweg aus der Zwickmühle und sprach den Angeklagten frei, weil ihn ein anderer Zeuge entlastet hatte. Sehr zum Verdruss der Staatsanwaltschaft, die Berufung einlegte. Die Strafkammervorsitzende hatte sich nach den Erfahrungen des Amtsrichters gut auf die Verhandlung in der zweiten Instanz vorbereitet: Ein Rechtsgelehrter aus Saudi-Arabien hatte ihr bestätigt, dass es auch strenggläubigen Muslimas erlaubt sei, Niqab oder Burka vor Gericht abzulegen. Nach einem zähen Ringen mit dem Verteidiger willigte die Zeugin schließlich ein und sagte unverschleiert aus. Das Verfahren endete wie in der ersten Instanz mit einem Freispruch – und zwar aus denselben Gründen.

Religiös motivierte Konflikte mit verschleierten Frauen tauchen in der Münchener Justiz nicht häufig, aber immer mal wieder auf, vor allem in Familienrechtsstreitigkeiten.[19] Dabei kommt es vor, dass Richter aus falsch verstandener Toleranz auf rechtliche Abwege geraten. So hat ein Richter am Landgericht die Öffentlichkeit ausgeschlossen, um einer Muslima zu ermöglichen, ohne Schleier auszusagen.

Es gibt bisher nur wenige Niqab- und Burka-Trägerinnen hierzulande. Durch ihre kleidungsmäßige Sonderstellung provozieren sie trotzdem hin und wieder religiöse und kulturelle Alltagskonflikte mit einem beträchtlichen Echo. Sie entstehen durch vollverschleierte Schülerinnen und Mütter, die ihre Kinder vom Kindergarten oder der Schule abholen und mit Erziehern und Lehrern sprechen wollen.[20] Die Sparkasse Neuss hat einer Burka-Trägerin den Zutritt versagt, weil im Vorraum das Vermummungsverbot gilt.[21] In Handlungskonflikte geraten Polizisten bei Verkehrskontrollen mit Niqab-Fahrerinnen. Manchmal drücken sie ein Auge zu, weil polizeilicher Zwang unverhältnismäßig wäre, manchmal werden die Verhüllten mit zum nächsten Revier genommen, wenn eine Identifizierung vor Ort scheitert. Dem Anschein nach Bagatellprobleme, die jedoch ein beträchtliches Empörungspotenzial bergen. Deshalb hat der Gesetzgeber auf sie reagiert. Im April 2017 hat die Große Koalition ein Teilverbot für Niqab und Burka beschlossen. Nach ihm dürfen sich Beamtinnen, Soldatinnen und Richterinnen im Dienst nicht verhüllen, was bisher noch nicht vorgekommen ist und wahrscheinlich auch ohne Gesetz nie passiert wäre. Relevanter, weil mehr Rechtssicherheit bringend, ist da schon die Verpflichtung von Vollverschleierten, ihr Gesicht zu enthüllen, um ihre Identität bei Ausweiskontrollen, bei Wahlen und bei Gericht, bei Pass- und Verkehrskontrollen überprüfen zu lassen. Aufgeflammt ist die Diskussion über ein Burkaverbot, als sich nach den drei islamistischen Anschlägen in Nizza, Ansbach und Würzburg im Juli 2016 die Fronten zwischen muslimischer Minderheit und westlicher Mehrheitsgesellschaft verhärteten und ein Bedürfnis entstand, Muslimen Grenzen der Toleranz zu ziehen. 81 Prozent der Deutschen plädierten damals nach dem ARD-Deutschlandtrend dafür, das Tragen von Niqab und Burka generell oder in Teilen zu verbieten.[22] Die Gründe für diese breite Ablehnungsfront: Die Vollverschleierung ist nun einmal ein Symbol für alles, was wir am Islam ablehnen: eine Missachtung der Würde der Frau, der Gleichberechtigung der Geschlechter und der offenen Kommunikation. Das verhüllte Gesicht ist zum anderen ein Sinnbild für das Fremde im Islam. »Nichts symbolisiert das Unheimliche und das Undurchsichtige des Islam so wie das Tuch, das einen Menschen unkenntlich macht«, kommentierte Christiane Hoffman im *Spiegel*.[23] Dahinter steht weiter die »Sorge vor einem schleichenden Veränderungsprozess unserer Lebensweise in Deutschland« (Ex-Innen-minister Thomas de Maizière).

Als die Debatte über die Vollverhüllung begann, tendierte die Stim-mung in Richtung generelles Burkaverbot. Schnell wurde jedoch klar, dass eine radikale Lösung wegen des Grundrechts auf Religionsfreiheit verfassungswidrig sein würde, in den Worten des früheren Bundesinnen-ministers Thomas de Maizière: »Man kann nicht alles verbieten, was man ablehnt.« Am Ende des »Kulturkampfes um den Schleier« (*Der Spiegel*) wurde mit dem Mini-Teilverbot für Burkas und Niqabs eine Maus geboren, nachdem ein Berg gekreist hatte. Trotzdem war es richtig, dies Gesetz in eingeschränkter Form zu erlassen – als sinnvolle Symbolpolitik. Der Wert des Gesetzes liegt nicht in seiner praktischen Bedeutung, sondern in seiner Botschaft an die Muslime für ihre kulturelle Integration. Keine Muslima wird durch das Verbot der Vollverschleierung integriert. Aber die Gesellschaft signalisiert nach Thomas de Maizière durch das Gesetz, was Integration auch bedeutet, nämlich »unsere Werte und die Grenzen unserer Toleranz gegenüber anderen Kulturen deutlich machen und ver-mitteln«.

Unscharfe Grenzen: Rücksicht, Toleranz und falsche Toleranz

Im Sommer 2016 hatte ein Wirt in Bielefeld eine Frau im Niqab gebeten, seinen Biergarten zu verlassen, und provozierte dadurch auf Facebook einen Shitstorm. Hatte der Wirt richtig oder falsch gehandelt? Diese Frage fand der Bielefelder Konfliktforscher Andreas Zick so spannend, dass er sie mit seinen Studenten in seiner Vorlesung erörterte. Einig war sich die Runde darin, dass der Wirt in einem »kulturell-moralischen Dilemma« steckte. Und klar wurde im Laufe der Diskussion auch, dass es keine »perfekte Lösung, sondern nur gut oder schlecht begründete Urteile« gibt. Deshalb erstaunt auch nicht, dass der Wirt für die eine Studentengruppe ein »Rassist« war, für die andere ein »Verteidiger der Freiheit«. Die Schlussfolgerung von Andreas Zick: »Weil wir keinen Standpunkt haben, müssen wir ihn in jedem Einzelfall entwickeln. Das muss ein urteils- und wissensbasierter und kein vorurteilsbasierter Standpunkt sein.«

Das ist leicht gesagt, aber schwer in der Praxis umzusetzen. Denn die überwiegend areligiöse deutsche Gesellschaft ist aufgrund schlechter Kenntnisse vom Islam, weitgehender Tabuisierung religiöser Themen und dem Fehlen politischer und moralischer Maßstäbe nicht auf religiöse oder kulturelle Konflikte mit Muslimen vorbereitet. Ein Beispiel aus der Kreuzberger Sekundarschule: Eine Schülerin trug einen Anhänger, auf dem palästinensische Gebiete abgebildet waren, die zu Israel gehören. Als der Schulleiter das Schmuckstück sah, hat er es spontan untersagt. Seiner Auffassung nach gehört es »wie das Hakenkreuz verboten«. Seine Kollegen unterstützten diese Maßnahme jedoch nicht. Insbesondere war unklar, ob das Verbot rechtlich haltbar war. Er hat es dann zurückgenommen und mit dem Mädchen gesprochen, das den Anhänger daraufhin freiwillig abgenommen hat.

Solche religiös oder kulturell verwurzelten Konfliktlagen entzünden sich in nahezu allen gesellschaftlichen Bereichen: in der Schule und am Arbeitsplatz, bei der Polizei und beim Gericht, auf politischen Veranstaltungen und in Parteien. Die Einstellungen bei diesen Entscheidungen pendeln zwischen bequemer Rücksicht, angemessener und falscher Toleranz. Es gibt ein ganzes Bündel von Entscheidungsfaktoren: vorauseilender Gehorsam, Angst, etwas falsch zu machen, Konfliktscheu, Verunsicherung, besonders aber Unterschiede im Vorverständnis gegenüber Religionsfreiheit: weitherzige Toleranz oder Duldung gegenüber der muslimischen Minderheit versus aktive Verteidigung westlicher Werte.

Vor allem die Kritiker angeblich falscher Toleranz haben sich jüngst häufig und lautstark zu Wort gemeldet. Die Autorin Düzen Tekkal rügt die »falsche Toleranz« gegenüber Parallelgesellschaften.[1] »Aus Ignoranz oder falsch verstandener Toleranz«, sagt die Islamwissenschaftlerin Susanne Schröter, »haben politisch Verantwortliche« Entwicklungen – etwa in den Kopftuchdebatten – »ausgeblendet und dazu beigetragen, dass sich Räume bilden konnten, in denen dschihadistische Ideologien salonfähig wurden«.[2] Als Beispiele nennt sie die Gleichgültigkeit eines Lehrers gegenüber einer Muslima, die sich auf einer Klassenreise geweigert hatte, eine christliche Kathedrale zu betreten. Und das Dulden von getrennt sitzenden Männern und Frauen bei Veranstaltungen.

Es gibt in der Tat eine ganze Kette von Fällen falscher Rücksichtnahme auf muslimische Empfindlichkeiten:

Die Absage eines *Charlie-Hebdo*-Wagens auf dem Kölner Karneval 2015, die selbst der Vorsitzende des Zentralrats der Muslime Aiman Mazyek nicht nachvollziehen konnte. Auf dem Festwagen stand ein erzürnter Jecke mit Pappnase und einem großen Stift in Händen, den er in den Lauf eines Gewehres eines mit einem Sprengstoffgürtel bewaffneten bärtigen Turbanträgers steckt. Der war deutlich als IS-Terrorist zu erkennen.

Weil eine muslimische Schülerin in Lüneburg im Vorjahr keine Weihnachtslieder singen wollte, da das mit ihrem Glauben nicht vereinbar sei, hat der Rektor des Johanneums die Weihnachtsfeier 2017 auf den Nachmittag verlegt.

In Augsburg hat eine Förderschule ein Schulfest während des Ramadan 2019 aus Rücksicht auf muslimische Mitschüler abgesagt.

In Leipzig haben zwei Kitas Schweinefleisch für alle Kinder gestrichen und Haribo-Gummibärchen verboten.[3]

Die Volksschule des Berliner Bezirks Köpenick hat eine Ausstellung von Aktfotos von Amateuren abgebrochen, weil durch sie religiöse Gefühle muslimischer Frauen verletzt werden könnten. Beschwert hatte sich bis dahin niemand.

Die Universität Essen hat eine Comicausstellung im Foyer der Biblio-
thek vorzeitig beendet, nachdem eine muslimische Studentin wegen ver-
letzter religiöser Gefühle ein Comicplakat mit der Schere zerstört hatte.

Falsche Toleranz ist auch, dass der »Verhaltenskodex zur Religionsausübung an der Universität Hamburg« und die Ausführungsbestimmungen
des Präsidiums darauf verzichtet haben, eine Vollverschleierung von Stu-
dentinnen in Vorlesungen und Seminaren grundsätzlich zu verbieten.
Der im Oktober 2017 veröffentlichte Kodex – der erste seiner Art in
Deutschland – sieht in Vollverschleierungen keine »Störung« der Lehre
»per se«, »solange dadurch nicht selbstverständliche Anforderungen an
die wissenschaftliche Kommunikation oder an Prüfungen gestört werden«. Unerfindlich bleibt, warum die Universität das offene Gesicht als
Grundvoraussetzung des wissenschaftlichen Diskurses in Vorlesungen
und Seminaren nicht entschiedener verteidigt. Das hat zum Beispiel die
Universität Gießen getan. Sie hat eine verhüllte Studentin aus dem Hör-
saal komplementiert, weil »Mimik und Gestik als wichtige Aspekte der
Kommunikation nicht zur Verfügung stehen«.[4] Aus denselben Gründen
hat Anfang 2019 auch die Christian-Albrechts-Universität in Kiel einen
Gesichtsschleier in Vorlesungen, Seminaren, Prüfungen und bei Ge-
sprächen mit Hochschullehrern verboten, nachdem eine Studentin eine
Botanik-Vorlesung vollverschleiert besucht hatte.[5] In der Grundschule
Mümmelmannsberg (Hamburg) ist vollverschleierten Frauen das Betreten des Schulgeländes verwehrt, weil die Schule ein »angstfreier Raum«
bleiben soll und Kommunikation auch einen »Austausch von Mimik und
Gestik« erfordert.

Auf zunehmendes Unverständnis stößt der freiwillige Verzicht von
Schulen und Gefängnissen, auf dem Essensplan Schweinefleisch anzu-
bieten. »Ein kulinarischer Kulturkampf ist ebenso schädlich wie lächer-
lich«, bemerkt der Islamrechtler Mathias Rohe spitz.[6] »Dreißig Prozent
der Insassen der Jugendarrestanstalt Berlin erhalten keine Salami und
keine gekochten Schinken mehr, weil siebzig Prozent der Insassen Muslime sind, die kein Schweinefleisch essen«, empört sich der ehemalige
Neuköllner Bezirksbürgermeister Heinz Buschkowsky.[7] Einen völlig
überzogenen Minderheitenschutz beim Essen praktiziert die Harburger
Grundschule Kerschensteinerstraße. Hier liefert der Caterer nur noch
Geflügel, kein Schweinefleisch wegen der Muslime und kein Rindfleisch
wegen der Hindus.

Der verweigerte Handschlag ist zum Aufreger und Symbol in der Debatte über kulturelle Gräben zwischen Muslimen und Mehrheitsgesellschaft geworden. In den zehn Thesen Thomas de Maizières zur Leitkultur taucht das Thema als Stein des Anstoßes ebenso auf wie im CSU-Grundsatzprogramm. In Gesprächen vor und in einer Talkshow erreichte eine verwehrte Höflichkeitsgeste bundesweite Publizität. Als die Autorin Khola Maryam Hübsch bei der Begrüßung vor der Talkshow *Anne Will* dem damaligen Vorsitzenden der Jungen Union Paul Ziemiak nicht die Hand gab, thematisierte er das später in der Sendung vor einem Millionenpublikum. Er fand das »befremdlich, wenn das aus religiösen Gründen geschieht«.

Das Reaktionsspektrum auf den verweigerten Handschlag auf nichtmuslimischer Seite ist weit. In Norderstedt (Schleswig-Holstein) und Bergisch-Gladbach haben Ärzte die Behandlung von Musliminnen abgelehnt, nachdem sie die bei uns übliche Begrüßung verwehrt hatten, in Gladbach sogar mit einem gerichtlichen Nachspiel.[8] In Berlin-Pankow hat eine Lehrerin das Gespräch mit dem Vater eines Schülers nach viermaliger vergeblicher Aufforderung, ihr die Hand zu geben, wegen mangelnden Respekts und Frauenfeindlichkeit abgebrochen. Im Gegenzug hat der Vater, ein Imam, mit anwaltlicher Unterstützung eine Strafanzeige wegen Beleidigung und Verletzung der Religionswürde erstattet. »Integration heißt für uns, dass wir die Gesetze des Gastlandes befolgen. Die Kultur allerdings müssen wir nicht bedingungslos befolgen«, erklärte der schiitische Imam, der nach 15 Jahren in Deutschland immer noch nicht ausreichend Deutsch sprach.[9] Erschöpft sich Integration neuerdings in Gesetzestreue? Die erbitterte Fehde endete unversöhnlich: Der Imam nahm seine beiden Kinder von der Schule und akzeptierte nicht einmal eine Entschuldigung der Lehrerin. Er beharrte auf einem Gespräch.

Bei Konflikten zwischen der Religionsausübung von Muslimen und nichtmuslimischen Sitten und Gebräuchen gibt es zahlreiche offene Fragen. Wie soll sich ein Richter zum Auftakt eines Prozesses verhalten, wenn sich ein islamistischer Angeklagter mit der Begründung weigert aufzustehen, dass er sich nach seiner Religion nur vor Allah erheben dürfe?[10] Wie soll ein Lehrer reagieren, wenn es ein Schüler auf einer Klassenreise ablehnt, eine christliche Kirche zu besuchen? Eine Ermahnung ins Klassenbuch schreiben oder darüber hinwegsehen? Soll eine Polizistin bei einem Einsatz wegen Ruhestörung der Forderung des türkeistämmigen Mieters nachkommen, vor dem Betreten der Wohnung die Schuhe auszuziehen?

»Mit Schuhen kommen sie hier nicht rein. In unserer Kultur macht man
das so«, hat ein hilfesuchender muslimischer Mieter der Bochumer Polizistin Tania Kambouri erklärt.[11] Da sie und ihre Kollegin dazu nicht bereit waren, haben sie den Einsatzort ohne weitere Nachforschungen nach
der Quelle des Lärms wieder verlassen. Mehr Rücksicht hat sie dagegen
bei der Personenkontrolle einer Autofahrerin mit Niqab genommen. Obwohl sie ihre Identität nicht verifizieren konnte, hat sie aus Gründen der
Verhältnismäßigkeit nicht darauf bestanden, dass die Niqab-Fahrerin die
Kopfverhüllung abnimmt.[12] Wäre es zulässig, eine Einbürgerung nicht zu
vollziehen, weil der Einzubürgernde die bei uns übliche Höflichkeitsgeste
eines Handschlages ablehnt? Wäre das mit dem Grundsatz der Verhältnismäßigkeit vereinbar?

Bis vor einem halben Dutzend Jahren war das Thema der abgelehnten
Hand in der Öffentlichkeit weitgehend unbekannt. Wie kommt es, dass es
heute mit im Zentrum der Diskussion über kulturelle Integration steht?
Haben Muslime ihr Verhalten verändert, oder sind Nichtmuslime sensib-
ler und streitbarer geworden? Die Mehrheit der Islamwissenschaftler und
Religionssoziologen antwortet: beides. Sie beobachten eine Re-Islamisierung der Muslime und eine stärkere Sensibilisierung der Nichtmuslime.

Mit besonders heiklen Konfliktlagen sind Politiker und Parteien
konfrontiert. In Berlin-Neukölln haben Bezirks- und Schulamt mit ausgewählten Moscheen monatelang über verschriftete Richtlinien für den
Umgang mit dem Ramadan in Schulen gesprochen. Mit am Tisch saßen
Vertreter von zwei Moscheen, die vom Verfassungsschutz beobachtet werden. Sollen Politiker mit Islamverbänden verhandeln oder sogar Verträge
abschließen, die der Verfassungsschutz als extremistisch einstuft, wie es
zum Beispiel der Hamburger Senat mit dem Islamischen Zentrum Hamburg getan hat? Dieselbe Frage stellte sich bei einer Gedenkveranstaltung
für den Anschlag auf dem Berliner Weihnachtsmarkt im März 2017 unter
dem Motto »Religionen für ein weltoffenes Berlin«. Mitveranstalter beziehungsweise Teilnehmer waren vier Moscheevereine, die der Berliner
Verfassungsschutz wegen Verbindungen zu islamistischen Gruppierungen wie der Muslimbruderschaft und der Hamas im Blick hat. Dieser Umstand hinderte den Berliner Bürgermeister Michael Müller indes nicht, an
der Seite von Islamisten Opfern eines IS-Terroristen zu gedenken. Damit
ignorierte Müller auch eine dringliche Bitte des Zentralrats der Juden,
nicht an dieser Gedenkfeier teilzunehmen. Dafür bekam er auf der ande-

ren Seite Beifall von der katholischen und evangelischen Kirche, die seine fragwürdige Allianz mit Islamisten am Ort des Terrors verteidigt haben.

Einfache Antworten gibt es in diesem religiös-politischen Dilemma nicht. Macht der Berliner Bürgermeister die Islamisten durch seine Teilnahme an der Gedenkveranstaltung salonfähig? Missachtet er durch seine Anwesenheit die Arbeit der Verfassungsschützer an der Spree? Soll er zu islamistischen Moscheevereinen Distanz halten und dadurch mögliche Gesprächsfäden durchtrennen, die eine weitere Ausgrenzung und Isolierung verhindern können?

Einen breiten Konsens über diese Fragen gibt es nicht und wird es möglicherweise nie geben, weil unserer Gesellschaft für solche religiösen und kulturellen Zwickmühlen ein Kompass fehlt. Insbesondere Lehrer treibt diese Orientierungslosigkeit um. »Wir wissen nicht, wo wir die Grenze ziehen sollen«, grämt sich Ingrid Koch, Leiterin der Lindenauschule in Hanau. »Lehrer können nicht reagieren, weil sie keine eigene Haltung haben«, ergänzt ihre Kollegin Barbara Schmidt von der Stadtteilschule in Hamburg-Öjendorf: »Das Thema Religion ist für die meisten Lehrer tabu, verursacht Unbehagen. Sie befassen sich nicht ausreichend mit Werteorientierung und wissen daher nicht, welchen Standpunkt sie einnehmen sollen.« »Lehrer fühlen sich im Vakuum«, findet auch Udo Beckmann, Chef des Verbandes Bildung und Erziehung. Dafür macht er die Politik verantwortlich: »Es fehlt eine politische Verständigung darüber, was wir bereit sind von einer anderen Kultur zu tolerieren und zu akzeptieren.«

Integrationshindernisse:
Die konservativen muslimischen Verbände

Ein arabisches Sprichwort sagt: Die Araber haben sich darauf geeinigt, dass sie sich nicht einig sind. Das ist eine ebenso tiefsinnige wie zutreffende Beschreibung der heterogenen muslimischen Verbandslandschaft in Deutschland. Sie lieben es, sich wie die Kesselflicker zu streiten. Aiman Mazyek, Vorsitzender des Zentralrats der Muslime, gibt zu, dass DITIB und der Zentralrat der Muslime »theologisch« in vielen Fragen einander nicht »grün« sind: »Auf dem Weg zum deutschen Islam haben wir noch ein Stück Weg zu gehen.«[1] Im Koordinationsrat der Muslime (KRM) haben sich vier selbstständige Verbände zusammengeschlossen, von denen DITIB auf ein Veto in allen Fragen bestanden hat. »Es gibt schon unterschiedliche politische Kulturen unserer Verbände«, räumt Mazyek ein.[2]

Nach ihrem Selbstverständnis ist ihre Hauptaufgabe, die muslimische Identität in der Diaspora zu pflegen und zu stärken. In den Internetauftritten der großen Verbände nennt allein der Zentralrat der Muslime die Integration als »eine unserer größten Herausforderungen und Anliegen«, um ihre Bedeutung dann wenige Zeilen später durch die Feststellung wieder zu relativieren, dass seine »wichtigste Aufgabe« sei, das »muslimische Leben und die islamische Spiritualität in Deutschland zu fördern und den Muslimen die Ausübung ihrer Religion zu ermöglichen und zu erleichtern«. Die DITIB erwähnt im Abschnitt »Zweck und Ziele« unter 19 vorwiegend religiösen Aktivitäten einmal die »Koordinierung und Förderung der Integrationsarbeit in den Gemeinden«. In den »Grundsätzen«, »Satzungen«, »Selbstdarstellungen«, »Zielen und Visionen« anderer Verbände taucht das Wort »Integration« überhaupt nicht auf. Der Islamrat (IRD) möchte das »Leben nach dem islamischen Glauben für Muslime ... ermöglichen«. »Ziel und Zweck« des Verbandes der Islamischen Kulturzentren (VIKZ) ist die »religiöse, soziale und kulturelle Betreuung von Muslimen in Deutschland«. »Koran und Sunna des Propheten Mohammed bilden die Grundlagen des Koordinationsrates« der Muslime (KRM). Milli Görüş (IGMG) hat das »Ziel der Vermittlung und Pflege des islamischen Glaubens, seiner Verwirklichung in allen sozialen Bezügen und der Erfüllung der koranischen Gebote«. Die Islamische Gemeinschaft der schiitischen Gemeinden in Deutschland (IGS) versteht sich als Interessenvertreter und »Dienstleister der schiitischen Gemeinden«.

Aus Sorge um den Verlust der muslimischen Identität in der feindlichen und verführerischen westlichen Umwelt verteidigen die muslimischen Mainstream-Vereinigungen jeden Zentimeter Religionsfreiheit und -ausübung. Sie ermuntern, begleiten und unterstützen Klagen gegen Klassenfahrten, den Sexualkunde- und Schwimmunterricht und das Recht, das Kopftuch überall zu tragen. Sie setzen sich für das Beten in der Schule ein und plädieren für eine Befreiung von Mädchen vom koedukativen Schwimmunterricht. Bei Veranstaltungen und in Moscheen praktizieren sie weiter Geschlechtertrennung. Sie haben den bekenntnisorientierten islamischen Religionsunterricht in Schulen und die Einrichtung von Lehrstühlen für islamische Theologie erstritten.

Auf der anderen Seite haben sie jede liberale, zeitgemäße und damit integrationsfreundliche Interpretation von Koran und Sunna bekämpft. Beispielhaft der Fall des Münsteraner Hochschullehrers Mouhanad Khorchide. In einer Monografie mit dem programmatischen Titel *Islam ist Barmherzigkeit* hat er die These vertreten, dass der Islam eine Religion der Barmherzigkeit ist. Khorchides Absicht ist, den Koran von innen heraus zu erneuern und die Vernunft und die Mündigkeit der Gläubigen zu betonen. Solche Thesen empfindet die Mehrheit der konservativen Verbände als ketzerisch. Mithilfe eines umfangreichen Gutachtens hat der Koordinationsrat der Muslime versucht, ihm die Lehrerlaubnis mit der Begründung zu entziehen, dass Khorchide durch seine Thesen das Vertrauen der Muslime verloren habe. Die DITIB hat die Zusammenarbeit mit dem Münsteraner Theologen aufgekündigt. Der Grund: Nach Meinung des Sachverständigenrats deutscher Stiftungen für Integration und Migration sehen die konservativen muslimischen Verbände in den Lehrstühlen für islamische Theologie eher einen »Frömmigkeitsverstärker als eine akademische Disziplin«.[3] Aufgrund dieses Selbstverständnisses machen die konservativen muslimischen Verbände gegen alle Vereinigungen Front, die ihre Deutung des Islam durch eine moderne und zeitgemäße Interpretation des Korans infrage stellt. Der Vorsitzenden des Zentralrats der Muslime Aiman Mazyek diskreditiert den »Euro-Islam« gern mal als »obskur, konturlos und entmündigt«.[4]

Trotz des Dauerzwists unter den muslimischen Verbänden und ihres religiös-konservativen Islamverständnisses haben sie eine dominierende Stellung in der muslimischen Community und im politischen und gesellschaftlichen Diskurs erobert – weil sie als Ansprechpartner für die deutsche Politik bisher ohne Alternative waren und weil es ihnen mit willfähriger Unterstützung der Bundesregierung gelungen war, säkulare und liberale Organisationen wie die »Türkische Gemeinde Deutschlands« und die »Kurdische Gemeinschaft« sowie Einzelpersonen als Vertreter der Zivilgesellschaft aus der Islamkonferenz an den Rand des politischen Diskurses zu drängen. Diese privilegierte Position haben sie verloren. Seit 2016 bläst ihnen der Wind ins Gesicht.

In Sippenhaft für DITIB: der Ansehens- und Bedeutungsverlust des politischen Islam

Als der stellvertretende Vorsitzende der CDU-Bundestagsfraktion Carsten Linnemann und der ehemalige bayerische Justizminister Winfried Bausback im Februar 2019 einen Sammelband mit dem Titel *Der politische Islam gehört nicht zu Deutschland* herausgaben, blieben Empörungswellen aus. Offenbar hatten etliche Journalisten und Politiker weder Lust noch Interesse, die neun Jahre alte Diskussion, ob der Islam zu Deutschland gehört, wieder aufzuwärmen. Bedeutsamer aber ist wohl, dass der Titel des Readers mit seiner Fokussierung auf den politischen Islam einen Teil des Islam unter die Lupe nimmt, der seinen Kredit in Politik und Öffentlichkeit verspielt hat: den religiös-konservativen Verbandsislam. Dieser leidet spätestens seit 2016 an einem fortschreitenden Ansehens- und Bedeutungsverlust. Die konservativen muslimischen Verbände sind als Gesprächs- und Vertragspartner der Bundesregierung und der Landesregierungen sowie als Sprachrohre der muslimischen Community politisch und gesellschaftlich ins Abseits geraten. Mit Ausnahme der katholischen und evangelischen Kirche engagiert sich kaum jemand mehr für sie. Zwei Fragen liegen nahe: Woran lässt sich der schwindende Einfluss von DITIB und Co erkennen? Und was sind die Ursachen für den lädierten Ruf und die schrumpfende Bedeutung?

An vier Bereichen lässt sich die Machterosion der konservativen muslimischen Verbände festmachen: beim vorübergehenden Ausschluss als Kooperationspartner beim bekenntnisgebundenen islamischen Religionsunterricht, bei der Zusammensetzung der Islamkonferenz, beim Streichen von Fördergeldern für die Extremismusprävention und bei offensiven Forderungen von Politkern, religiöse und politische Freiheiten von Muslimen zu beschneiden, die öffentlich zu erheben, sich vor drei Jahren niemand außerhalb der AfD getraut hätte.

In sechs Bundesländern – Baden-Württemberg, Hessen, Rheinland-Pfalz, Saarland, Nordrhein-Westfalen und Niedersachsen – waren die konservativen muslimischen Verbände über Beiräte an der Ausgestaltung des bekenntnisorientierten islamischen Religionsunterrichts (IRU) beteiligt: durch Bestimmung der Lehrinhalte und Erteilung der Lehrerlaubnis für Religionslehrer. Mit Ausnahme Hessens, das Verträge mit dem DITIB-Landesverband und der Ahmadiyya-Gemeinde über den islamischen Religionsunterricht abgeschlossen hat, ist der IRU in den übrigen Ländern als Modellversuch praktiziert worden. Diese Provisorien laufen in fünf Bundesländern zwischen 2018 und 2020 aus. In einem Punkt sind sich alle Länder heute einig: Die Mehrzahl der großen muslimischen Verbände und Dachverbände erfüllt nicht die rechtlichen Voraussetzungen einer Religionsgemeinschaft und scheidet deshalb als Kooperationspartner beim IRU aus. Problematisch aus Sicht der Länder sind bei den Verbänden Verfassungstreue, Mitgliedszugehörigkeit und vor allem ihre Abhängigkeit von ausländischen Staaten. Die schwarz-grüne hessische Landesregierung hat im Februar 2019 die »Ausweitung der Kooperation mit der DITIB ... wegen deutlicher Zweifel an seiner Eignung als Kooperationspartner« vorübergehend »ausgesetzt«. Begründung: Ihre Unabhängigkeit von Ankara sei nicht geklärt.[5] Ein Indiz für den Stimmungsumschwung in der Politik gegenüber dem politischen Islam ist, dass in dieser Frage sogar der grüne Koalitionspartner in der hessischen Regierung mitgezogen hat. Diese Haltung hat eine Vorgeschichte. Die Bündnisgrünen gehörten nämlich zu den Ersten, die auf Distanz zum Verbandsislam gegangen sind. Nach dem sogenannten Beck/Özdemir-Papier aus dem November 2015, dessen Kernaussagen sich die Partei zu eigen gemacht hat, sind die vier großen »muslimischen Interessenverbände« DITIB, Islamrat, Zentralrat der Muslime und Verband Islamischer Kulturzentren (VIKZ) »national, politisch oder sprachlich, nicht aber bekenntnisförmig geprägt«. Sie seien daher »religiöse Vereine« und keine »Religionsgemeinschaften im Sinne des Grundgesetzes«. Wegen der Abhängigkeit der DITIB von der türkischen Religionsbehörde Diyanet haben auch Rheinland-Pfalz und Niedersachsen die Gespräche über Verträge für einen IRU vorerst ruhen lassen.

Auch an der finanziellen Front ist die Bundesregierung partiell auf Konfrontationskurs gegangen – wegen der Spitzelvorwürfe gegen DITIB-Imame und der Abhängigkeit der DITIB von Ankara. 2017 hat das Bundesministerium für Familie, Senioren, Frauen und Jugend die Förderung aller Projekte der DITIB auslaufen lassen und 2018 keine neuen Förderanträge mehr gebilligt. Im April 2019 hat das Bundesinnenministerium beschlossen, Förderprogramme bei der Extremismusprävention für die »Islamische Gemeinschaft der schiitischen Gemeinden Deutschlands« (IGS) zum Ende 2019 auslaufen zu lassen.[6] Dieser Iran-hörige Islamverband wird seit Jahren vom Verfassungsschutz beobachtet. Trotzdem war er mit rund 380 000 Euro vom Bundesfamilienministerium und aus dem EU-Fonds Innere Sicherheit gefördert worden. Für den CDU-Innenpolitiker Christoph de Vries war dieser Förderungsstopp ein »starkes Zeichen gegen religiösen Fundamentalismus und Judenfeindlichkeit in unserem Land«.

Neu und aufschlussreich ist, dass sich das vorübergehende Aus für eine künftige Zusammenarbeit mit den Verbänden nicht nur auf die DITIB bezieht, sondern in Rheinland-Pfalz auch auf die Schura und in Nordrhein-Westfalen auf den Koordinationsrat der Muslime (KRM), in dem die großen islamischen Verbände vertreten sind. »Bislang erfüllt keine islamische Organisation die rechtlichen Merkmale einer Religionsgemeinschaft«, erklärt das Ministerium für Schule und Bildung in Düsseldorf gegenüber dem Verfasser. Um aus dieser rechtlichen Bredouille zu kommen, will Baden-Württemberg den bisherigen Beirat beim IRU durch eine noch zu gründende Stiftung mit dem Namen »Sunnitischer Rat« ersetzen. Die Schattenseiten dieses Modells sind offensichtlich: Es ist nicht erkennbar, warum diese Stiftung die Voraussetzungen einer Religionsgemeinschaft erfüllen soll. Die Schiiten können sich zudem mit gutem Grund diskriminiert fühlen. Schon kurz nach der öffentlichen Vorstellung des Stiftungsmodells war klar, dass es ein Akzeptanzdefizit bei den muslimischen Verbänden hat: Obwohl alle eingeladen waren, sich zu beteiligen, haben erst zwei Verbände zugesagt: die »Islamische Gemeinschaft der Bosniaken« (IGBD) und der »Verband Islamischer Kulturzentren« (VIKZ).

Vor acht bis zehn Jahren, als Länder wie Hessen und Hamburg Verträge mit der DITIB und anderen muslimischen Verbänden beim bekenntnisgebundenen islamischen Religionsunterricht abgeschlossen haben, war die Stimmung gegenüber den Verbänden erheblich positiver. Damals konnten einige Bundesländer gar nicht schnell genug mit den Verbänden kooperieren, um sich Integrationsmedaillen ans Revers zu heften – bei gleichzeitigem Verzicht auf eine sorgfältige juristische Prüfung, ob die islamischen Verbände und Dachverbände die rechtlichen Voraussetzungen von Religionsgemeinschaften erfüllen.

Ein weiteres Indiz für das beschädigte Ansehen und die geschrumpfte Macht des Verbandsislam ist die Tatsache, dass in der 4. Islamkonferenz wieder säkulare Muslime wie die Rechtsanwältin und Frauenrechtlerin Seyran Ates und der Psychologe Ahmad Mansour sowie liberale Verbände wie der »Liberal-Islamische Bund«, das »Muslimische Forum Deutschland« und die »Initiative Säkularer Islam« vertreten sind. Säkulare muslimische Einzelpersonen hatten die großen Verbände mit Duldung der Bundesregierung aus der 2. Islamkonferenz gedrängt. Dass Einzelpersonen und drei liberale Verbände ohne nennenswerte Proteste der Alteingesessenen wieder mit am Tisch sitzen, ist ein Zeichen für deren politischen Muskelschwund.

Ein viertes Indiz für die Ausgangsthese sind die integrationspolitischen Forderungen von Regierungen, Parteien und Politikern, die vor drei Jahren niemand riskiert hätte, weil er um seine politische Karriere fürchten musste. Einige Beispiele: Der CDU-Innenpolitiker Christoph de Vries hat einen Ausschluss von DITIB von der Deutschen Islamkonferenz angeregt, weil dessen »umfassende Abhängigkeit« vom türkischen Staat die Desintegration türkeistämmiger Muslime in Deutschland fördere.[7] Die Integrationsbeauftragte der Bundesregierung Annette Widmann-Mauz will ein Kopftuchverbot von Kindern in der Schule prüfen. Bundesinnenminister Seehofer plant eine Änderung des Aufenthaltsgesetzes, nach der ausländische Geistliche künftig nur noch dann ein Visum für religiöse Tätigkeiten in Deutschland bekommen sollen, wenn sie ein noch nicht konkretisiertes Niveau an Deutschkenntnissen haben. Dass er dafür öffentlich Prügel bezog, ist nicht bekannt. Im Gegenteil. In Hamburg haben im März 2019 sogar die Bürgerschaftsfraktionen von SPD und Grünen den Senat aufgefordert, zu prüfen, ob Imame vor ihrer Einreise zu einem Sprachtest verpflichtet werden können. Dieser Antrag aus dem rot-grünen Milieu ist der vielleicht signifikanteste Indikator für ein Umdenken in weiten Teilen von Politik und Gesellschaft im Themenkreis Integration und Islam. Denn vor zwei, drei Jahren wäre die Forderung nach Deutschkenntnissen für einreisende Geistliche noch politisch inkorrekt gewesen. Die herrschende, öffentlich nicht in Zweifel gezogene Meinung war, dass Religionsgemeinschaften aufgrund der Religionsfreiheit das Recht haben, ihre Geistlichen selbst auszuwählen – und zwar ohne staatliche Bevormundung.

Auslöser und Beschleuniger dieses Bewusstseinswandels ist vor allem die DITIB als verlängerter Arm des Erdogan-Regimes. Die Aufsichtsbehörde Diyanet, die Kölner DITIB-Zentrale und die lokalen Moscheevereine haben sich als Gesprächs- und Vertragspartner in vielerlei Hinsicht disqualifiziert: durch die Abwahl von Erdogan-Gegnern beim Bundesvorstand in Köln und in den Landesverbänden Berlin, Hessen und Niedersachsen durch gesteuerte Wahlen oder politischen Druck; durch die Bespitzelung von Gülen-Anhängern durch DITIB-Imame; durch AKP-Wahlhilfe in zwei Moscheevereinen; durch die Verherrlichung des Märtyrertods und demokratiefeindliche Töne in Predigten und im Internet; durch verschwimmende Grenzen zwischen DITIB, Salafismus und Nationalismus in Berlin, Wolfsburg, Dinslaken und Offenburg. Die DITIB, ehemals ein angesehener Gesprächspartner der Bundesregierung, ist unter dem Einfluss Erdogans nationalistischer, islamistischer und integrationsfeindlicher geworden. Die Entwicklung in der Türkei ist nach Deutschland übergeschwappt.

Unter der Neuausrichtung der Erdogan-Politik leidet die muslimische Verbandslandschaft insgesamt. Das ramponierte DITIB-Bild hat in Sippenhaft auch ihr Bild verdunkelt. Mit geschärftem Blick schauen Medien und Politik heute auf personelle, finanzielle und religiöse Abhängigkeiten von ihren Heimatländern. Dass etliche Moscheevereine und Verbände vom Verfassungsschutz beobachtet werden, hat einen neuen Stellenwert bekommen. Nicht verschwiegen werden soll, dass sich zum Beispiel die DITIB, der Zentralrat der Muslime und andere Verbände bei der Bekämpfung von Terrorismus und Extremismus engagiert und den Antisemitismus öffentlich verurteilt haben. Geprägt wird ihr Bild jedoch von anderen Eindrücken: der weitgehend kritiklosen Haltung gegenüber Fehlentwicklungen im Islam, dem Verharren in den religiösen und kulturellen Traditionen der Heimatländer und der Weigerung, die Religionsausübung im Kontext europäischer Lebenswirklichkeit zu liberalisieren und zu modernisieren.

Ein unerfüllter Traum: der liberale Islam

1998 hat der in Syrien geborene Politologe Bassam Tibi die Vision eines aufgeklärten und zeitgemäßen »Euro-Islam« geboren und sie nach fast zwanzig Jahren Desillusionierung 2016 selbst wieder beerdigt. In der Juni-Ausgabe des Magazins *Cicero* schrieb er: Der »Kopftuch-Islam« hat den »Euro-Islam« besiegt: »Den Euro-Islam wird es nicht geben. Ich kapituliere.«[8] Viele Mitstreiter für einen liberalen und modernen Islam wie der Islamwissenschaftler Ralph Ghadban waren enttäuscht: »Das fand ich traurig.« Die Argumente für Tibis Rückzug sind jedoch schlagend: Der Euro-Islam hatte kaum Anhänger gefunden. Die traditionellen muslimischen Verbände haben alles getan, damit die zarte Pflanze Euro-Islam nicht gedeiht. Und der Bundesregierung wirft Tibi vor, kein »sinnvolles Konzept zu haben, um Islam und Muslime zu integrieren«.

Ein Treppenwitz der Geschichte ist, dass die Beerdigung des Euro-Islam durch seinen geistigen Vater in eine Zeit fällt, in der sich unter den liberal-säkularen Muslimen in Deutschland ein starker Impuls entwickelt hat, sich gegen die Übermacht der konservativen islamischen Verbände zu wehren und sich zu organisieren. Im Frühjahr 2010 gründete sich in Köln der »Liberal-Islamische Bund«. Er tritt ein für eine »dogmafreie Auslegung religiöser Schriften ... unter Einbeziehung historischer und sozialer Kontexte und die umfassende Geschlechtergerechtigkeit sowie deren pädagogische und theologische Umsetzung«. Im Herbst 2015 fanden führende Intellektuelle im »Muslimischen Forum Deutschland« zusammen, um »humanistisch orientierten Muslimen eine Stimme« zu verleihen. Im September 2016 folgte die sogenannte »Freiburger Erklärung« von einer Gruppe von »säkularen Muslimen« aus Deutschland, Österreich und der Schweiz. »Wir träumen von einer Islamreform«, heißt es in der Erklärung, »von einer Aufklärung, aus der eine muslimische Gemeinschaft erwächst, die sich als integraler Teil der europäischen Gesellschaft sehen will.« Gemeinsam ist allen drei Gruppierungen, dass sie den liberal und säkular orientierten Muslimen eine Plattform geben wollen. Das Unglück will es aber auch, dass sie von derselben Krankheit befallen sind

wie ihre konservativen Gegenüber: der Uneinigkeit. Obwohl sie in vielen
Sektoren übereinstimmen – zeitgemäße Auslegung des Korans, echte
Gleichberechtigung der Geschlechter, weibliche Vorbeter, gemeinsame
Gebete von Männern und Frauen, gegen Antisemitismus und gegen Dis-
kriminierung von Homosexuellen –, betonen sie kleine trennende Diffe-
renzen. Ja, sie giften sich sogar schon heute an, statt über eine Fusion
nachzudenken oder wenigstens nach gemeinsamen Handlungsfeldern
zu suchen. So wirft etwa der »Liberal-Islamische Bund« den Autoren der
»Freiburger Erklärung« vor, sich den »marginalisierenden Diskursen der
Mehrheitsgesellschaft unreflektiert anzuschließen«.

Der Zufall wollte es, dass zwei Ereignisse Mitte Juni 2017 das Potenzial
hatten, zur Geburtsstunde eines liberalen, anderen Islam zu werden. Am
16. Juni ist die erste liberale Moschee in Berlin eröffnet worden, die Ibn-
Rushd-Goethe-Moschee. Am 17. Juni protestierten liberale Muslime und
Freunde auf einer Ramadan-Friedensdemonstration gegen Gewalt und
Terror. Haben da zwei Einzelkämpferinnen – die Anwältin und Frauenrechtlerin Seyran Ateş und die Religionslehrerin und Autorin Lamya Kaddor – erste Trippelschritte für einen organisierten liberalen Islam getan?
Ist die zeitliche Koinzidenz ein Zeichen dafür, dass die Zeit jetzt reif ist für
das Blühen einer zarten Pflanze?

Ateş' Moschee wird ein Gotteshaus ohne Geschlechtertrennung sein,
in der Schwule und Lesben, Sunniten, Schiiten und Aleviten willkommen
sind. Und in der Moschee werden Männer wie Frauen als Imame beten.
Das war für den konservativen Mainstream-Islam zu viel Abweichung.
Seit der Gründung der Moschee erhält Ateş Fatwas, hasserfüllte Kommentare mit Beschimpfungen und Beleidigungen bis zu Morddrohungen. In
den Augen der türkischen Religionsbehörde Diyanet missachtet die neue
Moschee »erhabene Grundsätze«, um den Islam »zu untergraben und zu
zerstören«.[9] Ateş hätte »nicht gedacht, dass türkische regierungsnahe
Sender und Zeitungen uns zu einer Gülen-Moschee erklären und damit zu
Terroristen, die man bekämpfen muss«.[10]

Die Kölner Friedensdemonstration geriet zum Flop. Statt der er-
warteten 10 000 Teilnehmer kamen nur tausend, und das auch noch überwiegend Nichtmuslime. Dieses traurige Ergebnis ist sicher auch auf die
Boykottaufrufe der DITIB und des Islamrates zurückzuführen. Trotzdem:
Die Realität zeigt, dass der liberale Islam weniger Anhänger hat als gedacht (oder erhofft).

Vier Tage vor dem Beginn der 4. Islamkonferenz im November 2018 wurde die Initiative »Säkulare Muslime« gegründet – aufgrund einer Anregung des Bundesinnenministeriums. Es wollte den liberalen Islam als Gegengewicht gegen den Monopolanspruch der konservativen muslimischen Verbände in der Islamkonferenz stärken. Die Liste der Gründungsmitglieder liest sich wie ein Who's Who muslimischer Islamkritiker in Deutschland: Cem Özdemir, Ahmad Mansour, Seyran Ateş, Hamed Abdel-Samad und Ali Ertan Toprak, um nur einige herauszugreifen. Sie berufen sich auf die »Freiburger Erklärung«, träumen von einer »Islamreform« mit einem »aufgeklärten Islamverständnis«. Sie plädieren für eine »moderne Lesart des Islam ..., die sich nicht scheut, ihre Religion kritisch zu hinterfragen ... und sie in Einklang mit der Lebensrealität zu bringen«.

Ob aus der Initiative »Säkulare Muslime« jemals ein wirkmächtiger Verband und aus der Vision eines »deutschen Islam« (Markus Kerber, Staatssekretär im Bundesinnenministerium) einmal Realität wird, ist im Sommer 2019 nicht zu beurteilen.

»Das Trennende steht im Vordergrund«: Moscheevereine

Nach dem Motto »Nach dem Ramadan ist vor dem Ramadan« haben die Neuköllner Schulaufsicht und das Bezirksamt Berlin-Neukölln im Oktober 2016 Moscheevereine zu einem »Runden Tisch« im Rathaus eingeladen, um eine »Handreichung« zu erarbeiten, die die »Spannungen« in den Schulen während des Ramadan in den letzten Jahren vermeidet, den »Schulerfolg« der Kinder sichert und ihre »Gesundheit« schützt. Anlass dieser Initiative war die Beobachtung, dass immer mehr Grundschüler fasten, obwohl sie das nach dem Koran erst ab der Pubertät müssen. Das Hauptziel des Runden Tisches war, dass Imame in Freitagspredigten darauf hinweisen. Pünktlich zum Beginn des Ramadan 2017 hat das Bezirksamt Berlin-Neukölln die »Neuköllner Empfehlungen« für »Ramadan und Schule« veröffentlicht – mit einem für die Initiatoren enttäuschenden »Minimalkonsens« und einer dürftigen Unterstützung der Moscheevereine. Nur drei der 20 Neuköllner Moscheen haben sie am Ende unterschrieben. Zwei von ihnen – die Neuköllner Begegnungsstätte NBS und das Islamische Kultur- und Erziehungszentrum (IKEZ) – werden wegen ihrer Nähe zur Muslimbruderschaft beziehungsweise Hamas vom Verfassungsschutz beobachtet. Bei ihnen vermuten Experten, dass hinter der Mitwirkung und Unterstützung auch taktische Motive stecken: Durch staatsbürgerliches Engagement und Nähe zur damaligen Bürgermeisterin Franziska Giffey will man sich vom Odium der Verfassungsfeindlichkeit befreien. Die DITIB ist ausgestiegen, nachdem der liberale Vorsitzende Ender Cetin durch einen Erdogan-nahen Mann ersetzt worden war. Die drei schiitischen Moscheen haben nicht unterschrieben, weil der von Teheran abgesegnete Text nicht veränderbar, in dieser Form aber für die anderen nicht annehmbar war. Schulrätin Gisela Unruhe hat befremdet, dass die Muslime »nicht verstehen, was ein Kompromiss ist«: »Religiöse Positionen waren nicht kompromissfähig.«

Das ursprünglich von der Schulaufsicht mit der gemeinsamen Erklärung verfolgte Ziel, dass Kinder wegen möglicher gesundheitlicher Folgen nicht fasten sollen, konnte nicht durchgesetzt werden. Auf der anderen Seite haben Schulaufsicht und Bezirksamt erreicht, dass »Lernen für Kinder und Jugendliche« als »schwere Arbeit« eingestuft wird, für die es »religiös begründete Ausnahmen« gibt. Deshalb dürfen fastende Kinder »etwas zu essen und zu trinken mit in die Schule nehmen« und sie dürfen das »Fasten unterbrechen, wenn gesundheitliche Probleme auftreten«. Bemerkenswert ist, dass es Bezirksamt und Schulaufsicht mithilfe einer religiösen Begründung gelungen ist, den Moscheevereinen ein gewichtiges Zugeständnis abzuringen: dass nämlich die Leistungskraft der Schüler im Konfliktfall Vorrang vor dem Fasten hat.

Dass nur drei Moscheevereine die »Hinweise« unterzeichneten, frustriert Schulaufsicht, Schulen und Bezirksamt. Schulrätin Gisela Unruhe ist »glücklich, dass sie jetzt in Pension gehen kann«. Für Robert Himberg, Leiter der Grundschule am Teltowkanal, werden die Empfehlungen »in der Praxis nichts ändern«, und ihr geringer Rückhalt in den Moscheevereinen ist für ihn ein »Zeichen ihrer Integrationsunwilligkeit«.

Nach Meinung der meisten Islamwissenschaftler taugen Moscheevereine nicht als Integrationshelfer. Für Susanne Schröter sind »Moscheevereine primär Rückzugsorte für Migranten« zur »religiösen und ethnischen Selbstvergewisserung« ohne politischen oder pädagogischen Auftrag: »In ihnen werden die religiösen Traditionen ihrer ursprünglichen Heimat bewahrt. Hier wird Berberisch, Arabisch, Türkisch, Farsi oder Urdu gesprochen, hier ist man weitgehend unter sich und wird nicht mit Zumutungen der deutschen Gesellschaft traktiert, seinen Glauben rechtfertigen zu müssen.«[1] In ihren Koranschulen wird Beten gelernt und die Heilige Schrift studiert. Kindern und Jugendlichen werden türkische oder arabische Identitäten auf der Grundlage des Islam und der Geschichte ihrer Herkunftsländer vermittelt. Bei Veranstaltungen sitzen die Geschlechter getrennt. Moscheevereine sind aber nicht nur religiöse, sondern auch kulturelle Zentren. Hier werden Hochzeiten gefeiert, Tanzgruppen treten auf, und es wird gemeinsam gegessen. Moscheevereine sind insbesondere für fromme Muslime Fluchtorte vor der Kälte und Isolation, die sie in Deutschland erleben, Orte, um Geborgenheit und Zugehörigkeit zu erfahren. Die Binnenperspektive eines religiös geprägten, aber wirtschaftlich und sozial erfolgreichen Verbandsfunktionärs: »Die hiesigen Moscheevereine bilden eine Subkultur. Die Verbindung zur deutschen Gesellschaft fehlt. Es gibt zwar einige Moscheen, die eine einigermaßen gute Verbindung zur deutschen Gesellschaft haben, aber diese sind in der absoluten Minderheit. In den Moscheen werden nicht Probleme behandelt, die die hiesige Gesellschaft betreffen, sondern die ihrer Herkunftsländer.«[2]

Denen begegneten die Muslime ganz real in der Flüchtlingskrise, als Landsleute und Glaubensgenossinnen und -genossen plötzlich vor der Tür standen. In ihrer Not bat die Bundesregierung damals die konservativen muslimischen Verbände und Moscheegemeinden, sie als »Integrationslotsen« zu unterstützen. Anzuerkennen ist, dass sich muslimische Verbände und Moscheegemeinden in der Flüchtlingsarbeit stark engagiert haben. Und das unaufgefordert und zunächst ohne finanzielle staatliche Hilfe. Über das von fünf Verbänden initiierte und später von der Bundesregierung und dem Bundesamt für Migration und Flüchtlinge finanzierte Programm »Strukturaufbau und Unterstützung von Ehrenamtlichen in den Moscheegemeinden« wurden nach dem Integrationsbericht 2016 1600 Moscheegemeinden mit mehr als 2500 Flüchtlingshelferinnen und -helfern erreicht.

Parallel tauchten aber auch Zwischenrufe auf, die davor warnten, unintegrierten Muslimen die Integration von Flüchtlingen zu überlassen.[3] »Unser Innenminister begeht einen Jahrhundertfehler«, kritisierte zum Beispiel der Psychologe Ahmad Mansour, »zu glauben, dass so Integration in die deutsche Gesellschaft gefördert wird, ist amateurhaft.«[4] Es reiche nicht, Flüchtlingen den Weg zur Moschee zu zeigen. »Sie sollen lernen, wie Deutschland funktioniert ... und vor allem, welche Werte in dieser Gesellschaft gelten.« Ali Ertan Toprak, Vorsitzender der Kurdischen Gemeinde in Deutschland, ergänzt: »Die islamischen Verbände sollten erst mal für die Integration ihrer eigenen Mitglieder sorgen, bevor sie staatlich subventionierte Integrationsarbeit für Flüchtlinge übertragen bekommen.«[5] Das haben sie nach den Erfahrungen von Constantin Schreiber auf seinen Ausflügen in die Moscheenlandschaft nicht getan: »Während vor der Moscheetür permanent über Integration gesprochen wird, predigt man im Inneren das Gegenteil«: »In vielen Predigten wird über ›unsere Heimat‹, ›unsere Nation‹, ›unser Land‹ gesprochen – gemeint war aber niemals Deutschland, sondern die Türkei oder Ägypten.«[6]

Eine Schlüsselrolle in den Moscheevereinen spielen die Imame. 75 Prozent von ihnen sind nach der Untersuchung von Rauf Ceylan »traditionell-konservativ« ausgerichtet, nur 15 Prozent »intellektuell-offensiv«.[7] Die erste Gruppe ist nach ihm »der dogmatischen und liturgischen Tradition verbunden«. Sie vertreten Werte wie »Autoritätsgläubigkeit«, »Gehorsam«, »Gottesfurcht« und »Patriotismus«. Das heißt: Drei Viertel der Prediger sind schon von ihrer Grundhaltung her ungeeignet, beim Heranführen an die deutsche Zivilgesellschaft zu helfen. Hinzu kommen Sprachbarrieren, die die Distanz vergrößern. Nach einer Studie des Bundesamts für Migration und Flüchtlinge wurden 90 Prozent der Prediger nicht in Deutschland geboren, 70 Prozent sprachen kein oder nur mittelmäßig Deutsch. Von den mangelhaften Sprachkenntnissen der Vorbeter war der ARD-Redakteur Constantin Schreiber trotz niedriger Erwartungen bei seinem Streifzug durch 13 Moscheen überrascht: »Offenbar ist es möglich, viele Jahre in Deutschland zu leben, mit Frau und Kindern, ohne auch nur in der Lage zu sein, auf Deutsch ein Brötchen zu kaufen. Von allen Imamen, mit denen ich Gespräche führen konnte, gab es nur einen einzigen, der in der Lage war, sich für ein Interview ausreichend auf Deutsch auszudrücken.«[8]

Die fehlenden Sprachkenntnisse und der Kulturschock in der westlichen Welt sind nach Rauf Ceylan zwei Hauptursachen dafür, dass Imame kaum etwas zur kulturellen Integration beitragen können: »Wer mit seiner eigenen Integration überfordert ist, der kann nicht auch noch andere integrieren.«[9] Die Sprach- und Kulturbarrieren haben nach den Beobachtungen von Schreiber außerdem zur Folge, dass die Predigten nach seinen Erfahrungen nur selten einen Bezug zu Deutschland haben. In der Al-Furqan-Moschee in Berlin hat er eine Predigt aufgezeichnet, die nach Meinung eines palästinensischen Journalisten »aus einer Moschee im Gaza-Streifen stammen« könnte. Eine Predigt in der Berliner Umr-ibn-al-Khottab-Moschee beschäftigte sich mit der Besteuerung von Kamelen und Datteln. Susanne Schröter sieht in dieser Predigt das Bestreben des Imams, Gemeindemitglieder in der »märchenhaften Welt« ihrer Heimat zu halten und »nicht in Deutschland ankommen« zu lassen, »weil man glaubt, dass von der deutschen Gesellschaft ein schädlicher Einfluss ausgeht, dass der Virus der Freiheit ansteckend ist«.[10]

Unter den Moscheevereinen gibt es eine kleine Minderheit, die Integration nicht nur ablehnt, sondern die freiheitlich-demokratische Grundordnung bekämpft, um sie durch einen Gottesstaat zu ersetzen. Insgesamt 45 Moscheevereine haben Bund und Länder zwischen 2001 und Juni 2017 wegen Verfassungsfeindlichkeit verboten, ein Indiz dafür, in welchem Umfang sich ein Teil von ihnen in Heimstätten für Salafisten und Brutstätten für Dschihadisten verwandelt hatte. »Salafistische Moscheen

sind zum bevorzugten Rekrutierungsfeld für die Dschihadistische Bewegung in Deutschland geworden«, stellt eine gemeinsame Analyse der
Sicherheitsbehörden von Radikalisierungsverläufen von Syrien-Reisenden 2015 fest. Nach ihr waren Kontakte zu Moscheen nach Freunden
der zweithäufigste Radikalisierungsfaktor bei Syrien-Reisenden. 90 Moscheen hat das Bundesamt für Verfassungsschutz zeitweise bundesweit
beobachtet, allein in Nordrhein-Westfalen 55.[11]

Die abgrenzende Grundhaltung der Moscheevereine und Imame und
die Scheu der Lehrerschaft in den besuchten Schulen vor Kontakten zu
ihnen sind vermutlich die Ursachen für die fehlende Zusammenarbeit in
der Vergangenheit, von wenigen Einzelfällen abgesehen. Dieser Befund
stimmt mit den Erkenntnissen der wissenschaftlichen Begleitforschung
zum bekenntnisgebundenen islamischen Religionsunterricht (IRU) in
Baden-Württemberg überein: »Weder scheinen die Schulen den Kontakt
zu Moscheegemeinden zu suchen und zu pflegen, noch umgekehrt die
Moscheen ihre Beziehung zur Schule.«[12]

Mäßig erfolgreich: Lehrer als Kulturmittler

Mit der Einführung des bekenntnisgebundenen islamischen Religions-unterrichts (IRU) haben sechs Bundesländer – Nordrhein-Westfalen, Baden-Württemberg, Hessen, Rheinland-Pfalz, Niedersachsen und das Saarland – vor allem ein Ziel verfolgt: die Integration der muslimischen Schüler zu fördern. Der Unterricht sollte den interreligiösen Dialog unter-stützen, Verständnis für andere Religionen wecken, religiöse Toleranz ver-tiefen und ein Zeichen für die Anerkennung und Gleichberechtigung von Muslimen in unserer Gesellschaft setzen.[1] Zudem hoffte man, dass die Einführung des IRU der Segregation entgegenwirkt.[2]

Ob der IRU diese ehrgeizigen Ziele erreicht, sollten wissenschaftliche Begleituntersuchungen in Baden-Württemberg, Niedersachsen und Nord-rhein-Westfalen zeigen.[3] Ihnen verdanken wir nicht nur Erkenntnisse über Wirkung und Akzeptanz des IRU, sondern auch über den Stand der Integration muslimischer Schüler bei der kulturellen Eingliederung und über die Leistungen von Schulen als Vermittler deutscher Werte und Kul-tur. Mit Ausnahme einer niedersächsischen Trendstudie und des Nieder-sachsensurveys des Kriminologischen Instituts Niedersachsen gibt es in diesen Bereichen ein erhebliches Defizit an empirischer Forschung.[4]

Fakt ist, dass der IRU allein durch seine Existenz auf der Anerken-nungs- und Wertschätzungsebene integrationsfördernd wirkt. Beim Religionsunterricht auf einer Stufe mit der katholischen und evangeli-schen Kirche zu stehen ist für den Islam und die Muslime ein Zeichen von Angekommen- und Angenommensein in der Mehrheitsgesellschaft. Positiv zu Buche schlägt ferner, dass der IRU von der großen Mehrheit der Schüler, Lehrer und Eltern in allen drei Bundesländern positiv bewertet wird. Relativierend ist allerdings hinzuzufügen, dass die Zustimmungs-quoten von Schülern, Eltern und Lehrern für andere Formen des Religionsunterrichts wie Islamkunde, Ethik und »Religion für alle« ähn-lich hoch ausfallen. Aufgrund fehlender Vergleichsmöglichkeiten schät-zen offenbar alle Befragten die Modelle am meisten, die sie kennen. Ein ganz anderes, erheblich negativeres Bild entwirft die Begleitforschung hingegen bei den Einstellungen muslimischer Schüler zur Integration und Segregation.

Beim Erziehungsziel Integration kommen die wissenschaftlichen Evaluationen des IRU zu höchst unterschiedlichen Ergebnissen. In Nordrhein-Westfalen zieht der Abschlussbericht über den Modellversuch eine positive Bilanz: Das Fach islamischer Religionsunterricht sei »integrationsfördernd«, und die »Urteils- und Toleranzkompetenz der Schülerinnen und Schüler« sei »deutlich und nachweisbar gestiegen«.[5] Zu einem vorsichtigeren Schluss gelangt die wissenschaftliche Begleitung des niedersächsischen Modellversuchs. Sie erkennt einen »integrativen Effekt« bei der Ausformung der »kulturellen Identität«, warnt aber zugleich vor »unverkennbaren Separationstendenzen« und einer »eng verstandenen Religiosität«.[6] Noch behutsamer formulieren die baden-württembergischen Begleitforscher: Wenn Eltern überhaupt eine Verhaltensänderung bei ihren Kindern wahrgenommen haben, dann ist ihnen »mehr religiöses Interesse und ein besseres Benehmen« aufgefallen.[7] Im Tenor zwischen diesen Ergebnissen liegen die Antworten von türkeistämmigen Schülern der neunten Klasse in Niedersachsen bei repräsentativen Umfragen in den Jahren 2013, 2015 und 2017: »Die Integration der türkischstämmigen Jugendlichen ist über die Jahre hinweg tendenziell gestiegen und nicht gefallen« – freilich nicht signifikant.[8] Zum selben Ergebnis kommt der Niedersachsensurvey 2017 des Kriminologischen Forschungsinstituts Niedersachsen.[9]

Da es hier vornehmlich um die Leistungen der Schulen als Integrationsagenturen bei der kulturellen Eingliederung geht, die zugleich von Eltern, Peergroups und der muslimischen Community beeinflusst wird, fällt es schwer, die Rolle der Schule im Geflecht der anderen Einflussfaktoren zu isolieren und zu bewerten. Die Schule kann nicht entscheiden, welche Fernsehprogramme im Elternhaus laufen, welche Sprache dort gesprochen wird, welche Zeitungen gelesen werden und mit wem die türkischen Schüler Freundschaften schließen. Außerdem fehlen bei der Einordnung der kulturellen Integration konkrete Beurteilungskriterien wie etwa bei der sozialen Integration: Zensuren, Übergänge auf weiterführende Schulen, Abitur, Studium, Berufsbildung oder Beschäftigung. Aber es gibt Integrationsindikatoren wie Religion, Verbundenheit mit Deutschland oder das Verhältnis zu Demokratie und Rechtsstaat, Bereiche, in denen Schulen in den Fächern Religion, Geschichte und Staatsbürgerkunde einen

Bildungsauftrag haben. Deshalb ist es legitim zu fragen, ob die Schule hier ihren Bildungsauftrag erfüllt und ob sie Einstellungen prägt. Bei diesen Integrationsindikatoren kommen die niedersächsische Trendstudie und der Niedersachsensurvey 2017 zu dem Ergebnis, dass die kulturelle Integration der türkischen Jugendlichen im Vergleich zu Altersgenossen aus Polen, der ehemaligen Sowjetunion, des ehemaligen Jugoslawien, Südeuropa, Nord-/Westeuropa, Asien und islamischen Länder »am niedrigsten ausfällt«.[10]

Deutliche Fortschritte sind bei Einstellungen zum Verhältnis staatlicher Gesetze und Gebote der Religion zu beobachten. Während bei der ersten Generation der Türkeistämmigen noch 57 Prozent die Auffassung vertraten, dass die »Befolgung von Geboten meiner Religion« für mich »wichtiger ist als die Gesetze des Staates, in dem ich lebe«, wird diese Meinung in der zweiten und dritten Generation, die in der Mehrzahl in Deutschland zur Schule gegangen sind, nur noch von 36 Prozent vertreten.[11] Trotz des Aufwärtstrends in einer zentralen Frage können Schulen nicht damit zufrieden sein, dass ein Viertel bis ein Drittel der türkeistämmigen Schüler eine tragende Säule unseres Rechtsstaats nicht verinnerlicht hat: nämlich den Vorrang von staatlichen Gesetzen vor religiösen Geboten.

Deutliche Verbesserungen bei der kulturellen Integration registriert der Niedersachsensurvey 2017 bei türkischen Jugendlichen gegenüber Juden und Homosexuellen.[12] Zwischen 2013 und 2017 ist der Anteil der türkischen Neuntklässler mit negativen Einstellungen gegenüber Juden um 12 Prozent auf 19 Prozent zurückgegangen. Damit ist die Verbreitung antisemitischer Einstellungen unter türkischen Jugendlichen aber immer noch doppelt so hoch wie unter deutschstämmigen Altersgenossen. Auch die negativen Anschauungen von türkischen Jugendlichen gegenüber Homosexuellen haben sich um 14 Prozent deutlich abgeschwächt. Allerdings bleibt noch ein Drittel der türkischen Neuntklässler homophoben Meinungen verhaftet, 20 Prozent mehr als bei ihren deutschstämmigen Klassenkameraden. Hier ist für die Schulen also noch viel Aufklärung zu leisten.

In der Selbsteinschätzung der Schüler hat der IRU einige positive Effekte hervorgebracht. Zwischen 51 und 71 Prozent der Schüler auf weiterführenden Schulen geben an, dass sie im IRU etwas über Feste, Gotteshäuser und Glaubensinhalte anderer Religionen gelernt haben.[13] 69 Prozent dieser Schüler wünschen sich, mehr über andere Religionen zu lernen.[14]

Unter den Aspekten der Aufklärung, der Liberalisierung und der Integration fällt die Bilanz des IRU jedoch negativ aus. Obwohl wir in einem multireligiösen Land mit verschiedenen religiösen Wahrheiten leben, hält sich in vielen Köpfen muslimischer Schüler hartnäckig die Vorstellung, dass der Islam die einzig wahre und anderen Glaubensgemeinschaften überlegene Religion ist. Nach der niedersächsischen Trendstudie meint ein knappes Drittel (30 Prozent), dass der »Islam die einzig wahre Religion ist« und »alle anderen Religionen weniger wert« sind. Beim Absolutheits- und Überlegenheitsanspruch des Islam unterscheiden sich Schüler nicht von Erwachsenen, bleibt der Unterricht also ohne Wirkung.[15] Noch krasser fällt diese fragwürdige Haltung bei Teilnehmern des IRU in Nordrhein-Westfalen aus. Hier fanden 87 Prozent der Schüler auf weiterführenden Schulen, dass der Islam die »wahre Religion«, und 98 Prozent, dass »Allah der einzige Gott ist«.[16] Die fehlende Relativierung des Absolutheitsanpruchs des Islam bei einem erheblichen Teil der muslimischen Jugendlichen und Erwachsenen wirkt in einer multireligiösen Gesellschaft integrationsfeindlich. Woher kommt diese Resilienz?

Es liegt nahe, sie bei der Religion selbst zu suchen. Da ist zunächst der hohe Stellenwert, den die religiöse Erziehung bei überwiegend gläubigen oder stark gläubigen Eltern hat.[17] Zwischen 50 und 70 Prozent der Eltern in Nordrhein-Westfalen beteiligen sich aktiv bei der religiösen Erziehung. Sie beten mit ihren Kindern, gehen mit ihnen in die Moschee und bringen ihnen etwas über den Islam bei.[18] Diese religiöse Erziehung der Eltern spiegelt sich in der religiösen Praxis der Schüler wider.[19] Rund 65 Prozent der Schüler auf Grundschulen und weiterführenden Schulen gehen mindestens einmal in der Woche in die Moschee.[20] Von den Grundschülern besuchen in Nordrhein-Westfalen zwischen 47 und 57 Prozent neben dem IRU den Koranunterricht, von den Schülern auf weiterführenden Schulen tun das sogar zwischen 58 und 62 Prozent.[21] Es gibt kein Indiz dafür, dass der IRU Kinder und Jugendliche von dem Besuch der integrationshemmenden Koranschulen ferngehalten hat. Schmerzen muss Schulen und Bildungspolitiker überdies, dass der Anteil der Schüler, die am liebsten etwas über den Koran in der Moschee lernen, 5 bis 10 Prozent über dem Anteil der Schüler liegt, der die Schule als Lernort vorzieht.[22] In Baden-Württemberg besuchen sogar zwei Drittel der Schüler neben dem IRU Koranschulen – mit steigender Tendenz.[23]

Eine Schlüsselrolle bei der Vererbung eines traditionellen Islamverständnisses spielen in Nordrhein-Westfalen die muslimischen Religionslehrer. Ziele und Schwerpunkte des IRU sehen die Religionslehrer unter anderem im Auswendiglernen von Suren, im Vermitteln der Biografie Mohammeds und in der Entwicklung eines guten Charakters und eines guten Benehmens.[24] Einen aufklärerischen Ansatz verrät das Bemühen, auf Unterschiede in der islamischen Glaubenspraxis hinzuweisen und die Schüler in die Lage zu versetzen, sich »mit der Religionsauslegung der Islamgelehrten oder -wissenschaftler kritisch auseinanderzusetzen«. So weit, so gut. Daneben wollen die Religionslehrer aber auch vermitteln, dass »Allah der einzig wahre Gott« ist, wodurch sie sich über das Christen- und Judentum erheben. Und sie wollen erklären, dass »die islamische Glaubenspraxis und -überzeugungen mit den deutschen Werten vereinbar sind«. Über zwei Drittel der Religionslehrer halten dieses Unterrichtsziel für »sehr wichtig«.[25] Pech nur, dass die Prämisse dieses Lernziels falsch ist. Unvereinbarkeiten zwischen der islamischen Glaubenspraxis und unserer Wert- und Rechtsordnung gibt es bei der Gleichberechtigung von Mann und Frau, bei Kinderehen und Vielehen, bei der Apostasie und der negativen Religionsfreiheit des Grundgesetzes sowie beim angeblichen Vorrang der Scharia vor den Menschenrechten und dem Grundgesetz in Konfliktlagen. Die letzten drei Unterrichtsziele sind Fälle für die Schulaufsicht. Sie erinnern in fataler Weise an die Argumentationsmuster religiös konservativer muslimischer Verbände. Und das ist möglicherweise kein Zufall. 29 Prozent der Religionslehrer haben nämlich angegeben, dass sie Mitglieder eben dieser Verbände sind.[26] Über sie kann das religiöse Vorverständnis der DITIB oder des Zentralrats der Muslime ungefiltert im islamischen Religionsunterricht einsickern. Diese Gefahr sieht auch der Politologe Hamed Abdel-Samad: »Die Tatsache, dass konservative Islamverbände die Hauptpartner in Sachen Islamunterricht sind, lässt die Befürchtung aufkommen, dass der konservative organisierte Islam mehr Einfluss auf die Schulen gewinnen wird.«[27]

Wie kommt es zu dem festgefügten konservativen Verständnis des Islam in der muslimischen Schülerschaft, das die Schule offenbar nicht aufbrechen kann? Hier wirken sich vermutlich das religiöse Umfeld in der Familie und in den Moscheevereinen sowie ein fragwürdiges Verständnis der Lehrerschaft von den Lehrinhalten des IRU negativ aus.

Ein zentrales Ziel des IRU ist nach dem Abschlussbericht der nord-
rhein-westfälischen Begleitforscher auch, einen »Beitrag zu einer besseren Integration und der emotionalen Identifikation, der ›Beheimatung‹
der hier lebenden Muslima und Muslime zu leisten«.[28] Mit anderen
Worten: Segregation einzudämmen. Ob das dem IRU oder den Schulen
allgemein gelingt oder misslingt, soll mit dem Vergleich von drei Mo-
dellen des Zusammenlebens ergründet werden: Assimilation, Integration und Segregation. Ein Leben wie Deutsche befürworten von den
muslimischen Schülern im IRU in Nordrhein-Westfalen nur 8 Prozent,
in Niedersachsen 7 Prozent der türkeistämmigen Schüler mit stark abnehmender Tendenz.[29] Mit steigender Tendenz bevorzugt wird das
Leben mit Doppelidentitäten (Integration). Nach Vorstellungen von
gut zwei Dritteln (68 Prozent) der Kinder und Jugendlichen in Nordrhein-Westfalen und 50 Prozent in Niedersachsen sollen »Familien
die deutsche Lebensweise annehmen und die türkische beziehungsweise muslimische Lebensweise behalten«. Für sie ist typisch, dass sie
deutsche und türkische Freunde haben und beide Sprachen gleich gut
sprechen wollen. Gleichzeitig ist der Anteil der Schüler mit Separationstendenzen um 17 Prozentpunkte gesunken, verharrt aber auf hohem
Niveau von 54 Prozent.[30] In Niedersachsen sind es sogar 62 Prozent.
Übrig bleibt der verstörende Befund, dass über die Hälfte der Schüler
in zwei Bundesländern, die den IRU besuchen, ohne Integrationswillen
wie in der Heimat leben will. Nach den beiden Begleituntersuchungen
werden Integration und Segregation als Modelle des Zusammenlebens
etwa im selben Umfang praktiziert.

Zu erheblich abweichenden, teilweise aber immer noch alarmierenden
Ergebnissen gelangt der Niedersachsensurvey 2017 unter den türkeistämmigen Neuntklässlern.[31] 30 Prozent verstehen sich als deutsch,
19 Prozent als deutsch und türkisch, aber 51 Prozent nur als türkisch.[32]
Eine etwas größere Nähe zu Deutschland empfinden Neuntklässler aus
islamisch geprägten Ländern: 57 Prozent identifizieren sich nur mit
Deutschland, 18 Prozent leben mit zwei Identitäten, einer deutschen und
der des Herkunftslandes. Nur 25 Prozent möchten hier wie in ihrem Herkunftsland leben. Im Vergleich zu anderen Migrantengruppen findet die
Segregation unter den türkeistämmigen Schülern in Niedersachsen den
stärksten Anklang. Bei allen anderen Migrantengruppen pendeln die Anteile mit Absonderungsneigungen zwischen 3 und 19 Prozent.[33]

Was sich hier in Zahlen bei türkischen Schülern widerspiegelt, hat Ingrid König, Leiterin einer Brennpunktgrundschule in Frankfurt-Griesheim, bei einer Schülerdiskussion im Ethikunterricht über Liebe zu Eltern, Großeltern und Geschwistern hautnah erlebt.[34] Ein Schüler sagte, dass er auch Liebesgefühle zu »meinem Land« entwickle. Gefragt, welches Land er meine, antwortete er ohne Zögern »Türkei«. Auf die Frage, wer in der Klasse Deutscher sei, antwortete keiner, obwohl viele einen deutschen Pass hatten. Diese Erfahrung hinterließ bei ihr das schale »Gefühl, dass unseren Bemühungen, die Kinder einmal zu Bürgern unseres Landes zu machen, schon in der Grundschule etwas Vergebliches anhaftet«.[35]

Nach Auffassung des Sachverständigenrates deutscher Stiftungen für Integration und Migration liegen bisher keine belastbaren empirischen Befunde für eine integrative oder desintegrative Wirkung des bekenntnisgebundenen islamischen Religionsunterrichts vor.[36] Bei realistischer Betrachtung kann dieser Befund nicht verwundern. Denn eine solche Wirkung einem einzigen Schulfach zuzuschreiben heißt, die Bedeutung des IRU zu überschätzen und die Wirkung der anderen Schulfächer, der peergroups, der Familie und der muslimischen Community zu unterschätzen. Die Integrationserwartungen der Politiker an den IRU sind völlig überzogen. Das scheint in besonderem Maße für die offenbar ungebrochene Erziehungsmacht konservativer muslimischer Familien zu gelten. »Das Fatale an der Erziehung (in der Familie) ist, dass das Wohlwollen und die Anerkennung in den Communities mehr zählen als das Wohl des Kindes«, fasst Hamed Abdel-Samad seine Erfahrungen zusammen.[37] »Meine eigentliche Integration begann erst, als ich von zu Hause abgehauen bin«, erzählt die Anwältin und Frauenrechtlerin Seyran Ateş: »Ich konnte erst Deutsche werden, als der Einfluss der Familie und des Kollektivs nicht mehr da war.«[38]

»Ohne Vorwurf an die Schulen«, stellt der Integrationsforscher Dirk Baier fest, dass die »Familie und ihr Netzwerk viel mächtiger sind als die Schule«. Auch der Vorsitzende des Verbandes Bildung und Erziehung (VBE) Udo Beckmann räumt offen ein: »Schule ist auf verlorenem Posten, wenn unsere Bemühungen durch das Verhalten mancher Eltern und von Teilen der Gesellschaft konterkariert werden.« Diese resignativ-exkulpierende Haltung wirf die Frage auf, ob wir nicht alle Erwartungen an Schulen als Integrationsagenturen bei der kulturellen Eingliederung fahren lassen müssen. Das glaubt der Politologe Abdel-Samad nicht. Er will die Schulen nicht aus ihrer Verantwortung entlassen. Für ihn scheitert die Integration »an einer Schule, die nicht imstande ist, Werte zu vermitteln und den Kindern klarzumachen, dass hier eine bessere Alternative liegen könnte im Vergleich zu den patriarchalischen Strukturen, die in konservativen Familien vorherrschen ... Schulen haben es bisher nicht geschafft, die Kinder gegen den Fundamentalismus, den Nationalismus und das Patriarchat zu immunisieren.«[39]

Wir sollten uns bewusst machen: Wenn die kulturelle Integration im geschützten Raum der Schule nicht funktioniert, stellt sich die Frage, wann und wo sie überhaupt gelingen kann. Die Schule ist für muslimische Kinder oft der einzige Ort, an dem sie sich ohne Kontrolle durch Eltern und Community entwickeln können. Wir dürfen die Schulen aus dieser Schlüsselrolle bei der Werte- und Kulturvermittlung nicht entlassen.

Enttäuschende Fortschritte: Die soziale Integration von Muslimen

Unbeantwortet ist bisher die Frage, warum muslimische Zuwanderer auf dem Billdungs- und Arbeitsmarkt häufig schlechter abschneiden als Migranten aus europäischen und insbesondere südosteuropäischen Ländern. Liegt das an sozioökonomischen, religiösen oder kulturelle Gründen? Bei der Suche nach Antworten ist es erforderlich, neben der kulturellen Integration, die hier im Fokus steht, auch die soziale Integration – Erfolge in der Bildung und auf dem Arbeitsmarkt – in den Blick zu nehmen. Soziale und kulturelle Integration sind, wie dargelegt, Zwillinge.[1]

In der Segregationsfalle: Kinderkrippen und Kindergärten

»Die entscheidenden Grundlagen für die Entwicklung der Kinder werden vor der Schule gelegt. Was in der Zeit versäumt wurde, lässt sich später nur schwer aufholen«, erklärt Olaf Köller, Direktor des Leibnitz-Instituts für die Pädagogik der Naturwissenschaften und der Mathematik.[2] Als Weichensteller für Bildungsteilhabe und Chancengleichheit hat die Zahl der Kinder unter sechs Jahren, die einen Migrationshintergrund haben und in Familien aufwachsen, in denen vorrangig nicht Deutsch gesprochen wird, in Tageseinrichtungen in den letzten Jahren kontinuierlich zugenommen. Bei den Kindern unter drei Jahren hat sich die Zahl mehr als verdreifacht, bei den Kindern im Alter von drei bis sechs Jahren gab es einen Anstieg bis 2015 von gut 16 Prozent.[3] Danach gab es einen Umschwung. 2018 besuchten nur noch 82 Prozent aller Kinder mit Migrationshintergrund im Alter zwischen drei und sechs Jahren einen Kindergarten.[4] Ein Minus gegenüber 2015 um 8 Prozent. Ähnlich negativ ist die Entwicklung bei Kindern mit Migrationshintergrund unter drei Jahren verlaufen. Hier ist die Schere der Besuchsquote von Kindern mit und ohne Migrationshintergrund in den letzten drei Jahren wieder weiter aufgegangen: 20 Prozent gegenüber 41 Prozent. Seit 2015 ist die Teilnahmequote von Kindern mit Migrationshintergrund um 2 Prozentpunkte zurückgegangen. Mögliche

Ursachen für den gering ausgeprägten Krippenbesuch in diesem Alter:
Kinder von Neuflüchtlingen, Kosten, fehlende Informationen und kulturelle Vorbehalte gegenüber einer außerhäuslichen Betreuung von Klein-
kindern. Dem Satz, dass ein Kleinkind sicherlich darunter leiden wird,
wenn seine Mutter berufstätig ist, stimmen fast zwei Drittel aller Türkeistämmigen (64 Prozent) zu, während dies in der Gesamtbevölkerung nur
46 Prozent tun.[5] Hier liegt also noch Sprachförderungs- und Integrations-
potenzial brach. Das ist freilich kleiner, als es zunächst scheint. Viele Kinder
mit Migrationshintergrund besuchen nämlich »segregierte Kitas« (Sachverständigenrat deutscher Stiftungen für Integration und Migration).[6] Sie
stecken in einer Segregationsfalle. Nach dem Bildungsbericht 2016 haben
in Westdeutschland 34 Prozent der Kinder mit nichtdeutscher Familiensprache Tageseinrichtungen besucht, in denen mehr als die Hälfte der
Kinder ebenfalls kein Deutsch sprach. In den Stadtstaaten Berlin (53 Prozent), Bremen (50 Prozent), Hamburg (44 Prozent) sowie im Flächenland
Hessen (42 Prozent) sind diese Anteile besonders hoch. Diese bereits eingeschränkten Sprachförderungschancen von Migrantenkindern werden
zusätzlich durch deutschsprachige Familien gemindert, deren Töchter und
Söhne laut Bildungsbericht 2016 einen Sprachförderungsbedarf haben.
Das waren 21 Prozent. Angesichts dieser ungünstigen Startchancen für
den Spracherwerb verwundert es nicht, dass nahezu 10 Prozent der Kinder wegen Sprachdefiziten verspätet eingeschult werden. Bei Kindern
mit Deutsch als Zweitsprache war der geringe Wortschatz auschlagge-
bend. Das Fazit des Migrationsberichts 2016: »Es wird deutlich, dass sich
sprachliche Defizite bei Kindern mit Migrationshintergrund von Anfang
an nachteilig auf den Bildungsverlauf auswirken.«[7]

Geringe Fortschritte, Stagnation und erhebliche Rückschritte: Schulen

»Kinder lernen schnell, vor allem auch die Sprache.« Dieses unter Pädagogen verbreitete Credo ist richtig, erfasst aber bei Zuwanderern nicht die
ganze Wahrheit. Auch beim Erlernen der Sprache ist die Bandbreite der Be-
gabungen groß. Einige Kinder mit Migrationshintergrund lernen Deutsch
in wenigen Monaten, andere, in Deutschland geboren, sprechen selbst in
der Oberstufe eines Gymnasiums noch nicht fehlerfrei. Die Hürde, die
häufig gerissen wird, ist der Übergang von der Alltagssprache zur Schrift-

oder Bildungssprache. Das geben selbstkritische muslimische Schüler am Neuköllner Albrecht-Dürer-Gymnasium auf verblüffend ehrliche Weise zu. Hilal mit türkischen Wurzeln versteht wie andere Glaubensbrüder »manchmal nicht, was Lehrer sagen. Die Deutschen lachen dann manchmal.« Hussein mit libanesischem Hintergrund meint, dass die Noten der Migranten in Deutsch schlechter sind. Mit Fachbegriffen und Zeichensetzung haben die meisten Probleme. Aufgefallen ist ihm, dass die »Einleitungen von Aufsätzen von Deutschen besser sind«. Was natürlich nicht für alle Deutschen gilt, da auch sie, kommen sie aus bildungsfernen Familien, mit geringem Wortschatz, Orthografie und Zeichensetzung zu kämpfen haben.

Sprache ist der Schlüssel für Bildung und Integration. Nichts grämt die Lehrerschaft in allen besuchten Schulen mehr als die Sprachdefizite bei Migranten, insbesondere bei muslimischen Schülern – von der Einschulung bis zum Abitur. Einige Lehrer wie Robert Himberg sehen »geringe Fortschritte«, andere eine »Stagnation« der Deutschkenntnisse beim Übergang ins Gymnasium (Eva Maltusch vom Kreuzberger Robert-Koch-Gymnasium) oder einen »Stillstand« (der Hanauer Schulrat Erich Schleßmann). Eine dritte Gruppe erkennt sogar »Verschlechterungen« durch die häufige Nutzung sozialer Medien und der dort verwandten Kurzsprache (Claus Wörn vom Albert-Einstein-Gymnasium in Maintal) oder das Nichtlesen in der Freizeit (Katja Ruth-Rössel von der Hanauer Erich-Kästner-Schule). »Die derzeitige Generation von Schülern liest und schreibt so wenig wie keine zuvor, zumindest, was volle, komplexere Sätze betrifft«, sagt der Präsident des Deutschen Lehrerverbandes, Heinz-Peter Meidinger.[8] Katja Ruth-Rössel beobachtet, dass die »Schreibfähigkeit abnimmt, es sei denn, die Schüler kommen aus akademisch gebildeten Familien«. Beim Aufsatzschreiben verhaken sich Kinder bei der Wortfindung und der Grammatik. »Was früher in der zweiten Klasse gelang, geht heute erst in der dritten Klasse«, sagt sie.

»Das Hauptproblem ist die Sprache.« Diesen Satz einer Nürnberger Grundschullehrerin würden vermutlich alle befragten Lehrer unterschreiben. Für die Münchener Grundschulleiterin Michaela Fellner ist der Wortschatz der Erstklässler »unfassbar gering«: Die ersten Lesewörter sind zum Beispiel »Ast«, »Tante«, »Ente«, »Ampel« oder »Insel«. Aber keines dieser Wörter wird von den Kindern aktiv verwendet und oft auch nicht verstanden.[9] Entmutigend auch die Erfahrungen der Schulleiterin

Julia Gajewski in einer Essener Brennpunktgesamtschule: »Bei unserem
Spracheingangstest ist dem ganzen neuen Jahrgang der fünften Klasse im
Durchschnitt ein Förderbedarf attestiert worden. Wir beginnen im fünf-
ten Schuljahr mit Unterrichtsinhalten aus dem dritten Schuljahr.«[10]

Diese alarmierenden Erfahrungen einzelner Pädagogen bestätigt der
IQB-Bildungstrend 2016. Zwischen 2011 und 2016 haben sich die Leistungen der Viertklässler in Mathematik, beim Zuhören und in der Rechtschreibung verschlechtert. Der Anteil der Kinder, die den Regelstandard
nicht erreichen, ist beim Zuhören von 26 auf 32 Prozent gestiegen, bei
der Orthografie von 35 auf 45 Prozent, in der Mathematik von 32 auf 38
Prozent. Nur beim Lesen sind die Leistungen der Viertklässler stabil geblieben.

Hauptverantwortlich für diese Defizite sind in erster Linie die hohen
Migrantenanteile an den besuchten Schulen. Nach den PISA- und IG-
LU-Studien hinken Kinder mit Migrationshintergrund mit ihren Leistungen ein bis zwei Jahre hinter ihren deutschstämmigen Mitschülern
hinterher.[11] Nach dem IQB-Bildungsvergleich 2016 haben sich die
Leistungsunterschiede bei Viertklässlern mit und ohne Migrationshintergrund in Deutsch und Mathematik »kaum verändert«.[12] Und unter den
Schülern mit Migrationshintergrund sind es nach Bildungsvergleichen
wiederum Schüler mit türkischem und arabischem Hintergrund, die am
schlechtesten abschneiden. Nach einer Sonderauswertung der IGLU-Studie 2006 erzielten die türkischen Schüler an der Grundschule die mit Abstand schwächsten Punktwerte bei der Lese- und Mathematikkompetenz.
Die Differenz zu deutschstämmigen Schülern betrug bei muslimischen
Kindern mit zwei im Ausland geborenen Elternteilen 83 Punkte, während
sie bei den übrigen Kindern mit zwei im Ausland geborenen Elternteilen
mit 41 Punkten deutlich geringer ausfiel.[13] An diesen Disparitäten dürfte sich bei der Sprachkompetenz bis heute wenig geändert haben, da die
Entwicklung bei Kindern mit zwei im Ausland geborenen Elternteilen seit
2006 stagniert.[14]

Ähnliche Disparitäten unter den Kindern mit Migrationshintergrund
finden wir bei Jugendlichen beim Lesen und Zuhören im Fach Deutsch
in der Sekundarstufe I. Auch hier stellen die Bildungsforscher »besonders
große Disparitäten« von 90 bis 100 Punkten bei Jugendlichen mit zwei
in der Türkei, im ehemaligen Jugoslawien und in einem arabischen Land
geborenen Elternteilen fest.[15] Für Jugendliche mit zwei in der ehemaligen

Sowjetunion oder Polen geborenen Elternteilen fallen die Unterschiede beim Lesen mit 22 beziehungsweise 34 Punkten wesentlich geringer aus. Dasselbe Bild bei der Orthografie: Auch hier sind die Disparitäten mit zwei in der Türkei, im ehemaligen Jugoslawien und in arabischen Ländern geborenen Elternteilen am größten, wenngleich mit 60 Punkten weniger dramatisch als beim Lesen und Zuhören.[16] Auch beim Leseverstehen im Englischen schneiden die drei genannten Migrantengruppen signifikant schlechter ab als andere.[17] Enttäuschend auch die Erkenntnis, dass diese drei Schülergruppen den Kompetenzabstand zwischen sich und deutschstämmigen Schülern und anderen Migranten in allen untersuchten Fächern zwischen 2009 und 2015 nicht verkleinern konnten.[18] Die Zusammenfassung des IQB-Bildungstrends 2015: »Im Jahr 2015 waren in allen untersuchten Kompetenzbereichen die Disparitäten für Jugendliche, die aus der Türkei stammen, besonders groß.«[19] »Bei Jugendlichen mit zwei in einem arabischen Land geborenen Elternteilen« zeigten sich »deutliche Kompetenznachteile, die ähnlich groß waren wie die der türkischstämmigen Jugendlichen«. Zum gleichen Ergebnis kommt der IQB-Bildungstrend 2016 für Viertklässler in den Fächern Deutsch und Mathematik: Bei Kindern, »deren Eltern aus der Türkei oder arabischen Ländern zugewandert sind«, bleiben »signifikante Disparitäten bestehen«.[20] Zwischen 2011 und 2016 ist es den Schulen nicht gelungen, »zuwanderungsbedingte Disparitäten zu reduzieren«.[21]

Diesen Trend bestätigt die internationale Lesestudie IGLU 2016. Nach ihr haben sich die »migrationsbedingten Unterschiede seit 2001 kaum verändert«.[22] 2016 lagen die Leistungsrückstände beim Lesen bei Kindern mit Migrationshintergrund bei Eltern mit einem im Ausland geborenen Elternteil bei einem halben Schuljahr, bei zwei im Ausland geborenen Elternteilen bei einem ganzen Schuljahr. Das Leistungsniveau beim Lesen ist durchwachsen. Während sich der Anteil der leistungsstarken Viertklässler um gut 3 Prozent auf knapp 12 Prozent (11,8 Prozent) erhöht hat, ist die Zahl der Grundschüler mit massiven Leseschwächen um 2 Prozent auf 18,9 Prozent gestiegen. Das heißt: Fast ein Fünftel der Viertklässler kann nicht richtig lesen. Nach der Studie stagniert die Lesekompetenz bei Grundschülern in der vierten Klasse seit 2011. Im internationalen Vergleich sind die deutschen Schüler zurückgefallen: vom fünften auf den 21. Platz.

Über eklatante Sprachschwächen berichten selbst Lehrer an den besuchten multikulturellen Gymnasien. Auch bei ihnen sind viele Schüler vom Sprachmangel-Bazillus infiziert, was sich bei der Mehrheit der Lehrer auch in schlechteren Zensuren bis zum Abitur niederschlägt. Am Kreuzberger Robert-Koch-Gymnasium haben nach Einschätzung von Eva Maltusch 30 Prozent »gute Deutschkenntnisse mit großem Wortschatz«, 30 Prozent »gute Deutschkennnisse mit geringem Wortschatz« und 30 Prozent »große Defizite mit falschen Artikeln«. Ein Beispiel für verunglücktes Deutsch aus dem Erfahrungsschatz ihrer Kollegin Simone Ogorek: »Statt zu sagen: ›Ich war ein Frühchen im Brutkasten‹, hieß es bei einer Schülerin: ›Ich war Frühling im Brotkasten.‹« Ihr Kollege Jan Meister vom Neuköllner Albrecht-Dürer-Gymnasium schätzt, dass die Hälfte gute Sprachkenntnisse hat, die andere nicht. Negativ bemerkbar machen sich diese Defizite auch in den Naturwissenschaften, etwa bei der Beschreibung physikalischer Experimente. Florian Althoff vom Dortmunder Helmholtz-Gymnasium muss im Mathematikunterricht immer wieder Begriffe, die für ihn klar sind, im Unterricht und bei Klassenarbeiten erläutern. Einmal wussten einige Schüler bei einer Rechenaufgabe zum Beispiel nicht, was ein »Blumenbeet« ist. Nach Beobachtungen von Lehrern schaffen deutschstämmige Schüler den Übergang von der Alltags- zur Schriftsprache leichter.

Die zum Teil gravierenden Ausdrucksschwächen mindern Bildungserfolge und damit auch Integrationschancen. Benedikt Mehl, Leiter des Pirckheimer-Gymnasiums in Nürnberg, bedauert, dass der Anteil der Migranten von der fünften zur zwölften Klasse stark abschmilzt: von 50 auf 37 Prozent. Ähnlich gewichtig die Verluste bei den Muslimen: Ihre Quote sinkt von 36 auf 24 Prozent. Die Ursachen sieht Mehl in den »bildungsfernen Elternhäusern und den Sprachproblemen«. Der Deutschlehrer Konrad Brandmüller erkennt eine »strukturelle Benachteiligung türkischer Schüler«. Nach der Studie *Muslime in Deutschland* sind 40 Prozent der jungen Muslime »sprachlich-sozial ... schlecht oder nur mäßig ... integriert«, bei nichtmuslimischen Jugendlichen liegt der Anteil bei »etwa einem Fünftel«.[23] Anders das Bild bei Studierenden, die zu knapp vier Fünfteln sprachlich-sozial gut oder sehr gut integriert sind.[24]

Auch in der Mathematik bestehen große Leistungsunterschiede zwischen Schülern mit und ohne Migrationshintergrund. Sie bewegen sich zwischen ein und zwei Lernjahren.[25] In den Naturwissenschaften liegen sie teilweise noch deutlich darüber. Nach dem IQB-Ländervergleich 2012 erreichen »Jugendliche mit türkischem Zuwanderungshinter-

grund Kompetenzwerte, die im Vergleich zu Jugendlichen ohne Zuwanderungshintergrund einer Lernzeitdifferenz von etwa drei bis vier
Jahren entsprechen«.[26] Auch dieser Ländervergleich betont »erhebliche
Unterschiede« zwischen Schülern aus Familien, die aus der ehemaligen
Sowjetunion kommen und türkeistämmigen Jugendlichen.[27] Und auch bei
der TIMSS-Studie 2015 schneiden die türkeistämmigen Schüler in Mathematik und Naturwissenschaften 28 beziehungsweise 32 Punkte schlechter
ab als ihre deutschstämmigen Kameraden.[28] Positiv hebt die Studie hervor,
dass die Disparitäten zwischen Schülern mit und ohne Migrationshintergrund 2015 »signifikant niedriger ausfallen« als bei den Vorgängerstudien
2007 und 2011. Der OECD-Bildungsforscher Heino von Meyer: »Im unteren Viertel haben sich die Leistungen verbessert. Jeder dritte Schüler aus
dem unteren Viertel schafft den Aufstieg in das obere Viertel.« Es gelingt
offenbar besser, die »leistungsschwachen Schülerinnen und Schüler zu
fördern«. Ähnlich positive Effekte haben Bildungsforscher bei der Lesekompetenz von Schülern entdeckt, bei denen die Förderung »besonders
leistungsschwacher Schüler« gelungen sei.[29] Diese positive Entwicklung
hat allerdings zwei Schattenseiten. Einmal bleibt die Leistungsstreuung
zwischen Schülern mit und ohne Migrationshintergrund nach Meinung
der TIMSS-Forscher »beträchtlich«.[30] Zum anderen erreichen nur 5 beziehungsweise 8 Prozent der Grundschulkinder in Mathematik die höchste Kompetenzstufe – ein im internationalen Vergleich »sehr geringer
Anteil«. Hier zeigt sich eine Kehrseite der Bildungspolitik seit PISA: Aufgrund der besonderen Anstrengungen, leistungsschwache Schüler zu fördern, hat man mittel- und hochbegabte Kinder vernachlässigt. Der Neuköllner Grundschullehrer Thomas Jahncke erlebt jeden Tag schmerzlich,
dass »einige Kinder mit Begabung nicht angemessen gefördert werden«.

Trotz großer pädagogischer Anstrengungen fallen auch die Abschlüsse
bei Jugendlichen mit muslimischer Herkunft schlechter aus als die deutsch-
stämmiger Jugendlicher und Schüler mit anderem Migrationshintergrund.
Sie sind an Gymnasien und Realschulen deutlich unterrepräsentiert, während sie an den Haupt- und Sonderschulen überproportional stark vertreten sind.[31] Der Anteil der Kinder mit türkischen Wurzeln ohne Hauptschulabschluss liegt laut Mikrozensus 2014 bei 20 Prozent und damit weit
über dem aller anderen Schülergruppen. Da sie ihre Schulzeit häufiger
mit der Hauptschule beenden als andere Migrantengruppen, erreichen
sie weniger Realschulabschlüsse (14 Prozent), die Fachhochschulreife

(4 Prozent) und das Abitur (8 Prozent). Positiv fällt, auf, dass fast die Hälfte (45 Prozent) der türkeistämmigen Jugendlichen in Nordrhein-Westfalen bessere Abschlüsse als ihre Eltern erreichen.[32] Die Kehrseite dieser Bilanz: 55 Prozent der in Deutschland aufgewachsenen türkeistämmigen Jugendlichen der zweiten und dritten Generation erreichen nur das gleiche oder ein niedrigeres Bildungsniveau als ihre Eltern.[33] Das ist bestürzend.

Die Hauptursache: Nach der Studie *Vielfalt im Klassenzimmer* des Instituts für empirische Integrations- und Migrationsforschung der Humboldt-Universität haben türkeistämmige Kinder im Vergleich zu Gleichaltrigen die »größten Bildungsnachteile« auszugleichen.[34] Bereits bei der Einschulung haben sie nach der Forschungsgruppe einen geringeren Entwicklungsstand. Der macht sich auch bei Leistungen in der Grundschule negativ bemerkbar. »Die Leistungen, die an der Grundschule zu beobachten sind, setzen sich in der Sekundarstufe I fort«, resümiert das Jahresgutachten 2019 des Sachverständigenrates deutscher Stiftungen für Integration und Migration (SVR).[35] Im weiteren Bildungsverlauf wechseln Kinder aus türkeistämmigen Familien seltener auf weiterführende Schulen als Gleichaltrige. Auf der Sekundarstufe I erzielt diese Schülergruppe im Lesen, Schreiben und Rechnen unterdurchschnittliche Leistungen mit negativen Auswirkungen auf ihre Schulkarriere. Der Anteil der Schüler mit Migrationshintergrund, der keinen Schulabschluss schafft, ist fast doppelt so hoch wie der der Schülerschaft ohne Migrationshintergrund (8 gegenüber 4 Prozent). »Besorgniserregend« ist für den SVR, »dass viel mehr Jugendliche der ersten Zuwanderergeneration keinen Schulabschluss haben: Dieser Anteil hat sich von 2013 und 2017 von rund 11 Prozent auf 22 Prozent verdoppelt.«[36] Deprimierend muss für alle Integrationspolitiker ferner sein, dass auch die zweite und dritte Generation der Zuwanderer, also die in Deutschland Geborenen, keine wesentlichen Fortschritte in der Schulbildung gemacht haben. Unter den Abiturienten sind die Türkeistämmigen weiter unterrepräsentiert. Das bittere Fazit des SVR-Jahresgutachtens 2019: »Die Bemühungen, Leistungsunterschiede zwischen Kindern mit und ohne Migrationshintergrund zu verringern, waren bisher erfolglos oder reichen noch nicht aus.«[37]

Erfolglose Bewerbungen: berufliche Bildung

»Die berufliche Integration muslimischer Jugendlicher ist nur sehr bedingt gelungen« und ein »großes Handlungsfeld politischer und pädagogischer Anstrengungen«.[38] Dieses Fazit der Bildungs- und Migrationsforscher Aladin El-Mafaalani und Ahmet Toprak ist eine milde Umschreibung der im großen Umfang verpassten Zugänge muslimischer, insbesondere türkischer Jugendlicher zur Berufsausbildung und der ausgeprägten Skepsis beziehungsweise Voreingenommenheit von Arbeitgebern gegenüber diesem Bewerberkreis. Während von den Jugendlichen ohne Migrationshintergrund 42 Prozent nach einer Untersuchung des Bundesinstituts für Berufsbildung eine berufliche beziehungsweise außerbetriebliche Ausbildung beginnen, sind es bei Jugendlichen mit Zuwanderungsgeschichte nur 26 beziehungsweise 29 Prozent.[39] Bei den Jugendlichen mit türkisch-arabischem Hintergrund ist die Einmündungsquote in die betriebliche Ausbildung beziehungsweise in die betriebliche und außerbetriebliche Ausbildung noch geringer: 21 beziehungsweise 22 Prozent.[40] In Nordrhein-Westfalen hat die Hälfte aller türkeistämmigen Migranten ab 18 Jahren keine berufliche Ausbildung.[41] Auch hier zeigt sich wieder, dass diese Gruppe schlechter abschneidet als andere Migrantengruppen. Von den Jugendlichen osteuropäischer und südosteuropäischer Herkunft schaffen immerhin 34 Prozent beziehungsweise 33 Prozent eine berufliche Ausbildung. Deprimierend ist, dass bei Bewerbern mit türkisch-arabischem Hintergrund die Vorteile aus einem mittleren Schulabschluss gegenüber einem Hauptschulabschluss mit 1 beziehungsweise 4 Prozent plus kaum durchschlagen.[42] Das ist anders bei der (Fach-)Hochschulreife, die die Zugangschancen signifikant auf 35 Prozent erhöht.[43] Zwischenfazit der Bonner Bildungsforscher: »Bei Bewerberinnen und Bewerbern türkisch-arabischer Herkunft lässt sich« – anders als bei den übrigen Migrantengruppen – »kaum ein Unterschied im Einmündungserfolg zwischen den Schulabschlussniveaus feststellen«.[44]

Besorgniserregend sind drei weitere Beobachtungen der Bildungsforscher: Auch bei der beruflichen Bildung sind die Einmündungschancen der zweiten und dritten Generation nicht besser als die der ersten.[45] Die Übergangsquote von Jugendlichen mit türkisch-arabischer Herkunft geht seit 2012 sogar wieder zurück.[46] Und sie sind die Migrantengruppe, die in diesem Alter am häufigsten bereits jobbt oder arbeitslos ist (22 Prozent).[47] Diesen negativen Trend bestätigt eine Langzeituntersuchung des Essener Zentrums für Türkeistudien. Nach ihr ist die Zahl der türkeistämmigen Jugendlichen ohne Ausbildungsabschluss in Nordrhein-Westfalen zwischen 2010 und 2015 deutlich gestiegen und die Zahl der betrieblichen und schulischen Berufsabschlüsse erheblich gesunken.[48] Jugendliche mit türkisch-arabischem Hintergrund haben also die geringsten Chancen und die geringsten Erfolge auf dem Ausbildungsmarkt. Warum?

Die Schlüsselfaktoren für einen Ausbildungsvertrag sind der Schulabschluss und die Noten. Nachteilig wirkt sich sicher aus, dass die Bewerber mit türkisch-arabischen Wurzeln vergleichsweise ungünstige Schulabschlüsse haben: Sie besitzen relativ oft keinen Hauptschulabschluss und am seltensten von allen Gruppen einen mittleren Schulabschluss.[49] Allerdings haben sie relativ häufig einen Hochschulabschluss. Ein weiteres Handicap sind nach den Analysen der Bonner Bildungsforscher ihre schlechteren Noten in Deutsch und Mathematik.[50] Dass es bei den Zensuren hapert, belegt eine Studie des Essener Zentrums für Türkeistudien bei türkeistämmigen Jugendlichen in Nordrhein-Westfalen.[51] Die durchschnittliche Schulabschlussnote beim Abitur lag dort bei den Türkeistämmigen bei 2,6. Das waren 0,4 Prozentpunkte schlechter als bei Jugendlichen ohne Migrationshintergrund und 0,3 Prozentpunkte schlechter als bei Abiturienten mit Migrationshintergrund. Die türkeistämmigen Jugendlichen haben die schwächste durchschnittliche Schulabschlussnote aller Abiturienten. Es ist kein Grund erkennbar, warum diese Leistungsdifferenzen nicht auch bei Haupt- und Realschülern in anderen Bundesländern bestehen sollten.

Bei der Beteiligung an der beruflichen Ausbildung offenbaren sich auffällige Geschlechterunterschiede. In Nordrhein-Westfalen haben 57 Prozent der türkeistämmigen Frauen »keinerlei Berufsausbildung«.[52] Hier spiegelt sich die unterschiedliche Rollenzuweisung von Mann und Frau in der muslimischen Kultur wider: Der Mann verdient das Geld, die Frau ist für den Haushalt und die Kinder zuständig. Bei den in Deutschland Geborenen nivellieren sich diese Unterschiede allerdings. Hier schmelzen die Abstände zwischen den Geschlechtern auf 1 bis 4 Prozent zusammen, ausgenommen die Abschlüsse auf Fachhochschulen und Universitäten. Hier ist der Anteil der männlichen Absolventen noch fast doppelt so hoch wie der der weiblichen.[53]

Da zu einem Ausbildungsvertrag immer zwei Seiten gehören, trifft ein Teil der Verantwortung für die unbefriedigende Beteiligung der muslimischen, insbesondere der türkischen Jugendlichen auch die Ausbildungsbetriebe. Hier kommt der sogenannte »Migrationsstatus« ins Spiel, die Tatsache, dass Jugendliche mit türkisch-arabischem Hintergrund bei gleichen Bewerbungsvoraussetzungen schlechtere Zugangschancen zum Ausbildungsmarkt haben als Bewerber ohne oder mit anderem Migrationshintergrund.[54] Die Bonner Bildungsforscher gelangen zu der Erkenntnis, dass die Bewerbungen »nicht allein an ihren schlechteren schulischen Qualifikationen oder ungünstigeren oder anderen Voraussetzungen« scheitern.[55] Vielmehr haben »Migranten aller Herkunftsregionen selbst bei ansonsten gleichen Bedingungen eine geringere Übergangswahrscheinlichkeit als Bewerber ohne Migrationshintergrund«. Diese »Nachteile« sind bei einer »südosteuropäischen und türkisch-arabischen Herkunft am stärksten ausgeprägt«.

Eine Folge: Junge Menschen mit Zuwanderungsgeschichte werden erheblich seltener zu Vorstellungsgesprächen eingeladen. Während gut drei Fünftel der Bewerber ohne Migrationshintergrund sich in Betrieben persönlich vorstellen können, erhält diese Möglichkeit nur die Hälfte der jungen Migranten. Noch niedriger liegen die Einladungsquoten bei Altersgenossen mit türkisch-arabischem Hintergrund (46 Prozent).[56] Nur 8 Prozent der Bewerber gaben an, »keine Probleme« gehabt zu haben, »einen Ausbildungsplatz in einem interessanten Beruf« gefunden zu haben.[57] Über die Gründe der Bewerbungsschwäche kann man nur spekulieren: weniger Unterstützung durch die Eltern bei der Erstellung der Bewerbungsunterlagen im muslimischen Milieu, spärliche Kontakte zur Mehrheitsgesellschaft, schlechtere Noten in Deutsch und Mathematik. Hinzu kommt eine skeptische bis ablehnende Einstellung bei den Ausbildungsbetrieben: unterstellte defizitäre Sprachkenntnisse, unzureichendes Wissen von der deutschen Betriebskultur, antizipierte kulturelle Konflikte und mangelnde Akzeptanz bei Kunden.[58] Auch die in der Mehrheitsgesellschaft verbreitete Islamfeindlichkeit wird bei dem einen oder anderen Ausbildungsbetrieb eine Rolle spielen. Für die geringe Ausbildungsbeteiligung von Jugendlichen mit türkisch-arabischem Hintergrund ist die deutsche Zivilgesellschaft wegen diskriminierender Vorurteile und Ressentiments mitverantwortlich. Allerdings scheint dieses Verhalten kein Massenphänomen zu sein. Nur 14 Prozent dieser Jugendlichen hatten den Eindruck, bei der Suche nach einem Ausbildungsplatz diskriminiert zu werden.[59]

Wenn nur gut 20 Prozent der muslimischen Jugendlichen, die meistens in Deutschland geboren sind, eine berufliche Ausbildung erfolgreich absolvieren, ist das ein Menetekel. Vor allem angesichts der Tatsache, dass keine Bewerbergruppe in jüngster Zeit so stark gewachsen ist wie die türkisch-arabische. Ihr Anteil an den Bewerbern mit Migrationshintergrund hat sich zwischen 2004 und 2016 nahezu verdoppelt: von 18 Prozent auf 34 Prozent.[60] Dabei waren bei der letzten Umfrage des Bonner Instituts für Berufsbildungsforschung 2015 die Neuankömmlinge des Flüchtlingsstroms noch nicht berücksichtigt. Hier wird deutlich, welche enormen Herausforderungen durch die massenhafte Zuwanderung von Muslimen auf die berufliche Bildung zukommen.

Geplatzte Träume: Muslime am Arbeitsmarkt

Eine Erwerbstätigkeit ist eine zentrale Voraussetzung für die soziale Integration, wichtiger noch als Sprachkompetenz oder Bildungsabschlüsse im Aufnahmeland. Um die Integration der Muslime in den Arbeitsmarkt ist es in Deutschland ebenso schlecht bestellt wie in England, Frankreich oder Schweden. Muslimische Migranten sind, so der Migrationsforscher Ruud Koopmans, überall in Europa »Schlusslichter auf dem Arbeitsmarkt«.

Türkische Migranten im erwerbsfähigen Alter sind fast doppelt so häufig nicht erwerbstätig wie einheimische Deutsche, was vor allem am hohen Anteil nicht erwerbstätiger Frauen liegt.[61] Nach mehreren Studien gehen 36 bis 40 Prozent der muslimischen Frauen keiner geregelten Erwerbstätigkeit nach.[62] Bei Frauen aus der Türkei betrug die Hausfrauenquote 35 Prozent, bei Frauen aus Nordafrika 46 Prozent und bei Frauen aus dem Nahen Osten sogar 52 Prozent.[63] Hier schlagen kulturelle und religiöse Einflüsse aus den Heimatländern durch: Zwei Drittel der Muslime leben in Ehen, in denen das klassische Ernährermodell dominiert: Der Mann ist voll erwerbstätig, während die Frau gar nicht oder nur gering mitverdient. Diese Konstellation findet sich unter Christen deutlich seltener: 38 Prozent.[64] Diese Rollenverteilung verschlechtert die Integrationsperspektiven von Musliminnen. Als Hausfrauen können sie schwer Kontakte zur Mehrheitsgesellschaft knüpfen, ihre Deutschkenntnisse nur rudimentär verbessern, und sie sind gezwungen, in der Familie Türkisch, Arabisch oder Dari zu sprechen, worunter wiederum die Sprachfähigkeit der Kinder leidet. Ein erheblicher Teil dieser muslimischen Hausfrauen ist weder sozial noch kulturell in unsere Gesellschaft eingegliedert, auch nach zehn oder fünfzehn Jahren in Deutschland nicht. Sie leben häufig in Parallelgesellschaften, in denen Kontakte zur Mehrheitsgesellschaft überflüssig sind.

An der Schnittstelle zum Ausbildungsmarkt, aber auch später beim Zugang zum Arbeitsmarkt macht sich ein anderes Integrationsdefizit negativ bemerkbar: die geringen Kontakte zur Mehrheitsgesellschaft. Nach einer Untersuchung des Nürnberger Instituts für Arbeitsmarkt- und Berufsforschung (IAB) findet über die Hälfte der Zuwanderer (55 Prozent) ihre erste Arbeitsstelle mithilfe von Familienangehörigen, Freunden und Bekannten, nur 20 Prozent mit Zeitungen und Internet und wiederum nur 20 Prozent durch öffentliche und private Arbeitsvermittlung.[65]

Jüngere Daten zur Arbeitslosigkeit und zum Bezug staatlicher Transferleistungen von Muslimen aus der Türkei und dem Nahen und Mittleren Osten aus den Jahren vor der Flüchtlingskrise liegen bisher leider nicht vor, da die Forschungsabteilungen des Bundesamtes für Migration und Flüchtlinge und des Instituts für Arbeitsmarkt- und Berufsforschung nicht zwischen den Ländern/Ethnien/Religionen unterscheiden.

Nach einer Studie des Instituts für Arbeitsmarkt- und Berufsforschung waren türkische Männer 2011 nur zur Hälfte erwerbstätig (49 Prozent) und liegen damit weiter unter den Erwerbstätigenquoten anderer Migrantengruppen wie etwa den Polen (71 Prozent), den Kroaten (70 Prozent) oder Männern aus der russischen Föderation (63 Prozent).[66] In der Gruppe der Arbeiter sind Muslime aus der Türkei (56 Prozent), Zentralasien/GUS-Staaten (67 Prozent) und Südosteuropa (54 Prozent) stark überrepräsentiert.[67] Die Ursachen: fehlende Berufsausbildung, niedrige Bildungsabschlüsse, geringe Deutschkenntnisse, keine Netzwerke für Zugänge zum Arbeitsmarkt und Diskriminierung.

Aktuelle Daten zur Arbeitsmarktintegration liefert nur das Essener Zentrum für Türkeistudien für Türkeistämmige in Nordrhein-Westfalen. In seiner jüngsten Erhebung 2015 kommt das Zentrum zu dem Ergebnis, dass sich insgesamt die »Verhältnisse bei der Erwerbstätigkeit nur wenig verändert« haben, ausgenommen der »Anteil der nicht Erwerbstätigen«, der »seit 2008 leicht zugunsten aller anderen Beschäftigungsformen ...

sinkt«.[68] Das Beschäftigungsbild wirkt vertraut: Nur etwas mehr als die
Hälfte (52 Prozent) der befragten türkeistämmigen Migranten, die nicht
in einer Ausbildung sind, ist erwerbstätig. Diese relativ niedrige Quote ist
wiederum in erster Linie durch die geringe Erwerbstätigkeit der Frauen
zu erklären, die zu 54 Prozent Hausfrau und Mutter sind, und durch die
immer noch bedeutende Heiratsmigration beider Geschlechter.[69] Erfreulich ist, dass die Arbeitslosigkeit unter den Männern von der ersten zur
dritten Generation kontinuierlich abgenommen hat: von 34 auf 5 Prozent.[70] Auf fatale Weise niedrig geblieben ist allerdings die berufliche
Stellung der Türkeistämmigen an Rhein und Ruhr: 60 Prozent sind in angelernten Berufen beschäftigt.[71]

   Aufgrund der geringen Arbeitsmarktteilhabe ist die finanzielle Situation der Türkeistämmigen in Nordrhein-Westfalen weiter desaströs.
Bei durchschnittlich 3,8 Personen pro Haushalt stehen den Familien
im Monat durchschnittlich 2523 Euro zur Verfügung.[72] Das sind über
600 Euro weniger als das durchschnittliche monatliche Nettoeinkommen
von Haushalten in Nordrhein-Westfalen: 3159 Euro. 14 Prozent der Befragten bezogen staatliche Transferleistungen. 37 Prozent der türkeistämmigen Familien leben mit einem Armutsrisiko. Noch düsterer fällt
die ökonomische Integration bei den Familien von islamischen und türkischen Neuntklässlern nach dem Niedersachsensurvey 2017 aus: 41 Prozent der Jugendlichen aus islamischen Ländern berichten, dass ihre Familien von staatlichen Transferleistungen leben, gefolgt von türkischen
Jugendlichen.[73]

   Auch wenn die Voll- und Teilzeiterwerbstätigkeit von Muslimen in
den letzten Jahren zugenommen hat, bleibt das Gesamtbild ihrer Arbeitsmarktintegration negativ. Zwar ist die Arbeitslosigkeit deutlich zurückgegangen, ihre berufliche Stellung am Arbeitsmarkt und ihre wirtschaftliche Lage konnten die Muslime bisher jedoch nicht wesentlich verbessern.
Und der Blick in die Zukunft verrät keine Besserung. Angesichts der sich
eintrübenden Konjunktur sagt das Jahresgutachten 2019 des Sachverständigenrates für Integration und Migration voraus, dass »Zugewanderte
in den unqualifizierten Segmenten des Arbeitsmarktes als Erste arbeitslos« werden.[74]

»Weißer Fleck«: kulturelle und religiöse Einflüsse auf Bildungs- und Berufskarrieren

Warum schneiden Muslime in der Schule, bei der beruflichen Bildung und auf dem Arbeitsmarkt am schlechtesten von allen Migrantengruppen ab? Dieser Frage auf den Grund zu gehen scheuen sich fast alle Bildungsforscher. Zwei Erklärungsansätze sind weitgehend tabu: die Faktoren Religion und kulturelle Herkunft. In der Bildungsforschung, bei muslimischen Verbänden und Politikern mit Migrationshintergrund gibt es eine ausgeprägte Neigung, Lern- und Qualifikationsrückstände, geringe Einkommen und Arbeitslosigkeit von Muslimen zu entkulturalisieren. Am liebsten werden alle Disparitäten zwischen Migranten und Nicht-migranten, wie zum Beispiel bei den PISA-Studien, mit Unterschieden beim »sozioökomischen Hintergrund« erklärt. Für den Islamrechtler Mathias Rohe ist und bleibt der »soziale Faktor« der »zentrale Erklärungsfaktor« für Differenzen und nicht die »Diskriminierung aufgrund der Religiosität«.[75] Der Sachverständigenrat deutscher Stiftungen für Integration und Migration kommt zu dem Schluss, dass »Studienabbruch ... eher eine Frage der sozialen Herkunft als eine des Migrationshintergrundes« ist.[76] Hinter diesen Entkulturalisierungsbemühungen stehen zwei Motive. Sozioökonomische Nachteile sind mit Reformen zu mindern oder auszugleichen, wenn sich alle nur genug anstrengen. Politik, Gesellschaft und Wirtschaft. Kultur und Religion entziehen sich dagegen weitgehend staatlicher Einflussnahme oder politischer Steuerung. Und Religion und Kultur für gesellschaftliche Defizite und Fehlentwicklungen verantwortlich zu machen gerät hierzulande unter der Last unserer Geschichte schnell in den Verdacht, andere Ethnien oder Religionen als minderwertig abzutun und auszugrenzen. Eine zweite Gruppe erklärt die magere Bilanz der Muslime bei der sozialen Integration dadurch, dass sie die Verantwortung auf die deutschstämmige Mehrheitsgesellschaft verlagert: der Hauptfaktor sei eine »strukturelle Benachteiligung« durch Diskriminierung.[77] Nur eine kleine Minderheit billigt der Kultur bisher einen starken Einfluss auch auf die soziale Integration von Muslimen zu. Für den Migrationssoziologen Ruud Koopmans hat die »soziale Integration zum Teil unter der Nicht-anerkennung der Tatsache gelitten, dass die kulturelle Integration Voraussetzung für die soziale Integration ist«. Das Professorenehepaar Münkler spricht der »Kultur« neben dem »Arbeitsmarkt als Integrationsagentur«

eine »Schlüsselrolle« zu: Nur bei einer »Teilhabe am ›kulturellen Kapital‹« könne man von einer »gelungenen Integration« sprechen.[78]

Worin der kulturelle oder religiöse Einfluss auf Schul- und Berufs- karrieren bestehen und wie er wirken soll, ist in der Bildungsforschung bisher ein »weißer Fleck« (Bildungsforscher Kai Maaz). Das hat mehrere Ursachen: Einmal sind kulturelle oder religiöse Einflüsse empirisch schwer nachweisbar, zum anderen besteht eine verbreitete Scheu, kulturelle Fakto- ren wie Sprache, Bildungsniveau und Bildungsaspiration der Eltern direkt zu benennen, weil hier Empfindlichkeiten besonders schnell verletzt sind.

Wer Bildungsvergleiche von Schülern mit und ohne Migrations- hintergrund genauer studiert, dem fällt auf, dass sie zwar einen Teil der Leistungsunterschiede erklären können, aber nie vollständig. Die PISA-Studie 2015 kommt zu dem Ergebnis, dass bei »Berücksichtigung des sozioökonomischen Status und der zu Hause gesprochenen Sprache« noch ein »Leistungsabstand« von 28 Punkten zwischen Schülern mit und ohne Migrationshintergrund besteht.[79] Noch einen Schritt weiter geht der IQB-Ländervergleich 2012. »Unter statistischer Kontrolle des sozio- ökonomischen Status der Familie, des Bildungshintergrunds der Fami- lie und der Familiensprache« stellt er fest, dass sich die Leistungsrück- stände von Schülern mit Migrationshintergrund »deutlich reduzieren«, »substantielle Disparitäten« aber für einige Teilgruppen, unter anderem für »Jugendliche aus türkischstämmigen Familien«, bleiben – und zwar »Lernrückstände von bis zu zwei Jahren« im Vergleich zu Mitschülern ohne Migrationshintergrund.[80] Das Jahresgutachten 2019 des Sachver- ständigenrates deutscher Stiftungen für Integration und Migration (SVR) erklärt die »Leistungsunterschiede … zum Teil mit dem sozialen Hinter- grund«, stellt aber gleichzeitig fest, »dass der Effekt des Migrationshinter- grundes auf die Schulleistungen bei gleichem sozialen Hintergrund und gleichem Geschlecht bestehen bleibt«.[81] Wie kommt es zu diesen zum Teil enormen Leistungsdefiziten von Jugendlichen mit Migrationshinter- grund, vor allem bei Schülern mit türkischen oder arabischen Wurzeln? Es gibt inzwischen genug empirische Indizien, dass dafür auch ein Bün- del kultureller Faktoren verantwortlich ist: das Bildungsniveau der Eltern, Bildungsnähe, Bildungsehrgeiz, Familiensprache, religiöse Orientierung und gesellschaftliche Kontakte.

In der Bildungsforschung ist anerkannt, dass die in der Familie ge- sprochene Sprache den Bildungserfolg von Kindern und Jugendlichen unmittelbar beeinflusst. Nach dem IQB-Ländervergleich 2012 in Mathematik und Naturwissenschaften am Ende der Sekundarstufe I waren die in diesen Fächern »erreichten Kompetenzen bei Schülerinnen und Schülern, die in der Familie ›manchmal Deutsch‹ sprechen, geringer ausgeprägt als bei Schülerinnen und Schülern mit ausschließlich deutscher Familiensprache«: »Die entsprechende Differenz entsprach einem Lernvorsprung der ausschließlich Deutsch sprechenden Jugendlichen von etwa einem Jahr.«[82] Zu einem ähnlichen Ergebnis gelangt der IQB-Bildungstrend 2016.[83] Diese Befunde bestätigen die herausragende Bedeutung der Familiensprache als kulturellem Faktor für den Schulerfolg. Welche Sprache in der Familie praktiziert wird, bestimmt sie aber selbst. Das ist ihre kulturelle Autonomie und Verantwortung. Nach verschiedenen empirischen Untersuchungen wird in arabischen und türkischen Familien von allen Migrantengruppen am wenigsten Deutsch gesprochen.[84] Die Entscheidung, mit zwei Sprachen aufzuwachsen, hat fatale Folgen für die Sprachkompetenz vieler Schüler mit Migrationshintergrund, vor allem für türkische und arabische.

Nach mehreren Untersuchungen haben Muslime ein signifikant niedrigeres Bildungsniveau als Angehörige anderer Religionsgemeinschaften.[85] Dies gilt sowohl für die Schulbildung im Herkunftsland und in Deutschland als auch bei Schulabschlüssen nur in Deutschland. Während zum Beispiel bei den Muslimen 15 Prozent keinen Schulabschluss haben, sind es bei den Angehörigen anderer Religionen nur 7 Prozent. Diese Unterschiede gelten für die erste wie die zweite Generation. Das niedrigste Bildungsniveau haben mit Abstand die Türken. Nach dem Bildungsbericht 2016 hatten 61 Prozent von ihnen keine Berufsausbildung und nur 9 Prozent einen Fachschul- oder Hochschulabschluss. Das sind allerdings Handicaps, die zum Beispiel Vietnamesen mit ihren außergewöhnlichen Schulerfolgen überwinden können.[86]

Ein hohes Bildungsniveau haben Arbeitsmigranten und Flüchtlinge aus dem Iran, die zu 80 Prozent eine hohe Schulbildung besitzen. Sie sind überwiegend nach dem Sturz des Schahs aus wirtschaftlichen und politischen Gründen nach Deutschland gekommen – aus einer westlich orientierten Gesellschaft unter dem Schah in eine westliche Gesellschaft in Deutschland. In der Bildungsforschung ist gesichert, dass eine »Orientierung zugewanderter Familien an der Aufnahmegesellschaft ... die Bildungschancen ... verbessert«. Das gilt insbesondere für säkulare

Muslime, die auf der sozialen Aufstiegsleiter höhere Stufen erklimmen als religiös-konservative.[87]

Bildungsvergleiche ermitteln Durchschnittswerte, die keine Rückschlüsse auf jene Muslime zulassen, die mit guten bis sehr guten Noten Gymnasien verlassen, Lehren als Kfz-Mechaniker erfolgreich abschließen oder ihre Studien mit Karrieren als Ärzte, Anwälte, Informatiker oder Politiker krönen. Das gelingt sicher auch Schülern aus religiös-konservativen Familien. Nach den Untersuchungen des Migrationsforschers Ruud Koopmans liegt die Vermutung nahe, dass unter den Erfolgreichen viele säkular orientierte Muslime sind, die weder in die Moschee gehen noch religiöse Kleider-, Trink- und Essvorschriften beachten, die, mit anderen Worten, assimiliert sind. Koopmans hat herausgefunden, dass über die Höhe der Arbeitsmarktbeteiligung und der Arbeitslosigkeit auch die »soziokulturelle Assimilation« entscheidet. Umgekehrt wirkt sich starke Religiosität nachteilig auf die soziale Integration aus. Der Religionsmonitor 2017 der Bertelsmann-Stiftung hat festgestellt, dass »praktizierende Muslime ... bei gleichen Bildungsvoraussetzungen« im Vergleich »weniger verdienen« und auch »seltener einen Beruf ausüben«.[88]

Im Schulalltag wirkt sich Religion bei Muslimen in einigen Bereichen direkt leistungsmindernd aus, zum Beispiel während der vier Wochen des Ramadan.[89] Integrations- oder leistungshemmende Effekte zeigen sich ferner bei religiös motivierter Nichtteilnahme am Schwimm- und Sportunterricht sowie bei Klassenreisen.

Gebremst werden die Integrationschancen ferner durch die religiös fundierte Ungleichbehandlung der Geschlechter und die verschiedenen Rollenbilder in religiös-konservativer Umgebung – und das auf mehreren Ebenen: bei der geringeren Beteiligung muslimischer Kinder an der frühkindlichen Erziehung, bei der Sonderbehandlung der kleinen Paschas, denen keine Grenzen gesetzt werden und die dadurch für den rauen Wettbewerb in unserer Gesellschaft nicht gerüstet sind, bei dem verbesserten, partiell aber immer noch eingeschränkten Bildungsehrgeiz bei Töchtern und bei der wesentlich geringeren Ausbildungs- und Erwerbsbeteiligung von Frauen. Den mit Abstand geringsten Bildungsehrgeiz unter allen Migranten entwickeln nach dem Niedersachsensurvey 2017 türkische Neuntklässler: Von ihnen streben nur 28 Prozent das Abitur an.[90] Nach Schätzung von Lehrern wie dem Kreuzberger Schulleiter Rainer Völkel hat Schule bei einer hohen Zahl der muslimischen Familien immer noch

»keine große Bedeutung«: »Es gibt keinen ausgeprägten Lerneifer, teilweise arbeiten die Kinder neben der Schule. 50 Schüler mit Leistungs- und Sozialproblemen könnten aufgrund eines Bonusprogramms zweimal in der Woche kostenlos Nachhilfe bekommen, bisher sind aber nur fünf bis sieben Anträge gestellt worden.« Christina Sills von der Harburger Grundschule Kerschensteinerstraße trifft bei der Hälfte der Eltern auf »großen Bildungsehrgeiz, bei der anderen Hälfte müssen wir nacherziehen«.

Neben diesen individuellen, religiös und kulturell bedingten Bremseffekten wird der Integrationsprozess bei Muslimen auch durch religiöse und kulturelle Prägungen der Aufnahmegesellschaft behindert. Islamskepsis beziehungsweise Islamfeindlichkeit der Aufnahmegesellschaft, befeuert durch islamistischen Terrorismus oder sexuelle Übergriffe von Muslimen in der Silvesternacht 2015/2016, können sich zu Desintegrationsfaktoren entwickeln. Hinzu kommt, dass bei Personalentscheidungen von Betrieben kulturelle Faktoren eine Schlüsselrolle spielen. Folgende Auswahlkriterien werden von Betrieben als wichtig erachtet: Deutsch als Muttersprache (77 Prozent), kultureller Hintergrund (44 Prozent), Herkunftsland (19 Prozent) und Religion (13 Prozent).[91] Man kann Personalentscheidungen anhand dieser Auswahlkriterien mit guten Gründen als Diskriminierung begreifen, als Produkte von Vorurteilen und Ressentiments. Man kann die Kriterien aber auch als legitime Personalentscheidungen verstehen, um mögliche Risiken und Störungen des Betriebsablaufes zu vermeiden. Firmen sind weder kulturfreie noch vorurteilsfreie Zonen und werden es auch nie sein. Dieser Aspekt wird bei der Debatte über die Integration von Muslimen weitgehend übersehen.

Heterogene Schülerschaft: Hohe Migrantenanteile senken das Leistungsniveau

»Bildungsstudie sieht Hamburgs Schüler bundesweit auf Platz eins«, titelte das *Hamburger Abendblatt* Ende März 2017.[92] Der kundige Leser war erstaunt, zählte die Hansestadt doch zusammen mit den anderen Stadtstaaten stets zu den Schlusslichtern bei Ländervergleichen und musste Bildungssenator Ties Rabe (SPD) doch im Monatsrhythmus unerfreuliche Artikel über die miserablen Schulleistungen der Elb-Pennäler in der Regionalpresse lesen. Die Unterzeile des Artikels lüftet das

Geheimnis der plötzlichen Leistungsexplosion: »Erhebung berücksichtigt erstmals den Einfluss von Zuwanderung auf die Leistungen in den Ländern.« Eine Sonderauswertung des Instituts für Qualitätsentwicklung im Bildungswesen hatte ergeben, dass die Hamburger Neuntklässler ohne Zuwanderungshintergrund bundesweit Platz eins im Lesen und Hören in Deutsch sowie Englisch belegen. Das heißt: Ein Viertklässler aus Hamburg ohne Migrationshintergrund liest im Schnitt so gut wie ein Gleichaltriger in Bayern. Lediglich bei der Rechtschreibung schnitten sie etwas schlechter ab und landeten auf dem immer noch nicht schlechten fünften Platz. Die Kehrseite dieser erfreulichen Bilanz: Unter Einbeziehung von Schülern mit Migrationshintergrund endeten Hamburger Neuntklässler im Bereich »Deutsch Lesen« auf Rang zwölf.

Bisher haben es Bildungspolitiker vermieden, negative Auswirkungen hoher Migrantenanteile auf das Leistungsvermögen von allen Schülern öffentlich zu thematisieren, weil es einen Schatten auf die Integrationspolitik wirft und Zweifel an der Wir-schaffen-das-Flüchtlingspolitik vervielfacht. Die Auswirkungen hoher Migrantenanteile an Brennpunktschulen und Schulen in gemischten Wohngebieten auf die Qualität schulischer Leistungen war bisher tabu. Der Hamburger Schulsenator Rabe hat dieses Tabu gebrochen, weil es ihm angesichts der massiven Kritik der Medien und der Opposition an seiner Schulpolitik politisch ungemütlich geworden war. Dass er die Sonderauswertung des Instituts für Qualitätssicherung veranlasst und öffentlich gemacht hat, ist verdienstvoll, weil sie eine ehrliche Bestandsaufnahme der Schulpolitik in einer Einwanderungsgesellschaft erheblich erleichtert und empirische Grundlagen für die seit Langem überfällige Diskussion über die Folgen der Zuwanderung in den Schulen liefert.

»Die letzten zehn Jahre Migration im deutschen Bildungswesen« sind nach dem Bildungsbericht 2016 eine »Geschichte von Licht und Schatten, ... von Fortschritten in der Bildungsbeteiligung und den Bildungsergebnissen, aber auch von weiter bestehenden Ungleichheiten«.[93] Die positiven und negativen Dollpunkte:

- eine Angleichung der Beteiligungsquoten zwischen Kindern mit und ohne Migrationshintergrund im Kindergartenalter
- ein unterproportionaler Besuch von Kitas durch Migrantenkinder im Alter von unter drei Jahren

- schädliche Segregationstendenzen bei Kindern mit Migrationshintergrund in Kindertageseinrichtungen in Ballungsgebieten
- starke Ungleichheiten beim Schulbesuch: Kinder mit Migrationshintergrund lernen überproportional in Schulen, die einen mittleren Schulabschluss ermöglichen; an Gymnasien sind sie unterrepräsentiert
- eklatante Unterschiede zwischen Jugendlichen mit und ohne Migrationshintergrund beim Übergang in die berufliche Bildung, insbesondere bei Musliminnen und Muslimen
- eine unterproportionale Beteiligung von Jugendlichen mit Migrationshintergrund an der Hochschulbildung

Ein näherer, ungeschönter Blick auf die Leistungstabellen offenbart jedoch, dass die soziale Integration von Migranten eher eine Geschichte mit wenig Licht und viel Schatten ist. Auf der Habenseite sind formal höhere Abschlüsse zu verbuchen. Zwischen 2005 und 2015 ist der Anteil der Schüler mit Migrationshintergrund mit Hauptschulabschluss um 20 Prozent gesunken, der Anteil mit mittleren Abschlüssen dagegen um 10 Prozent gestiegen und der Anteil der Schüler mit Fachhochschulreife beziehungsweise Abitur um 9 Prozent gewachsen. Nur ein hässlicher Fleck trübt das Bild: Der Anteil der Schüler ohne Schulabschluss hat wieder zugenommen: 69 Prozent 2017.[94] Ein Grund: Zuwanderung

Dass so vielen Schülern mit Migrationsgeschichte formal höhere Abschlüsse gelingen, ist Ziel der Bildungspolitik nach dem PISA-Schock 2000 und Verdienst der Lehrerschaft.

Die »heutige Lehrergeneration«, so der Schuldirektor Christian Klug vom Hamburger Gymnasium Kaiser-Friedrich-Ufer, »schafft es, Schüler abzuholen, die sonst keine Chance gehabt hätten. Breitere Schülerschichten kommen zu höheren Abschlüssen.«[95] Rainer Kistermann, Leiter des Neuköllner Albrecht-Dürer-Gymnasiums, freut sich, dass er 70 bis 90 Prozent seiner muslimischen Schüler zum Abitur bringt. Sein Kollege André Koglin von der Otto-Hahn-Gesamtschule macht darauf aufmerksam, dass diese Schulpolitik auch einen Preis hat: die Inkaufnahme von Qualitätsverlusten: »Wir ermöglichen Schülern durch persönliche Betreuung und Zuwendung das Abitur, die es auf einem Elitegymnasium nie schaffen würden«, räumt er ein.

Dieses Selbstverständnis der Lehrerschaft findet den Beifall der Bildungspolitiker. Nach der verstörenden Entdeckung, dass das deut-

sche Bildungssystem in puncto Chancengerechtigkeit schlechter als andere Länder abschneidet, haben die Bildungspolitiker ihr Augenmerk auf
Schülergruppen konzentriert, die pädagogisch und didaktisch gesondert
angesprochen werden müssen. Zu ihnen gehören auch die Schüler mit
Migrationshintergrund – um ihre Lern- und Integrationschancen zu verbessern. Bildungspolitiker aller Couleur wollen den Nachweis erbringen,
dass auch Kinder aus bildungsfernen deutschen und migrantischen Milieus das Abitur erreichen können. Es begann ein Länderwettbewerb:
Wer produziert die meisten Abiturienten? Wie erreichen wir die besten
Noten? Nach Meinung des Nürnberger Deutschlehrers Konrad Brandmüller nimmt selbst das leistungsorientierte Bayern an diesem Wettlauf
teil: »So viele Schüler wie möglich sollen Abitur machen und die Chance
zur Weiterbildung bekommen.«

Diese Nach-PISA-Bildungspolitik sieht sich in den letzten Jahren
wachsenden Herausforderungen gegenüber, weil die Zusammensetzung
der Schülerschaft heterogener, sprich komplizierter geworden ist: durch
einen höheren Anteil von Migranten, die Integration von Kindern mit
sonderpädagogischem Förderbedarf (Inklusion) und steigende Quoten
von Kindern mit Sprachförderbedarf. Der Anteil der Schüler mit sonderpädagogischem Förderbedarf, der in Regelklassen unterrichtet wird, ist
2016/2017 auf 39 Prozent gestiegen.[96] Zwischen 2007 und 2015 hat sich
der Anteil von Zuwandererkindern von 29 auf 34 Prozent erhöht.[97]

Die Zusammensetzung der Schülerschaft als Einflussfaktor auf Schulleistungen hat sich zu einem eigenen Forschungsbereich entwickelt, der
sogenannten Kompositionsforschung.[98] Auch wenn sie hierzulande noch
in den Kinderschuhen steckt, so kann ein Befund als gesichert gelten:
Hohe Anteile von Kindern mit Migrationshintergrund beziehungsweise
nichtdeutscher Muttersprache führen zu geringeren Schulleistungen – bei
Jugendlichen mit und ohne Migrationshintergrund.[99] Sie tauchen erstmals
ab Migrationsanteilen von 20 Prozent auf und sind ausgeprägt ab 40 Prozent. Wie stark sich die veränderte Zusammensetzung der Schülerschaft
auf das Leistungsniveau auswirkt, hat der Bildungsforscher Wilfried Bos
errechnet. Wäre die Schülerschaft 2015 wie 2007 zusammengesetzt gewesen, wären die Leistungen in Mathematik zwölf Punkte besser gewesen,
die in den Naturwissenschaften gar um 20 Punkte. »Das ist viel«, sagt Bos,
»es entspricht ungefähr dem Lernzuwachs in einem Drittel beziehungsweise einem halben Schuljahr.«[100]

Angesichts der wachsenden Herausforderungen, die durch eine immer heterogener werdende Schülerschaft entstehen, ist es kein Wunder, dass das Leistungsniveau von Schülern an multikulturellen Schulen trotz einiger Fortschritte im unteren Leistungsbereich und eines verringerten Abstandes zwischen Kindern mit und ohne Migrationshintergrund stagniert. Nach Kristina Reiss, Leiterin des deutschen Teils der PISA-Studie 2015 in Mathematik und Naturwissenschaften, »hinken Kinder mit Migrationshintergrund mit ihren Leistungen ihren deutschstämmigen Mitschülern weiterhin zwei Schuljahre hinterher. An diesem Abstand hat sich nichts geändert. Die neu eingewanderten Kinder bleiben sogar drei Jahre zurück, das ist dramatisch.«[101] Ihr Kollege Olaf Röller, Direktor des Leibnitz-Instituts für die Pädagogik der Naturwissenschaften und Mathematik ergänzt: »Wir wissen, dass der Unterschied zwischen Schülern mit und ohne Migrationshintergrund schon bei der Einschulung im Mittel rund zwei Lernjahre beträgt.«[102] Damit ist klar, dass der Bildungserfolg von Schulen auch von der Heterogenität der Schülerschaft abhängt, deren wichtigster Faktor der Migrationshintergrund ist.

Das Leistungsniveau aller besuchten Schulen lag bestenfalls im Durchschnitt, meistens jedoch im unteren Drittel oder Viertel. Die Mehrzahl der befragten Lehrer stimmte in zwei Punkten überein: Das Leistungsvermögen an Schulen mit hohem Migrantenanteil ist in den letzten Jahren nicht nur beim Spracherwerb, sondern auf breiter Front zurückgegangen, und die Qualitätsmaßstäbe sind gesunken – von der Einschulung bis zur Reifeprüfung. Die für »Viertklässler ... zu beobachtenden negativen Trends sind nicht auf einzelne Schülergruppen beschränkt«, bilanziert der IQB-Bildungstrend 2016: Kinder mit und ohne Zuwanderungshintergrund »erreichen« 2016 »durchschnittlich geringere Kompetenzen in den Bereichen Zuhören und Orthografie im Fach Deutsch sowie im Fach Mathematik« als 2011.[103] Ins Rutschen gekommen sind auch die Qualitätsanforderungen. Den Verband Bildung und Erziehung (VBE) haben die ernüchternden Ergebnisse des IQB-Bildungstrends 2016 nicht überrascht: »Grundschullehrkräfte erleben tagtäglich hautnah, wie sie ihre Ansprüche von Jahr zu Jahr herunterschrauben müssen: Klassenarbeiten, die noch vor fünf Jahren geschrieben werden konnten, werden abgespeckt. Immer mehr Kinder lernen noch in der vierten Klasse das kleine Einmaleins auswendig.«[104] Der Neuköllner Grundschulleiter Robert Himberg macht aus seinem Herzen keine Mördergrube und spricht offen an, was die meisten seiner Kollegen scheuen: »Das Leistungsniveau wird permanent nach unten gedreht. Das Niveau, das definiert wird, wenn sie aus der Schule kommen, erreichen sie nicht.«

Auch den ehemaligen Leiter der Reinhardswald-Grundschule in Berlin-Kreuzberg Werner Munk haben die erschütternden Befunde des IQB-Bildungstrends 2016 »nicht überrascht«. Neben »abgesenkten Anforderungen« erkennt er eine Mitverantwortung bei der Bildungspolitik und der Lehrerschaft für die »Abwärtsspirale«: »Lehrermangel, Qualitätsverluste bei der Lehrerausbildung, eine zunehmende Zahl von Seiteneinsteigern ohne pädagogische Ausbildung und ein schrumpfendes Interesse am Lehrerberuf.«

Erhebliche Defizite beklagt auch der Rektor eines Dortmunder Gymnasiums. Von den Schülern, die in der fünften Klasse zu ihm kommen, sind nur 50 statt 95 Prozent »sprachfähig«: »Der Sprachschatz ist nicht vollständig, die Artikelverwendung oftmals defizitär. Da sagt schon einmal ein Schüler ›das Bahndamm‹.« Der Deutsche Lehrerverband beklagt, dass die weiterführenden Schulen »vor allem in den Fächern Deutsch und Mathematik in ihren Eingangsklassen oft nicht mehr das voraussetzen können, was sie vor 25 Jahren noch voraussetzen konnten«.[105]

Auch auf Gymnasien werden die Leistungsanforderungen gesenkt, zum Beispiel an der Albrecht-Dürer-Oberschule. Mussten früher 50 Prozent der Aufgaben gelöst werden, um zu bestehen, sind es jetzt nur noch 45 Prozent. Am Albert-Einstein-Gymnasium in Maintal wurde der Fehlerindex noch weiter herunterkorrigiert. Während früher in Diktaten mit hundert Worten bei zwei Fehlern ein Punkt abgezogen wurde, passiert das heute erst bei drei Fehlern. Zwei Fehler kann man sich also ohne Nachteile leisten. Während früher vier Fehler zwei Punkte kosteten, setzt dieser Abzug heute erst bei sechs Fehlern ein. Heinz-Peter Meidinger, Chef des Lehrerverbandes, war fassungslos, als er einmal eine Deutschaufgabe mit einer Note zwischen drei und vier benotet fand, »in der es keinen Satz mit weniger als vier bis fünf Fehlern gab«. In der Peter-Ustinov-Brennpunktschule in Hannover haben die Leistungen der Schüler die Rektorin Karin Haller so frustriert, dass sie sich aus den Leistungsvorgaben der Schulbehörde »ausgeklinkt hat, weil ich nicht ertragen kann, immer nur Sechsen zu geben«.[106]

Um trotz Niveauverlust höhere Abschlüsse zu erreichen, geben die Lehrer bessere Noten. Wenn inzwischen mehr als die Hälfte der Schülerschaft das Abitur macht und nicht erkennbar ist, dass Lernende auf breiter Front intelligenter oder fleißiger geworden sind, geht das nur mithilfe besserer Noten. Im Dezember 2016 klagte der Präsident des Deutschen Lehrerverbandes Josef Kraus über die »Inflation« guter Schul- und Abiturnoten.[107] In Berlin hat sich die Zahl der Abiturzeugnisse mit einem Notendurchschnitt von 1,0 in zehn Jahren vervierzehnfacht. Das sei nicht mit einer »Verbesserung der Schüler« zu erklären, sondern nur durch ein »Nachlassen der Anforderungen«. In Hamburg schafft mittlerweile jeder vierte Schulabgänger ein Einser-Abitur.[108] In Düsseldorf ist ein Gymnasium aufgefallen, bei dem alle Abiturienten eines Jahrganges eine eins vor dem Komma hatten. Die Bildungsexpansion in der zweiten Hälfte des 20. Jahrhunderts hat nach Ansicht der Bildungs- und Migrationsforscher Aladin El-Mafaalani und Ahmet Toprak »dazu geführt, dass der Wert von Abschlüssen gesunken ist«.[109] Diese Entwicklung »macht« nach Ansicht von Heinz-Peter Meidinger langfristig das »Abitur kaputt«. Die Lehrer wissen um diese Problematik, haben dabei aber in der Regel kein schlechtes Gewissen. »Viele Zeugnisse sind Mogelpackungen«, weiß der Neuköllner Schulleiter André Koglin: »Die Politik will es so.«

Die Mehrzahl der besuchten Schulen geht inzwischen davon aus, dass die sprachlichen Integrationsprobleme bei vielen Pennälern nicht mehr im normalen Schulunterricht zu bewältigen sind. Sie haben deshalb zusätzlich Sonderprogramme für Sprachbildung am Nachmittag aufgelegt. Am Gymnasium Hamm gehen 50 bis 60 Prozent der Schüler in Deutschförderkurse bis zur achten Klasse; am Maintaler Albert-Einstein-Gymnasium wird ein großer Aufwand für Förderunterricht betrieben, den es vor 15 Jahren nicht gab; an der Hanauer Lindenauschule werden am Nachmittag Sechs-Wochen-Kurse zur Sprachförderung angeboten; in Bayern beteiligen sich 56 Gymnasien an einem Sprachförderprogramm für Schüler mit nichtdeutscher Muttersprache.

In Brennpunktschulen in Berlin-Neukölln oder Dortmund-Nordstadt verschärfen sich die Sprachdefizite für Schulleiter Koglin durch »unterentwickelte Kontakte zur Mehrheitsgesellschaft«. Nach der Studie *Muslime in Deutschland* berichten zwei Drittel der jungen Muslime, dass sie gar keine oder nur wenige deutsche Freunde haben.[110]

Eine weitere Ursache für Qualitätseinbußen ist, wie bereits dargestellt, der hohe Erziehungsaufwand bei Schülern mit und ohne Migrationshintergrund in multikulturellen Schulen, der auf Kosten der Wissensvermittlung geht.[111]

Wenig öffentlich thematisiert, aber in den Köpfen etlicher Lehrer präsent ist das Zusammentreffen von Integration und Inklusion als Lernbremse. Für eine Lehrerin von der Hanauer Erich-Kästner-Grundschule hat die Kumulation von »Migration und Inklusion schleichend zu Abstrichen geführt«. Hauptdefizit: »Aufmerksamkeit und Konzentrationsfähigkeit über längere Zeiträume gehen bei Lernenden zurück.« Für Heinz-Peter Meidinger haben die »vergangenen Jahre im Zeichen von Integration und Inklusion« gestanden. Für diese beiden Bereiche sei ein Großteil der bildungspolitischen Ressourcen aufgezehrt worden. Deshalb habe ihn die von PISA 2015 festgestellte Stagnation im Leistungsniveau nicht gewundert.

Zwischenbilanz: Die gescheiterte Integration vor der Flüchtlingskrise

»Die Kenntnisse mancher Erstsemester in Mathematik und Rechtschreibung sind katastrophal«, sagte Marcus Baumann, Chef der Landesrektoren der Fachhochschulen, im Oktober 2016 bei einer Anhörung im Düsseldorfer Landtag zur verkürzten Gymnasialzeit (G 8). Viele Studenten seien schon mit den »einfachsten und trivialsten Dingen« überfordert.[1] Sein Kollege von der Landesrektorenkonferenz der Universitäten Gerhard Sagerer pflichtete ihm bei: »Die jungen Menschen werden an den Universitäten leider nicht mehr breit ausgebildet ... Selbst Bachelor- und Masterarbeiten fallen durch katastrophale Rechtschreibfehler« auf. Das Bundeskriminalamt hat überlegt, ob es bei der Rekrutierung von neuen Mitarbeitern die Anforderungen im Sprachtest absenken soll, weil sonst zu wenige qualifizierte Bewerber übrig geblieben wären.[2] Diese Klagen, die aus allen Ecken der Republik kommen, stellen unserem Bildungssystem schlechte Zeugnisse aus.

Soziale Integration: Schule kann das Elternhaus nicht ersetzen

Trotz des unverzichtbaren pädagogischen Optimismus sind einige Lehrer mittlerweile zu der Einsicht gelangt, dass die Schule als Integrationsagentur im religiös-konservativen muslimischen Milieu bei der Erziehung gegen die Bastionen Familie, Koranschulen, Moscheevereine und die muslimische Community teilweise überfordert ist. »Das Problem der Integration ist durch die Schule nicht zu lösen«, resümiert Konrad Himberg, Leiter der Neuköllner Grundschule am Teltowkanal: »Wir können das Elternhaus nicht ersetzen, das müssen wir uns immer wieder klarmachen.« Skeptisch im Tenor auch Heinz-Peter Meidinger, Leiter des Robert-Koch-Gymnasiums in Deggendorf: »Die Schule als Reparaturbetrieb hat nur eine begrenzte Wirkung. Die Integrationseffekte sind gering.« Das gilt insbesondre für Schulen in sozialen Brennpunkten und städtischen Ballungsgebieten. Am schlechtesten fällt die Integrationsbilanz bei den

türkeistämmigen Kindern und Jugendlichen aus. Unter allen Migrantengruppen tragen sie bei schulischen Leistungen die rote Laterne.

Die Ausbildungschancen von Jugendlichen mit türkischem und arabischem Hintergrund haben sich in den letzten Jahren nicht verbessert. Seit
2012 geht die Einmündungsquote bei den türkisch-arabischen Bewerbern
sogar leicht zurück. Außerdem ist diese Migrantengruppe in diesem Alter
am häufigsten arbeitslos oder jobbt bereits.

Trotz höherer schulischer Abschlüsse fällt Muslimen der Ein- und Aufstieg in die Arbeitswelt weiterhin schwer. Für den VBE-Vorsitzenden Udo
Beckmann liegt die Ursache dafür, dass Menschen mit Migrationshintergrund häufig im »unteren Drittel« der Arbeitspyramide stecken bleiben,
vor allem am »Wechselspiel« von zwei Trends am Arbeitsmarkt: »Niedrige Qualifikationen reichen nicht mehr für die Berufswelt aus, und die
Anforderungen in der Berufswelt sind gestiegen.« Wenn Friseure heute
mittlere Reife als Einstellungsvoraussetzung verlangen, offenbart diese
Personalpolitik, dass die im Durchschnitt höheren Abschlüsse Betroffenen
nicht viel weiterhelfen. Die Berufswelt hat den in besseren Zensuren und
höheren Abschlüssen versteckten Niveauverlust seit Langem eingepreist.
Deshalb überrascht nicht, dass die Langzeituntersuchung des Essener
Zentrums für Türkeistudien unter Deutschtürken in Nordrhein-Westfalen auf dem Berufsbildungs- und Arbeitsmarkt keinen »einheitlichen
Trend ausmachen kann«.[3] Auf der einen Seite verbessert eine berufliche
Ausbildung die Einstellungs- und Aufstiegschancen. Auf der anderen Seite
garantiert ein »höheres Schul- und Berufsausbildungsniveau« keinesfalls
automatisch eine höhere berufliche Stellung: In dieser Gruppe sind weiter »drei Viertel beziehungsweise ein Drittel als Angelernte tätig«.[4] »Sowohl auf dem Arbeitsmarkt wie insbesondere im Bildungsbereich zeigen
sich (bei den Türkeistämmigen) weiter deutliche, und teilweise sogar zunehmende, systemische Unterschiede zur einheimischen Bevölkerung«, resümiert der renommierte Soziologe Hartmut Esser.[5] Der aussagekräftigste
Indikator für das partielle Misslingen der sozialen Integration ist, dass die
Hälfte der türkischen Familien ihr niedriges Bildungsniveau an ihre Kinder vererbt hat. »Besonders alarmierend« sei, bilanziert Esser weiter, das
»neuerdings verstärkte Nachhinken der zweiten und dritten Generation
im Bildungsbereich. Offenbar halten Kinder der Arbeitsmigration bei dem
beschleunigten Tempo der schulischen und arbeitsmarktbezogenen Anforderungen und Effizienzsteigerungen nicht mit.«[6] Sein überraschender

Schlusspunkt: »Sie sind, wenn nichts geschieht, die Verlierer der Expansion des Bildungssystems.« Wo sie doch die Gewinner sein sollten.

Kulturelle Integration: die verdrängte Rolle von Religion, Tradition und Kultur

Eine ehrliche Eingliederungsbilanz muss zu dem Ergebnis kommen, dass nicht nur die soziale, sondern auch die kulturelle Integration bei der Mehrheit der Muslime nach empirischen Studien und Alltagserfahrungen misslungen ist. Dafür sprechen religiöse Orientierungen, das Wahlverhalten der Türkeistämmigen bei der Abstimmung über die Präsidialdiktatur, die Wahl Erdogans zum Präsidenten und diverse Integrationsindikatoren.

Nach mehreren Untersuchungen pendelt der Anteil der säkular eingestellten Muslime zwischen 16 und 45 Prozent. Bei ihnen kann man davon ausgehen, dass sie ihre Alltagsentscheidungen ohne religiöse oder kulturelle Einflüsse treffen, religiöse Kleidungs-, Ess- und Trinkvorschriften nicht beachten und nicht zur Moschee gehen. Die Mehrheit der religiös-konservativen und fundamentalistischen Muslime hat eindeutig schlechtere Integrationswerte als ihre säkularen Glaubensgenossen.[7] Das Übergewicht dieses muslimischen Spektrums ist in erster Linie auf die Re-Islamisierung der Heimatländer und deren familiären, kulturellen und politischen Verbindungen zu ihren Landsleuten in Deutschland zurückzuführen. Als Transmissionsriemen dienen dabei moderne Kommunikationsmittel, die konservativen muslimischen Verbände und die Missionierungsaktivitäten von Saudi-Arabien und den Golfstaaten. Die Bedeutung dieser sichtbaren und unsichtbaren Brücken zu den Herkunftsländern für die Re-Islamisierung der muslimischen Community in Deutschland ist bisher unterschätzt worden.

Überschätzt haben wir dagegen die pädagogische Wirkkraft der Schulen bei der kulturellen Integration gegenüber der Gegenerziehung in Moscheevereinen, Koranschulen, Familien und muslimischen Communities.

Auch wenn der demokratische Rechtsstaat nach Umfragen unter Muslimen eine hohe Akzeptanz zu genießen scheint, ist die Identifikation mit unserer Rechtsstaats- und Demokratietradition für knapp die Hälfte der Muslime bisher an zwei Grenzen gestoßen: an Stammesstrukturen und an die Religion.

Wenn es nach Umfragen für fast die Hälfte der Muslime wichtiger ist, im Konfliktfall den Geboten der Religion Vorrang vor staatlichen Gesetzen und der Demokratie einzuräumen, ist bei ihnen die Integration in unsere Rechtsstaats- und Demokratiekultur fehlgeschlagen.[8] Hier wirkt sich vermutlich auch aus, dass über 90 Prozent der muslimischen Zuwanderer aus Ländern ohne rechtsstaatliche und demokratische Tradition stammen.[9]

Nach dem Motto »Wir regeln das unter uns« lösen libanesische Großfamilien und religiös-konservative Milieus ihre Konflikte in der Kulisse der Strafjustiz und im Vorfeld der Familiengerichtsbarkeit mithilfe einer islamischen Paralleljustiz.[10] Ihr Ziel ist es, das Gewalt- und Regelungsmonopol unserer Straf- und Familiengerichte zu unterlaufen. In dieser Schattenjustiz spiegelt sich Misstrauen gegen unseren Rechtsstaat wider. Sie ist keine Randerscheinung, sondern in stammesstrukturellen und religiös-konservativen Kreisen verbreitet.

Weitgehend versagt hat die Integrationspolitik auch bei der Überwindung des muslimischen Antisemitismus, den die Migranten aus ihren Heimatländern mitgebracht haben. Nach allen Studien sind judenfeindliche Vorurteile und Ressentiments unter Muslimen fast dreimal so häufig wie unter Deutschstämmigen und nichtmuslimischen Zuwanderern.[11] Befragungen von Neuntklässlern in Niedersachsen zeigen allerdings, dass Judenfeindlichkeit und Homophobie unter Jugendlichen mit Migrationshintergrund zurückgegangen ist, unter ihnen aber immer noch erheblich häufiger vorkommen als unter ihren deutschstämmigen Klassenkameraden.[12]

Die große Mehrheit der Muslime bekennt sich zwar zur Integration, aber immer unter dem Vorbehalt, die eigene Kultur zu erhalten. Sie lebt mit Doppelidentitäten oder gespaltenen Identitäten in zwei Kulturkreisen. Von der Nähe zur Religion und Kultur des Heimatlandes hängt ab, ob sie sich mehr der Türkei beziehungsweise Syrien oder der Bundesrepublik verbunden fühlen. Bei keiner anderen Migrantengruppe ist die Distanz zur Bundesrepublik größer als bei den Muslimen. Fortschritte bei der Integration in der Freizeit sind empirisch kaum erkennbar – weder bei Kontakten zur Mehrheitsgesellschaft noch bei Mitgliedschaften in Vereinen noch bei interethnischen Ehen.

Die geschilderten Integrationsdefizite potenzieren sich negativ bei den Türkeistämmigen. Sie sind die am schlechtesten integrierte Migrantengruppe, über deren Ursachen wir an anderer Stelle ausführlich berichtet haben.[13]

Für das Scheitern der kulturellen Integration bei der Mehrheit der Muslime ist die deutsche Gesellschaft mitverantwortlich: durch die deutlich gestiegene Distanz, Ablehnung, ja sogar Feindschaft von weiten Teilen der Mehrheitsgesellschaft gegenüber dem Islam. Diese negative Haltung der deutschen Zivilgesellschaft gegenüber Muslimen wirkt wie ein Desintegrationsfaktor. Die deutsche Zivilgesellschaft hat ihre Bringschuld bei der Integration nicht erfüllt.

Der niederländische Migrationsforscher Ruud Koopmans hat Bundeskanzlerin Angela Merkel im Zusammenhang mit der Öffnung der Grenzen im September 2015 aus zwei Gründen »Naivität« vorgeworfen: Sie hat »nicht gefragt, wer da kommt«. Und sie hat »nicht an Integrationsprobleme gedacht«. Beide Vorwürfe treffen zu. »Die alten Integrationsprobleme waren noch nicht gelöst, als die Flüchtlinge kamen«, bilanziert der Leiter der Otto-Hahn-Schule in Berlin-Neukölln André Koglin in prägnanter Kürze. Ernüchtert auch der Duisburger Oberbürgermeister Sören Link: »Deutschkurse, Integrationslotsen, runde Tische, Präventionsprogramme für Kinder und das städtische Handlungskonzept für Marxloh«, all das ist »notwendig«, aber der »integrative, fördernde Ansatz reicht nicht aus«.[14] Durch diese Defizite lastet eine Hypothek auf der Massenzuwanderung nach der Öffnung der Grenzen, die bisher kaum thematisiert wurde. Sie muss zum entscheidenden Kriterium für die künftige Zuwanderungspolitik werden.

Verflogene Illusionen: Der Abschied von der Willkommenskultur

In den Jahren 2013 bis 2018 sind mehr als 8,2 Millionen Menschen nach Deutschland gekommen. Da immer auch Menschen die Bundesrepublik wieder verlassen, haben wir nach dem Jahresgutachten 2019 des Sachverständigenrates deutscher Stiftungen für Integration und Migration mit einer Nettozuwanderung von mehr als drei Millionen Personen ein »Niveau erreicht, das in der neueren deutschen Geschichte Deutschlands nur vom Zustrom von Vertriebenen nach dem Zweiten Weltkrieg übertroffen wurde«.[1] Eine Schlüsselrolle bei diesem Zuwanderungsboom haben die geöffneten Grenzen in den Jahren 2015 und 2016 gespielt. In diesem Zeitraum haben 1,2 Millionen Flüchtlinge einen Asylantrag gestellt.

Angela Merkels Parole »Wir schaffen das« und das weltweit berühmte Selfie der Kanzlerin mit einem Jungen wurden in zahlreichen Ländern Vorder- und Mittelasiens sowie in Zentral- und Nordafrika als Willkommensgrüße aus Deutschland verstanden. Nach einer Hochrechnung des Bundesamts für Migration und Flüchtlinge und der Asylbewerberstatistik 2016 sind zwischen 2011 und Ende 2018 1,7 Millionen Menschen muslimischen Glaubens nach Deutschland gekommen.[2] Die große Mehrheit der Geflüchteten stammt aus arabischen Ländern, aus Afghanistan und aus dem Maghreb. Ihre Zuwanderung hat tiefe Spuren in der muslimischen Community in Deutschland hinterlassen. Während 2008 noch zwei Drittel türkeistämmig waren, machten die Deutschtürken Ende 2015 nur noch die Hälfte der muslimischen Bevölkerung aus. Im gleichen Zeitraum verdoppelte sich der Anteil der Muslime aus dem Nahen und Mittleren Osten von 8 auf 17 Prozent. Nach Ansicht des Staatsekretärs im Bundesinnenministerien Markus Kerber durchlebt die muslimische Bevölkerung hierzulande eine »massive Umbruchphase«, deren Folgen für das Zusammenleben von Muslimen und Nichtmuslimen noch nicht absehbar sind.[3] Ende 2018 lebten nach Informationen des Statistischen Bundesamtes gut 1,5 Millionen Schutzsuchende in Deutschland.[4]

Am 5. September 2015 hatte die Bundesregierung praktisch im Alleingang – Österreich kooperierte nur am Anfang – ohne Abstimmung mit anderen EU-Ländern die Grenzen geöffnet. Gemessen an der Zahl der im Ausland geborenen Menschen mit Migrationshintergrund hat Deutschland nach Daniel Thym vom Sachverständigenrat deutscher Stiftungen für Integration und Migration »mehr Zuwanderer als die klassischen Einwanderungsländer« aufgenommen.[5] Die Reaktionen unserer Nachbarn: Verwunderung bis Kopfschütteln. Vom deutschen »Sonderweg«, den »naiven Deutschen« und einer »Überdosis Naivität« war die Rede bis zur Feststellung des Politologen Bassam Tibi, dass Deutschland offenbar »immer noch kein normales Land« sein kann.[6]

Wer über Integration redet, muss zusätzlich EU-Binnenwanderer in den Blick nehmen. Weder sie noch ihre Kinder können in der Regel Deutsch. Ihre Zahl wird oft unterbewertet, obwohl ihr Anteil an der Gesamtzahl der Zuwanderer mit Ausnahme der Jahre 2015 und 2016 stets deutlich über der 50-Prozent-Marke lag. Zwischen 2013 und 2017 pendelten die Einwanderungsquoten aus dem EU-Raum zwischen 636 000 und 810 000. Rund die Hälfte von ihnen sind Erwerbsmigranten, die hier Arbeit suchen. Sie decken einen Teil des steigenden Bedarfs an Fachkräften, Saisonarbeitern und Handlangern im Niedriglohnsektor ab. Dieser Gewinn für den Arbeitsmarkt hat aber eine Schattenseite: die Armutszuwanderung vornehmlich aus Rumänien und Bulgarien. Sie stellt Kommunen, Wohnungsmarkt, Kitas und Schulen vor zusätzliche massive sozialpolitische und pädagogische Herausforderungen.[7]

Zuwanderung ist aus demografischen wie arbeitsmarktpolitischen Gründen grundsätzlich willkommen, um die Bedürfnisse unseres Arbeitsmarktes zu befriedigen und die Finanzierung unseres Rentensystems zu sichern. Das Problem ist nur, dass Zuwanderung für diese Ziele uns nur weiterhilft, wenn Wirtschaft und Gesellschaft von ihr profitieren und sie mit diesen Vorgaben kontrolliert und gesteuert wird. Das ist uns aufgrund massenhaften Missbrauchs humanitärer Schutzrechte (Asylrecht, Genfer Flüchtlingskonvention, subsidiärer Schutz) und der Freizügigkeit in der EU bisher nicht gelungen. Das geplante Fachkräfteeinwanderungsgesetz weist in die richtige Richtung, wird aber die strukturellen Schwierigkeiten einer weitgehend ungesteuerten Migration nach Deutschland nicht beseitigen.

Ein Jahr nach der Grenzöffnung war die Euphorie der Willkommenskultur unter dem Eindruck der sexuellen Übergriffe in der Silvesternacht

2015/2016 und der islamistischen Anschläge in Paris, Brüssel, Nizza, Würzburg, Ansbach und Berlin verblasst. Die Erfindung eines »Neuen Deutschen« durch das Professorenehepaar Münkler war Geschichte. Der Zukunftsoptimismus war an den »Mühen der Ebene« (Bertolt Brecht) zerschellt. Nach der Mehrheit der Meinungsumfragen ist die Skepsis gegenüber Zuwanderung, Integration und Islam bis in den Frühsommer 2019 hinein gestiegen, obwohl die Zahl der Asylsuchenden in den letzten zwei Jahren deutlich geschrumpft ist.[8] Nach einer Umfrage der Bertelsmann-Stiftung 2017 fürchten 79 Prozent der Bundesbürger zusätzliche Belastungen für den Sozialstaat durch Zuwanderung, 72 Prozent Konflikte zwischen Einheimischen und Einwanderern, 68 Prozent Probleme in der Schule und 65 Prozent Wohnungsnot in Ballungsräumen.[9] Nach der Leipziger Autoritismus-Studie 2018 ist die Islamfeindlichkeit durch Unsicherheit und Angst vor Terrorismus, Überfremdung und Unvereinbarkeit der Kulturen gewachsen.[10] Nach der neuen Mitte-Studie der Friedrich-Ebert-Stiftung neigte 2018 gut jeder zweite Bundesbürger zur Abwertung von Asylsuchenden (54 Prozent).[11] Es scheint, dass sich eine vertiefende Skepsis gegenüber Zuwanderung bis hin zu ihrer Ablehnung mit Zeitverzug in über die Hälfte der Köpfe unserer Bürger eingegraben hat.

Die fortdauernde Zuwanderung aus nichteuropäischen Ländern im Umfang einer mittleren Großstadt, eine ungebremste Migration aus EU-Ländern mit Vor- und Nachteilen sowie eine wachsende Skepsis gegenüber Migranten im Allgemeinen und Muslimen im Besonderen bilden die gesellschaftliche Folie für die Frage, ob die soziale und kulturelle Integration der muslimischen Neuzuwanderer, die nach 2015 gekommen sind, besser gelingen kann als bei ihren Vorgängergenerationen.

Akademiker und Analphabeten: das Bildungsniveau der Flüchtlinge

Wenn Bildungs- und Arbeitsmarktforscher auf massive Probleme bei der Zusammensetzung von Schülerschaften oder Flüchtlingen stoßen, nutzen sie gern das entdramatisierende Wort »heterogen«, wie auch die Wissenschaftler des Nürnberger Instituts für Arbeitsmarkt- und Berufsforschung (IAB) bei der Beschreibung des Bildungshintergrundes von Flüchtlingen.[12] Der Begriff trifft immer zu, sagt aber wenig und taugt deshalb bestens, Problemberge zu relativieren. Manchmal ist er aber auch alternativlos.

Das Bildungsniveau der neuen Flüchtlingswelle ist nach zwei IAB-BAMF-SOEP-Umfragen unter Asylbewerbern niedrig. Es fällt durch vier Besonderheiten auf: einen Mangel an mittleren Bildungsabschlüssen, erhebliche Bildungsunterschiede in den verschiedenen Herkunftsländern, ein wesentlich niedrigeres allgemeines Bildungsniveau als in der deutschen Bevölkerung und ein Gefälle in der Schulbildung und beruflichen Bildung zwischen den Geschlechtern.[13]

9 Prozent der Flüchtlinge haben in der Heimat gar keine Schule besucht und 26 Prozent die Schule ohne Abschluss verlassen.[14] Eine besondere Herausforderung stellen die Analphabeten unter den Asylbewerbern dar. Die zweitgrößte Flüchtlingsgruppe nach den Syrern sind Afghanen. Am Hindukusch ist die Analphabetenrate mit fast 70 Prozent extrem hoch.[15] 28 Prozent aller afghanischen Flüchtlinge hatten vor ihrer Flucht keine Schule besucht.[16] Hier stehen die Pädagogen vor einer Herkulesaufgabe. Viele Analphabeten »versuchen mit großem Fleiß aufzuholen, was kaum noch aufzuholen ist«, weiß der Lehrer Bernd Klinger: »Die Folge ist: Frust, depressive Symptome oder aggressive Übersprungshandlungen.«[17] Am anderen Ende des Qualifikationsspektrums sind die Asylbewerber, die eine Hochschule oder ein Gymnasium durchlaufen haben. Unter den Iranern und Syrern ist ihr Anteil relativ hoch, während er unter den Asylbewerbern aus dem Irak, Pakistan, Eritrea deutlich niedriger ausfällt.[18] 17 beziehungsweise 19 Prozent der Geflüchteten haben Universitäten oder andere Hochschulen besucht, 11 beziehungsweise 13 Prozent mit einem Abschluss.[19] Insgesamt haben 55 Prozent der Asylbewerber zehn und mehr Jahre in allgemeinbildenden Schulen verbracht und damit ein Niveau erreicht, das in Europa als Mindeststandard gilt. Zum Vergleich: In der deutschen Bevölkerung haben 88 Prozent einen solchen Abschluss. Die Bildungsstruktur der Geflüchteten unterscheidet sich deshalb nach Ansicht der Nürnberger Arbeitsmarktforscher von der deutschen Bevölkerung »weniger am oberen Ende des Qualifikationsspektrums«, sondern »durch einen sehr viel kleineren Anteil in der Mitte und einen sehr viel größeren Anteil am unteren Ende des Qualifikationsspektrums«.[20] In diesem Bereich sind Frauen schulisch schlechter qualifiziert als Männer: 37 Prozent der Frauen sind ohne Schulabschluss, bei den Männern sind es 32 Prozent.[21]

Bei der Schulbildung wie bei der beruflichen Bildung zeigt sich, dass das durchschnittliche Bildungsniveau geringer wird, je »stärker ein Land von Krieg, Bürgerkrieg und politischer Verfolgung betroffen ist«.[22]

Trotz einer starken Bildungsorientierung der Flüchtlinge warnen die
Migrationsforscher davor, aus ihrem Qualifikationsniveau voreilig allzu
optimistische Schlüsse auf Schul- und Berufskarrieren zu ziehen. Da sind
einmal traumatische Belastungen zu berücksichtigen. Und viele Flüchtlinge wollen zuerst arbeiten und Geld verdienen, auch um es nach Hause
zu schicken, und sich erst später der Bildung und Ausbildung widmen. Das
ist unter Aspekten gelingender Integration eine fatale Priorisierung.

Dunkel sieht es bei der beruflichen Bildung aus. 8 beziehungsweise
12 Prozent haben eine betriebliche Ausbildung oder eine vergleichbare
Qualifikation absolviert, 6 Prozent haben einen Abschluss erworben.[23]
Diese niedrigen Anteile verwundern nicht, da die meisten Herkunftsländer eine mit dem deutschen Berufsbildungssystem vergleichbare
berufliche Ausbildung nicht kennen. Viele handwerkliche, technische und
kaufmännische Berufe werden in den Heimatländern ohne formale Ausbildung mit einem »On the Job«-Training ausgeübt.

Die Integrationschancen auf dem Arbeitsmarkt werden neben Schulbildung und Sprachkompetenz von den Arbeitsmarkterfahrungen im jeweiligen Herkunftsland bestimmt. 75 Prozent der Männer und 37 Prozent der Frauen sagten, bereits vor der Flucht berufliche Erfahrungen
gesammelt zu haben.[24] Hier tut sich wieder eine kulturell bedingte Kluft
zwischen den Geschlechtern auf. Die Tätigkeitsstruktur der Geflüchteten
spiegelt das niedrige Bildungsniveau in den meisten Ländern wider: Im
Durchschnitt waren 33 Prozent als Selbstständige tätig, 33 Prozent als
Arbeiter, 33 Prozent als Angestellte, darunter 10 Prozent mit Führungs-
position. Fast zwei Drittel haben vor dem Zuzug »fachlich ausgerichtete
Tätigkeiten« und gut ein Fünftel »komplexe und hochkomplexe Spezialis-
ten- und Expertentätigkeiten« ausgeübt. Dieses Beschäftigungsniveau in
der Heimat konnten in Deutschland nur die Hälfte der Flüchtlinge bei den
»fachlich ausgerichteten Tätigkeiten« und nur 5 Prozent bei den Spezialis-
ten und Expertentätigkeiten halten.

Bitter ist, dass Deutschland nach einer neuen OECD-Studie mehr Zuwanderer mit geringem Bildungsniveau anzieht als der Schnitt der EU-
und OECD-Länder. Der Anteil der Hochqualifizierten (Fachhochschul-/
Hochschulstudium, höhere beruflich Bildung) liegt mit 23 Prozent unter
dem EU- und OECD-Schnitt.[25] Bei jungen Erwachsenen (25- bis 34-Jäh-
rige) liegt er so niedrig wie in keinem anderen Land mit vergleichbaren
Daten. Eine besondere Herausforderung wartet auf allgemeinbildende

Schulen und Berufsschulen. Rund ein Viertel der jungen Migranten hat weder Abitur noch eine abgeschlossene Berufsausbildung. Hier liegt Deutschland nach der OECD-Studie »deutlich« unter dem EU- und OECD-Schnitt. Diese OECD-Ranglisten verdeutlichen, dass über lange Zeit vor allem niedrig qualifizierte Zuwanderer nach Deutschland gezogen sind. Wir haben daher höhere Bildungshürden bei der Integration zu überwinden als die meisten Nachbarländer. »Die Startbedingungen der Geflüchteten« waren »beim Zuzug in vielfacher Hinsicht ungünstig«, resümieren die Nürnberger Arbeitsmarktforscher die schulische, berufliche und universitäre Vorbildung der Migranten im zweiten Halbjahr 2017.[26]

Zuwanderung in Parallelgesellschaften: die Segregationsgefahr steigt

Als sich abzeichnete, dass sechs von sieben geplanten Notunterkünften für Flüchtlinge im sozial belasteten Norden Essens gebaut werden sollten, wollten die betroffenen SPD-Ortsvereine dagegen Front machen und unter dem Motto »Der Norden ist voll« gegen diese Verteilung von Geflüchteten demonstrieren. Einer der Initiatoren, der Essener SPD-Parteivize und Ratsherr Karlheinz Endruschat, warnte öffentlich vor der »Muslimisierung« einiger Stadtbezirke. In Altenessen, seinem Stadtteil, hätten bereits 40 Prozent einen fremden Pass, jedes zweite Kind in den Kitas spreche zu Hause kein Deutsch. »Das ist nicht nur ein soziales, sondern auch ein kulturelles Problem«, sagte Endruschat: »Die Integration funktioniert nicht, hier entstehen Parallelgesellschaften.« Das waren zwei Zumutungen zu viel für politisch korrekte Sozialdemokraten. Der Essener SPD-Vorsitzende Thomas Kutschaty distanzierte sich wegen der Wortwahl »Muslimisierung«, und die damalige nordrhein-westfälische Ministerpräsidentin Hannelore Kraft schickte ihren Generalsekretär in die Ortsvereine im Essener Norden, um den glimmenden Miniaufstand auszutreten. Der fiel am Ende aus. Eine positive Folge hatte das offene Aufbegehren der Parteibasis: Die Flüchtlinge wurden in Essen teilweise neu verteilt.

Über ein Jahr später – die meisten Geflüchteten sind inzwischen in Wohnungen umgezogen – hat sich an der Ballung von Zugewanderten im Essener Norden aus Sicht der SPD-Ortsvereine nichts geändert. Billigen Wohnraum habe es, so die Stadtverwaltung, nur in den verlassenen Bergarbeitersiedlungen gegeben und nicht im sozial besser gestellten Süden der Stadt. »Fast alle Flüchtlinge«, klagt der SPD-Fraktionsvorsitzende der Bezirksversammlung Theo Jansen, seien am Ende »im Essener Norden gelandet«: Die frühere Mehrheitsgesellschaft sei dort in die Minderheit geraten. Und in die Defensive auf dem Wohnungsmarkt, ist hinzuzufügen, dem einzigen Gebiet, in dem es bisher zu Verteilungskonflikten zwischen Zuwanderern und sozial schwachen Alteingesessenen gekommen ist. Die Zuwanderung habe insbesondere in Ballungsgebieten in Nordrhein-Westfalen, Niedersachsen und Baden-Württemberg zu hohen Immobilienpreisen und Mieten geführt, haben die Freiburger Wirtschaftswissenschaftler Bernd Raffelhüschen und Roman Witkowski herausgefunden.[27] Auf dem Wohnungsmarkt türmen sich im Sommer 2019 die Schwierigkeiten. »Die Integration gelingt nur ansatzweise, der Neubau von Sozialwohnungen kommt nur langsam voran«, resümieren Fallstudien des Bundesinstituts für Bau-, Stadt- und Raumforschung (BBSR) von zehn deutschen Kommunen, darunter Köln, Mainz und Hannover. Die negativen Folgen: eine steigende Zahl von Flüchtlingen, die in Gemeinschaftsunterkünften bleiben muss, weil sie keine Wohnungen finden, ein Mangel an preisgünstigen Wohnungen und aufgebrauchte Leerstandreserven, ein Hauen und Stechen zwischen Flüchtlingen, EU-Arbeitsmigranten und einkommensschwachen Herkunftsdeutschen auf dem regulären Wohnungsmarkt und das punktuelle Entstehen eines »Schwarzmarktes« bei der Vermittlung von Wohnungen.[28]

Was im Mikrokosmos Essen-Nord passiert ist, hat sich in zahlreichen Großstädten und städtischen Regionen abgespielt. Die drei Pullfaktoren Arbeitsplätze, billiger Wohnraum und Nähe zu Landsleuten haben Flüchtlinge überwiegend in Großstädte und dort wiederum in bereits sozial belastete Stadtviertel gelockt. Der Deutsche Städte- und Gemeindebund hat diese Gefahr frühzeitig erkannt und bereits 2016 vorgeschlagen, eine bundesweite Wohnsitzauflage zu erlassen – gekoppelt an ein Integrationskonzept von Bund und Ländern. Nach dem Integrationsgesetz haben die Bundesländer seit 2016 die Möglichkeit, anerkannte Asylbewerber und Geflüchtete für drei Jahre nach Aufnahme- und Integrationskapazitäten landesintern zu verteilen (positive Wohnsitzauflage). Nur sieben Bundesländer haben von diesem Verteilungs- und Steuerungsinstrument bisher Gebrauch gemacht: Bayern, Baden-Württemberg, Nordrhein-Westfalen, das Saarland, Sachsen-Anhalt, Sachsen und Hessen. Nach Einschätzung des Städte- und Gemeindebundes konnten dort eine »übermäßige und einseitige Belastung einzelner Kommunen und Quartiere vermieden und Integrationserfolge festgestellt werden«. Die überwiegende Zahl der Bundesländer hat dieses Instrument für eine landesinterne Verteilung nicht genutzt. Mit integrationsfeindlichen Folgen, wie der Städte- und Gemeindebund beobachtet hat: Dort haben sich Geflüchtete »stark in bestimmten Ballungsgebieten und Städten konzentriert, wodurch das Segregationsrisiko deutlich steigt«.

Im Laufe des Jahres 2017 haben sechs Städte mit Zustimmung der jeweiligen Landesregierungen Zuzugssperren (negative Wohnsitzauflage) verhängt: Salzgitter, Delmenhorst, Wilhelmshaven in Niedersachsen, Pirmasens in Rheinland-Pfalz, Freiberg in Sachsen und Cottbus in Brandenburg. In den Augen des Städte- und Gemeindebundes war das nur die »zweitbeste Lösung«. Vermutlich ist es kein Zufall, dass diese Zuzugssperren mit einer Ausnahme in Bundesländern angeordnet wurden, die bei der Verteilung der Flüchtlinge auf positive Wohnsitzauflagen verzichtet hatten. Wie sind diese sechs Städte in Notlagen geraten, in denen sie keine andere Alternative mehr sahen, als die Ampel auf Rot zu schalten?

Die Belastungen durch die Flüchtlingskrise waren in den betroffenen Städten strukturell ähnlich. Tausende leere und billige Wohnungen haben auf Geflüchtete bundesweit einen Sog entfaltet, der sich in den jeweiligen ethnischen Communities schnell herumgesprochen hat. Durch die überproportionale Aufnahme von Geflüchteten waren nach Ansicht aller Bürgermeister vor allem die Kapazitäten von Integrationskursen, Kitas und Schulen mit Quoten von 60 bis 80 Prozent Migranten und Flüchtlingen (Salzgitter) ausgereizt und der soziale Frieden gefährdet. Alle Stadtoberhäupter bewerten die Zuzugssperren rückblickend als Erfolg und haben entweder Verlängerungen beantragt oder sie bereits, wie in Pirmasens, bewilligt bekommen. Während in Salzgitter 2016 und 2017 zwischen 112 und 190 Geflüchtete pro Monat in die Stadt gekommen waren, sank ihre Zahl nach dem Zuzugsstopp im ersten Jahr auf 26, in Pirmasens auf 24. Diese Wenigen gehen in erster Linie auf das Konto Familiennachzug, der von der Zuzugssperre ausgenommen ist. Nach Ansicht des Oberbürgermeisters von Salzgitter Frank Klingebiel (CDU) haben »wir diese Atempause gebraucht«.[29] Für Markus Zwick, Bürgermeister in Primasens, ermöglicht die verlängerte Zuzugssperre, die »erfolgreiche nachhaltige Integration ... fortzusetzen und gleichzeitig der Gefahr sozialer und gesellschaftlicher Ausgrenzung zu begegnen«.

Zu den Unterlassungssünden von Ländern und Kommunen gehört, beim Management der Flüchtlingskrise nicht flächendeckend von positiven oder negativen Wohnsitzauflagen Gebrauch gemacht zu haben. Sie gehören zu den wenigen Steuerungsinstrumenten, die kurzfristig getaugt hätten, die Auswirkungen der Massenzuwanderung auf Kommunen, Wohnungsmarkt, Kitas und Schulen zu lindern.

Die Mehrheit der Bundesländer, Groß- und Mittelstädte hat das Grundrecht auf Freizügigkeit auch in der Flüchtlingskrise nicht angetastet. Deshalb konnten sich nach den Beobachtungen des Erfurter Bildungsforschers Marcel Helbig die Mechanismen des »Wohnungsmarktes« bei der Verteilung der Flüchtlinge »frei entfalten«. Mit verhängnisvollen Folgen für deren Integration und den Zusammenhalt der Gesellschaft.

Zwar haben sich alle Landesregierungen bemüht, Kinder und Flüchtlinge so zu verteilen, dass eine weitere Konzentration von Schülern mit Migrationshintergrund in multiethnischen Vierteln und Schulen vermieden wird. In Berlin, Hamburg und Dortmund zum Beispiel durch die Verteilung von Vorbereitungs- oder Willkommensklassen für geflüchtete Kinder auf alle Schulformen, auch auf Gymnasien in möglichst vielen Stadtteilen. An der Spree und der Elbe hatten immerhin 61 Prozent der Gymnasien Vorbereitungsklassen gegründet. In der Hansestadt wurden Sammelunterkünfte, Wohncontainer, neue Wohnsiedlungen und Neubauten mit preiswertem Wohnraum über das ganze Stadtgebiet gestreut, auch in bürgerlichen Stadtvierteln.

Nach der oben genannten Fallstudie des Bundesinstituts für Bau-, Stadt- und Raumforschung (BBSR) waren diese Bemühungen jedoch nicht »zielführend«: »Anspruch und Wirklichkeit bei der lokalen Verteilung der Flüchtlinge gehen auseinander.«[30] Die Untersuchung stellt fest, dass Gemeinschaftsunterkünfte »weniger häufiger in Wohngebieten eingerichtet werden, in denen Wohlhabende leben«. Die Hauptursachen: »moderate Mieten« in sozialen Ballungsräumen, das Fehlen von »günstigen Wohnungen« und Grundstücken in »besseren Lagen, ... um Wohnraum für Geflüchtete zu errichten«. Hinzu kommen »teilweise erhebliche Widerstände« von »Eigentümern« und »Vermietern« in wohlhabenden Vierteln gegen die Unterbringung von Flüchtlingen, ausgelöst durch »rassistische Vorbehalte, ... Sprachbarrieren, Angst vor Übergriffen von jungen Männern aus afrikanischen Ländern, Probleme mit anderen Mietern wegen Lärm, hohe Nebenkosten und unsachgemäßen Gebrauch der Einrichtung«.[31] Wegen dieser Faktoren hat die »Zuwanderung von Flüchtlingen« nach Meinung der Bonner Stadtforscher die »sozialräumlichen Ungleichheiten in Städten verstärkt«. Zu einem ähnlichen Befund gelangt eine neue Studie des Wissenschaftszentrums Berlin, die Daten von 86 deutschen Städten und 3770 Stadtteilen ausgewertet hat. Sie kommt zu dem Ergebnis, dass der Zuzug von Zuwanderern »besonders in sozial benachteiligte Stadtteile« die »soziale Spaltung in vielen deutschen Städten … verschärft« hat.[32] Mit anderen Worten: Die Flüchtlinge, die seit 2015 zu uns gekommen sind, leben im Sommer 2019 überwiegend in sozial schwachen Stadtvierteln mit schlechteren Integrationsperspektiven. Diese sozial schiefe Verteilung der Flüchtlinge befördert den Trend zu segregierten Kitas und Schulen in einem Teil unserer Schullandschaft. Nach einer Untersuchung von Simon Lange vom Sachverständigenrat deutscher Stiftungen für Integration und Migration (SVR) liegt die Zahl der geflüchteten Schüler an segregierten beziehungsweise sozial belasteten Schulen »leicht höher« als an weniger belasteten Schulen.[33] Die Studie kommt zu dem Schluss, dass »Segregation … nicht gezielt und planvoll vermieden worden« ist.[34] Im Jahresbericht 2018 rügt der Hamburger Rechnungshof die sozial unausgewogene Verteilung von Flüchtlingskindern in Internationalen Vorbereitungsklassen an Stadtteilschulen (integrierte Gesamtschulen) und Gymnasien.[35] An Stadtteilschulen mit »sehr schwierigen« und »schwierigen« sozialen Bedingungen wurden in Regelklassen 1644 Schüler mit Fluchthintergrund unterrichtet, an Gymnasien lediglich 118. Der Rechnungshof moniert, dass der Anteil der geflüchteten Schüler an beiden Schulformen mit hohen Sozialindices korreliert: Je schwieriger die sozialen Bedingungen, desto mehr Flüchtlingskinder hätten dort Regelklassen besucht. Die Schulbehörde hat diesen Befund »anerkannt« und Besserung gelobt.[36]

Leider existieren bisher nur wenige geeignete Statistiken, um das Ausmaß der Segregation an Schulen und seine Wurzeln belastbar festzustellen. Die Bildungsforschung, an der auch die Politik anscheinend bisher wenig Interesse gezeigt hat, steckt hier noch in den Kinderschuhen. Im Folgenden müssen wir uns daher auf Bundesländer und Städte beschränken, bei denen Zahlenmaterial öffentlich zugänglich ist.

In Nordrhein-Westfalen, Hamburg und Hessen hat die Segregation an Schulen erschreckende Dimensionen angenommen. Sie werden die Bildungserfolge von Migranten und damit auch ihre Integration merklich hemmen.[37] In Nordrhein-Westfalen hat an 33 Prozent der Grundschulen

mehr als die Hälfte der Schüler einen Migrationshintergrund. An Hauptschulen liegt dieser Anteil bei 50 Prozent, an Gymnasien bei 10 Prozent.
An der Elbe wird die kritische 50-Prozent-Marke Migrationshintergrund
in der Schülerschaft an 51 Prozent der öffentlichen Grundschulen, 48 Prozent der Stadtteilschulen und 18 Prozent der Gymnasien überschritten.
In Hessen besucht fast die Hälfte der Grundschüler mit Migrationshintergrund Schulen, in denen die Mehrheit der Schüler eine familiäre Zuwanderungsgeschichte hat. Unter den deutschstämmigen Schülern gehen
nur 13 Prozent zu Schulen, an denen mehr als die Hälfte ihrer Mitschüler
einen Migrationshintergrund haben.[38] Nach einer Studie des Sachverständigenrates deutscher Stiftungen für Integration und Migration besuchten bereits 2011 58 Prozent aller Kinder mit Migrationshintergrund
eine Grundschule, an der überwiegend Kinder lernten, die selbst oder
deren Eltern nach Deutschland zugewandert waren.[39]

Wie wir gesehen haben, wird das Lernniveau aller Schüler schon
an Schulen mit Migrantenanteilen von 40 Prozent an aufwärts beeinträchtigt.[40] Während diese Schwelle bundesweit nur 24 Prozent aller
Schulen überschreiten, wird sie in Hamburg bei 64 Prozent der staatlichen
Grundschulen, bei 71 Prozent der staatlichen Stadtteilschulen und 39 Prozent der staatlichen Gymnasien überschritten.[41] In Nordrhein-Westfalen
ist der Anteil dieser Schulen von 2011 bis 2016 von 24 auf 29 Prozent
gestiegen.

Was sind die Ursachen für die sich immer schneller drehende
Segregationsspirale und die Zunahme von Schulen mit verminderter
Leistungsfähigkeit?

An erster Stelle sind die in den letzten Jahren in einigen Bundesländern, Groß- und Mittelstädten stark gestiegenen Anteile von Schüler
mit Migrationshintergrund zu nennen. Nach dem Bildungsbericht 2018
hatten in Westdeutschland 42 Prozent der Sechs- bis Zehnjährigen einen
Migrationshintergrund, in Ostdeutschland dagegen nur 11 Prozent.[42]
Dieser Trend wird von drei Faktoren befeuert: durch Zuwanderung von
Flüchtlingen, Arbeitsmigranten aus dem EU-Raum und durch höhere Geburtenraten von Migranten.

Die zweite Ursache für die fortschreitende Segregation in der deutschen Schullandschaft sind langjährige soziale Spaltungsprozesse, die sich
mit der Zuwanderung in bestimmten städtischen Quartieren überlappt
haben. Diese Ghettoisierung hat bereits im letzten Jahrhundert begonnen.

Ihre Wegmarken sind: der Mangel an preiswertem Wohnraum durch den Verkauf von öffentlichen Wohnungen zur Entschuldung von Kommunen und der weitreichende Abschied vom sozialen Wohnungsbau.[43] Der größte Teil der Migranten wandert aufgrund des geringen Bildungsniveaus in das untere Drittel unserer Gesellschaft und kann sich deshalb nur billigen Wohnraum in abgehängten Städten und Regionen leisten. Durch die wachsende soziale Ungleichheit hat die soziale Segregation von Hartz-IV-Familien in zahlreichen Quartieren von Großstädten bis in die jüngste Zeit zugenommen.[44] In solchen sozialen Brennpunkten sind Armut und Migration miteinander verschmolzen. Durch Ummeldungen, Umzüge, einen Run auf Bekenntnisschulen und einen Boom von Privatschulen, der inzwischen die Grundschulen erreicht hat, zieht die Mittelschicht unsichtbare Grenzen, um sich in ihren Wohnvierteln und Schulen abzuschotten.[45] Durch diese heimliche Entmischung sind Schulgemeinschaften in den unteren und oberen Etagen der Gesellschaftspyramide sozial homogener geworden.[46] Als Folge dieser Entwicklung konstatiert die Präsidentin des Wissenschaftszentrums Berlin Jutta Allmendinger eine »Zunahme segregierter Schulen und segregierter Stadtteile«.[47]

Wenn die drei Stadtstaaten Berlin, Hamburg und Bremen sowie Nordrhein-Westfalen bei Leistungsvergleichen der Bundesländer in der Regel auf den letzten vier Plätzen landen, liegt das vor allem daran, dass sie die sozial und sprachlich heterogenste Schülerschaft in segregierten Schulen und in Schulen in gemischten Wohngebieten mit hohen Migrantenanteilen zu beschulen haben.

Anzuerkennen ist, dass sich alle Bundesländer seit drei Jahren verstärkt bemühen, die Wohnungsknappheit durch den Neubau von Wohnungen mit sozialer Komponente zu mindern. Baugenehmigungen werden in der Regel nur noch für Neubauten mit Quoten von 20 bis 30 Prozent Sozialwohnungen erteilt. Eine Umkehr des Trends zu einer sozial gerechteren Verteilung des Wohnraums wird allerdings schwerfallen. Wegen der hohen Kosten für Baugrundstücke in bürgerlichen Vierteln und der politischen und juristischen Beschwerdemacht ihrer Bewohner wird es dort eher selten gelingen, preiswerten Wohnraum zu errichten. Deshalb werden sich soziale Brennpunkte und muslimische Parallelgesellschaften im Kielwasser des Zustroms von Flüchtlingen aus Syrien, dem Irak und Afghanistan ausfächern. »Der teilweise selektive Zuzug von Ausländern in einzelne Quartiere kann«, formuliert das Bundesinstitut für Bau-, Stadt- und Raumforschung (BBSR) in einer Expertise vorsichtig, »zukünftig dazu führen, dass die ethnische und soziale Segregation in den Städten zunimmt.«[48] Für diese wissenschaftsimmanente Vorsicht besteht im Sommer 2019 kein Anlass mehr: Die Zahl der segregierten Kinderkrippen, Kindergärten und Schulen hat bereits zugenommen und wird weiter steigen. Dadurch werden sich die Integrationschancen für Alt- und Neuzuwanderer in Problemvierteln und gemischten Wohngebieten verringern.

Traurige Bilanz: Integrationskurse

Der »Bericht zur Integrationsgeschäftsstatistik 2018« des Bundesamtes für Integration und Migration (BAMF) verzichtet überraschend auf die sonst üblichen Meldungen über Erfolge und Fortschritte. Und das aus gutem Grund: Es gibt sie nicht. Beim Sprachniveau hat nur noch gut die Hälfte (52 Prozent) der Erwachsenen das Sprachniveau B1 (selbstständige Sprachanwendung) erreicht, 17 Prozent weniger als 2016.[49] Dafür ist der Anteil der Kursteilnehmer, der nur das Sprachniveau A2 (elementare Sprachanwendung) schafft, im selben Zeitraum um 7 Prozent auf 33 Prozent gestiegen. Für den Arbeitsmarkt bedeutet dies: Jobcenter können gut die Hälfte der Geflüchteten in Helferjobs vermitteln, bei einem Drittel nicht einmal das. Von einer komplexeren Sprachkompetenz, wie sie das normale Arbeitsleben erfordert, sind beide Gruppen weit entfernt.

Ungeschminkt erklärt das BAMF den Hintergrund der traurigen Bilanz: Die »sprachlichen und kulturellen Unterschiede« der rund 256 000 Teilnehmer seien im letzten Jahr »diverser« geworden. Angesprochen werden damit unter anderem zwei besondere Personenkreise: die explodierende Zahl von Analphabeten und die Geflüchteten ohne Kenntnis der lateinischen Schrift. Die Zahl der Analphabeten steigt seit einigen Jahren erheblich, hat sich von 2017 auf 2018 sogar fast verdoppelt: auf 66 900. Gut jeder vierte beziehungsweise fünfte Teilnehmer an Integrationskursen muss inzwischen beim Deutschlernen erst Schreiben und Lesen lernen. Kein Wunder, wenn von den Geflüchteten mit diesem Handicap nur 16 Prozent den B1-Test bestehen. Neu in der Palette der inzwischen acht verschiedenen Arten von Integrationskursen sind die 2017 eingeführten »Zweitschriftlernkurse« für Geflüchtete, die die lateinische Schrift nicht lesen können. Eine sicher pädagogisch sinnvolle Auffächerung des Kursangebotes. Weil die Teilnehmer hier besondere Lernhürden zu über-springen haben, hat nur ein Fünftel von ihnen mit B1 abgeschlossen.

Unter den neuen Besuchern von Integrationskursen dominieren nach wie vor Flüchtlinge aus Syrien (19 Prozent), Afghanistan (7 Prozent) und dem Irak (7 Prozent). Kleine Gruppen kommen aber auch aus EU-Län-dern: aus Rumänien, Bulgarien, Polen und Italien (zwischen 3 und 6 Prozent). Wunde Punkte bei den Kursteilnehmern sind Ausdauer, Dis-ziplin und die Sprachfähigkeit am Ende der Kurse. 2018 registrierte die Statistik 201 845 »Kursaustritte«, eine schönfärbende Beschreibung für Ausfall- und Durchfallquoten bei der Kursteilnahme und den Sprach-tests. Das heißt, dass 68 Prozent aller Teilnehmer den allgemeinen Integrationskurs beim ersten Versuch nicht erfolgreich abgeschlossen haben. Weil die Quoten der erfolgreichen Flüchtlinge und EU-Binnen-wanderer gesunken sind, ist die Quote der Wiederholer naturgemäß ge-stiegen. 2018 mussten sage und schreibe gut 85 000 Teilnehmer einen Integrationskurs wiederholen. Diese Bilanz verrät, dass rund die Hälf-te der erwachsenen Flüchtlinge nach Einstellung und Begabung größte Schwierigkeiten haben wird, sich jemals sozial und kulturell in Deutsch-land zu integrieren. Und sie offenbart, dass Staat und Gesellschaft für die Eingliederung von Erwachsenen vermutlich wesentlich mehr Aufwand treiben muss als bei Kindern und Jugendlichen – immer überlagert von einem Schatten der Vergeblichkeit. Dabei hat die Regierung laut Bundes-innenministerium bereits eine Milliarde Euro für Integrationskurse auf den Tisch gelegt.

Was die Statistik über Integrationskurse andeutet, sieht an der Basis noch düsterer aus. Für Ingrid Freimuth zum Beispiel, die einige Jahre als Lehrerin für Deutsch als Zweitsprache in Integrationskursen unter-richtet hat.[50] Begonnen hat sie einmal einen Kurs mit ursprünglich 25 Teilnehmern, von denen nach wenigen Wochen allerdings nur noch 15 kamen. Am Ende des Kurses saßen bei ihr nur noch vier bis sechs Lern-willige, die den Kurs dann auch mit einem B1-Zertifikat beendet haben. In Tübingen hat sich nach den Erfahrungen von Oberbürgermeister Boris Palmer »in den Flüchtlingsklassen eine Abwesenheitsquote von fast 50 Prozent eingestellt, ohne dass rechtzeitig gegengesteuert wurde«. Bei einigen Flüchtlingen sei der Spracherwerb »hervorragend«, aber einen Überblick über das erreichte Sprachniveau hat »niemand«. Freimuth wie Palmer rügen, dass eine Nichtteilnahme an Integrationskursen in der

Vergangenheit selten sanktioniert worden sei, obwohl es diese Möglichkeit bei anerkannten Asylsuchenden gibt.[51]

Integrationskurse sind bei Erwachsenen das Rückgrat der Eingliederung. In welchem Umfang Integrationskurse gelingen, hängt auch
von ihrer Qualität ab. Hier haben Bundesrechnungshof und der OECD-Bericht 2017 in den letzten Jahren zahlreiche Defizite entdeckt: eine sehr
unterschiedliche Qualität bei den über 1700 Trägern, Lehrer ohne Ausbildung oder Erfahrung in der Sprachvermittlung, laxe Kontrollen bei der
Teilnahme der Flüchtlinge, vier bis acht Monate Wartezeit auf den Beginn
der Kurse und größere Kursgrößen als der erstrebte EU-Standard.[52]

Die hohen Abbruch- und Durchfallquoten sind der Integrations-
ministerkonferenz und der Bundesregierung ein Dorn im Auge. Im August
2018 hat die Integrationsbeauftragte der Bundesregierung Annette Widmann-Mauz Vorschläge für eine »Qualitätsoffensive Integrationskurse«
unterbreitet.[53] Dazu zählen finanzielle Anreize für Kursanbieter und Lehrer. Außerdem arbeitet das Bundesinnenministerium an konkreten Ver-
besserungsvorschlägen.

Von ihnen sollte man allerdings keine Wunder erwarten. Unterschiede
im Bildungsniveau, Bildungsehrgeiz und in der Sprachbegabung lassen
sich nicht beliebig kompensieren. 600 Stunden Sprachunterricht und 100
Stunden Werte- und Kulturvermittlung »Leben in Deutschland« sind für
die meisten zugewanderten Erwachsenen nicht mehr als Trippelschritte
auf dem steinigen Weg der Eingliederung. Wer glaubt ernsthaft daran,
dass aus Analphabeten eines Tages erfolgreiche Mitglieder der Wissens-
gesellschaft werden? Der grüne Oberbürgermeister Boris Palmer beschreibt die Perspektiven eines »großen Teils der Flüchtlinge« illusionslos:
Er wird »nach drei Jahren im Land nur wenige Worte Deutsch beherrschen
und weit entfernt von jeder Teilhabe am gesellschaftlichen Leben oder gar
der Aufnahme einer Beschäftigung sein«.[54]

Engpässe in Schulen: Lehrermangel, Seiteneinsteiger, Stundenausfall

Im Februar 2019 zogen rund 400 protestierende Eltern der Max-Brauer-
Schule zum Rathaus in Hamburg-Altona. Unter dem Motto »Das muss
auch anders gehen!« machte die Elterninitiative Front gegen den Plan des
Schulsenators, dass der Grundschulteil der Stadtteilschule künftig dop-

pelt so viele Kinder aufnehmen soll wie bisher. Statt drei sollen künftig sechs Klassen parallel laufen. Mittelfristig soll sich die Zahl der Schüler auf der Schule verdoppeln, obwohl sie nach Ansicht der Eltern schon vor der Erweiterung aus allen Nähten platzt. Auf dem Gelände stehen bereits zehn Container. Ein mehrstöckiger Neubau soll hinzukommen, eine Turnhalle wird gerade gebaut. Für die Elternrätin Silke Stahn ist der Schulhof schon jetzt eine »Katastrophe, zu klein für all die Kinder«.[55] Viele Mitglieder der Elterninitiative fühlen sich übergangen, weil sie vor der Erweiterung nicht angehört worden sind. Die Schulbehörde bezeichnet sie dagegen als »nötig und sinnvoll«.[56] Bis 2030 rechnet Hamburg mit einem Zuwachs von 39 000 Schülern.

Mit ähnlichen Platzproblemen haben viele deutsche Großstädte zu kämpfen, München, Frankfurt und Stuttgart im Westen, Leipzig, Rostock und Erfurt im Osten. Besonders gebeutelt sind die Stadtstaaten Berlin, Hamburg und Bremen. In Leipzig ist die Not inzwischen so groß, dass die Stadt zwei marode Plattenbauten aus DDR-Zeiten und eine ehemalige Asylunterkunft saniert und in Schulen umwandeln will. In Bremen gehört Unterricht in Containern inzwischen zum Schulalltag.

Über die Ursachen des Schülerhochs und der Schulmisere in einigen Bundesländern sprechen die Politiker ungern, weil sie dann eigene Fehler gestehen müssten: die »Personalmisswirtschaft« (Präsident des Lehrerverbandes Heinz-Peter Meidinger) der Bildungsministerien und die Zuwanderungspolitik der Bundesregierung.

Für Lehrerverbandschef Meidinger haben die Politiker den »Geburtenanstieg seit 2011 verschlafen«, den sie in den ersten Jahren unter dem Druck der Finanzminister in der Rubrik »normale Schwankungen« verbucht hatten. Die Kultusministerkonferenz hat inzwischen zugegeben, dass sie bei ihren Bedarfsprognosen vor 2015 den Ausbau der Ganztagsbetreuung, die Inklusion und die Integration nicht ausreichend berücksichtigt hatte – freilich aufgrund von Angaben der Bundesländer. Und die Länder haben nach Meidingers Meinung die »Lehramtsstudienplätze in den letzten 20 Jahren im Vertrauen auf weiter sinkende Geburtenraten in fahrlässiger Weise massiv abgebaut«. Die seit 2015 vor den Schultüren stehenden Flüchtlingskinder als eine zentrale Ursache für den Schülerboom und den Schulnotstand erwähnen die Politiker gewöhnlich nur auf Nachfrage. Schließlich sind alle Parteien mit Ausnahme der AfD für die Massenzuwanderung mitverantwortlich.

Wie viele Kinder von Geflüchteten schulpflichtig sind, weiß die Kultusministerkonferenz mangels aussagekräftiger Statistiken bis heute nicht.
Nach anfänglich hohen Schätzungen – zwischen 300 000 und 325 000 –
scheinen aus heutiger Sicht 200 000 geflüchtete schulpflichtige Kinder
realistischer. Diese Zahl ergab eine Umfrage auf einer Tagung der Kultusministerkonferenz mit Lehrerverbänden im Herbst 2017. Das ist im Vergleich zur Gesamtzahl der Schüler (10,9 Millionen) eine relativ geringe
Zahl. Wegen des niedrigen Bildungsstandes und der fehlenden Deutschkenntnisse der Flüchtlingskinder ist dieser Zuwachs nach dem Bildungsbericht 2018 aber eine »besondere Herausforderung«.[57]

Nach einer Statistik der Kultusministerkonferenz ist die Zahl der
Schulanfänger nach langen Jahren des Rückgangs seit 2015 erstmals wieder leicht gestiegen: um 2 Prozent. Höhere Geburtenraten können dabei
nur eine Nebenrolle spielen. Sie steigen zwar seit 2011 leicht an, machen
aber erst ab 2014 mit knapp 33 000 zusätzlichen Geburten einen mächti-
gen Sprung. Der kann sich aber bis Mitte 2019 noch nicht in den Schulen
ausgewirkt haben, weil diese Kinder frühestens im Schuljahr 2020/2021
schulpflichtig werden. Die Hauptursache für den Anstieg der Schülerzahlen ist die Zuwanderung von Schülern mit Migrationshintergrund und
ausländischer Staatsangehörigkeit. Zwischen 2015/2016 und 2018/2019
pendeln ihre Zuwachsraten in Nordrhein-Westfalen, Baden-Württemberg, Bayern, Rheinland-Pfalz, Hessen, Schleswig-Holstein, Hamburg
und Bremen zwischen 4 und 25 Prozent. In den neuen Bundesländern fallen die Steigerungsraten wegen der niedrigen Sockel teilweise erheblich
höher aus, in Sachsen um 35 Prozent, in Thüringen um 79 Prozent und in
Brandenburg um 88 Prozent. Das sind Hausnummern – für den Schulalltag und die Schulpolitiker.

Trotz dieser Zahlen ist das Schülerhoch kein bundesweites Phänomen.
Nach einer Umfrage des Verfassers bei den Bundesländern erleben das
Saarland, Rheinland-Pfalz, Hessen, Baden-Württemberg, Schleswig-Holstein und Nordrhein-Westfalen keinen Schülerboom, ebenso wenig wie
die neuen Bundesländer, von denen einige sogar rückläufige Schülerzahlen beobachten.[58] Ein typisches Beispiel für gegenläufige Bewegungen
in einigen Ländern ist Hessen. Während die Schülerzahlen in den ländlichen Regionen Nord- und Osthessens weiter zurückgehen, sind sie in der
Metropolregion Rhein-Main emporgeschnellt. Frankfurt plant deshalb
den Bau von 21 neuen Schulen.

Der Schülerboom ist in erster Linie ein Phänomen der Stadtstaaten, der Großstädte und städtischen Regionen. Hier ballen sich die Sprösslinge von Zuzüglern aus anderen Teilen Deutschlands, von Arbeitsmigranten aus aller Welt und von Flüchtlingen. Interessant dabei ist, dass sich die Zuwanderung von Arbeitsmigranten aus der EU und Flüchtlingen in einigen Bundesländern in etwa die Waage hält. In Bremen kamen die Migranten in der Rangfolge am häufigsten aus Syrien, Bulgarien, Türkei, Polen und dem Irak, in Rheinland-Pfalz aus Syrien, Polen, Afghanistan, Bulgarien und Rumänien.

Der Andrang von rund 200 000 schulpflichtigen geflüchteten Kindern und Jugendlichen ohne Deutschkenntnisse hat das deutsche Schulsystem unvorbereitet getroffen. Und zwar in einer Phase, in der es nach Jahren des »Sparens, bis es quietscht« in einigen Bundesländern baulich, personell und finanziell notleidend war. Trotz dieser Starthandicaps haben Politik und Schulen diese pädagogische Mammutaufgabe in der ersten Phase mit viel Geld und großem Engagement der Lehrerschaft geschultert, soweit das im Sommer 2019 erkennbar ist. Die offene Frage bleibt, ob unsere Schulen die neuen Herausforderungen auch mittel- und langfristig meistern und welchen Preis sie dafür zu zahlen haben. Drei Engpässe mindern schon heute die Qualität des Unterrichts und schaden der Inklusion wie der Integration: der Mangel an qualifizierten Lehrkräften, Vertretungsstunden und Unterrichtsausfall.

Auf den Ansturm von Flüchtlingskindern haben die meisten Bundesländer mit Einstellungsoffensiven von Lehrern reagiert. Zwischen 2014 und 2016 haben sie nach Angaben der Kultusministerkonferenz 6100 Lehrer zusätzlich engagiert, ein Sprung um 21 Prozent. 2016 haben die Länder mit 36 100 Neueinstellungen die höchste Zahl an Lehrkräften seit der Jahrhundertwende verpflichtet. In etlichen Bundesländern haben diese personalpolitischen Kraftakte trotzdem nicht gereicht, um die explodierende Nachfrage zu befriedigen.

Neben Notmaßnahmen wie der Reaktivierung von Pensionären, der Unterstützung von ehrenamtlichen Helfern und der zeitweisen Versetzung von Gymnasiallehrern an Grundschulen mussten etliche Länder sogenannte Seiteneinsteiger engagieren, um den Bedarf abzudecken, Lehrkräfte mit Hochschulabschluss, aber ohne pädagogische Vorbildung. Nur eine Minderheit ist ohne sie ausgekommen oder hat nur wenige eingestellt: Bayern, Hamburg, Hessen, Rheinland-Pfalz, das Saarland und Schleswig-Holstein. Die Mehrheit der Bundesländer hat 2018 versucht, sich aus ihrer misslichen Lage mit der Verpflichtung von rund 4800 Seiteneinsteigern zu befreien, 13 Prozent aller Einstellungen. Die höchste jemals erzielte Quote, zugleich ein Signal für ein in Teilen überfordertes Schulsystem. 2018 wurden die meisten pädagogischen Amateure von Sachsen (1174), Berlin (1057), Nordrhein-Westfalen (1006), Niedersachsen (478), Brandenburg (280), Bremen (130), Baden-Württemberg (103) und Schleswig-Holstein (37) aufgenommen. Ein bedrohliches Ausmaß haben diese Verzweiflungsberufungen in Sachsen und Berlin erreicht. Dort sind 2018 die Hälfte beziehungsweise zwei Fünftel aller neuen Lehrkräfte ohne pädagogische Vorbildung auf die Kinder losgelassen worden. Die Vorsitzende der Gewerkschaft Erziehung und Wissenschaft (GEW) Marlies Tepe berichtet von einer Grundschule auf dem Lande, wo die Schulleiterin die einzige ausgebildete Lehrerein war.[59]

Nach einer Forsa-Umfrage im Auftrag der Robert-Bosch-Stiftung finden 40 Prozent der Lehrkräfte, dass der Schulalltag mit diesen Seiteneinsteigern an ihrer Schule »weitgehend problemlos funktioniert«, 54 Prozent sehen dagegen Schwierigkeiten. An erster Stelle wurden genannt: mangelhafte pädagogische Fähigkeiten beziehungsweise Probleme im Umgang mit Schülern (62 Prozent), mangelhafte didaktisch-methodische Fähigkeiten (39 Prozent) und falsche Vorstellungen von Anforderungen an den Lehrerberuf (22 Prozent). Lehrerverbände und Wissenschaftler entsetzen diese Kompetenzverluste im Unterricht. Die Deutsche Gesellschaft für Erziehungswissenschaft (DGFE) warnt in einem Brandbrief an die Berliner Schulsenatorin Sandra Scheeres vor »einer massive Beeinträchtigung der Professionalität«, »bösen Folgen für die Kinder« und möglichen »negativen individuellen und gesellschaftlichen« Schäden.[60] Der Verband Bildung und Erziehung (VBE) nennt die Praxis, Quereinsteiger ohne Vorqualifizierung unterrichten zu lassen und sie erst berufsbegleitend nachzuqualifizieren, »unverantwortlich« – für die Kinder wie die pädagogischen Neulinge.[61] Der Verband sieht eine »wachsende pädagogische Deprofessionalisierung« kommen.

Trotz der Verpflichtung von Tausenden von pädagogischen Amateuren sind Hunderte von Lehrerstellen zu Beginn des Schuljahres 2018/2019 in etlichen Bundesländern unbesetzt geblieben. Nur knapp die Hälfte der Bundesländer konnte seine personalpolitischen Hausaufgaben erledigen und alle offenen Stellen besetzen: Bayern, Berlin, Hessen, das Saarland,

Rheinland-Pfalz, Thüringen und Brandenburg. In anderen Bundesländern sind Stundenausfall und Vertretungen durch unbesetzte Stellen programmiert: in Mecklenburg-Vorpommern 32, in Bremen 34, in Schleswig-Holstein 149, in Sachsen 200, in Hamburg 200, in Niedersachsen 478, in Baden-Württemberg 560 (davon 300 an Grundschulen).[62] In Sachsen-Anhalt blieb jede dritte ausgeschriebene Stelle an Grundschulen offen, in Sachsen jede siebte.[63] Am schlimmsten ist die Not in Nordrhein-Westfalen: Hier konnte das Ministerium für Schule und Bildung bis Ende 2018 nur für 77 Prozent der Stellen Pädagogen finden, 2436 Stellen blieben unbesetzt. Vom Lehrermangel am härtesten betroffen sind zurzeit Grundschulen, bevor er dann in die weiterführenden Schulen aufwächst. Keine Besetzungssorgen haben bisher Gymnasien.

Nach einer Forsa-Umfrage im Auftrag der Robert-Bosch-Stiftung gaben im Dezember 2018 41 Prozent der Lehrkräfte an, dass es an ihrer Schule unbesetzte Lehrerstellen gibt, in Nordrhein-Westfalen waren es sogar 54 Prozent. Im Lehrermangel sehen mittlerweile 55 Prozent der Schulleiter das »größte Problem«.[64] Der Lehrermangel ist in der Mehrheit der Bundesländer kein Randphänomen mehr, sondern prägt die Schullandschaft.

Unbesetzte Lehrerstellen schaden der Unterrichtsqualität, was sich besonders in der Zahl der vertretenen und ausgefallenen Stunden niederschlägt. Wenn ein Lehrer einen Kollegen vertreten muss, weiß er häufig nicht, wo der Kollege in der letzten Stunde aufgehört hat, er kennt die individuellen Probleme der Schüler nicht und ihm fehlt die Kompetenz, um auf demselben Niveau wie sein Fachkollege zu unterrichten. Vertretener Unterricht ist also nie so effektiv wie regulärer. Für den VBE-Vorsitzenden Udo Beckmann liegt ein Stundenausfall schon dann vor, »wenn den Unterricht kein Fachlehrer fortführt«.

In den meisten Bundesländern oszilliert die Quote des ersatzlos ausgefallenen Unterrichts um die 2 Prozent. Für Heinz-Peter Meidinger, Präsident des Deutschen Lehrerverbands, sind diese Quoten »Fake News«, die im Hinblick auf die Qualität des Unterrichts mehr verunklaren als offenbaren. In einigen Bundesländern hat der ersatzlose Stundenausfall über die 2-Prozent-Quote hinaus bereits heute ein unvertretbares Ausmaß angenommen: in Baden-Württemberg 3,5 Prozent, in Nordrhein-Westfalen 4,8 Prozent, in Sachsen 5 Prozent mit leicht steigender Tendenz, in Thüringen 5,5 Prozent mit einem stark wachsenden Trend.

Ein Großteil dieses Ausfalls geht natürlich auf das Konto von Krankheiten von Lehrern und deren Kinder, Mutterschutz, Elternzeit, Fortbildung, Exkursionen/Wandertage, dienstliche Abwesenheit und schulische Veranstaltungen. Diese Ursachen sind selbstredend auch bei Vertretungsstunden nicht zu vergessen. Zusammen mit den ersatzlos ausgefallenen Stunden haben sie jedoch in den letzten Jahren in einigen Bundesländern eine erschreckende Dimension erreicht. Während Bayern mit einem Anteil von nur 7 Prozent glänzt, hat sie im Schuljahr 2017/2018 in Schleswig-Holstein mit 10 Prozent, in Berlin und Mecklenburg-Vorpommern mit 11 Prozent beziehungsweise 12 Prozent neue Höchststände erklommen. Auf die gesamte Schulzeit umgerechnet bedeutet der Wegfall dieser regulären Unterrichtsstunden für Präsident Meidinger, dass ein »ganzes Schuljahr verschwindet«. Für ihn ist dieser ernüchternde Befund eine Ursache für den Leistungsabfall der Schüler beim IQB-Bildungsvergleich 2016 und der IGLU-Lesestudie 2016.

Alle westlichen Bundesländer und einige östliche Länder haben Sonderprogramme für Schulen in sozialen Brennpunkten oder ländlichen Randlagen aufgelegt. Für sie gibt es mehr Lehrer, Erzieher und Sozialpädagogen, Zulagen zu Gehältern (»Buschzulagen« oder »Ballungsraumzulagen«) und mehr Geld für Sachmittel. Die Aufstockung der Gehälter soll helfen, für multikulturelle Schulen in sozialen Brennpunkten Lehrkräfte zu rekrutieren oder sie zum Bleiben zu bewegen. Nach einer Untersuchung des Wissenschaftszentrums Berlin von Schulen der Hauptstadt scheinen diese Programme nicht mehr als der berühmte Tropfen auf dem heißen Stein zu sein. Ihr Fazit: Trotz der Sonderprogramme bleibt die Qualität der Brennpunktschulen »messbar schlechter als die von Schulen mit einer günstigeren sozialen Zusammensetzung«.[65]

Die Kumulation von unbesetzten Lehrerstellen, Quereinsteigern, Vertretungsstunden und Stundenausfall in über der Hälfte der Bundesländer lässt den Präsidenten des Deutschen Lehrerverbandes Heinz-Peter Meidinger fürchten, »dass in manchen Bundesländern eine ganze Schülergeneration Schaden nimmt«. Die GEW-Vorsitzende Marlies Tepe spricht sogar von einem »Bildungsnotstand«.[66] Drei Faktoren sind für diese folgenschwere Zuspitzung verantwortlich: ein durch überzogenes Sparen verursachtes marodes Schulsystem in einigen Bundesländern; ein durch Zuwanderung beschleunigter Schülerboom, der die Schulen unvorbereitet getroffen hat; und eine Ballung von zugewanderten Kindern und Jugend-

lichen ohne Deutschkenntnisse in Schulen von Metropolen und Großstädten als Folge einer hasenfüßigen Verteilung der Geflüchteten ohne
durchgreifende Steuerung mit Wohnsitzauflagen.[67]

Das war die Lage im Sommer 2019 – im Schatten einer noch größeren Herausforderung für Schulen, Lehrerschaft und Bildungsministerien:
Bis 2030 rechnet die Kultusministerkonferenz mit 278 000 zusätzlichen
Schülern, mit einem leichten Anstieg in den westdeutschen Flächenländern um 1 Prozent, in den ostdeutschen Flächenländern um 2 Prozent, aber in den Stadtstaaten um 20 Prozent. Diese Prognose geht von
steigenden Geburtenraten und weiterer Zuwanderung aus, allerdings auf
einem niedrigeren Niveau als 2015/2016. »Wir stehen vor einem neuen
Schülerberg, erst auf den Grundschulen, dann auf weiterführenden Schulen«, prophezeit Verbandschef Meidinger. In einer Modellrechnung geht
die Kultusministerkonferenz davon aus, dass jährlich 32 000 Lehrer verpflichtet werden müssen, um alle offenen Stellen zu besetzen. Die Schul-
entwicklungspläne der Länder setzen auf die Erweiterung und Sanierung
bestehender Schulen und den Bau neuer Schulen. Bis 2030 sind in Berlin
60, in München 45, in Hamburg 39 und in Frankfurt am Main 31 Neubauten geplant. Ob der dafür notwendige Mehrbedarf an Lehrkräften ge-
deckt werden kann, weiß heute niemand. Eine Bertelsmann-Studie hat
errechnet, dass bis 2025 rund 35 000 Lehrer fehlen werden.

Wie unter Richtern und Staatsanwälten hat sich auch in den Köpfen
der Lehrerschaft der Eindruck eingenistet, dass die Politik sie in den letzten Jahren im Stich gelassen hat: mit den pädagogischen Folgen des ungesteuerten Flüchtlingsstroms und der EU-Binnenwanderung, dem Ausbau der Inklusion ohne ausreichendes Personal, dem Lehrermangel als
Folge falscher Bedarfsprognosen sowie der Konzentration von Kindern
aus Familien mit niedrigem Sozialstatus, sonderpädagogischem Förderbedarf und Migrationshintergrund in Brennpunktschulen. In zig Brandbriefen und drei Brandbüchern hat die Lehrerschaft ihrem Ärger Luft gemacht.[68] »Wir fühlen uns nicht nur verraten, sondern auch ausgenutzt«,
klagt das Kollegium der Gemeinschaftsschule Kastanienallee in Halle in
einem Hilferuf an den Ministerpräsidenten von Sachsen-Anhalt Reiner
Haseloff.[69] Die Frankfurter Schulleiterin Ingrid König kritisiert, dass »Politiker, aber auch Teile der Gesellschaft, die Augen vor der Wirklichkeit verschließen, dass sie, teils aus ideologischen Gründen, teils aus Angst, teils
aber auch purer Überforderung, sich geweigert haben, die Zustände zu er-

kennen und Abhilfe zu schaffen«.[70] Nach einer Forsa-Umfrage im Auftrag des VBE meinen 86 Prozent der Schulleiter, dass die »Politik den Schulalltag bei ihren Entscheidungen nicht ausreichend beachtet«.[71] 71 Prozent der Lehrkräfte bewerten die Bildungspolitik ihrer Bundesländer mit der Note 4+.[72] Dieser tief sitzende Verdruss unter Pädagogen unterspült den Idealismus der Lehrerschaft und gefährdet Lernerfolge der Schülerschaft.

Anzuerkennen ist, dass die Politik die triste Wirklichkeit in einem Teil unserer Schullandschaft inzwischen wahrgenommen hat und Abhilfe schaffen will. Bund und Länder haben Millionen Euro in die Hand genommen und zahllose Förder- und Unterstützungsprogramme entworfen, um das Gewicht des schweren Gepäcks überlasteter Schulen zu erleichtern. Am 5. September 2018 hatte Bundeskanzlerin Angela Merkel fünfzig Lehrer von allen Schulformen zu einem Schulgipfel ins Kanzleramt geladen, um mit jeweils drei Bundesministern und Landesbildungsministern eine »ordentliche Analyse der Realität vorzunehmen«, wie die Bundeskanzlerin es nannte.[73] In den Augen vieler Pädagogen ein ermutigendes Zeichen, dass ihnen endlich jemand zuhört. Im April 2019 hat in Berlin ein länderübergreifendes Werkstattgespräch über die »Stärkung von Schulen in herausfordernden Lagen« auf Initiative der Berliner Bildungssenatorin Sandra Scheeres und ihrem Hamburger Kollegen Ties Rabe stattgefunden. Weitere Fachgespräche sollen folgen und in eine Initiative der Kultusministerkonferenz einmünden mit dem Ziel, Lernergebnisse von Schülern in Problemvierteln zu verbessern. Der Bund wird dafür 62,5 Millionen Euro über einen Zeitraum von zehn Jahren bereitstellen, die Länder noch einmal so viel draufpacken.

Die Lehrerverbände warten gespannt darauf, was aus den vielen Versprechen und Initiativen wird. In ihren Augen steht viel auf dem Spiel. Für den Lehrerverbandschef Heinz-Peter Meidinger ist die »gemeinsame Bewältigung von Integration, Inklusion und Digitalisierung die größte Herausforderung des deutschen Schulwesens seit dem Wiederaufbau nach dem Zweiten Weltkrieg«. »Wenn wir nicht massiv gegensteuern«, sagt der VBE-Vorsitzende Udo Beckmann, »geraten wir in einen pädagogischen Notstand.« Er sieht in der »augenblicklichen Situation aber auch eine Chance ... Bildung erhält in der Öffentlichkeit wieder einen höheren Stellenwert. Das Thema Schule hat wieder die Seite eins der Zeitungen erobert.«

Jugendliche Flüchtlinge: die Bildungsverlierer von morgen?

Als das Gespräch mit der Mathematiklehrerin Helga Haupt das Thema »Willkommensklasse« für Flüchtlinge am Albert-Einstein-Gymnasium in Maintal streifte, kam sie in Fahrt: »Die Flüchtlingskinder sind hier mit der Gießkanne ausgeschüttet worden. Hauptsache, ein Dach über dem Kopf.« Sie fragte: »Sind Analphabeten in einem Gymnasium sinnvoll?« Und beantwortete die Frage dann selbst: »Es gab keinen Einstieg nach Leistung und keine Auslese nach Schulform. Wir können die nicht in den Schulbetrieb einfädeln.« Dass Kinder aus Afghanistan oder Eritrea ohne Deutschkenntnisse, ja zum Teil nicht alphabetisiert die ersten Schritte ihrer Schulkarriere an einem Gymnasium machen, ist einer dieser pädagogischen Irrwege, die nach Öffnung der Grenzen im September 2015 aus purer Not eingeschlagen wurden.

Vorschuluntersuchungen von Viereinhalbjährigen sind Seismografen für soziale und ethnische Veränderungen in der Schülerschaft. In Berlin und Hamburg sind ihre Ergebnisse öffentlich. Die Befunde: Die Zusammensetzung der Schülerschaft ist durch Flüchtlinge noch einmal heterogener geworden.[74]

An der Elbe ist der Anteil der Kinder mit Migrationshintergrund im Schuljahr 2016/2017 auf 52 Prozent gestiegen. Parallel dazu ist auch der Anteil der Kinder mit »ausgeprägtem« Sprachförderbedarf gestiegen. Er liegt mit 15 Prozent 2 bis 4 Prozent höher als in den letzten vier Jahren, bei Kindern ohne Migrationshintergrund verharrt er über die Jahre stabil bei lediglich gut 2 Prozent.[75] Erschreckend ist der ausgeprägte Sprachförderbedarf bei Kindern, die in ihren Familien nicht oder überwiegend nicht Deutsch reden. 60 Prozent beziehungsweise 39 Prozent sprechen so schlecht Deutsch, dass sie einem Unterricht in der Grundschule nicht folgen können.[76]

In Berlin lag der Anteil der Kinder mit Migrationshintergrund bei den Einschulungsuntersuchungen im selben Schuljahr bei 49 Prozent.[77] Im Vergleich zum Vorjahr ist er um 3 Prozent gewachsen. Rund die Hälfte von ihnen gehört nach dem Sozialindex der niedrigsten Statusgruppe an. Im Vergleich zu 2014 sind die Sprachdefizite bei Kindern um 4 Prozent auf 28 Prozent gestiegen. Der Anstieg ist nach dem Bericht »auf einen erhöhten Anteil neu zugewanderter Kinder mit noch unzureichenden Deutschkenntnissen« zurückzuführen.

Obwohl viele Schulen inzwischen mehrere Jahre Erfahrungen mit Flüchtlingen und anderen Zuwanderern haben, gibt es bisher kaum wissenschaftlich gesicherte Erkenntnisse darüber, wie geflüchtete Kinder am besten unterrichtet werden können.[78] Die Mehrzahl der Bundesländer setzt bei der Bewältigung der jüngsten Zuwanderungswelle auf sogenannte »Willkommensklassen«, »Internationale Vorbereitungsklassen« oder »Übergangsklassen«. Ihre Aufgabe ist, Schülern in ein bis zwei Jahren so viel Deutsch beizubringen, dass sie dem Unterricht in Regelklassen folgen können. Dieses Modell ist pädagogisch umstritten, weil EU- und Flüchtlingskinder zunächst für ein bis zwei Jahre unter sich bleiben und damit der Graben zur Mehrheitsgesellschaft nicht kleiner wird. Deshalb haben kleinere Bundesländer wie Mecklenburg-Vorpommern, Rheinland-Pfalz oder das Saarland es vorgezogen, alle zugewanderten Kinder sofort in Regelklassen zu schicken, begleitet von einer intensiven Sprachförderung. Dort sollen sie, wie es im Schweriner Bildungsministerium heißt, »teilintegriert« am Unterricht teilnehmen, zunächst an wenig sprachintensiven Fächern wie Sport, Musik oder Kunst. Die Entscheidung für das eine oder andere Modell dürfte, unabhängig von der erzieherischen Eignung, vor allem von der Zahl der zu beschulenden Zuwanderer ohne Deutschkenntnisse abhängen. Wer wie Nordrhein-Westfalen 2015/2016 rund 40 000 oder Hessen rund 28 000 neu zugewanderten Kindern und Jugendlichen Deutsch beibringen muss, wird das nicht ohne Sonderklassen leisten können.

Es gibt bisher nur eine Evaluation von Willkommensklassen: in Berlin.[79] Und die kommt zu teilweise vernichtenden Erkenntnissen. An der Spree schätzen sich fast alle Lehrkräfte als »hoch motiviert, empathisch und engagiert« ein. Andererseits sind die meisten aber auch der Auffassung, dass das Hauptziel dieser Klassen, die intensive Vermittlung der deutschen Sprache, unter den gegebenen Bedingungen »schwer erreichbar« ist. Die Hauptkritikpunkte der Berliner Untersuchung: das gemeinsame Unterrichten mehrerer Jahrgangsstufen, hohe Fluktuation der Schüler, kein Curriculum, unklare Vorgaben für den Übergang zu den Regelklassen und keine Kontakte zur Mehrheitsgesellschaft.

Auch bei den meisten Lehrern und Rektoren der besuchten Schulen überwog beim Thema Willkommensklassen die Skepsis. Die heikelsten Punkte: die extrem heterogene Schülerschaft, der zu frühe Übergang in Regelklassen sowie die Überforderung von Regelklassen durch zu viele Schüler mit schlechten Deutschkenntnissen.

In Willkommensklassen lernen Kinder mit geringen und fort-geschrittenen Sprachfähigkeiten manchmal gemeinsam mit Analphabeten. Unter den Analphabeten gibt es zwei Problemgruppen: Sinti und Roma sowie Afghanen. Beide müssen teilweise alphabetisiert werden. »Alpha-betisierung ist schwieriger als jeder andere Unterricht, egal woher die Kinder kommen«, sagt Erich Schleßmann, stellvertretender Schulamts-leiter in Hanau. Bei den Sinti- und Roma-Kindern kommen Motivations-schwächen hinzu. Mehrere Lehrer sagen den Familien nach, dass sie nur wegen des Kindergeldes nach Deutschland gekommen sind. Mit ihm ver-fügen sie über so viel Geld, wie sie zu Hause nie gehabt haben. Bei ihnen, so der Rektor eines Dortmunder Gymnasiums, muss man »ständig hinter-her sein«. »Die Jugendlichen kennen keine kulturellen Abläufe, keinen Re-spekt und keine Toleranz«, sagt ein nordrhein-westfälischer Schulrat. In den Schulbüchern Neuköllner Schulen steht in den »Bemerkungsspalten« über diese Schülergruppe: »Kommt unregelmäßig, keine Hausaufgaben, unkonzentriert, unwillig, verschwinden.« Beste Erfahrungen haben die Lehrer dagegen mit syrischen Kindern gesammelt. Das findet auch Hus-sein mit kurdischen Wurzeln. Er hatte in seiner Klasse Mitschüler, die aus einer Übergangsklasse in seine Regelklasse gewechselt waren: »Die Syrer waren sehr gut in Mathematik. Ein Schüler aus Bangladesch hatte sehr schlechte Noten, dem haben Lehrer ständig geholfen. Andere Schüler sind gar nicht mitgekommen. Die passen vom Niveau gar nicht aufs Gymna-sium. Fand ich komisch.«

Bundesweit klagen alte Hasen und Frischlinge unter den Lehrkräften, dass sie ihren Aufgaben in den Vorbereitungsklassen nicht gerecht werden können. »Das Ziel, dass Kinder nach einem Jahr in den Regelunterricht wechseln, ist schwer zu erreichen«, sagt Thomas Jahncke, Koordinator der Willkommensklassen an der Grundschule am Teltowkanal. Wegen der heterogenen und psychisch belasteten Schülerschaft müssen Lehr-kräfte nicht nur Stoff vermitteln, sondern etliche Schüler auch als Weg-begleiter und Bezugsperson individuell betreuen. Psychische Störungen kommen bei Kindern aus Flüchtlingsfamilien bis zu 15-mal häufiger vor als bei Einheimischen.[80] »Die Arbeit mit Alphabetisierungsklassen und die Betreuung von traumatisierten Minderjährigen ist ohne Expertenwissen kaum zu leisten«, stellt der Sachverständigenrat deutscher Stiftungen für Integration und Migration klar und trifft damit einen wunden Punkt: Hierfür fehlt es an Personal und/oder Geld.[81]

Die Beschulung von Flüchtlingskindern hat vielerorts mit pädagogisch falschen Weichenstelllungen begonnen. Für die Zuweisung von Flüchtlingsschülern auf die Schulen war nach Ansicht des VBE-Vorsitzenden Udo Beckmann nicht die »Eignung einer Schulform, sondern in der Regel der zur Verfügung stehende Schulraum entscheidend«. Die Frage, auf welche Schulform ein Schüler gehört, war in den Chaoswochen nach der Öffnung der Grenzen zweitrangig. »Die Jugendlichen aus Flüchtlingsfamilien« wurden »zum Teil ohne Rücksicht auf ihr Leistungsvermögen« auf Hauptschulen, Realschulen und Gymnasien verteilt und waren »dort nach kurzer Zeit über- beziehungsweise unterfordert«, rügt der Sachverständigenrat deutscher Stiftungen für Integration und Migration zu Recht.[82] Deshalb mussten etliche Kinder später auf eine andere Schulform wechseln, was aus erzieherischen Gründen hätte vermieden werden sollen.

Kritisch ist vor allem der Übergang von den Willkommensklassen in die Regelklassen – und das unter mehreren Aspekten. Die Kinder haben in der Regel ein bis zwei Jahre Zeit, um sich auf die deutsche Sprache, Kultur und Gesellschaft einzustellen. In Hessen ist die Frist auf drei Jahre verlängert worden, um auch Analphabeten Chancen auf einen Wechsel in Regelklassen zu ermöglichen.

Die Evaluation, wann die Sprachkompetenz von zugewanderten Schülern für einen Wechsel von einer Willkommens- (Intensivklasse) in eine Regelklasse ausreicht, ist für den ehemaligen Religionslehrer der Lindenauschule im Main-Kinzig-Kreis Oliver Eissing ein »heißes Eisen«. Dafür werden nämlich in der Regel keine Tests und nach einer Umfrage des Verfassers bei den Bildungsministerien der Länder auch keine wissenschaftlichen Evaluationen durchgeführt. In Hamburg soll der Lernstand der zugewanderten Kinder in den Willkommensklassen vor einem Übergang schriftlich getestet werden. Das Ergebnis dieser Tests soll dann aber nach Auskunft der Hamburger Schulbehörde keinen Einfluss auf die Entscheidung haben, ob ein geflüchteter Schüler von einer Vorbereitungs- in eine Regelklasse aufsteigen darf. Hinter diesem widersprüchlichen Vorgehen steckt die Angst der Schulbehörde, was mit den Schülern geschehen soll, die den Test ein oder mehrere Male nicht bestehen. Sollen sie drei oder vier Jahre in den Vorbereitungsklassen verharren? Diese trübe Aussicht schert den Hamburger Rechnungshof nicht. In seinem Jahresbericht 2019 beanstandet er, dass die Schulbehörde nicht prüft, »wie viele Schüler den angestrebten Sprachstand beim Übergang in die Regelklassen tatsächlich erreicht hatten und damit die Grundvoraussetzung mitbrachten, um dem Regelunterricht folgen zu können«.[83] Die Kritik der Rechnungsprüfer: »Maßnahmen zur Beschulung von Flüchtlingen und Migranten werden nicht systematisch auf Zielerreichung und Wirksamkeit überprüft.« In der Praxis werden hier vermutlich viele Augen zugedrückt, damit zugewanderte Schüler möglichst schnell von der höheren integrativen Wirkung von Regelklassen profitieren können. Das ist wenigstens die Theorie.

Nach Einschätzung des ehemaligen Leiters der Stadtteilschule Hamburg-Barmbek Bernd Tißler kommen zwei Drittel der Kinder mit dem Übergang von der Vorbereitungs- zur Regelklasse klar. An seiner Schule waren zeitweise 200 von 1150 Schülern Flüchtlingskinder. Vor dem anschwellenden Flüchtlingsstrom ging die Schulbehörde davon aus, dass in jede Regelklasse zwei bis drei Schüler aus Vorbereitungsklassen integriert werden können. Weil es durch die wachsende Zahl von Flüchtlingen im Laufe des Jahres 2016 immer häufiger zu Beschulungsengpässen kam, wies die Schulbehörde die Schulen wider jede pädagogische Vernunft an, die Zahl der in Regelklassen zu integrierenden Schüler auf fünf bis acht zu erhöhen. Der Hamburger Rechnungshof kritisiert, dass es 2018 nicht möglich war, alle Schüler aus Vorbereitungsklassen in Regelklassen aufzunehmen, »ohne gleichzeitig die Klassenhöchstgrenzen einzuhalten«.[84]

Mit großer Offenheit spricht Bernd Tißler die Folgen dieser Entscheidung für die gesamte Schule an: »Die Lehrer sind darauf nicht vorbreitet. Sie sind überfordert, so viele Kinder gleichzeitig in gewachsene Klassen zu integrieren.« Düster ist Tißlers Blick in die Zukunft: »Die 200 Flüchtlingskinder auf der Schule beeinflussen das Bildungsniveau jeder Klasse. Sie senken den Durchschnitt.« Auch seine Kollegin von der Otto-Hahn-Gesamtschule Renate Wiegandt hält die Vorgaben der Schulbehörde für unerreichbar. Nach ihrer Ansicht ist die Integrationsfähigkeit von Regelklassen bei vier Willkommensschülern pro Klasse ausgeschöpft. Die Hanauer Grundschullehrerin Tina Valdfogl-Saier hält »zwei bis drei Quereinsteiger für verkraftbar, bei fünf bis sechs wird es kritisch«. Um diese Grenzen nicht zu überschreiten, haben etliche Schulen geflüchtete Schüler nach ein oder zwei Jahren nicht in Regelklassen versetzt, sondern Willkommensklassen einfach zu Regelklassen erklärt – mit fatalen Folgen für deren Integrationschancen.

Nach Beobachtungen des ehemaligen Schulleiters der Stadtteilschule Hamburg-Barmbek schafft ein Drittel der Schüler in Vorbereitungsklassen vor einem Jahr den Sprung in Regelklassen, die Hälfte nach einem Jahr, und bei den restlichen 20 Prozent bleibt es der Schule überlassen, was sie mit diesen Lernschwachen macht. Auch der ehemalige Religionslehrer Oliver Eissing hat an der Lindenauschule im Main-Kinzig-Kreis zwei Gruppen von Schülern beobachtet: eine mit »hocherfreulichen Leistungen, die an ein Wunder grenzen, eine andere, in der sich die Schüler nicht für unsere Bildungsgedanken öffnen und unter sich bleiben«. Die Kasseler Gesamtschullehrerin Julia Wöllenstein sieht ein Grundproblem beim Übergang in Regelklassen multikultureller Schulen: Sprachliche Integration funktioniert nach ihrer Auffassung nur, solange die »aufnehmende Gruppe sprachlich stark, sozial kompetent und zahlenmäßig in der Überzahl ist«.[85] Diese Voraussetzungen sind in vielen Brennpunktschulen nicht gegeben, weil weder deutsche noch nichtdeutsche Schüler als Sprachvorbilder taugen. Eine Folge ist, dass »in ihrem aktuellen fünften Jahrgang 80 Prozent der Schüler unterdurchschnittliche Leistungen im Lesen und Schreiben zeigen«.[86] Sie ist überzeugt, dass »viele Inhalte – wie in Geschichte, Erdkunde oder auch Physik – für zugewanderte Seiteneinsteiger eine Überforderung darstellen«.[87] Angesichts dieser Handicaps besteht die Perspektive insbesondere für ältere Flüchtlingskinder meist nur im mittleren Schulabschluss.

Der Sozialwissenschaftler Simon Morris-Lange, der im Auftrag des Sachverständigenrates deutscher Stiftungen für Integration und Migration (SVR) die Unterrichtspraxis von 56 Brennpunktschulen in Baden-Württemberg, Hamburg, Hessen und Nordrhein-Westfalen untersucht hat, sieht bei geflüchteten Schülern die »reale Gefahr einer misslungenen Bildungsintegration«.[88]

Trotz des großen Engagements erfahrener Lehrkräfte hakt es nach Integrationsstudien und Alltagserfahrungen von Pädagogen bei der Beschulung von Flüchtlingskindern an mehreren Scharnierstellen: einer Konzentration von Schülern mit Fluchthintergrund an segregierten Schulen, einem Mangel an qualifizierten Pädagogen, Sozialarbeitern und Psychologen, um Flüchtlingskinder mit Sprach- und Bildungsunterschieden sowie traumatischen Belastungen individuell fördern zu können, einem Kriterienkatalog für Übergänge von Vorbereitungs- in Regelklassen und einem weiter sinkenden Leistungsniveau in Regelklassen, wenn dort mehr als 50 Prozent der Schüler einen Migrationshintergrund haben oder dort mehr als vier zugewanderte Schüler sitzen.

Das ist ein vorläufiger Eindruck. Ein endgültiges Urteil wird erst in fünf bis zehn Jahren zu fällen sein, wenn Schulabschlüsse und Wechsel in die berufliche Bildung, ins Studium oder in die Arbeitswelt bevorstehen.

Graue Wirklichkeit: schlechte Integrationsperspektiven auf dem Arbeitsmarkt

Als Deutschland im Herbst 2015 im Willkommensrausch Hundertausende Flüchtlinge aufnahm, schwärmte Daimler-Chef Dieter Zetsche, dies könne die Basis für das »nächste deutsche Wirtschaftswunder« sein. Von einem »Riesenpotenzial« sprach Ingo Kramer, Präsident des Arbeitgeberverbandes. Diese Euphorie ist längst verflogen, die Wirklichkeit hat die Bosse eingeholt. Frühzeitig hatte der damalige Leiter des Bundesamtes für Migration und Flüchtlinge Hans-Jürgen Weise gewarnt, dass die Flüchtlinge »nicht die Lösung für unsere demografischen Probleme« und den »Facharbeitermangel« sind. Im Gegenteil, sie seien sogar eine »Belastung für den Arbeitsmarkt«.[89] Aufgrund von Untersuchungen des Instituts für Arbeitsmarkt- und Berufsforschung wusste er, dass die meisten Flüchtlinge, wie es der IAB-Migrationsforscher Herbert Brücker formuliert, »im Bereich der angelernten Helfer arbeiten« werden, »nicht als Fachkräfte bei Daimler, sondern eher als Hilfskraft in der Dönerbude«.[90] Trotz einiger vorsichtig positiver Berichte des Deutschen- Industrie- und Handelskammertages (DIHK), der Bundesagentur für Arbeit und des Bundesinstituts für Berufsbildung hat sich an diesem Befund bis zum Sommer 2019 nicht viel geändert.

Unter der Überschrift »Unternehmen packen erfolgreich die Integration von Flüchtlingen an« veröffentliche das »Netzwerk Unternehmen integrieren Flüchtlinge«, eine Initiative des DIHK, im Juli 2018 stolze Zahlen: Knapp die Hälfte der Unternehmen (48 Prozent) bildet Flüchtlinge aus, 41 Prozent beschäftigen Praktikanten, 24 Prozent Hilfsarbeiter, allerdings nur 19 Prozent Facharbeiter.[91] Lobend betont das Netzwerk, dass die Ausbildung »erstmalig die stärkste Beschäftigungsform« sei.

Im Arbeitsalltag haben die Unternehmen anscheinend mit fordernden Kompetenz- und Qualifikationsmängeln zu kämpfen. Zwar geben fast 40 Prozent der Unternehmen an, dass die Herausforderungen »schwierig, aber machbar« sind. Aber ein ebenso hoher Prozentsatz räumt ein, dass

die Lernhürden in der Berufsschule »nicht zu überwinden« beziehungsweise »sehr schwierig« sind. Und noch ein anderer Umstand weckt Zweifel an der Nachhaltigkeit der Erfolgsmeldungen des DIHK-Netzwerkes:
Nur 26 Prozent der Netzwerk-Unternehmen haben an der Umfrage teilgenommen. Haben die anderen drei Viertel keine Flüchtlinge und nur so
wenige aufgenommen, dass es nicht zu ihrer Ehre gereicht?

Die berufliche Ausbildung der Flüchtlinge steckt noch in den Kinderschuhen. 2017 besuchten von den jungen Flüchtlingen zwischen 16 und
24 Jahren nur 12 Prozent eine Berufsschule, und nur 6 Prozent erhielten
einen Ausbildungsvertrag.[92] Erfreut meldet der Berufsbildungsbericht
2018, dass sich die Zahl der Bewerberinnen und Bewerber für Berufsaus-
bildungsstellen von 2016 auf 2017 mehr als verdoppelt habe: von 10 253
auf 26 428.[93] Die Schattenseite: Nur einem guten Drittel gelingt später
der Abschluss eines Ausbildungsvertrages. Geholfen hat den erfolgreichen Bewerbern unter anderem, wenn sie vorher ein Praktikum absolviert oder zur Probe gearbeitet hatten. Die Erfolglosen hatten vorher
häufig keine Beschäftigung gefunden, erfüllten die schulischen Voraussetzungen nicht, sprachen nicht ausreichend Deutsch oder scheiterten
an nicht anerkannten Schulabschlüssen.[94] Am folgenschwersten war
aber möglicherweise noch ein anderes Handicap: 87 Prozent der erfolgreichen wie erfolglosen Bewerber hätten sich beim Erlernen der deutschen Sprache, beim Schreiben von Bewerbungen, bei Kontakten zu Ausbildungsbetrieben und beim Umgang mit Behörden mehr Unterstützung
gewünscht.[95] Sehr gut abgeschnitten haben alle Flüchtlinge, denen Men-
toren zur Seite gestanden haben. Hier zeigt sich, wie viel Hilfe und Be-
ratung von staatlicher wie zivilgesellschaftlicher Seite noch mobilisiert
werden muss, um die Türen zur beruflichen Bildung für Geflüchtete weiter als bisher zu öffnen.

An einer Berufsausbildung waren 75 Prozent der befragten Jugendlichen interessiert. Die Frage ist nur, ob sie das notwendige Durchhalte-
vermögen haben, um eine Ausbildung auch zu beenden. Hier hat die Hamburger Handwerkskammer eher entmutigende Erfahrungen gesammelt.
Präsident Josef Katzer geht inzwischen davon aus, dass man maximal
ein Drittel der geflüchteten Jugendlichen für eine duale Ausbildung be-
geistern kann – weil sie schneller Geld verdienen wollen.[96] Bei einem Projekt der Handelskammer haben 22 von 35 Teilnehmern die Ausbildung
abgebrochen, obwohl ihre Arbeit in den Betrieben gut angekommen war.

Sie haben bei einer anderen Firma als Helfer angeheuert, um schneller an Euro zu kommen.

Nicht viel rosiger sieht es bei der Arbeitsmarktteilnahme von Geflüchteten aus. Nach der zweiten Welle der IAB-BAMF-SOEP-Befragung 2017 waren im Schnitt 21 Prozent der Geflüchteten erwerbstätig, 10 Prozent mehr als ein Jahr zuvor.[97] Deutlich höher mit 32 Prozent fällt die Beschäftigungsquote bei den acht Hauptherkunftsländern aus.[98] Das sind im Vergleich zu den Beschäftigungsquoten von allen Ausländern (50 Prozent) und von Deutschen (69 Prozent) aber deutlich weniger.

Natürlich gibt es zahlreiche Erfolgsgeschichten wie die des Chocolatiers Iyad Slik aus Damaskus, der mit seiner Süßwarenmanufaktur inzwischen das Berliner Kaufhaus des Westens und das Hotel Adlon beliefert.[99] Sylts Gastronomie freut sich auf die Flüchtlinge und bildet sie aus, wo immer es klappt. 80 Prozent der Firmen, die Flüchtlinge beschäftigen, sind nach einer OECD-Umfrage mit ihren Arbeitsleistungen zufrieden.[100] Diese positiven Eindrücke relativieren sich jedoch bei einem Blick auf die Arbeitsmarktstatistik für den Dezember 2018. Dort waren 456 000 arbeitsuchende Geflüchtete registriert, darunter fast 175 000 Arbeitslose.[101] Das Beschäftigungsniveau auf dem ersten Arbeitsmarkt ist niedrig. 31 Prozent der Geflüchteten waren als Leiharbeiter tätig, 11 Prozent im Dienstleistungsbereich, 10 Prozent in der Gastronomie, 8 Prozent im Handel und der Kfz-Reparatur und 7 Prozent im verarbeitenden Gewerbe.

Auf dem Arbeitsmarkt für Flüchtlinge gibt es zwei gegenläufige Trends.[102] Auf der einen Seite werden Flüchtlinge ohne formelle Berufsabschlüsse aufgrund ihrer praktischen Erfahrung schon mal als Fachkräfte eingesetzt. Andererseits üben Geflüchtete überwiegend Tätigkeiten aus, für die sie formell und informell überqualifiziert sind. Verantwortlich dafür ist ein Bündel von Ursachen: fehlende Sprachkenntnisse, Probleme bei der Übertragung von im Heimatland erworbenen Abschlüssen und Qualifikationen, Anreize zum schnellen Geldverdienen und gezielte Rekrutierung von Geflüchteten im Niedriglohnsektor.

Eine realistische Perspektive für die Arbeit von Flüchtlingen, die nach dem September 2015 zu uns gekommen sind, beschreiben Forschungsberichte des Bundesamts für Migration und Flüchtlinge und des Instituts für Arbeitsmarkt- und Berufsforschung. Sie haben die Einwanderungswelle in den Neunzigerjahren mit der heutigen verglichen und dabei ent-

deckt, dass die Arbeitsmarktintegration heute »verblüffend ähnlich« verläuft (IAB-Forscher Herbert Brücker). Damals wie heute waren nach dem
ersten Jahr 10 Prozent der anerkannten Asylbewerber erwerbstätig, nach
dem zweiten rund 20 Prozent, nach dem dritten rund 30 Prozent. Bei der
schulischen Bildung sind die neuen Zuwanderer nach Brücker eine »Nu-
ance« besser als die in den Neunzigerjahren, bei der beruflichen Bildung
einen Tick schlechter. Bei der »Qualifikationsstruktur unterscheidet sich«
nach Ansicht von IAB-Forschern die »frühere Flüchtlingsmigration nicht
grundlegend von der heutigen Flüchtlingszuwanderung«.[103] Mit anderen
Worten: Die Startchancen für eine Arbeitsmarkintegration sind bei Alt-
und Neuzuwanderern gleich schlecht. Das zeigen zwei Vergleiche. Die
schulische und berufliche Qualifikation der Flüchtlinge ist »deutlich geringer« als bei anderen Ausländern und Migrantengruppen. Am schlechtesten ist sie bei Asylbewerbern aus Kriegs- und Krisenländern (Afghanistan, Irak, Iran, Pakistan, Somalia, Eritrea, Syrien), also den Ländern,
aus denen der Löwenanteil der Neuzuwanderer kommt. Diese Startnachteile hatten zur Folge, dass die Beschäftigungsquoten aus diesen Ländern
bisher auch die geringsten sind (25 Prozent).[104] Dass die Flüchtlinge aus
Kriegs- und Bürgerkriegsländern schlechter als alle anderen Migrantengruppen abschneiden, erklärt IAB-Forscher Brücker mit dem »niedrigen Bildungsniveau« in diesen Ländern und den im Krieg »gebrochenen
Bildungsbiografien«.

Eine besondere Problemgruppe sind geflüchtete Frauen aus Krisenländern. Sie sind nach einer BAMF-Untersuchung schulisch signifikant
schlechter gebildet oder häufiger ohne Bildung als Männer, die auch
wesentlich häufiger erwerbstätig waren.[105] Sie sehen sich »offenbar besonders hohen Hindernissen bei der gesellschaftlichen Teilhabe gegenüber«.

Arbeitsmarktintegration von Flüchtlingen braucht Zeit. Während die
Beschäftigungsquote in den ersten fünf Jahren – ausgehend von einem
sehr niedrigen Niveau – relativ rasch steigt, verlangsamt sich dieser
Prozess anschließend erheblich, um dann nach zehn bis 15 Jahren an
eine Obergrenze zu stoßen, die deutlich unter dem Wert der deutschstämmigen Bevölkerung liegt.[106] Nach fünf Jahren waren knapp 50 Prozent der Flüchtlinge erwerbstätig, die in den Neunzigerjahren aus Kriegs-
und Bürgerkriegsgebieten gekommen waren, nach zehn Jahren waren es
60 Prozent und nach 15 Jahren 70 Prozent.[107] Im Vergleich zu anderen

Migrantengruppen integrieren sich Flüchtlinge nach Beobachtungen der IAB-Forscher deutlich später in den Arbeitsmarkt als Arbeitsmigranten. Erst nach 15 Jahren schließt sich die Schere, und es lassen sich keine Unterschiede mehr feststellen.

Bisher profitieren die Flüchtlinge von der guten Konjunktur der letzten Jahre. In den vergangenen drei Jahren sind in Deutschland 1,6 Millionen neue Stellen für Ungelernte entstanden. Die Schattenseite: In diesem Marktsegment verdienen Flüchtlinge aus Kriegs- und Bürgerkriegsgebieten Durchschnittslöhne, die zwischen 300 bis 400 Euro niedriger liegen als die von allen anderen Migrantengruppen. Nach der zweiten Welle der IAB-BAMF-SOEP-Befragung 2017 bekamen vollzeitbeschäftigte Flüchtlinge im Schnitt gut 1 600 Euro, was etwa 55 Prozent der mittleren Verdienste aller abhängigen Beschäftigten entspricht.[108] Das Fazit der IAB-Forscher: »Migranten, die als Schutzsuchende nach Deutschland kommen«, gehören »zu den am schlechtesten Verdienenden am deutschen Arbeitsmarkt«.[109]

Es gibt aber auch einige Faktoren, die Anlass für einen optimistischeren Blick in die Zukunft geben. In den Neunzigerjahren hat sich die Politik nicht um Einwanderer gekümmert. Es gab weder Sprachkurse noch Arbeitsmarktprogramme. Heute hat sich die Rechtsstellung beim Zugang zum Arbeitsmarkt verbessert. Bestimmte Gruppen von Asylbewerbern dürfen schon nach drei Monaten eine Arbeit aufnehmen, und der Vorrang der Deutschen bei der Arbeitssuche ist entfallen. Hinzu kommt eine breite Palette von Integrationskursen, berufsbegleitender Sprachförderung und Arbeitsmarktprogrammen. Ob diese Besserstellungen allerdings ausreichen, um die gravierenden Startnachteile durch das niedrige Niveau schulischer und beruflicher Bildung zu kompensieren, darf bezweifelt werden. Die Integrations- und Sprachkurse – die wichtigsten Integrationsinstrumente des Staats – haben, wie wir gesehen haben, nach bisherigen Erkenntnissen nur begrenzten Erfolg.[110]

Fazit: Nimmt man die misslungene Arbeitsmarktintegration der muslimischen Zuwanderer in den Neunzigerjahren aus Krisen- und Kriegsgebieten als Indikator für den wahrscheinlichen Erfolg oder Misserfolg der Neuzuwanderer am Arbeitsmarkt, muss die Prognose düster ausfallen: Eine große Zahl der Flüchtlinge wird über fünf bis zehn Jahre von staatlichen Transferleistungen abhängen, und am Ende wird deutlich mehr als die Hälfte im Niedriglohnsektor enden und das »Dienstleistungs-

proletariat« vergrößern, wie der Soziologe Heinz Bude prophezeit. Diese
Gruppe wird knapp über oder unter der Armutsgrenze leben. In den Worten des niederländischen Soziologen Paul Scheffer: »Wir sollten nicht so
tun, als würden sich die Flüchtlinge auszahlen. Es geht hier um Humanität, nicht um Arbeitsmarkt. Es kommt nicht menschliches Kapital, sondern menschliches Leid zu uns ... Es würde mich erstaunen, wenn mehr als
die Hälfte in den kommenden fünf bis zehn Jahren einen Job findet.«[111]

Fazit

Zum Jahreswechsel 2016/2017 lobten die Spitzen der Großen Koalition Deutschland für seine Leistung bei der Bewältigung der größten Zuwanderungswelle in seiner Geschichte. Auf dem CDU-Parteitag erklärte Bundeskanzlerin Angela Merkel: »Dass diese besondere humanitäre Notlage ... so bewältigt werden konnte, dass sie geordnet und gesteuert werden konnte, das wird für immer mit dem Jahr 2015 als herausragende Leistung unseres so starken Landes verbunden werden.« Ähnlich im Tenor der frühere Vizekanzler Gabriel: »Es bleibt eine große humanitäre Leistung, dass Deutschland im Herbst 2015 Kriegsflüchtlinge aus Syrien und anderen Ländern aufgenommen hat.« In diesen Lobgesang mischten sich aber auch einige nachdenkliche Töne von der Regierungsbank. »Unsere Aufnahmekapazität ist nicht unbegrenzt«, warnte der damalige Finanzminister Wolfgang Schäuble. Ja, sogar der seinerzeitige Bundespräsident Joachim Gauck sah sich veranlasst, auf die Selbstbestätigungsbremse zu treten: »Wird uns der Zuzug irgendwann überfordern? Werden die Kräfte unseres wohlhabenden und stabilen Landes irgendwann über das Maß hinaus beansprucht?«, fragte er, um gleich selbst die Antwort zu geben: »Wir wollen helfen. Unser Herz ist weit, doch unsere Möglichkeiten sind endlich.«[1]

Es gehört zum Handwerk der politischen Selbstdarstellung, die Sonnenseiten strahlen zu lassen und die Schattenseiten zu verschweigen. Eine illusionslose Bilanz der Integrationsbemühungen hätte offenbaren müssen, dass die soziale wie kulturelle Eingliederung bei über der Hälfte der hier lebenden Muslime misslungen ist. Wir haben in den letzten Jahren 1,7 Millionen muslimische Zuwanderer ins Land gelassen, als die Integration der Altzuwanderer aus der Türkei wie dem Nahen und Mittleren Osten noch nicht beendet war.[2] Das war eine naive, nicht zu Ende gedachte Politik. Um es in einem Bild zu konzentrieren: Ein Bergwanderer, der unter der Last eines schweren Rucksacks ächzt, bekommt noch einmal zehn Kilo Gepäck draufgelegt.

Deutschland hat die Aufnahme der Flüchtlinge trotz der geschilderten Mängel gut gemanagt, mit Ernst und Engagement. Die war jedoch im Verhältnis zur anstehenden Integration ein Kinderspiel. Der grüne Oberbürgermeister von Tübingen Boris Palmer warnt vor »natürlichen Grenzen der Belastbarkeit ... unserer Nachbarschaften, unserer Wirtschaft, unserer Bildungseinrichtungen, unseres Wohnungsmarktes, unserer Verwaltungsstrukturen, unserer politischen und kulturellen Toleranz und vieler weiterer Teilsysteme«.[3] »Wir schaffen das nicht«, erklärt Palmer inzwischen politisch inkorrekt. Für den niederländischen Migrationssoziologen Ruud Koopmans haben die »Migrationswellen« ab dem Spätsommer 2015 zu einer »massiven Überforderung der staatlichen Institutionen und der gesellschaftlichen Aufnahmekapazitäten« geführt.[4]

Unterschätzt: die Herkulesaufgabe Integration

Die Schutzsuchenden stammen zum großen Teil aus muslimischen Ländern, die unter dem Einfluss der Re-Islamisierung überwiegend religiös-konservativ geprägt sind. »Je konservativer die Ausübung« einer Religion, desto stärker die Ausschlusseffekte: »weniger Anpassung, weniger Akzeptanz, weniger Öffnung zur Gesellschaft«, sagt der niederländische Migrationsforscher Ruud Koopmans, verweist aber zugleich darauf, dass das bei Buddhisten genauso wäre wie bei Muslimen. Erst im Laufe der Jahre passen sich Flüchtlinge an die Aufnahmegesellschaft an und entwickeln eine Art Mischkultur. »Eine starke Religiosität kann diesen Prozess aber eine oder mehrere Generationen verzögern«, erklärt Koopmans. Vor diesem Hintergrund und Sozialdaten wie Bildungsniveau, Bildungsferne und wirtschaftliche Lage ist die Annahme nicht fahrlässig, dass die Integration der muslimischen Neuzuwanderer, die vorwiegend aus einem religiös-konservativen Milieu stammen, noch schlechter geraten wird als bei der Vorgängergeneration, weil sich die Probleme der Alt- und Neumigration ballen und verknäueln – trotz Integrationskursen für Flüchtlinge mit Bleibeperspektive und leichterem Zugang zum Arbeitsmarkt. Religiös-konservative und fundamentalistische Muslime haben die schlechtesten Integrationswerte.[5] »Es gibt keine Gesellschaft in Europa«, resümiert der WZB-Demokratieforscher Wolfgang Merkel, »in der die Migration muslimisch gläubiger Bürger oder Zuwanderer wirklich gelungen wäre«.[6] Bei einer repräsentativen Befragung von Neuntklässlern in Niedersachsen sind die Forscher zu dem Ergebnis gekommen, dass die Integration von türkischen und anderen muslimischen Jugendlichen »stagniert«.[7]

Für Deutschland müssen wir aufgrund jüngster empirischer Ergebnisse mit einer noch schlechteren Meldung aufwarten: einem erschreckenden Trend in der zweiten und dritten Generation zur Segregation, vornehmlich bei den Deutschtürken, in abgemilderter Form aber auch bei anderen Muslimen.[8]

Unterschätzt haben wir lange den verhängnisvollen Einfluss der Heimatländer durch moderne Kommunikationsmittel wie Telefon, Fernsehen und Internet und den der konservativen muslimischen Verbände. Sie verstehen sich in erster Linie als Bewahrer von Religion und Kultur und nicht als Integrationshelfer.[9] Den größten Schaden für die Eingliederung der Deutschtürken hat jedoch Präsident Erdogan durch seine gezielte Desintegrationspolitik in den letzten zehn Jahren angerichtet.[10] Sie hat bereits vorhandene Segregationstendenzen unter den Deutschtürken in einem Maße verstärkt, dass heute für etwa die Hälfte von ihnen Deutschland zwar ihr Zuhause, die Türkei aber ihre Heimat ist. Zwischen Flensburg und dem Bodensee ist keine ethnische Gruppe sozial und kulturell schlechter integriert als die Türkeistämmigen.

Überlastet: der Mehr-Fronten-Kampf der Schulen

Nach Untersuchungen des Sachverständigenrates deutscher Stiftungen für Integration und Migration gehen von den sechs- bis zwölfjährigen Flüchtlingen, die zwischen 2013 und 2016 eingereist waren, inzwischen 95 Prozent zur Schule. Das ist eine »enorme organisatorische Anstrengung der Länder und Schulen«, preist der Sachverständigenrat die Leistungen der Länder, der Schulen und der Lehrerschaft.[11] Das ist die helle Seite der Medaille. Die dunkle sagt, dass damit nur die ersten Kilometer des Integrationsmarathons zurückgelegt sind.

Alle Lehrer und Schulleiter gehen von der Erziehbarkeit des Menschen aus und streben gleiche Bildungschancen für alle an – unabhängig von Schicht, Religion, Ethnie und Nationalität. Ohne dieses Credo könnten sie den Langstreckenlauf des Berufslebens nicht meistern. »Ich setze mich täglich mit vollem Engagement dafür ein, dass ein multikulturelles Zusammenleben gelingt, weil ich überzeugt davon bin, dass es möglich ist«, sagt Ina Schenk, Deutschlehrerin am Neuköllner Albrecht-Dürer-Gymnasium. Wir schaffen das, wenn die Bedingungen stimmen, ist die Grundhaltung der großen Mehrzahl der interviewten Pädagogen in multikulturellen Schulen. Unter den Lehrern sticht eine Gruppe als besonders engagiert hervor. Sie versteht sich nicht nur als Pädagogen, sondern als Brückenbauer zwischen Religionen, Ethnien und Nationalitäten mit dem Fernziel einer multikulturellen Einwanderungsgesellschaft. Das ist die eine Fraktion der Lehrerschaft. Die andere verschafft sich in zahllosen Hilferufen und Brandbriefen Luft, weil sie sich schon vor den offenen Grenzen 2015 überfordert fühlte. Die Zuwanderungswelle hat die Herausforderungen des Mehr-Fronten-Kampfes der Schulen durch eine weiter wachsende Heterogenität der Schülerschaft potenziert.[12]

Als wichtigste Integrationsagentur haben Schulen trotz aller Anstrengungen nur mäßige Erfolge zu verbuchen. Zwar gelingt es ihnen, die Chancengleichheit durch eine gestiegene Zahl formal höherer Bildungsabschlüsse in sozial schwächeren Familien und bei Migranten zu verbessern. Und Schulen haben es geschafft, den Leistungsabstand zwischen Migranten und Nichtmigranten teilweise zu verringern. Trotzdem kommt der angesehene Sachverständigenrat deutscher Stiftungen für Integration und Migration in seinem Jahresgutachten 2017 zu dem Schluss, dass viele Zuwandererkinder, die in Deutschland aufgewachsen sind, »nach wie vor bedenklich geringe Bildungserfolge zeigen«.[13] Dieses Fazit gilt in besonderem Maße für muslimische Schüler, die im Schnitt schlechter abschneiden als der Durchschnitt der Zuwandererkinder, zum Beispiel aus anderen EU-Ländern.[14] Als Achillesverse erweist sich dabei nach dem Bildungsbericht 2018 die Schülerschaft der Grundschulen. Bei ihr diagnostiziert er ein »Leistungsdefizit« und »Stagnation im internationalen Vergleich«: Die »Grundschulergebnisse« hätten sich in den letzten 15 Jahren »nicht verbessert«, und das »Maß der Disparitäten« sei »relativ stabil geblieben«.[15]

Ebenso durchwachsen fällt die Bilanz der Lehrer als Mittler westlicher Werte und Kultur aus. Positiv ist festzuhalten, dass sich das Rechtsstaatsverständnis der Jugendlichen bei der Priorität staatlicher Gesetze vor religiösen Geboten im Vergleich zu dem ihrer Eltern und Großeltern deutlich verbessert hat. Trotzdem kann die Lehrerschaft nicht damit zufrieden sein, dass immer noch zwischen einem Viertel und einem Drittel der muslimischen Schülerschaft im Konfliktfall religiösen Geboten Vorrang vor staatlichen Gesetzen einräumt.[16]

Im Vergleich zu anderen Migrantengruppen sind die türkeistämmigen Schüler am geringsten kulturell integriert, gefolgt von den nichttürki-

schen Muslimen.[17] Nach den Begleituntersuchungen zum bekenntnisgebundenen islamischen Religionsunterricht (IRU) gehen zwischen 47
und 66 Prozent der muslimischen Schülerschaft in Nordrhein-Westfalen
und Baden-Württemberg weiter zu Koranschulen, die der IRU eigentlich
überflüssig machen sollte. Von der Aufklärung unzureichend bis gar nicht
erschüttert ist das Religionsverständnis vieler muslimischer Schüler. Dass
es mehrere religiöse Wahrheiten und nicht nur eine islamische gibt, haben
sie nicht im notwendigen Umfang verinnerlicht.[18] Bestürzend ist weiter,
dass zwischen einem und zwei Drittel der türkeistämmigen Schüler bei
uns ohne Integrationswillen wie in der Türkei leben will.[19] Trotz einiger
Fortschritte sind diese Segregationstendenzen unter in der Regel hier
Geborenen fatal. Genährt wird diese subjektive Segregation vermutlich
durch eine seit Jahren steigende soziale Segregation im Osten wie Westen, die im Westen erst seit 2015 stagniert beziehungsweise leicht zurückgeht.[20] Leben wie Deutsche will nur eine Minderheit der Muslime von
10 bis 30 Prozent. Offenbar gelingt es den Schulen nicht im gewünschten
Maß, sich bei der kulturellen Integration gegen die Bastionen der Gegenerziehung Familie, Koranschulen, muslimische Community und Auslands-
einflüsse durchzusetzen.

Die Integration von Schülern von Flüchtlingen, EU-Binnenwanderern
und Arbeitsmigranten aus außereuropäischen Ländern ist eine gewaltige
Last. Soweit erkennbar hat bisher nur ein Bildungspolitiker öffentlich
angedeutet, was dieser Strom neuer Schüler für das künftige Leistungsniveau der Schülerschaft insgesamt bedeuten kann. Für den Hamburger
Schulsenator Ties Rabe (SPD) kann die »große Zahl an geflüchteten Kindern auch dazu führen, ... dass sich der Trend der jüngsten Schulstudien,
dass sich gerade Bildungsbenachteiligte verbessern, erst einmal nicht fort-
setzen lässt«. Um es deutlicher zu sagen: Wir müssen mit Rückschritten
rechnen. Dass diese »Gefahr« besteht, räumt die Kultusministerin von
Baden-Württemberg Susanne Eisenmann (CDU) neuerdings offen ein.[21]
Auch der Bildungsbericht 2018 sieht ein »steigendes Risiko«, dass die
»Kluft zwischen Personen, die ihre Bildungserfolge Schritt für Schritt
steigern können, und anderen, deren ungünstige Ausgangslagen langfristig nachwirken können, größer werden könnte«.[22] Durch die Massenzuwanderung seit der Grenzöffnung 2015 wird das erste Gebot chancen-
gerechter Bildungspolitik, kein Kind zurückzulassen, im Schulalltag noch
schwerer umzusetzen sein.

Eine weitere Folge der Zuwanderung wird sein, dass sich der Boom der Privatschulen verstärken, die soziale Selektion vertiefen und die Schullandschaft weiter spalten wird. Schon heute ist der Anteil der Privatschulen in Deutschland größer als in Großbritannien: knapp 9 gegenüber 7 Prozent. Diese Entwicklung hat nach Bildungsforschern des WZB inzwischen auch die Grundschulen erfasst, nicht flächendeckend, aber in einigen Regionen deutlich merkbar.[23] Die Zahl der privaten Grundschulen ist zwischen 1992 und 2016 um 345 Prozent emporgeschnellt – und damit schneller gewachsen als die anderer Schulformen, die sich nur um 138 Prozent erhöht hat. Die Motive für die Wahl sind unterschiedlich: bessere individuelle Förderung, alternative pädagogische Konzepte à la Maria Montessori und Rudolf Steiner. Ausschlaggebend aber sei, so die Bildungsforscherin Rita Nikolai von der Berliner Humboldt-Universität, der Wunsch vieler Eltern nach sozialer Segregation, vor allem in Großstädten wie Hamburg, Berlin und Frankfurt am Main. »Hier flüchten Eltern aus dem öffentlichen System, weil sie nicht wollen, dass ihre Kinder von zu vielen Menschen aus Hartz-IV- oder Migrantenfamilien umgeben sind«, sagt Nikolai.[24] Susanne Eisenmann (CDU), Kultusministerin in Baden-Württemberg, hat die soziale Sprengkraft dieser Entwicklung erkannt: »Schule kann nicht Reparaturbetrieb der Gesellschaft sein. Sie muss auch auf die achten, die leistungswillig sind – weil sonst noch mehr Eltern solcher Kinder das öffentliche Schulsystem in Richtung Privatschule verlassen.«[25] Reißen die Gräben zwischen öffentlichen und privaten Schulen als Spätfolge der Migration weiter auf, wird unser Zusammengehörigkeitsgefühl unterspült und unsere Integrationskraft geschwächt.

Nach dem Bildungsbericht 2018 ist die »Herausforderung«, Kinder mit Migrationshintergrund und niedrigem Sozialstatus zu beschulen, »nur unzureichend bewältigt« worden.[26] Noch einen Ton dunkler fällt das Resümee des Jahresgutachtens 2019 des Sachverständigenrates deutscher Stiftungen für Integration und Migration aus: Die »Ergebnisse« von Schulleistungsstudien »lassen darauf schließen, dass die Bemühungen, Leistungsunterschiede zwischen Kindern mit und ohne Migrationshintergrund zu verringern, bislang erfolglos waren oder noch nicht ausreichen«.[27] Das sind bildungspolitische Offenbarungseide. Sie haben bei Bildungspolitikern und Lehrergewerkschaften bisher nur dazu geführt, reflexartig mehr Geld für Schulen und mehr Lehrer zu fordern. Dieser Weg wird schon aus quantitativen Gründen bald in einer Sackgasse enden, weil die Haushaltskassen wegen lahmender Konjunktur künftig nicht mehr prall gefüllt sein werden und der Lehrermarkt leergefegt ist. Eine Ursachenanalyse für das Scheitern in diesem sensiblen Bereich muss daher tiefer und grundsätzlicher ansetzen und andere Fragen stellen. Gab es falsche Weichenstellungen in der Schulpolitik, zum Beispiel die Inklusion in einer Zeit weiter auszubauen, in der die Lehrkräfte durch Integration von Alt- und Neuzuwanderern mehr als ausgelastet waren? Deutet die Stagnation in der schulischen Bildung von sozial benachteiligten Kindern mit Migrationshintergrund möglicherweise darauf hin, dass das Lernpotenzial in Teilen unserer multikulturellen und multireligiösen Gesellschaft ausgeschöpft ist – individuell wie quantitativ? Müssen wir die Zuwanderungspolitik künftig auch an der Integrationsfähigkeit unserer Schulen ausrichten?

Vier Modelle des Zusammenlebens: Assimilation, Integration, Miteinander und Nebeneinander

Der Enkel des gebürtigen Syrers Hanno Hames heißt Xaver und trägt Lederhosen. Hames wollte sich von Anfang an in Deutschland integrieren, hat studiert und, aus seiner Sicht »konsequent«, die syrische Staatsbürgerschaft abgelegt, weil man »nicht Diener zweier Herrn sein kann, sondern wissen muss, wo man hingehört«, auch kulturell.[28] Er hat Karriere gemacht und ist zum Chef der Hamburger Wasserwerke aufgestiegen. Er hat sich assimiliert. Eine weitgehende Anpassung an die Werte und die Lebensweise der Mehrheitsgesellschaft verbessert für Einwanderer die Aufstiegs- und Eingliederungschancen. »Assimilation« ermöglicht nach Beobachtung des Soziologen Hartmut Esser den »Aufstieg in die Mittelschichten der Aufnahmegesellschaft«.[29] Die Anpassung an die Mehrheitsgesellschaft wird jedoch von der großen Mehrheit der Migranten abgelehnt. Der Begriff steht bei ihnen auf dem Index. Trotzdem hat sich ein erheblicher Teil der Zuwanderer assimiliert. Zahllose säkulare Muslime leben heute als Rechtsanwälte, Ärzte, Angestellte, Unternehmer und Politiker wie Deutsche. Sie haben das politische Soll Integration erfüllt.

Auch wenn die Integration weiterhin das offizielle Ziel unserer Migrationspolitik sein sollte, haben sich im Alltag vier Modelle des Zusammenlebens entwickelt: Assimilation, Integration, Miteinander und

friedliches Nebeneinander (Segregation). Diese Modelle sind, das gilt es
einzuräumen, nicht immer scharf voneinander zu trennen, vor allem auch,
weil es keinen Konsens über den Inhalt des Begriffes Integration gibt. Da die
Erwartungen der Mehrheitsgesellschaft, dass sich die Muslime der deutschen Lebensweise anpassen, von über 90 Prozent der Muslime abgelehnt
werden, kann eine Definition von »Integration« nur weiterhelfen, in der
sich beide Seiten wiederfinden. Nach diesem abgespeckten Integrationsbegriff könnten Zuwanderer als integriert angesehen werden, wenn die
Verbundenheit mit Deutschland bei ihnen Vorrang vor der Loyalität mit
dem Heimatland hat, dessen Sprache und Kultur sie bewahren können,
und sie die deutsche Rechts- und Wertordnung akzeptieren.[30] Eine Identifizierung mit ihr wäre nach dieser Definition nicht erforderlich.

Während Muslime und Nichtmuslime in der Schule gut miteinander
auskommen, setzen sich nach dem Verlassen der Schule häufig religiös-konservative Werte und Traditionen durch. Diese partielle Ver-
schiedenheit kann, muss einer Integration aber nicht im Wege stehen. Ob
sie das tut, hängt davon ab, in welchem Umfang die Kultur des Herkunftslandes auf das Alltagsleben in Deutschland ausstrahlt. Der Verfasser ist
Lehrerinnen mit türkischen oder rumänischen Wurzeln begegnet, bei
denen der Eindruck entstand, dass das Bekenntnis zur Herkunftskultur
zwar im Kopf existiert, diese aber faktisch nicht mehr gelebt wird.

Das gilt mit Sicherheit nicht für religiös-konservative muslimische
Familien und den politischen Islam der konservativen Verbände. Durch
die Re-Islamisierung ist die Identifikation mit der Kultur und Religion der
Heimatländer gewachsen.[31] Sie ist besonders ausgeprägt bei der dritten
Generation und in der türkischen Community. Über die Hälfte der Muslime findet sich ihrem Heimatland mehr verbunden als Deutschland. Es
gibt keine Migrantengruppe, in der die Distanz zu Deutschland größer
ist als bei den Muslimen. Diese »Distanz zur deutschen Gesellschaft« ver-
hindert nach Ansicht des Integrationsforschers Mustafa Gencer, dass sich
»aus dem Nebeneinander ein Miteinander entwickelt«.[32] Verstärkt wird
diese Lebenslage durch das Diaspora-Gefühl. Einwanderer kommen in ein
fremdes, ihnen unbekanntes Land und suchen dort instinktiv die Nähe
ihrer eigenen Kultur und Religion. Sie tun das nach Ansicht des griechi-
schen Schriftstellers Petros Makaris nicht aus »Arroganz«, sondern aus
»Angst und Unsicherheit«.[33] Und vor denen können sie sich am besten
schützen, wenn sie ihre Sprache, Religion und Tradition beibehalten und

sich nicht von einer fremden, herrschenden Kultur anstecken lassen. Das ist auch der tiefere Grund für die Selbstisolierung vor allem der türkischen Community. Nach der Beobachtung des Neuköllner Psychologen Kazim Erdogan findet ein »Miteinander nicht mehr statt, nur noch eine Nebeneinander oder Durcheinander«.

Ohne Rendite: die Kosten der Zuwanderung

Niemand weiß, wie viel die Zuwanderung Staat und Gesellschaft kosten wird – für die Integration, die innere Sicherheit und die Abschiebungen/ Rückführungen von abgelehnten Asylbewerbern. Aufgrund von Zahlen des Wissenschaftlichen Dienstes des Bundestages und Hochrechnungen haben die Bundesländer nach Angaben des früheren Bundestagsvizepräsidenten Johannes Singhammer (CSU) 2016 23 Milliarden Euro für Migranten und Flüchtlinge ausgegeben.[34] Die Bundesregierung hat im selben Jahr zusätzlich 14 Milliarden Euro für Unterbringung, Versorgung und Integration aufgebracht.[35] 2017 waren es knapp 21 Milliarden, 2018 insgesamt 23 Milliarden Euro.[36] Bis 2022 rechnet Bundesfinanzminister Olaf Scholz mit Kosten für die Flüchtlingspolitik von rund 70 Milliarden Euro allein für den Bund. Das sind gigantische Beträge, die auf die Haushalte von Bund und Ländern zukommen. Sie können in Zeiten, in denen die Steuerquellen nicht mehr so kräftig sprudeln, in bittere Verteilungskämpfe einmünden, die das friedliche Zusammenleben gefährden. »Wir leisten uns aus humanitären Gründen eine Zuwanderung, die uns eher Geld kostet als Geld bringt«, analysiert der Ökonom Daniel Stelter: »Der Anstieg der Armutsquote in den vergangenen zehn Jahren lässt sich vollständig durch den gewachsenen Zuwandereranteil an der Bevölkerung erklären.«[37] Bereits die Ankündigung von Bundesfinanzminister Scholz, die Bundeszuschüsse für die Unterbringung von Flüchtlingen wegen der gesunkenen Zahl von Asylbewerbern zu kürzen, hat bei den Bundesländern und dem Deutschen Städtetag einen Sturm der Entrüstung entfacht.[38] Angesichts der schwächelnden Konjunktur war dies wohl nur der Startschuss für schärfere Verteilungskonflikte in der nahen Zukunft. Schon heute fragen viele Bürger, warum die Milliarden für Flüchtlinge nicht für höhere Renten und Hartz-IV-Sätze, bezahlbare Wohnungen und renovierte Schulen, öffentlichen Nahverkehr und bessere Straßen ausgegeben werden.

Hinzu kommt, dass ein »return on investment« von der Zuwanderung nach dem Bildungsbericht 2016 erst in zehn oder zwanzig Jahren zu erwarten ist.[39] Wenn überhaupt, ist hinzuzufügen.

Ausblick

Auch wenn in Deutschland die Zahl der Asylbewerber inklusive Familiennachzug 2018 auf 198 000 zurückgegangen ist, gibt es an der Migrationsfront keinen Grund zur Entwarnung. Die Fluchtursachen bestehen fort: Kriege und Bürgerkriege im Nahen und Mittleren Osten, Religionskonflikte zwischen Sunniten und Schiiten an mehreren Schauplätzen, »failed states« wie Libyen, Armut und Dürre in den Staaten südlich der Sahara und Bevölkerungsexplosionen in zahlreichen Ländern Afrikas, die den Migrationsdruck auf Europa verstärken werden. Das UN-Flüchtlingshilfswerk UNHCR hat 2018 erstmals mehr als 70 Millionen auf der Flucht gezählt, die höchste jemals registrierte Zahl von Flüchtlingen.[1] In Afrika haben nach Anhaben der UN und der Internationalen Organisation für Migration (IMO) 24 Millionen ihre Heimatländer verlassen, 90 Prozent aus Angst vor gewaltsamen Konflikten und Bürgerkriegen in zwölf Ländern.[2] 9,3 Millionen von ihnen wollen sich auf den Weg nach Europa machen. Viele sicher mit dem Ziel Bundesrepublik, die nach einer OECD-Umfrage zum zweitbeliebtesten Einwanderungsland nach den USA aufgestiegen ist. Deshalb wird die Flüchtlingskrise in den nächsten Jahren weiter auf den vorderen Plätzen unserer politischen Agenda stehen.

Ungemach droht auch von einer zweiten Front: dem Familiennachzug. Der ist, wie der Sachverständigenrat deutscher Stiftungen für Integration und Migration treffend bemerkt, »auch eine Form der Flüchtlingszuwanderung, die nur juristisch und statistisch anders ›verpackt‹ ist«.[3] Zu den von der Öffentlichkeit bisher kaum wahrgenommenen Wahrheiten gehört, dass Zehntausende Flüchtlinge aus Syrien, dem Irak und Afghanistan über den Familiennachzug ein Recht auf Zuwanderung ihrer Ehepartner und Kinder erworben haben. Rund 50 Prozent aller Familiennachzügler aus Drittstaaten kommen aus Syrien, dem Irak und Afghanistan. Diese mögliche neue Welle von Flüchtlingen ist allerdings aus praktischen wie bürokratischen Gründen bisher nur ein Rinnsal. Wer aus Syrien zu Verwandten nach Deutschland will, muss sich nach Ankara oder Beirut durchschlagen, um dort einen Nachzugsantrag zu stellen. Von Anfang 2015 bis Mitte 2017 hat das Auswärtige Amt nach eigenen

Angaben rund 102 000 Syrern Visa zum Nachzug erteilt.[4] Weitere 70 000 Familienangehörige warten derzeit darauf, legal nach Deutschland einzureisen.

Unverzichtbar: eine Obergrenze für Zuwanderung

Unter den Parteien gibt es heute einen Konsens darüber, dass sich die unkontrollierte und ungesteuerte Einwanderung der Jahre 2015 und 2016 nicht wiederholen darf. Für den Sachverständigenrat deutscher Stiftungen für Integration und Migration steht inzwischen fest, dass die »Zuwanderung von Flüchtlingen auf dem Niveau der letzten beiden Jahre nicht dauerhaft ohne Konflikte und Spannungen zu bewältigen« ist.[5] Wie die Zahl der Flüchtlinge zu senken ist und welche rechtlichen, freiheitlichen und humanitären Preise dafür zu zahlen sind, ist dagegen offen.

Unbestreitbar ist, dass die Bundesregierung den Schalter in der Zuwanderungspolitik umgelegt hat, um die Zahl der Flüchtlinge durch eigene Initiativen und Duldung von Abschottungsmaßnahmen anderer Länder zu verringern. Sie hat in hohem Maße davon profitiert, dass sich Länder wie Ungarn, Mazedonien, Italien und Malta mit Zäunen und Hafenblockaden die Hände schmutzig gemacht haben, während Deutschlands weiße Weste weitgehend unbefleckt blieb. Wegmarken dieser doppelzüngigen deutschen Flüchtlingspolitik sind die überwiegend geschlossene Balkanroute, der Türkei-Deal der EU mit Präsident Erdogan, die Einschränkung des Familiennachzuges, die intensiven Bemühungen um Abschiebungen und freiwillige Rückführungen, die Aufstockung der Mittel für die Flüchtlingslager in der Türkei und in Jordanien, die fast vollständige Schließung der Mittelmeerroute durch die Aufgabe der EU-Rettungsmission »Operation Sophia«, die Sperrung von Häfen für private Hilfsschiffe in Italien und Malta, die Kooperation von Italien und der Regierung in Tripolis vor der libyschen Küste sowie die Bekämpfung von Fluchtursachen in den Herkunftsländern. Durch diesen Mix aus politischen Maßnahmen, einer intensiveren Kontrolle der EU-Außengrenzen und Alleingängen einzelner EU-Länder sind nach der Europäischen Kommission 2018 nur noch 150 000 Menschen illegal nach Europa gekommen, 90 Prozent weniger als zur Hochzeit der Flüchtlingskrise 2015.[6] Nach Angaben der Grenzschutzagentur Frontex sind 2018 nur noch 23 000 Flüchtlinge über die klassische Mittelmeerroute nach Italien gelangt, im Vorjahr waren es fast fünfmal so viel.

Um die Rahmenbedingungen für die Integration zu verbessern und Masseneinwanderungen wie in den Jahren 2015 und 2016 künftig zu vermeiden, brauchen wir eine Neuausrichtung der Zuwanderungspolitik unter vier Vorzeichen: Rückbesinnung auf den Kern des Asylrechts und der Genfer Flüchtlingskonvention, nämlich den vorübergehenden Schutz vor politischer Verfolgung sowie vor Krieg und Bürgerkrieg; Beachtung der begrenzten Integrationskapazität von Staat und Gesellschaft unter besonderer Berücksichtigung überforderter Schulen; eine Neubestimmung des Verhältnisses von Staat und Gesellschaft zu den konservativen muslimischen Verbänden und eine offensive Verteidigung unserer Rechts- und Wertordnung.

Um diese Ziele zu erreichen, sind an der Migrationsfront folgende Weichenstellungen notwendig:

- eObergrenze für Zuwanderung
- Rückkehr in die Herkunftsländer nach Wegfall der Fluchtgründe
- öffentliche Kommunikation dieser Rückkehrpflicht
- Spurwechsel von der humanitären Hilfe zur Arbeitsmigration
- Verlängerung des ausgesetzten Familiennachzuges bei subsidiär Geschützten
- Wohnsitzauflagen und Zuzugssperren zur Vermeidung von Parallelgesellschaften
- Schließung der nationalen Grenzen als ultima ratio (CDU-Vorsitzende Annegret Kramp-Karrenbauer)

Im Koalitionsvertrag haben CDU, CSU und SPD vereinbart, die Zahl der jährlich nach Deutschland einsickernden Flüchtlinge samt Familienangehörigen auf einen Korridor von 180 000 bis 220 000 zu begrenzen. Während die CSU diese Passage als Festschreibung der von ihr seit Langem geforderten Obergrenze feiert, weist die SPD darauf hin, dass diese Formulierung das individuelle Recht auf Asyl nicht infrage stellt. Niemand werde zurückgewiesen, weil er der 220 001. ist. Deshalb stellen die Zahlen keine Obergrenze dar. Das ist rechtlich zutreffend, darf aber politisch-moralisch nicht das letzte Wort sein.

Wir brauchen eine Obergrenze für Flüchtlinge – rechtlich korrekter wäre »Richtwert« –, weil eine unbegrenzte Zuwanderung die Integrations-

kraft der deutschen Gesellschaft überfordern und ihren inneren Frieden
gefährden würde. Als Wegweiser in der öffentlichen Debatte hat dieser
Richtwert vor allem symbolische Bedeutung. Er soll nach innen wie außen
die politische Entschlossenheit dokumentieren, dass auch Deutschland
die Zahl der Zuwanderer künftig reduzieren will. Diese Haltung entspricht
auch der Mehrheitsmeinung der Bevölkerung. Nach allen Umfragen sprechen sich zwischen 50 und 60 Prozent der Bundesbürger für eine Obergrenze aus, eine starke Minderheit von 30 bis 35 Prozent votiert hingegen
weiter gegen sie.[7]

Ein Zuwanderungskorridor zwischen 180 000 und 220 000 Migranten erscheint vertretbar – als fairer Kompromiss zwischen humanitärer
Hilfe und der beschränkten Aufnahme- und Integrationskapazität unseres
Landes.[8] Die Tragweite dieser Zahlen wird leicht unterschätzt. Eine jährliche Zuwanderung dieser Größenordnung entspricht ungefähr den Ein-
wohnerzahlen mittlerer Großstädte wie Kassel oder Rostock. Das sollten
alle im Kopf behalten, die sich angesichts der gesunkenen Zahl von Flüchtlingen zurücklehnen, weil diese Dimension von Einwanderung leicht zu
verkraften sei. Das ist ein fahrlässiger Irrtum.

Mit einem Kontingent von 180 000 bis 220 000 spielt Deutschland
immer noch eine Sonderrolle bei der Aufnahmebereitschaft in Europa.
Frankreich will 2018 und 2019 zusammen 10 000 Flüchtlingen aus bestimmten Ländern außerhalb Europas eine legale Einreise ermöglichen.
Österreich hat seit 2016 die Aufnahme von Asylbewerbern bei 37 500
pro Jahr gedeckelt. Im Wahlkampf hat Ex-Bundeskanzler Sebastian Kurz,
damals Außenminister, versprochen, die »Obergrenze für illegale Einwanderung auf null« zu senken.

Wegen der begrenzten Integrationsfähigkeit der deutschen Gesellschaft und der daraus folgenden Aufenthaltsbefristung bei subsidiär
Schutzberechtigten auf ein Jahr ist es sinnvoll, bei ihnen den Familiennachzug weiter auszusetzen, wie von der Großen Koalition vor der
Bundestagswahl zunächst beschlossen. Im Koalitionsvertrag haben CDU,
CSU und SPD diese harte Linie aufgeweicht und den Zuzug von Familienmitgliedern von subsidiär Schutzberechtigten wieder zugelassen. Zwischen August 2018 und August 2019 sind auf dieser Schiene nach Angaben des Bundesinnenministeriums knapp 10 000 Familienmitglieder
nach Deutschland gekommen. Trotz dieser relativ geringen Zahl war der
Koalitionskompromiss ein falsches Signal. Durch die auf ein Jahr be-

fristete Aufenthaltserlaubnis hat der Gesetzgeber signalisiert, dass diese besondere Gruppe von Schutzbedürftigen nicht dauerhaft in Deutschland bleiben und sich auch nicht integrieren soll. Durch den Familiennachzug verfestigt sich faktisch der Aufenthaltsstatus dieser Gruppe, wodurch der Wille des Gesetzgebers unterlaufen wird. Außerdem ist zweifelhaft, ob das Nachholen von Familienmitgliedern tatsächlich die Integration fördert. Erfahrungen mit der ersten Migrantengeneration, den Gastarbeitern, zeigen vielmehr, dass ein solcher Zuzug leicht Parallelgesellschaften entstehen lässt, in denen Migranten mit ihren Familien wie in Schneckenhäusern isoliert von der Mehrheitsgesellschaft leben.[9] Außerdem weckt der Familiennachzug in den Herkunftsländern falsche Hoffnungen auf dauerhafte Bleibe in Deutschland.

Nach einer Umfrage des Nürnberger Instituts für Arbeitsmarkt- und Berufsforschung (IAB) wollen 77 Prozent der Flüchtlinge aus muslimischen Ländern in Deutschland bleiben.[10] Nach einer OECD-Umfrage sind es sogar 85 Prozent.[11] Ausdruck dieser Einstellung ist die Tatsache, dass 2017 und 2018 lediglich 199 beziehungsweise 466 Syrer mit Rückkehrprämien in ihre Heimat gelockt werden konnten.[12] Diese Haltung steht quer zu den Vorstellungen des syrischen Machthabers Assad. Im Juli 2018 hat er seine Landsleute erstmals offiziell aufgerufen, heimzukehren, und die internationale Gemeinschaft aufgefordert, dieses Anliegen zu unterstützen. In einer Art konzertierter Aktion hat Assads Verbündeter Russland einen »Rückkehrplan« für Flüchtlinge angekündigt. Als Begleitmusik hat das Regime damals medienwirksam einen Buskonvoi organisiert, um geflüchtete Landsleute aus Jordanien und dem Libanon nach Hause zu bringen. Viel Sogwirkung hat diese Initiative freilich bisher nicht entfaltet. Nach Angaben des UNHCR sind 2017 und im ersten Halbjahr 2018 lediglich 79 000 Geflüchtete aus den Nachbarländern in ihre Heimat zurückgekehrt. Ein starkes Signal für Friedenshoffnungen haben dagegen 1,4 Millionen Binnenvertriebene gesandt, die im selben Zeitraum in ihre Gebiete zurückgegangen sind.

Auch im Nachbarland Irak regt sich mittlerweile der Wunsch nach Heimkehr der Geflüchteten. Bei einem Besuch von Außenminister Heiko Maas im Dezember 2018 in Bagdad hat der irakische Außenminister Mohammed Ali al-Hakim seine Landsleute gleichfalls öffentlich aufgefordert, in die Heimat zurückzukehren, weil die Sicherheitslage »exzellent und stabil« sei. Im Grundsatz pflichtete ihm Maas bei: die Sicherheitslage in

»Bagdad, aber auch in weiten Teilen des Landes« habe sich »eindeutig verbessert«.

Diese Aufrufe und Initiativen zur Rückkehr von Flüchtlingen sind bisher weitgehend verpufft. Ein Vierer-Gipfel mit den Regierungschefs aus
Russland, der Türkei, Frankreich und Deutschland im Oktober 2018 in
Istanbul zum Wiederaufbau Syriens und der Heimkehr von Flüchtlingen
scheint ergebnislos verlaufen zu sein. Damit ist eine Schlüsselfrage unserer
Migrationspolitik aber nicht vom Tisch: Wie wollen wir mit Bürgerkriegsflüchtlingen aus Syrien und dem Irak umgehen, nachdem die bewaffneten
Auseinandersetzungen in beiden Ländern beendet sind? Sollen sie bei uns
bleiben und zu dauerhaften Mitgliedern der Gesellschaft werden? Oder
wollen wir sie aufrufen, in ihre zu einem Drittel zerstörten Städte und
Dörfer zurückzuwandern, und sie dabei unterstützen?

Regierungen, Parteien, Kirchen, Wirtschaftsverbände und Medien
haben bisher den Eindruck erweckt, dass die etwa 680 000 Flüchtlinge aus
Syrien und dem Irak auf Dauer bei uns bleiben können, wenn sie keine
Bomben werfen oder silberne Löffel klauen. In der Neujahrsansprache
2016 betonte Bundeskanzlerin Angela Merkel, wie wichtig es sei, dass Geflüchtete »bei uns Tritt fassen und sich integrieren«. Nach ihren Wahl-
programmen wollen CDU und SPD alle Zuwanderer mit Bleibeperspektive
integrieren, Grüne und Linke auch nicht anerkannte, aber geduldete
Schutzsuchende. Aufgrund solcher Bekundungen und Signale dürfen syrische und irakische Flüchtlinge davon ausgehen, dass ihre Teilnahme an
Sprachkursen und erste Gehversuche auf dem Arbeitsmarkt mit dauerhaften Aufenthaltsrechten belohnt werden.

Diese Haltung widerspricht Buchstaben und Geist unseres Grundrechts auf Asyl, der Genfer Flüchtlingskonvention und den europarecht-
lichen Vorschriften zum subsidiären Schutz für Bürgerkriegsflüchtlinge.
Ja, sie verkehrt sie sogar ins Gegenteil. Alle drei Rechtsgrundlagen sollen
nämlich nur vorübergehend Schutz gewähren. Deshalb ist das Bundesamt
für Migration und Flüchtlinge (BAMF) verpflichtet, bei jedem Schutzsuchenden spätestens nach drei Jahren zu prüfen, ob die Schutzgründe
noch bestehen. Sind sie entfallen, muss die Behörde die Aufenthaltstitel
widerrufen. Diese Prüfung wird auf jedem positiven Asylbescheid angekündigt. Bei subsidiär Schutzberechtigten beträgt die Bleibefrist zunächst sogar nur ein Jahr. Diesen geringeren Schutzstatus hat das BAMF
2018 immerhin 40 Prozent aller syrischen Geflüchteten zuerkannt. Sol-

che Widerrufsprüfungen hat das BAMF bisher kaum durchgeführt, weil der Abbau der Berge unerledigter Asylverfahren und die Untersuchung möglicherweise falscher Asylbescheide Priorität hatten.

Im Widerspruch zur Rechtslage hat im öffentlichen Diskurs der falsche Eindruck überlebt, dass sich Zuwanderung und Integration nur auf zwei Ebenen abspielen. Wird ein Asylbewerber als nicht schutzbedürftig anerkannt, soll er entweder freiwillig in sein Geburtsland zurückkehren, oder er wird abgeschoben. Wird er hingegen als Flüchtling anerkannt, kann er auf unbestimmte Zeit bleiben – begleitet von der Erwartung, sich zu integrieren. Die dritte Ebene – die Rückkehr in die Heimatländer nach Wegfall der Schutzgründe – existiert bis auf eine Erwähnung im FDP-Wahlprogramm 2017 und einem Papier der CSU-Landesgruppe im Bundestag praktisch nicht. »Das Asylrecht ist ein Recht auf Zeit«, stellt die CSU-Landesgruppe im Bundestag fest: »Die Anerkennung als Schutzbedürftige ist zeitlich begrenzt.«[13] Das gilt auch für nach der Genfer Flüchtlingskonvention anerkannte Flüchtlinge: »Kriegs- und Bürgerkriegsflüchtlinge« sollen »nach Beendigung der Feindseligkeiten ... in ihre Heimat«, fordert deshalb die CSU-Landesgruppe. Sie werden dort für den Wiederaufbau dringend gebraucht. Diese Position vertritt inzwischen auch die FDP. »In der öffentlichen Wahrnehmung haben sich die Flüchtlings- und die Integrationsfrage heillos verheddert«, analysiert der US-Philosoph Michael J. Sandel hellsichtig.

Weder das Grundrecht auf Asyl noch die Genfer Flüchtlingskonvention begründen eine Pflicht zur Integration. Dass Bundesregierung und Öffentlichkeit der Integration trotzdem eine zentrale Rolle in der Zuwanderungspolitik zuweisen, hat andere Gründe. Sie wollen die bei den Gastarbeitern gemachten Fehler nicht wiederholen. Damals hatte man irrtümlich darauf gesetzt, dass sie eines Tages in ihre Heimat zurückkehren, und deshalb auf Integrationsmaßnahmen wie Sprachkurse weitgehend verzichtet. Und Bürgerkriege und politische Verfolgung können bekanntlich Jahre dauern. Man weiß also häufig nicht, ob und, wenn ja, wann Fluchtgründe entfallen. Im Fall Syrien kommt noch ein besonderer Grund hinzu: das Unbehagen, Flüchtlinge in das Land eines Diktators zurückzuschicken. Im November 2018 ist das Auswärtige Amt in einer Analyse der Sicherheitslage Syriens zu dem Ergebnis gekommen, dass in keinem Teil Syriens ein »umfassender, langfristiger und verlässlicher interner Schutz für verfolgte Personen« besteht: »Es gibt keine Rechtssicher-

heit oder Schutz vor politischer Verfolgung, willkürlicher Verhaftung und
Folter.« Zu einer positiveren Einschätzung der Sicherheitslage in Syrien
gelangte das BAMF im März 2019 in aktualisierten internen Leitlinien für
Syrien – offenbar aufgrund von Erkenntnissen des Bundesnachrichten-
dienstes. Die neue Fassung ging davon aus, dass eine Gefahr für Leib oder
Leben durch Bürgerkrieg nur noch in Teilen des Landes besteht. Wäre
sie in der Praxis umgesetzt worden, hätten vermutlich zwischen zwei
Fünftel und der Hälfte der Syrien-Flüchtlinge in den noch anhängigen
Asylverfahren keinen Schutzstatus mehr erhalten. Dazu ist es jedoch
nicht gekommen, weil Bundesinnenminister Seehofer die aktualisierten
BAMF-Richtlinien zu Syrien nach Gegenwind aus dem Kanzleramt und
dem Auswärtigen Amt wieder kassiert hat. Trotzdem enthält der geblockte
Vorstoß des BAMF eine Botschaft für die Zukunft. Wenn der Bürgerkrieg
in Syrien in naher Zukunft endet und als Schutzgrund ein Asylverfahren
entfällt, stellt sich aus rechtlichen Gründen automatisch die Frage nach
der zwangsweisen Rückführung von Flüchtlingen aus Syrien und dem Irak
wegen Wegfalls der Fluchtgründe.

Politisch und moralisch wird diese Rückführung so unangenehm wie
die Abschiebung nicht anerkannter Asylbewerber, zumal Bundes- und
Landesregierungen syrische und irakische Flüchtlinge bisher nicht öffentlich auf den vorübergehenden Charakter unserer Schutzrechte verwiesen
haben. In den Augen des CDU-Bundestagsabgeordneten und Innen-
experten Patrick Sensburg war es nicht »fair, diese Rückkehrpflicht nicht
von Anfang klarer kommuniziert zu haben«.[14]

Aus rechtlichen Gründen müssen Politik und Verwaltung endlich auf-
hören, Flüchtlinge aus Syrien und dem Irak wie Einwanderer zu behandeln.
Ihre Rückführung würde ferner helfen, die auch durch Zuwanderung
überforderten Kitas und Schulen sowie den engen Wohnungsmarkt zu
entlasten. Auch moralisch ist eine Heimkehr der Flüchtlinge vertretbar,
damit sie dort beim Wiederaufbau helfen können. Diesen Aspekt betont
der Philosoph Julian Nida-Rümelin in seiner »Ethik der Migration«.

Ein von vornherein befristeter Aufenthalt für Asylberechtigte und anerkannte Bürgerkriegsflüchtlinge schafft natürlich rechtliche Unsicherheiten, die geeignet sind, Integrationsbemühungen zu bremsen. Diesen Effekt kann der sogenannte Spurwechsel mindern oder verhindern, also der
rechtliche Übergang von Flüchtlingen vom Status der Schutzgewährung
zur Arbeitsmigration. Zum Beispiel durch den Erwerb einer Nieder-

lassungserlaubnis oder, neu, einer Ausbildungs- und Beschäftigungs-
duldung. Auf diesen Wegen können Flüchtlinge bis zu einem Stichtag
Bleiberechte erlernen oder erarbeiten. Dieser Spurwechsel ist ein golde-
ner Kompromiss zwischen der Eigenleistung der Flüchtlinge, humanitärer
Hilfe sowie betriebs- wie volkswirtschaftlichen Interessen Deutschlands.

Gegen eine Rückführung von Flüchtlingen nach Syrien in naher Zukunft
spricht, dass Rückkehrer nach der Sicherheitsanalyse des Auswärtigen
Amtes mit Repressionen, Verhaftungen wegen Fahnenflucht oder Einzug
zum Militärdienst rechnen müssen. Hier bietet sich eine Chance für die
Diplomatie. Syrien und Russland haben ein massives Interesse an einer
Wiederaufbauhilfe Deutschlands und der EU. Nach Schätzungen der Vereinten Nationen sollen sich Kosten für den Wiederaufbau Syriens auf bis
zu 400 Milliarden Dollar belaufen.[15] Bisher sind die Europäer in diesem
Konflikt ohne jeden politischen Einfluss. Die Not im Nachkriegssyrien
und -irak eröffnet ihnen die Möglichkeit, politisch wieder einen Fuß in die
Tür zu bekommen und Wiederaufbaumilliarden von Sicherheitsgarantien
für Rückkehrwillige abhängig zu machen. Zum Beispiel durch Zusagen für
eine Amnestie für Fahnenflüchtige oder Garantien für den Eigentums-
schutz von Flüchtlingen.

Das Thema Wiederaufbauhilfe für Syrien wird in Brüssel und Berlin
bisher gemieden. Zu heikel. Die sieben Milliarden Dollar, die eine internationale Geberkonferenz im März 2019 in Brüssel gesammelt hat, sind
ausdrücklich nur für humanitäre Zwecke bestimmt, für Nahrungsmittel,
Medizin und die Schulbildung von Kindern. Das ist moralisch vorbildlich,
aber politisch kurzsichtig. Wer nur an den Schutz von Menschenrechten
in Syrien denkt, übersieht die gesundheitlichen und wirtschaftlichen Nöte
der im Krieg geschundenen Zivilbevölkerung. Wiederaufbauhilfen sollten
allerdings nur im Rahmen einer »politischen Prozesses« (Außenminister
Heiko Maas) gewährt werden. Ein solches aktives Engagement entspricht
auch den humanitären, nationalen und sicherheitspolitischen Interessen
Deutschlands.

Im Sommer 2019 haben die CDU-Bundestagsabgeordneten und Innen-
experten Patrick Sensburg und Christoph de Vries erstmals öffentlich auf
die Rückkehrverpflichtung von Flüchtlingen aus Syrien und dem Irak hingewiesen, wenn sie dort nicht mehr verfolgt werden oder wegen des Endes
des Bürgerkrieges keine Gefahr mehr für Leib oder Leben besteht.[16] Beide
verweisen auf die geltende Rechtslage. Sensburg fordert auf, diese Pflicht

auch »umzusetzen, ... notfalls mit staatlichem Zwang, wenn Flüchtlinge nicht freiwillig ausreisen«. Ähnlich sein Fraktionskollege de Vries: »Sollte sich die Situation in Syrien bis Ende des Jahres weiter stabilisieren und Präsident Assad glaubhafte Sicherheitsgarantien abgeben, muss die Anerkennung von Syrern als Kriegsflüchtlinge auf den Prüfstand gestellt werden mit dem Ziel der Rückführung ... Flüchtlingsschutz ist kein Recht auf dauerhafte Einwanderung.«

Trotz seiner Verbrechen wird Assad als Gesprächspartner bei den Verhandlungen nicht zu umgehen sein. Das hat inzwischen auch der zuständige EU-Nachbarschaftskommissar Johannes Hahn erkannt. Er will »jedenfalls für eine Übergangsphase mit ihm zusammenarbeiten, ... weil man sich von der Illusion befreien muss, dass es ohne Zusammenwirken mit dem jetzigen Regime gehen wird«.[17] In diesen sauren Apfel wollen notfalls auch die beiden CDU-Innenexperten beißen. »Um für Frieden und Stabilität in Syrien zu kämpfen, bedarf es der Kommunikation mit der amtierenden Regierung«, meint Sensburg. »Um den Wiederaufbau Syriens im Sinne seiner Bürger zu unterstützen« und »Sicherheitsgarantien für Rückkehrer« auszuhandeln, führt auch nach Ansicht von de Vries kein Weg an Assad vorbei.

Im Januar 2016 hat Bundeskanzlerin Angela Merkel auf einer Veranstaltung des CDU-Verbandes Mecklenburg-Vorpommern noch die Meinung vertreten, dass auch anerkannte Flüchtlinge bei uns nur einen »zeitweiligen Schutz« erhalten und wir »erwarten, dass, wenn wieder Frieden in Syrien ist, wenn der IS im Irak besiegt ist, dass ihr mit dem Wissen, das ihr bei uns erworben habt, wieder in eure Heimat zurückgeht«. Die Kanzlerin kennt also die Rechtslage. Auch wenn sie den Hinweis auf sie, soweit erkennbar, nie öffentlich wiederholt hat: Sie bleibt natürlich verpflichtet, geltendes Recht umzusetzen.

Zu begrüßen ist der Plan der Bundesregierung, das Recht der freien Wohnsitzwahl für Asylbewerber und Geflüchtete auf Dauer einzuschränken. Das Integrationsgesetz aus dem Jahr 2016, das es Ländern ermöglichte, durch positive Wohnsitzauflagen und Zuzugssperren die Verteilung von Flüchtlingen zu steuern, galt bisher nur befristet. Das Bundesinnenministerium will es nun entfristen, weil »sich diese Steuerungsinstrumente ... für erfolgreiche Integration bewährt« haben.[18] In sechs Städten haben die Zuzugssperren in der Vergangenheit positiv gewirkt. Die Karte Zuzugsstopp sollten künftig auch Großstädte für belastete Stadtviertel ziehen, weil sich hier, wie wir gesehen haben, die durch Zuwanderung ausgelösten sozialen und ethnischen Probleme potenzieren.[19] Das wäre keine Premiere. Bereits 1975 hat die sozialliberale Bundesregierung im Zusammenhang mit dem Anwerbeabkommen mit der Türkei für Städte und Stadtteile mit einem Ausländeranteil von über 12 Prozent (!!!) Zuzugssperren verhängt. In Berlin galten diese für die Stadtteile Kreuzberg, Wedding und Tiergarten sogar bis 1990. Solche Zuzugssperren für Stadtviertel hält der Deutsche Städte- und Gemeindebund nach dem Integrationsgesetz von 2016 auch heute rechtlich für zulässig.

Entlasten und aufrüsten: die Integrationsleistung der Schulen verbessern

»Wenn sie keine zusätzliche Unterstützung bekommen, könnten die nach Deutschland gekommenen Kinder und Jugendlichen im Bereich der Bildung in wenigen Jahren zu den Verlierern zählen«, warnt der Sachverständigenrat deutscher Stiftungen für Integration und Migration in seinem Jahresgutachten 2017.[20] Das ist keine Panikmache, sondern ein realistischer Blick in die Zukunft. Die Bildungschancen für den Nachwuchs der neuen Zuwanderergeneration sind aus zwei Gründen erheblich schlechter als die ihrer Vorgänger. Sie besuchen wegen der wirtschaftlichen Lage ihrer Familien überwiegend Schulen in sozialen Brennpunkten oder gemischten Wohngebieten, die wegen der heterogenen Schülerschaft schon vor der Flüchtlingswelle am und jenseits des Limits gearbeitet haben. Und die Personalressourcen bei Erziehern, Sozialpädagogen, Psychologen und Lehrern sind weitgehend erschöpft. Nun hat es keinen Zweck, die Hände in den Schoß zu legen und zu klagen. Politik als Kunst des Möglichen muss mit der Situation umgehen, solange eine Rückkehr in befriedete Heimatländer ausscheidet. Notwendig sind:

- verpflichtende Sprachtests und verpflichtende Sprachförderung in Vorschulklassen vor der Einschulung
- eine Ausbildungsoffensive für Erzieher, Sozialpädagogen und Lehrer mit einem Schwerpunkt bei interkulturellen Kompetenzen
- höhere Gehälter für Lehrer und Bonusprogramme für Brennpunktschulen

- verstärkte Lehrerfortbildung für interkulturellen Unterricht
- Bau neuer Schulen wegen steigender Geburtenraten und Zuwanderung
- eine Qualitätsdebatte über das Spannungsverhältnis Chancengleichheit und Leistungs- und Wettbewerbsfähigkeit unserer Schulen
- Schwerpunktverlagerung von der Kompetenz- zur Wissensvermittlung in Deutsch und Mathematik
- eine Renaissance von Hausaufgaben, wo sie nicht mehr gestellt worden sind
- Leitlinien für die Wertevermittlung an Schulen
- Widerstand gegen religiöse Praktiken und Symbole, um die religiöse Neutralität der Schule zu schützen
- gesellschaftliches Engagement gegen das Fasten und Kopftuchtragen von Kindern vor der Pubertät
- Revision der Currcicula in den Fächern Geschichte, Gesellschafts- und Bürgerkunde, um die Demokratie- und Rechtsstaatserziehung zu verbessern
- eine Ausbildungs- und Anstellungsoffensive für Lehrer mit Migrationshintergrund
- Überprüfen und gegebenenfalls Rückführen der Inklusion

Angestoßen durch die Zwänge der Flüchtlingskrise haben Bund und Länder begonnen, gravierende Fehler bei der Bildungsplanung zu korrigieren, um den durch steigende Geburtenzahlen, Flucht und Arbeitsmigration verursachten zusätzlichen Bedarf an Schulraum, Lehrern, Sozialpädagogen, Erziehern und Pädagogen zu füllen. In einigen Bundesländern wird es allerdings wegen der langen Ausbildungsdauer von drei bis sieben Jahren für Lehrer noch gefühlte Ewigkeiten dauern, bis dort alle offenen Stellen mit ausgebildetem Personal besetzt werden können.

Um Engpässe bei der Rekrutierung von Grundschullehren zu überwinden, ist es notwendig, die Gehälter von Grundschullehrern zu erhöhen, um diesen Beruf attraktiver zu machen. Als erstes Bundesland hat Berlin aus purer Personalnot ihre Gehälter vom Schuljahr 2017/2018 an von A12 auf A13 angehoben. Unterschiede in den Einstiegsgehältern unter Pädagogen der verschiedenen Schulformen gibt es an der Spree dann nicht mehr. Wegen des bundesweit scharfen Wettbewerbs um Lehrkräfte, wollen Niedersachsen, Schleswig-Holstein, Nordrhein-Westfalen, Hamburg, Sachsen, Brandenburg und Mecklenburg-Vorpommern über kurz oder lang folgen. Ein Nebeneffekt auch der Zuwanderung – zur Freude künftiger Pädagogen und zum Verdruss der Landesfinanzminister.

Notwendig ist ferner, die Fortbildung beim interkulturellen Erziehen und Unterrichten zu intensivieren. In vielen Schulen ist die Lehrerschaft verunsichert, wie sie mit religiös motivierten Verhaltensweisen wie Beten in der Schule, Fasten, Sport- und Schwimmunterricht, muslimischen Feiertagen, Klassenreisen und Kopftüchern bei Grundschülerinnen umgehen soll. Auch bei Kontakten mit Müttern in Niqab oder Burka sind etliche Pädagogen ratlos. Einige Bundesländer wie Berlin, Hamburg, Schleswig-Holstein und Rheinland-Pfalz sowie der Kooperationsverband der Staatlichen Schulämter in Frankfurt am Main, Hanau und Offenbach haben deshalb wertvolle »Leitlinien« oder »Handlungsleitfäden« herausgegeben, um Lehrer im Alltag mit rechtlichen Hinweisen und Handlungsempfehlungen für den Umgang mit muslimischen Kindern und Eltern zu unterstützen.[21] Ihrem Vorbild sollten alle Bundesländer folgen.

Im Oktober 2018 hat die Kultusministerkonferenz ihre Empfehlungen zur Demokratie- und Rechtsstaatserziehung aus dem Jahr 2009 aktualisiert.[22] Das ist ganz offensichtlich eine notwendige, ja überfällige Reaktion auf die defizitäre Verinnerlichung demokratischer und rechtsstaatlicher Prinzipien bei einem erheblichen Teil der muslimischen Schülerschaft.[23] Die Empfehlungen fordern die Schulen auf, Themen wie Rassismus, Antisemitismus, Homophobie, Islamfeindlichkeit, Sexismus, Menschenwürde, Rechtstreue, Gewaltenteilung, Minderheitenschutz, den Vorrang des Grundgesetzes vor der Religion und die Bindung an Recht und Gesetz in einem Rechtsstaat ausführlicher als bisher zu thematisieren.

Von hoher Priorität ist weiter eine Qualitätsdebatte über schulische Leistungen, über die Ursachen des Leistungsabfalls eines Teils der Schülerschaft und trübe Zukunftsperspektiven für die Leistungs- und Konkurrenzfähigkeit unserer Schulen. Die Leistungsanforderungen dürfen nicht weiter gesenkt und Zeugnisse künftig nicht mehr geschönt werden. Noten sollten wieder das reale Leistungsniveau widerspiegeln – und zwar auf allen Ebenen und nicht nur beim Abitur. Das Streben nach mehr Chancengerechtigkeit und hohen Abiturquoten darf nicht weiter auf Kosten der Leistungs- und Wettbewerbsfähigkeit unserer Schulen gehen. Angesichts der erschreckenden Ergebnisse beim IQB-Bildungstrend 2016 und bei der IGLU-Lesestudie 2016 sollte der Projektunterricht zugunsten der Kernfächer Schreiben, Lesen und Rechnen wieder zurückgeschraubt

werden. Es sollte wieder mehr Wert auf Wissensvermittlung und weniger
Wert auf Kompetenzentwicklung gelegt werden. Es sollten wieder regelmäßig Hausaufgaben aufgegeben werden, was einige Lehrer in Einzelfällen nicht mehr getan haben, vor allem in Ghettoschulen.

Für den interkulturellen Dialog wäre es wünschenswert, mehr Pädagogen mit Migrationshintergrund in die Lehrerschaft multikultureller
Schulen zu integrieren – als sprachliche und kulturelle Brückenbauer.
Unter Lehrern sind Lehrende mit Migrationshintergrund mit einem Anteil von 6,1 Prozent im Verglich zu anderen Berufen unterrepräsentiert.
Es gibt aber auch schon positivere Beispiele wie die Grundschule in der
Köllnischen Heide in Berlin-Neukölln mit einem Migrationsanteil unter
den Lehrkräften von 30 Prozent. Da die Studienquoten von Migranten
für die Lehrerausbildung weiterhin nicht sehr hoch sind, versiegt im Sachverständigenrat deutscher Stiftungen für Integration und Migration zunehmend die »Hoffnung, die interkulturelle Öffnung von segregierten
Schulen durch mehr Lehrer mit Migrationshintergrund zu erleichtern«.
Die Hauptursachen sieht der Sachverständigenrat in »Vorbehalten« von
Zuwanderern gegenüber dem Lehrerberuf, mit dem sie unter anderem
»geringes Sozialprestige« und »fehlende Aufstiegsmöglichkeiten« verbinden.

In den letzten zehn Jahren haben Bund und Länder eine Bildungs- und
Zuwanderungspolitik ohne Rücksicht auf die Integrations- und Leistungsfähigkeit der Schulen betrieben. Indikatoren für diesen Befund sind der
eklatante Lehrermangel, das geschrumpfte Leistungsniveau der Schülerschaft und die Überforderung eines Teils der Schulen im geschilderten
Mehr-Fronten-Kampf.[24] Mitverantwortlich für die Misere ist der Ausbau der Inklusion ohne auseichendes Personal. Der Kultusminister von
Sachsen-Anhalt Marco Tullner ist, soweit erkennbar, bisher der einzige
Bildungspolitiker, der den Weg zur Inklusion öffentlich kritisiert hat: Er
sei eine »Idee aus dem Elfenbeinturm« wissenschaftlicher Diskussion, »die
von dem, was die Menschen von der Praxis im Alltag erleben, ganz weit
entfernt ist«.[25] Er hält »sowohl Kinder als auch Lehrer für überfordert« –
an Grund- wie weiterführenden Schulen: »Wir haben den gemeinsamen
Unterricht eingeführt, obwohl absehbar war, dass uns Lehrkräfte fehlen
werden ... Es ist eine Illusion, mit den Sonderpädagogen an Regelschulen
jeden Förderbedarf abdecken zu können.« Nach einer Forsa-Umfrage im Auftrag des VBE Anfang 2019 hält ein gutes Viertel (26 Prozent)

der Schulleiter das Nebeneinander von Integration und Inklusion nach dem Lehrermangel (55 Prozent) für das zweitgrößte Problem.[26] »Die Politik« habe »tatenlos zugesehen«, moniert der Präsident des Deutschen Lehrerverbandes Heinz-Peter Meidinger, »wie sich problematische und besonders förderungsbedürftige Schülergruppen sowie Kinder mit Migrationshintergrund in sozialen Brennpunkten konzentriert haben«.[27] Das Beispiel Hessen: An zwei Dritteln der hessischen Grundschulen lernen Kinder mit sonderpädagogischem Förderbedarf.[28] 84 Prozent dieser Schulen werden mehrheitlich von Schülern mit Migrationshintergrund besucht, aber nur 62 Prozent der restlichen Schulen. Deshalb ist nicht nur notwendig, Schulen durch Rückführung von Flüchtlingen in ihre Heimatländer nach Wegfall der Fluchtgründe zu entlasten, sondern auch die Inklusion auf den Prüfstand zu stellen und zu fragen, ob und inwieweit sie mit der Integration und der Sicherung des Leistungsniveaus der Schülerschaft vereinbar ist.

Mehr Transparenz und weniger Abhängigkeit: eine neue Basis für die Zusammenarbeit mit muslimischen Verbänden

Das Verhältnis zwischen Staat, Zivilgesellschaft und konservativen muslimischen Verbänden ist massiv gestört.[29] Der religiös-konservative Verbandsislam leidet seit drei Jahren an einem fortschreitenden Ansehens- und Bedeutungsverlust.[30] Festzumachen ist der vor allem in vier Bereichen: dem vorübergehenden Ausschluss als Kooperationspartner beim bekenntnisgebundenen islamischen Religionsunterricht; der Auffassung, dass die Mehrheit der konservativen Verbände keine Religionsgemeinschaften im Rechtssinne sind; der Zusammensetzung der Islamkonferenz und dem Streichen von Fördergeldern bei der Extremismusprävention. Diesen Einstellungswandel sollten wir für eine Revision der Beziehungen zu den muslimischen Verbänden und einen Neustart nutzen. Erforderlich sind:

- ein Moratorium für alle Gespräche mit der DITIB über Staatsverträge und islamischen Religionsunterricht von einem Jahr
- muslimische Verbände, die Anträge auf Anerkennung als Religionsgemeinschaft stellen, müssen gesetzlich verpflichtet werden, ihre finanziellen, personellen und organisatorischen Verbindungen zu den Heimatländern offenzulegen

- Moscheegemeinden und muslimische Verbände, die vom Verfassungsschutz beobachtet werden, können weder direkt noch indirekt als Mitglieder von Dachverbänden beim islamischen Religionsunterricht mitwirken
- Überprüfung aller Fördermaßnahmen für Integrationskurse und Projekte zur Extremismusbekämpfung
- politische und gesellschaftliche Unterstützung aller liberal-säkularen
  muslimische Vereinigungen

Bei Entscheidungen über die weitere Zusammenarbeit mit der DITIB muss
die Politik zwischen Skylla und Charybdis wählen. Sie muss einerseits auf
Distanz zum Verband gehen, um zu dokumentieren, dass sie mit seinem
nationalistischen Abgrenzungs- und Entfremdungskurs nicht einver-
standen ist. Sie darf die Gespräche und Kontakte zur DITIB andererseits
aber auch nicht ganz abbrechen, weil ein zerschnittenes Tischtuch den
Prozess der Selbstisolierung und Radikalisierung weiter beschleunigen
würde. So sollte DITIB zunächst weiter an der Islamkonferenz teilnehmen.
Solange der Verband organisatorisch, personell, finanziell und religiös von
Ankara weiter so abhängig ist wie heute, sollten allerdings Verhandlungen
und Gespräche über Mitwirkungsrechte in Beiräten oder über Verträge zunächst für ein Jahr ausgesetzt werden. Dieses Moratorium sollte auch für
Gespräche mit anderen muslimischen Verbänden gelten, solange ihre Abhängigkeit von den Heimatländern nicht geklärt ist.

Weil der Verfassungsschutz nur extremistische Moscheevereine
beobachten darf, besteht bei der Bundesregierung und den Landesregierungen eine riesige Erkenntnislücke bei den Verbindungen von Verbänden und Moscheevereinen zu ihren Heimatländern.[31] In fast allen Parteien regt sich mittlerweile Widerstand gegen den Einfluss des Auslandes
auf die religiös-konservativen Verbände. Deshalb sollten alle Verbände, die
Anträge auf Anerkennung als Religionsgemeinschaften stellen, zuvor ihre
personellen, organisatorischen, finanziellen und religiösen Verbindungen
zu den Herkunftsländern offenlegen.

Der Staat fördert in Einzelfällen Integrationskurse und Projekte zur
Extremismusbekämpfung von muslimischen Verbänden und Moscheevereinen. Dabei geht er Risiken ein. Denn nach ihrem Selbstverständnis sehen
diese ihre Hauptaufgabe in der Pflege der eigenen Religion und Kultur.
Deshalb taugen sie nach Meinung etlicher Experten nicht als Integrations-

helfer.[32] Deshalb sollte man genauer als bisher hinschauen, welche Ziele diese Verbände und Moscheevereine verfolgen.

Mit dem Wiedereinzug von säkular-liberalen Einzelpersonen und Verbänden in die Islamkonferenz ist bei ihrer Förderung nicht mehr als ein erster Schritt getan. Das Thema muss auf der politischen Agenda bleiben.

Mehrheitskultur und Minderheitenschutz: Wertevermittlung als gesellschaftliche Aufgabe

Der Dialog zwischen Muslimen und Nichtmuslimen ist aus vielen Gründen verstummt. An seiner Stelle wird eine sich vertiefende Kluft sichtbar. Auf der Seite der Mehrheitsgesellschaft eine wachsende Islamskepsis, Islamfeindlichkeit, Ablehnung, Diskriminierung und das Streben der Mehrheitsgesellschaft nach kultureller Hegemonie. Auf der Seite der muslimischen Minderheit der Wunsch nach mehr Anerkennung, Wertschätzung und kultureller Selbstständigkeit. Trotz dieser Gräben muss der Dialog weiter versucht werden, aber mit einigen neuen Akzenten bei der kulturellen Integration:

- die Bildungsaufträge soziale und kulturelle Integration sind gleichrangig
- Wertevermittlung ist vor allem Aufgabe der Zivilgesellschaft
- selbstbewusste Verteidigung der Mehrheitskultur bei Wert- und Kulturkonflikten
- Widerstand gegen die Entkulturalisierung von Konflikten

Seit den sexuellen Übergriffen in Köln und anderen deutschen Städten wird der Integration in das deutsche Wertesystem ein ähnlich hoher Stellenwert zuerkannt wie der Bildungs- und Arbeitsmarktintegration. Die Bundesanstalt für Flüchtlinge und Migration hat die Curricula der Integrationskurse geändert und die Vermittlung von Werten zum integralen Bestandteil des Asylverfahrens wie des gesamten Integrationsprozesses gemacht. Der Anteil der Stunden für Wertevermittlung in den Integrationskursen ist von 60 auf 100 aufgestockt worden. Während früher schwerpunktmäßig politische Werte vermittelt wurden, werden heute gesellschaftlich-kulturelle Werte als gleichwertig betrachtet. Mit Recht warnt der Sachverständigenrat deutscher Stiftungen für Integration und

Migration davor, von diesen Kursen allzu viel zu erwarten: »100 Stunden
Orientierungskurs können kaum Sozialisationserfahrungen und Prägungen aus Jahrhunderten aufheben oder verändern.«[33] Das gilt insbesondere
für den Islam mit seiner über tausendjährigen Kultur und Tradition. Wertevermittlung muss deshalb auch ein Langzeitprojekt der Zivilgesellschaft
sein. An ihr müssen Nachbarn, Arbeitskollegen und Vorgesetzte, Erzieher
und Lehrer mitwirken. Dabei kommt es darauf an, westliche Werte selbst-
bewusster und offensiver zu vertreten als bisher. Das ist leichter gesagt
als getan, weil es in dieser Frage keinen Konsens in unserer Gesellschaft
gibt. Bürger mit einem multikulturellen Weltbild sind geneigt, kulturelle Eigenheiten und Freiräume eher zu tolerieren als Konservative mit
einem homogenen Gesellschaftsbild, die eher eine Anpassung an die westliche Wertewelt erwarten. Das heißt nun aber nicht, dass wir bei Werte-
und Kulturkonflikten ohnmächtig zuschauen müssen. Einmal kann der
Gesetzgeber demokratisch legitimierte Wertvorstellungen der Mehrheitsgesellschaft gegenüber religiösen oder kulturellen Minderheiten durch
Gesetze verbindlich durchsetzen. Das ist beim eingeschränkten Bur-
ka-Verbot, beim begrenzten Verbot von Kinderehen, der Strafbarkeit von
Polygamie und Zwangsheirat und der Straffreiheit für Beschneidungen geschehen. Daneben gibt es einige Bereiche, in denen die Wertevermittlung
durch die Zivilgesellschaft unproblematisch ist, weil sie von einem breiten
Konsens getragen wird: Ächtung des Antisemitismus, Toleranz gegenüber
Homosexualität, Gleichbehandlung von Mann und Frau sowie Ablehnung
einer islamischen Paralleljustiz. Schwierig wird die Wertevermittlung da,
wo Erziehern, Lehrern, Arbeitgebern, Universitäten, Bürgermeistern und
Parteien bisher der ethische Kompass fehlt, um in konkreten Einzelfällen
Grenzen zwischen falscher und vernünftiger Toleranz zu ziehen. Ist der
Verzicht auf Schweinefleisch beim Essen in Schulen und Gefängnissen das
richtige Signal? Wie viel Rücksicht ist beim Fasten in der Schule zu nehmen? Wie ist auf einen verweigerten Handschlag bei Einbürgerungen oder
der Übergabe von Abiturzeugnissen zu reagieren? Wie sollen Politiker und
Parteien mit Moscheevereinen umgehen, die vom Verfassungsschutz beobachtet werden? Bei diesen Fragen, deren Liste beliebig zu verlängern
ist, muss die Zivilgesellschaft noch Standpunkte, Haltungen und Verhaltensregeln entwickeln, weil die Rechtsordnung keine Antworten gibt.
Hier sind die Akteure der Zivilgesellschaft aufgefordert, in der Kita, der
Schule oder der Polizei eigene Wertvorstellungen und Konfliktlösungs-

modelle herauszubilden – mit Sensibilität und Zivilcourage. Ideal wäre, wenn die am Ende stehenden Verhaltenskompasse klar und vermittelbar sind – um den Eindruck von Willkür zu vermeiden. Wie das gehen könnte, zeigt modellhaft der im Oktober 2017 erlassene »Verhaltenskodex zur Religionsausübung an der Universität Hamburg«, der erste seiner Art an deutschen Universitäten. Von ihnen haben einige wie Schulen mit Kultur- und Wertkonflikten zu kämpfen.

Eine Schlüsselrolle bei der Herausbildung und Verteidigung politischer und gesellschaftlich-kultureller Werte in der Zivilgesellschaft kommt der Politik zu – und zwar nicht nur als Gesetzgeber. Diese Herausforderung und Verantwortung haben Bundesregierung und Parteien bisher noch nicht in ausreichendem Maße angenommen. Vorbildlich und längst überfällig war das Auftrittsverbot für den türkischen Präsidenten Erdogan während des G-20-Gipfels als Beitrag zur offensiven und selbstwussten Verteidigung unserer politischen Wertordnung. Auf derselben Linie liegen die verstärkten Reisehinweise für die Türkei und die Überprüfung der Hermes-Kredite für Investitionen am Bosporus. Der Migrationsforscher Ruud Koopmans hat mit guten Gründen darauf hingewiesen, dass in einer Demokratie nicht nur die Mehrheit entscheidet, weil sie die Macht hat, sondern weil es darüber hinaus ein legitimes Recht der Mehrheit gibt, die Mehrheitskultur zu verteidigen.[34]

Voraussetzung für Wertevermittlung und die Lösung von Werte- und Kulturkonflikten ist ein offener und ehrlicher Dialog zwischen Muslimen und Nichtmuslimen. Den hat es bisher nicht gegeben – auf beiden Seiten.

Parteien und Gesellschaft haben es bisher nicht geschafft, die wirklichen Probleme bei der Alt- und Neuzuwanderung beim Namen zu nennen. Der Münchener Soziologe Armin Nassehi spricht von einer »moralgetriebenen Verdrängung des Migrationsthemas« und einer verbreiteten Unfähigkeit, »Grenzen der Gemeinschaft« (so der Philosoph Helmut Plessner) anzuerkennen.[35] Vor und verstärkt nach der Grenzöffnung haben sich in unserer Gesellschaft Erkenntnishindernisse und -blockaden getürmt: die Wir-schaffen-das-Attitüde der Bundesregierung; das Ignorieren praktischer Probleme beim Bau bezahlbarer Wohnungen und die Überforderung von Kitas und Schulen; das Ausblenden von massiven Integrationsproblemen bei den Altzuwanderern; die Tabuisierung von Werte- und Kulturkonflikten in allen Parteien, insbesondere im links-grünen Milieu; eine meinungsbildende akademische Mittelschicht, die weit von sozialen Brennpunkten entfernt lebt und Integrationsprobleme aus der Entfernung eines Hauptseminars betrachtet.

Wo liegen die Ursachen für die Scheu der deutschstämmigen Mehrheit und der muslimischen Minderheit, über kulturelle Unterschiede und Konflikte zu sprechen? Es sind die Last unserer Geschichte, die viele Bürger in rigorose Moralisten verwandelt hat, und die panische Angst, als AfD-Anhänger oder Rassist gebrandmarkt zu werden, wenn man Kritisches über Zuwanderung, Integration oder Muslime verlautbart. Unkorrektes kann hier schnell Freunde und Karrieren kosten. Hinzu kommt die unbewusste Erkenntnis, dass nichts so schwer zu ändern ist wie jahrhundertealte kulturelle Prägungen, gepaart mit der Scheu davor, dies offen zugeben zu müssen.

Literatur

Abdel-Samad, Hamad, Integration, Ein Protokoll des Scheiterns, München 2018

Alexander, Robin, Die Getriebenen, München 2017

Allgemeine Ressortforschung, Integration von Flüchtlingen in den regulären Wohnungsmarkt, Bundesinstitut für Bau-, Stadt- und Raumforschung, BBSR-Online-Publikationen 21/2017

Baier, Dirk/Bergmann, Marie Christine/Kliem, Sören, Die Entwicklung Jugendlicher mit türkischem Migrationshintergrund, Ergebnisse einer Trendstudie der Jahre 2013 bis 2017, unserer Jugend 71, Heft 4, 175

Becher, Inna/El-Menouar, Yasemin, Geschlechterrollen bei Deutschen und Zuwanderern christlicher und muslimischer Religionszugehörigkeit, Bundesamt für Migration und Flüchtlinge, Forschungsbericht 21, 2014

Beicht, Ursula, Ausbildungschancen junger Migrantinnen und Migranten sinken wieder, BiBB Analyse 2004–2016, BiBB-Report 18/2017, 1

Beicht, Ursula/Gei, Julia, Ausbildungschancen junger Migrantinnen und Migranten unterschiedlicher Herkunftsregionen, BiBB-Report 3/2015

Beicht, Ursula, Junge Menschen mit Migrationshintergrund: Trotz intensiver Ausbildungsstellensuche geringe Erfolgsaussichten, BiBB-Report 16/2011

Bergmann, Marie Christine/Kliem, Sören/Krieg, Yvonne/Beckmann, Laura, Jugendliche in Niedersachsen, Ergebnisse des Niedersachsensurveys 2017, Hannover 2019

Berufsbildungsbericht 2018, Bundesministerium für Bildung und Forschung

Bos, Wilfried/Wendt, Heike/Köller, Olaf/Selter, Christoph/Schwippert, Knut/Kasper, Daniel, TIMSS 2015: Wichtige Ergebnisse im Überblick

Brettfeld, Katrin/Wetzels, Peter, Muslime in Deutschland, Integration, Integrationsbarrieren, Religion und Einstellungen zu Demokratie, Rechtsstaat und politisch-religiös motivierter Gewalt, hrsg. vom Bundesinnenministerium, Berlin 2007

Breuer, Rita, Liebe, Schuld & Scham, Sexualität im Islam, Freiburg 2016

Breuer, Rita, Im Namen Allahs?, Christenverfolgung im Islam, Freiburg 2015

Brinkmann, Heinz Ulrich, Sozialdemographische Zusammensetzung der Migrationsbevölkerung, in: Einwanderungsgesellschaft Deutschland, hrsg. von Heinz Ulrich Brinkmann und Martina Sauer, Wiesbaden 2016

Brücker, Herbert/Hauptmann, Andreas/Vallizadeh, Ehsan, Flüchtlinge und andere Migranten am deutschen Arbeitsmarkt: Der Stand im September 2015, IAB Aktuelle Berichte 14/2015

Brücker, Herbert/Rother, Nina/Schupp, Jürgen, IAB-BAMF-SOEP-Befragung von Geflüchteten: Überblick und erste Ergebnisse, Bundesanstalt für Migration und Flüchtlinge, Forschungsbericht 29

Brücker, Herbert/Croisier, Johannes/Kosyakowa, Yuliya/Pientrantuono, Giuseppe/Rother,Nina/Schupp, Jürgen, Geflüchtete machen Fortschritte bei Sprache und Beschäftigung, IAB-Kurzbericht 3/2019, 1

Buschkowsky, Heinz, Die andere Gesellschaft, Berlin 2014

Ceylan, Rauf, Die Prediger des Islam, Imame – wer sie sind und was sie wirklich wollen, Bonn 2010

Decker, Oliver/Kiss, Johannes/Schuler, Julia/Handtke, Barbara/Brähler, Elmar, Flucht ins Autoritäre: Rechtsextreme Dynamiken in der Gesellschaft, Leipziger Mitte-Studie 2018, Gießen 2018

Dumont, Hanna/Neumann, Marko/Maaz, Kai/Trautwein, Ulrich, Die Zusammensetzung der Schülerschaft als Einflussfaktor für Schulleistungen, Psychologie in Erziehung und Unterricht 60 (2013), 163

El-Mafaalani, Aladin/Toprak, Ahmet, Muslimische Kinder und Jugendliche in Deutschland, Lebenswelten – Denkmuster – Herausforderungen, Konrad-Adenauer-Stiftung, 3. Auflage, St. Augustin/Berlin 2017

El-Menouar, Yasemin, Muslime in Europa – Integriert, aber nicht akzeptiert?, Ergebnisse und Länderprofile, Religionsmonitor 2017, Bertelsmann-Stiftung, Bielefeld 2017

Esser, Harmut, Assimilation, ethnische Schichtung oder selektive Akkulturation?, in: Migration und Integration, Kölner Zeitschrift für Soziologie und Sozialpsychologie Sonderheft 48/2008, hrsg. von Frank Kalter, S. 81

Esser, Harmut, Integration und ethnische Schichtung, Zusammenfassung einer Studie für das »Mannheimer Zentrum für Europäische Sozialforschung«, www.fes-online-akademie.de

Freimuth, Ingrid, Lehrer über dem Limit, Warum die Integration scheitert, München 2018

Frindte, Wolfgang/Boehnke, Klaus/Kreikenbom, Henry/Wagner, Wolfgang, Lebenswelten junger Muslime in Deutschland, hrsg. vom Bundesinnenministerium, Berlin 2011

Gencer, Mustafa, Zwischen Integration und Ausgrenzung: Wie fühlen sich türkische Migranten in Deutschland? in: Die Rolle der Religion im Integrationsprozess, Frankfurt am Main 2010

Göddecke-Stellmann, Jürgen/Lauerbrach, Teresa/Milbert, Antonia, Zuwanderung in die Städte, BBSR-Analysen KOMPAKT 9/2018, 1

Göle, Nilüfer, Europäischer Islam, Muslime im Alltag, Berlin 2016

Haag, Nicole/Böhme, Katrin/Rjosk, Camilla/Stanat, Petra, Zuwanderungsbezogene Disparitäten, IQB-Bildungstrend 2015, Münster/New York 2016

Hafez, Kai, Freiheit, Gleichheit und Intoleranz, Der Islam in der liberalen Gesellschaft Deutschlands und Europas, Bielefeld 2013

Halm, Dirk, Das öffentliche Bild des Islam und der Diskurs über seine gesellschaftliche Integration, in: Die Rolle der Religion im Integrationsprozess, hrsg. von Bülent Ucar, Bern 2010

Halm, Dirk/Sauer, Martina, Lebenswelten deutscher Muslime, Religionsmonitor 2015, Bertelsmann-Stiftung, Bielefeld 2015

Halm, Dirk/Sauer, Martina, Muslime in Europa – Integriert, aber nicht akzeptiert?, Studie, Religionsmonitor 2017, Bertelsmann-Stiftung, Bielefeld 2017

Hans-Seidel-Stiftung, Politische Partizipation von Migranten in Bayern, München 2017

Haug, Sonja/Müssig, Stephanie/Stichs, Anja, Muslimisches Leben in Deutschland, im Auftrag der Deutschen Islam-Konferenz, Forschungsbericht 6, Bundesamt für Migration und Flüchtlinge, Nürnberg

Helbig, Marcel, (K)eine Schule für alle: Die Ungleichheit an deutschen Grundschulen nimmt zu, WZB-Mitteilungen 162 (2018), 17

Helbig, Marcel/Nikolai, Rita, Bekommen die sozial benachteiligten Schüler*innen die besten Schulen? Eine explorative Studie über den Zusammenhang von Schulqualität und sozialer Zusammensetzung von Schulen am Beispiel Berlins, WZB-Discussion Paper P-2019-002, März 2019

Helbig, Marcel/Jähnen, Stefanie, Wie brüchig ist die soziale Architektur unserer Städte? Trends und Analysen in 74 deutschen Städten, WZB- Discussion Paper P 2018-001, Mai 2018

Helbig, Marcel/Jähnen, Stefanie, Wo findet »Integration« statt?, Die sozialräumliche Verteilung von Zuwanderern in deutschen Städten zwischen 2014 und 2017, WZB-Discussion Paper P 2019-003, Juni 2019

IQB-Bildungstrend 2016, Kompetenzen in den Fächern Deutsch und Mathematik am Ende der 4. Jahrgangsstufe im zweiten Ländervergleich, hrsg. von Petra Stanat, Stefan Schipolowski, Camillia Rjosk, Sebastian Weinrich, Nicole Haag, Münster 2017

IQB-Bildungstrend 2015, Sprachliche Kompetenzen am Ende der 9. Jahrgangsstufe im zweiten Ländervergleich, hrsg. von Petra Stanat, Katrin Böhme, Stefan Schipolowski, Nicole Haag, Münster 2016

IQB-Ländervergleich 2012, Mathematische und naturwissenschaftliche Kompetenzen am Ende der Sekundarstufe I, hrsg. von Hans Anand Pant, Petra Stanat, Ulrich Schroeders, Alexander Roppelt, Thilo Siegele, Claudia Pöhlmann, Münster/New York/München/Berlin 2013

IGLU 2011, Lesekompetenzen von Grundschulkindern in Deutschland im internationalen Vergleich, hrsg. von Wilfried Bos, Irma Tarelli, Albert Bremerich-Vos, Knut Schwippert, Münster/New York/München/Berlin 2012

IGLU 2016, Lesekompetenzen von Grundschulkindern in Deutschland im internationalen Vergleich, hrsg. von Anke Hußmann, Heike Wendt, Wilfried Bos, Albert Bremerich-Vos, Daniel Kasper, Eva-Maria Lankes, Nele McElvany, Tobias C. Stubbe, Renate Valtin, Münster/New York 2017

Kaddor, Lamya, Die Zerreißprobe, Berlin 2016

Kambouri, Tania, Deutschland im Blaulicht, Notruf einer Polizistin, München 2015

Kandil, Fuad, Traditionelle Religiosität in einer areligiösen Gesellschaft, in: Die Rolle der Religion im Integrationsprozess, hrsg. von Bülent Ucar, Frankfurt am Main 2010

Kerber, Markus, Deutsche Islamkonferenz – eine Positionierung, in: Der politische Islam gehört nicht zu Deutschland, hrsg. von Carsten Linnemann und Winfried Bausback, Freiburg 2019

König, Ingrid mit Matthias Bischoff, Schule vor dem Kollaps, Eine Schulleiterin über Integration, die Schattenseiten der Migration und was getan werden muss, München 2019

Koopmans, Ruud, Trade-Offs between Equalitiy Difference: Immigrant Integration, Multiculturalism, and Welfare Sate in Cross-National Perspective, in: Journal of Ethnic und Migration Studies 36 (2010), 1

Koopmans, Ruud, Assimilation oder Multikulturalismus?, Bedingungen gelungener Integration, Berlin 2017

Koopmans, Ruud, Auch Kultur prägt Arbeitsmarkterfolg, Was für die Integration von Muslimen wichtig ist, WZB-Mitteilungen 151 (2016), 14

Koopmans, Ruud, Fundamentalismus und Fremdenfeindlichkeit von Muslimen und Christen im europäischen Vergleich, WZB-Mitteilungen, Heft 142 (2013), 21

Koopmans, Ruud, Schweigen, Fragen, unerwünschtes Lob, WZB-Mitteilungen 143 (2014), 53

Koopmans, Ruud, Religious fundamentalism and out-group-hostility among Muslims und Christians in Western Europe, Discussion Paper, Wissenschaftszentrum Berlin SP VI (2014), 101 March 2014, Berlin

Koopmans, Ruud, Gehört der real existierende Islam zu Deutschland?, in: Der politische Islam gehört nicht zu Deutschland, hrsg. von Carsten Linnemann und Winfried Bausback, Freiburg 2019

Kristen, Cornelia, Schulische Leistungen von Kindern aus türkischen Familien am Ende der Grundschulzeit, Befunde aus der IGLU-Studie, in: Migration und Integration, Zeitschrift für Soziologie und Sozialpsychologie, Heft 48/2008, hrsg. von Frank Kalter

Lemmen, Thomas, Muslimische Organisationen in Deutschland, Entstehung, Entwicklungen und Herausforderungen, in: Muslime in Deutschland, hrsg. von Peter Antes und Rauf Ceylan, Wiesbaden 2017

Lorenz, Georg/Müller, Tim, Einstellungen von Lehrkräften zu Aspekten der Vielfalt. Deutschsein, Religionspolitik und Muslime, in: Vielfalt im Klassenzimmer, Berliner Institut für empirische Integrations- und Migrationsforschung und Sachverständigenrat deutscher Stiftungen für Integration und Migration, Berlin 2017

Lorenz, Georg/Müller, Tim/Lokhande, Mohini, Aufbau und Ziel der Studie, in: Vielfalt im Klassenzimmer, Berliner Institut für empirische Integrations- und Migrationsforschung und Sachverständigenrat deutscher Stiftungen für Integration und Migration, Berlin 2017

Mansour, Ahmad, Generation Allah, Warum wir im Kampf gegen religiösen Extremismus umdenken müssen, 2. Auflage, Frankfurt am Main 2015

Mansour, Ahmet, Klartext zur Integration, Gegen falsche Toleranz und Panikmache, Frankfurt am Main 2018

Matthes, Stephanie/Eberhard, Verena/Gei, Julia/Borchardt, Dagmar/Christ, Alexander/Niemann, Moritz/Schratz, Rafael/Engelmann, Dorothea/Pencke, Alexander, Junge Geflüchtete auf dem Weg zur Ausbildung, Ergebnisse der BA/BIBB-Migrationsstudie 2016

Matthes, Stephanie, Geflüchtete auf dem Weg in die berufliche Bildung – Erfolgsfaktoren und Unterstützungsbedarfe, BIBB-Kongress 2018, Forum V

Mazyek, Aiman, Was machen Muslime an Weihnachten? München 2016

Migrationsberichte 2015 und 2016 des Bundesamts für Migration und Flüchtlinge, Nürnberg 2016 und 2017

Mirbach, Thomas/Schaak, Torsten/Triebl, Katrin, Zwangsverheiratungen in Deutschland, Opladen/Berlin/Toronto 2011

Morris-Lange, Simon, Schule als Sackgasse?, Flüchtlinge an segregierten Schulen, Studie des Sachverständigenrates deutscher Stiftungen für Integration und Migration, Berlin 2018

Müller, Annekathrin, Diskriminierung auf dem Wohnungsmarkt, Strategien zum Nachweis rassistischer Benachteiligungen, Eine Expertise im Auftrag der Antidiskriminierungsstelle des Bundes, April 2015

Münkler, Herfried/Münkler, Marina, Die neuen Deutschen, Ein Land vor seiner Zukunft, Berlin 2016

Netzwerk gegen Diskriminierung und Islamfeindlichkeit, Antimuslimischer Rassismus und Islamfeindlichkeit in Deutschland, Alternativbericht zum 19.–22. Staatenbericht der Bundesrepublik Deutschland nach Art. 9 des Internationalen Abkommens zur Beseitigung jeder Form von Rassendiskriminierung (ICERD)

Nida-Rümelin, Julian, Über Grenzen denken, Eine Ethik der Migration, Hamburg 2017

OECD-Studie März 2017, Nach der Flucht: Der Weg in die Arbeit, Arbeitsmarktintegration in Deutschland 2017

Palmer, Boris, Wir können nicht allen helfen, Ein Grüner über Integration und die Grenze der Belastbarkeit, München 2017

Palmer, Boris, Flucht, Islam, Integration – Aufnahme- und Integrationsleistung einer deutschen Stadt, in: Der politische Islam gehört nicht zu Deutschland, hrsg. von Carsten Linnemann und Winfried Bausback, Freiburg 2019

Peucker, Mario, Diskriminierung aufgrund der islamischen Religionszugehörigkeit im Kontext Arbeitsleben – Erkenntnisse, Fragen und Handlungsempfehlungen, Erkenntnisse der sozialwissenschaftlichen Forschung und Handlungsempfehlungen, Antidiskriminierungsstelle des Bundes, Bamberg 2010

Pickel, Gert, Weltanschauliche Vielfalt und Demokratie, Wie sich religiöse Vielfalt auf die politische Kultur auswirkt, Bertelsmann-Studie, Bielefeld 2019

PISA 2015, Eine Studie zwischen Kontinuität und Innovation, hrsg. von Kristine Reiss, Christine Sälzer, Anja Schiepe-Tiska, Eckehard Klieme und Olaf Köhler, Münster/New York 2016

Pokorny, Sabine, Was uns prägt. Was uns eint, Integration und Wahlverhalten von Deutschen mit und ohne Migratonshintergrund und in Deutschland lebenden Ausländern, Studie der Konrad-Adenauer-Stiftung, Sankt Augustin/Berlin 2016

Pollack, Detlef/Müller, Olaf/Rosta, Gergeley/Dieler, Anna, und andere, Integration und Religion aus der Sicht von Türkeistämmigen in Deutschland, Exzellenzcluster der Universität Münster, Münster 2016

Religionsmonitor 2015, Verstehen, was verbindet, Sonderauswertung Islam 2015, Die wichtigsten Ergebnisse im Überblick, Bertelsmann-Stiftung, Bielefeld 2015

Religionsmonitor 2017, Muslime in Europa – Integriert, aber nicht akzeptiert? Bertelsmann-Stiftung, Bielefeld 2017

Rohe, Mathias, Der Islam in Deutschland, Eine Bestandsaufnahme, München 2016

Sachverständigenrat deutscher Stiftungen für Integration und Migration, Jahresgutachten 2016, 2017, 2019

Sauer, Martina, Integrationsprozesse, wirtschaftliche Lage und Zufriedenheit türkeistämmiger Zuwanderer in Nordrhein-Westfalen, Zentrum für Türkeistudien und Integrationsforschung, Essen 2014

Sauer, Martina, Teilhabe und Befindlichkeit: Der Zusammenhang von Integration, Zugehörigkeit, Deprivation und Segregation türkeistämmiger Zuwanderer in Nordrhein-Westfalen, Zentrum für Türkeistudien und Integrationsforschung, Essen 2016

Sauer, Martina, Identifikation und politische Partizipation türkeistämmiger Zugewanderter in Nordrhein-Westfalen und in Deutschland, Zentrum für Türkeistudien und Integrationsforschung, Essen 2017

Schirmbeck, Samuel, Der islamische Kreuzzug und der ratlose Westen, Warum wir eine selbstbewusste Islamkritik brauchen, Zürich 2016

Schirrmacher, Christine, Paralleljustiz im Rechtsstaat – Friedensrichter, Streitschlichter, Schariagerichtshöfe, in: Der politische Islam gehört nicht zu Deutschland, hrsg. von Carsten Linnemann und Winfried Bausback, Freiburg 2019

Schirra, Bruno, ISIS – Der globale Dschihad, Wie der islamische Staat den Terror nach Europa trägt, Berlin 2015

Schreiber, Constantin, Inside Islam, Was in Deutschlands Moscheen gepredigt wird, Berlin 2017

Schröter, Susanne, »Gott näher als der eigenen Halsschlagader«, Fromme Muslime in Deutschland, Frankfurt am Main 2016

Schröter, Susanne, Die jungen Wilden der Ummah, Heroische Geschlechterkonstruktionen im Dschihadismus, www.ffgi.net/files/pub/Die_jungen_Wilden_der_Ummah_schroeter.pdf

Schröter, Jörg Imran, Die Einführung eines islamischen Religionsunterrichts an öffentlichen Schulen in Baden-Württemberg, Freiburg 2014

Schwarz-Friesel, Monika, Antisemitismus 2.0 und die Netzkultur des Hasses, Berlin 2018

Schwippert, Knut/Wendt, Heike/Tarelli, Irmela, Lesekompetenz von Schülerinnen und Schülern mit Migrationshintergrund, in: IGLU 2011, Lesekompetenz von Grundschulkindern im internationalen Vergleich, hrsg. von Wilfried Bos, Irma Tarelli, Albert Bremerich-Vos und Kurt Schwippert, Münster/New York/München/Berlin 2012

Seebaß, Katharina/Siegert, Manuel, Migranten am Arbeitsmarkt in Deutschland, IAB-Working Paper 36

Stanat, Petra, Schulleistungen von Jugendlichen mit Migrationshintergrund. Die Rolle der Zusammensetzung der Schülerschaft, in: Herkunftsbedingte Disparitäten im Bildungswesen, hrsg. von Jürgen Baumert, Petra Stanat, Rainer Watermann, Wiesbaden 2006

TIMSS 2015, Mathematische und naturwissenschaftliche Kompetenzen von Grundschulkindern in Deutschland im internationalen Vergleich, hrsg. von Heike Wendt, Wilfried Bos, Christoph Selter, Olaf Köller, Knut Schwippert, Daniel Kasper, Münster/New York 2016

Usculan, Haci-Halil, Islam und Integration: Die pädagogisch-psychologische Perspektive, in: Die Rolle der Religion im Integrationsprozess, hrsg. von Bülent Ucar, Frankfurt am Main 2010

Usculan, Haci-Halil/Yalcin, Cem Serkan, Abschlussbericht zur wissenschaftlichen Begleitung der Einführung des islamischen Religionsunterrichts (IRU) in Nordrhein-Westfalen, Zentrum für Türkeistudien und Integrationsforschung, Essen 2018

Uslucan, Haci-Halil, Islamischer Religionsunterricht – Erwartungen und Vorbehalte, in: Islamischer Religionsunterricht in Deutschland, Dokumentation der Tagung der Deutschen Islamkonferenz 13. bis 14. Februar 2011

Wagner, Joachim, Richter ohne Gesetz, Islamische Paralleljustiz gefährdet
unseren Rechtsstaat, Berlin 2011 und 2012

Wagner, Joachim, Das wachsende Unbehagen am islamischen Religionsunterricht, in: Der politische Islam gehört nicht zu Deutschland, hrsg. von Carsten Linnemann und Winfried Bausback, Freiburg 2019

Wegener, Ann-Christin, »… und diese Gerüchte stammen nicht von irgend-
welchen Nazis!«, Eine Studie zu Erscheinungsformen und ideologischen
Hintergründen antisemitischer Agitation in den sozialen Netzwerken, hrsg.
vom Landesamt für Verfassungsschutz Hessen 2017

Wöllenstein, Julia, Von Kartoffeln und Kanaken, Warum Integration im Klassenzimmer scheitert, Eine Lehrerin stellt klare Forderungen, München
2019

Worbs, Susanne/Bund, Eva, Qualifikationsstruktur, Arbeitsmarktbeteiligung
und Zukunftsorientierungen, BAMF-Kurzanalyse 1/2016

Yavuzcan, Ismail H., Stand und Entwicklung des Islamischen Religionsunterrichts und Religionspädagogik in Deutschland, in: Muslime in Deutschland,
hrsg. von Peter Antes und Rauf Ceylan, Berlin 2017

Zick, Andreas/Küpper, Beate/Berghan, Wilhelm, Verlorene Mitte – Feindselige
Zustände, Rechtsextremistische Einstellungen 2018/2019 in Deutschland,
hrsg. von der Friedrich-Ebert-Stiftung

Anmerkungen

Einleitung

1 Kandil, Traditionelle Religiosität in einer areligiösen Gesellschaft, in: Die Rolle der Religion im Integrationsprozess, hrsg. von Bülent Ucar, S. 534 (552)
2 Vgl. hierzu S. 20, 74
3 OECD-Migrationsexperte Thomas Liebig: »Insgesamt ist der Trend bei der Integration von Zuwanderern in Deutschland positiv und gelingt besser als in Ländern mit vergleichbarer Migrationsgeschichte«. http://www.oecd.org/berlin/presse/deutliche-fortschritte-bei-der-integration.de ... gelesen am 17. Januar 2019
4 Vgl. S. 182ff, 196ff
5 Vgl. S. 27ff, 254
6 http://www.ditib.de/detail_pos 1.php?id=3&lang=de
7 Rohe, Der Islam in Deutschland, S. 111 und S. 255

»Gottes-Dienst«

1 Mazyek, Was machen Muslime an Weihnachten?, S. 145
2 Die Zeit vom 6. Oktober 2016, S. 54
3 Göle, Europäischer Islam, S. 203

Fatale Re-Islamisierung

1 Zitiert nach Haci-Halil Uslucan https://www.bpb.de/tuerkeistämmige-in-deutschland-heimatlos-oder-ueberall-zuhause ... gelesen am 3. März 2018
2 Brinkmann, Sozialdemographische Zusammensetzung der Migrationsbevölkerung, in: Einwanderungsgesellschaft Deutschland, S. 145 (152)
3 Schirra, ISIS – Der globale Dschihad, S. 54: »Dass es in den arabischen Staaten ein großes Potenzial islamistischer Grundüberzeugungen gab und gibt, wurde vom Westen ausgeblendet.«
4 Hafez, Freiheit, Gleichheit und Intoleranz, S. 191
5 Koopmans, WZB-Mitteilungen 143, 53 (55)
6 Ebd. S. 55
7 20 Prozent der Türken akzeptieren religiöse Gewalt, in: https://www.faz.net/aktuell/politik/20-Prozent-der-tuerken-fuer-gewalt ... gelesen am 27. August 2015
8 Heute-Sendung im ZDF vom 30. Dezember 2014
9 Focus vom 17. Januar 2015, S. 38; Pew Institute, The Great Divide: How Westerners and Muslims view each other, 13-Nation Pew Global Attitudes Survey, Washington 2006
10 Vgl. S. 160ff
11 BT-Drucksache 18/9353, S. 8
12 Lemmen, Islamische Organisationen in Deutschland, in: Muslime in Deutschland, hrsg. von Antes/Ceylan, S. 309 (318)
13 Vgl. hierzu auch S. 168
14 Schreiber, Inside Islam, S. 28f
15 König, Schule vor dem Kollaps, S. 12

Übersehen und unterschätzt

1   Kaddor, Die Zerreißprobe, S. 198
2   Münkler/Münkler, Die neuen Deutschen, S. 283
3   Jahresgutachten 2017 des Sachverständigenrates deutscher Stiftungen für Integration und Migration, S. 17
4   http://www.bmi.bund.de/SharedDoes/Reden/DE/2016/09/2-zukunft...
5   Sauer, Identifikation und politische Partizipation türkeistämmiger Zuwanderer in Nord-rhein-Westfalen und Deutschland, S. 7–9
6   Nach der Definition des Bundesamtes für Statistik zählen zur Bevölkerung mit Migra-tionshintergrund alle Personen, die die deutsche Staatsbürgerschaft nicht durch Geburt besitzen oder die mindestens ein Elternteil haben, auf das dies zutrifft.
7   Pollack und andere, Integration und Religion aus Sicht von Türkeistämmigen in Deutschland, S. 11
8   Palmer, Wir können nicht allen helfen, S. 133ff
9   Vgl. https://www.handelsblatt.com/poltik/deutschland/leitkultur/multikulti-islam-multikulti-gesellschaft-ablehnung-eint-csu-und-afd/133989445.html ... gelesen am 19. August 2019
10 Die Zeit vom 26. Januar 2017, S. H 3
11 Beicht, BiBB-Report 18/2017, S. 9
12 Pokorny, Was uns prägt. Was uns eint, S. 28
13 Frankfurter Allgemeine Zeitung vom 8. November 2017, S. 17
14 Zitiert nach Brettfeld/Wetzels, Muslime in Deutschland, S. 454
15 El-Mafaalani/Toprak, Muslimische Kinder und Jugendliche in Deutschland, S. 30
16 Brettfeld/Wetzels, Muslime in Deutschland, S. 95
17 Hans-Seidel-Stiftung, Politische Partizipation von Migranten in Bayern, S. 176, 178, 184
18 Haug/Müssig/Stichs, Muslimisches Leben in Deutschland, S. 264
19 Pollack und andere, Integration und Religion aus der Sicht von Türkeistämmigen in Deutschland, S. 7
20 Sauer, Teilhabe und Befindlichkeit, S. 54
21 Sauer, Teilhabe und Befindlichkeit, S. 57; und Hans-Seidel-Stiftung, Politische Partizipa-tion von Migranten in Bayern, S. 195
22 Gencer, Zwischen Integration und Ausgrenzung, in: Die Rolle der Religion im Integra-tionsprozess, hrsg. von Bülent Ucar, S. 275 (286)
23 Brettfeld/Wetzels, Muslime in Deutschland, S. 220
24 Pokorny, Was uns prägt. Was uns eint, S. 42; Hans-Seidel-Stiftung, Politische Partizipa-tion von Migranten in Bayern, S. 131
25 Uslucan, Islam und Integration: Die pädagogisch-psychologische Perspektive, in: Die Rolle der Religion im Integrationsprozess, hrsg. von Bülent Ucar, S. 387 (391)
26 Die Zeit vom 8. Dezember 2016, S. 66
27 Sauer, Teilhabe und Befindlichkeit, S. 84
28 Ebd.
29 Pollack und andere, Integration und Religion aus der Sicht von Türkeistämmigen in Deutschland, S. 3
30 Brettfeld/Wetzel, Muslime in Deutschland, S. 92, 193, 219
31 Haug/Müssig/Stichs, Muslimisches Leben in Deutschland, S. 299f
32 Pokorny, Was uns prägt. Was und eint, S. 45f
33 Vgl. S. 42ff
34 Sauer, Teilhabe und Befindlichkeit, S. 93
35 Jahresgutachten 2016 des Sachverständigenrates deutscher Stiftungen für Integration und Migration, S. 39
36 https://rp-online.de/nrw/staedte/koeln/eroeffnung-der-ditib-moschee-in-koeln-ehren-feld-als-haette-Erdogan-die-moschee-okkupiert-3335169 ... gelesen am 15. März 2019

37 Sauer, Teilhabe und Befindlichkeit, S. 118
38 Sauer, Teilhabe und Befindlichkeit, S. 114
39 Koopmans, Gehört der real existierende Islam zu Deutschland?, in: Der politische Islam gehört nicht zu Deutschland, S.11 (20)
40 Sauer, Teilhabe und Befindlichkeit, S. 122ff
41 Sauer, Identifikation und Partizipation, S.14, 59
42 Sauer, Identifikation und Partizipation, S. 68
43 Sauer, Identifikation und Partizipation, S. 69
44 Sauer, Identifikation und Partizipation, S. 52
45 Vgl. S. 173ff, 247, 250
46 Koopmans, Journal of Ethnic and Migration Studies 2010(36),1(15ff)
47 Frankfurter Allgemeine Zeitung vom 15. November 2007, S. 12
48 So zum Beispiel Rohe, Der Islam in Deutschland, S. 237
49 Zitiert nach Breuer, Liebe, Schuld & Scham, S. 120
50 Frankfurter Allgemeine Zeitung vom 15. November 2007, S. 12
51 Eine von der al-Hayat Medienzentrale des IS verbreitete Rede, S. 10
52 Jahresgutachten 2016 des Sachverständigenrates deutscher Stiftungen für Integration und Migration, S. 16
53 Rohe, Der Spiegel Nr. 37/2016, S. 37
54 Pollack und andere, Integration und Religion aus der Sicht von Türkeistämmigen in Deutschland, S. 15
55 Ebd.
56 Brettfeld/Wetzels, Muslime in Deutschland, S. 176ff
57 Die Daten wurden dem Verfasser von Prof. Dirk Baier vom Institut für Delinquenz und Kriminalprävention der Züricher Hochschule für Angewandte Wissenschaften zur Verfügung gestellt
58 Halm/Sauer, Lebenswelten deutscher Muslime, S. 29
59 Pokorny, Was uns prägt. Was uns eint, S. 83
60 Hans-Seidel-Stiftung, Politische Partizipation vom Migranten in Bayern, S. 137
61 Wagner, Richter ohne Gesetz, S. 92
62 Vgl. hierzu Wagner, Richter ohne Gesetz
63 Pollack und andere, Integration und Religion aus der Sicht von Türkeistämmigen in Deutschland, S. 14; Koopmans, WZB-Mitteilungen 142 (2013), S. 21 (22) plus Sondertabelle
64 Schreiber, Inside Islam, S. 23
65 Brettfeld/Wetzels, Muslime in Deutschland, S. 141
66 https://www.zeit.de/2017/11/ditib-hamburg/spitzel-vorwuerfe-sedat-simsek ... gelesen am 30. Juli 2019
67 Brettfeld/Wetzels, Muslime in Deutschland, S. 141
68 Pollack und andere, Integration und Religion aus der Sicht von Türkeistämmigen in Deutschland, S. 17
69 http://www.pewresearch.org/fact-tank/2016/07/22/muslims-and-isla ...
70 Toprak, https://www.zeit.de/gesellschaft/zeitgeschehen/2017-12/muslimischer-anti-semitismus-jerusalem-israel-integration ... gelesen am 3. März 2019
71 Koopmans, Gehört der real existierende Islam zu Deutschland?, in: Der politische Isam gehört nicht zu Deutschland, S. 11 (13)
72 Zitiert nach Stern vom 18. August 2016, S. 42
73 Zitiert nach Brettfeld/Wetzels, Muslime in Deutschland, S. 449
74 Sauer, Teilhabe und Befindlichkeit, S. 60
75 Rohe, Der Islam in Deutschland, S. 264
76 Brettfeld/Wetzels, Muslime in Deutschland, S. 104
77 IAB-Kurzbericht vom 21. April 2014
78 Jahresgutachten 2016 des Sachverständigenrates der deutschen Stiftungen für Integration

und Migration, S. 74; Pokorny, Was und prägt. Was uns eint, S. 56; Hans-Seidel-Stiftung, Politische Partizipation von Migranten in Bayern, S. 125

79 Müller, Diskriminierung auf dem Wohnungsmarkt; Kaddor, Die Zerreißprobe, S. 196
80 Hamburger Abendblatt vom 11./12. März 2017, S. 11
81 Münkler/Münkler, Die neuen Deutschen, S. 270 mit weiteren Nachweisen
82 Rohe, Der Islam in Deutschland, S. 108
83 Koopmans, WZB Mitteilungen 151 (2016), 14
84 Koopmans, WZB Mitteilungen 151 (2016), 14 (17)
85 Vgl. S. 76f, 197, 253
86 Institut für Demoskopie Allensbach, Christentum und Islam, unveröffentlichtes Manuskript, S. 13
87 Leipziger Autoritismus-Studie 2018, Flucht ins Autoritäre, S. 39f
88 Die Studie der Bertelsmann-Stiftung »Weltanschauliche Vielfalt und Demokratie« basiert auf dem Religionsmonitor 2017 und einer Nacherhebung 2019, S. 12
89 Pollack und andere, Integration und Religion aus der Sicht von Türkeistämmigen in Deutschland, S. 42
90 Ebd., S. 17

Tabuisiert

1   Interview mit Die Welt, zitiert nach Shooman, Die mediale Rezeption der Deutschen Islamkonferenz, S. 256
2   Zitiert nach Der Spiegel Nr. 37/2016, S. 36
3   Breuer, Liebe, Schuld & Scham, S.22f
4   Becher/El-Menouar, Geschlechterrollen bei Deutschen und Zuwanderern, BAMF-Forschungsbericht 21, S. 58
5   Ebd., S. 6
6   Ebd., S. 78
7   El-Mafaalani/Toprak, Muslimische Kinder und Jugendliche in Deutschland, S. 42
8   Wöllenstein, Von Kartoffeln und Kanaken, S. 95
9   Ebd., S. 18
10 El-Maafalani/Toprak., Muslimische Kinder und Jugendliche in Deutschland, S. 44
11 Ebd., S. 45
12 Ebd., S. 46
13 El-Mafaalani/Toprak, Muslimische Kinder und Jugendliche in Deutschland, S. 51
14 Breuer, Im Namen Allahs?, S. 18
15 Buschkowsky, Die andere Gesellschaft, S. 75
16 Brettfeld/Wetzels, Muslime in Deutschland, S. 119; Pollack und andere, Integration und Religion aus Sicht der Türkeistämmigen in Deutschland, S. 14; Pickel, Studie der Bertelsmann-Stiftung »Weltanschauliche Vielfalt in der Demokratie«, S. 12. Bei Sunniten vertreten 32 Prozent diese Auffassung.
17 Der Spiegel Nr. 37/2016, S. 36
18 Freimuth, Lehrer über dem Limit, S. 195f
19 Schirmbeck, Der islamische Kreuzzug, S. 29
20 Zitiert nach Schirmbeck, Der islamische Kreuzzug, S. 245
21 Schirmbeck, Der islamische Kreuzzug, S. 245
22 Zitiert nach Schreiber, Inside Islam, S. 206
23 Schreiber, Inside Islam, S. 210
24 Zitiert nach dem Jahresgutachten 2016 des Sachverständigenrates deutscher Stiftungen für Integration und Migration, S. 71
25 Pollack und andere, Integration und Religion aus der Sicht von Türkeistämmigen in Deutschland, S. 17
26 El-Mafaalani/Toprak, Muslimische Kinder und Jugendliche in Deutschland, S. 109

27   Zitiert nach Der Spiegel Nr. 45/2016, S. 122
28   Schreiber, Inside Islam, S. 189
29   Zitiert nach Hafez, Freiheit, Gleichheit und Toleranz, S. 62

Identitätsstiftend

1   Halm, Das öffentliche Bild des Islam in Deutschland, in: Die Rolle der Religion im Inte-
     grationsprozess, S. 293 (305)
2   Sauer, Integrationsprozesse, wirtschaftliche Lage und Zufriedenheit türkeistämmiger Zu-
     wanderer, S. 143
3   Forsa-Umfrage im Stern vom 18. August 2016; Haug/Müssig/Stichs, Muslimisches Le-
     ben in Deutschland, S. 141
4   Pollack und andere, Integration und Religion aus der Sicht von Türkeistämmigen in
     Deutschland, S. 12
5   Brettfeld/Wetzels, Muslime in Deutschland, S. 262
6   Mansour, Generation Allah, S. 19
7   Die Zeit vom 28. April 2016, S. 56
8   Vgl. hierzu die Zusammenfassung S. 173, 209
9   Pollack und andere, Integration und Partizipation aus der Sicht von Türkeistämmigen in
     Deutschland, S. 1; Frindte/Boehnke/Kreikenbom/Wagner, Lebenswelten junger Mus-
     lime in Deutschland, S. 290; Koopmans, Fundamentalismus und Fremdenfeindlichkeit,
     WZB-Mitteilungen 142 (2013), 21 (22)
10   Brettfeld/Wetzels, Muslime in Deutschland, S. 195
11   Ebd., S. 139
12   Halm/Sauer, Muslime in Europa – Integriert, aber nicht akzeptiert?, Religionsmonitor
     2017, S. 36
13   Hanns-Seidel-Stiftung, Politische Partizipation von Migranten in Bayern, S. 45
14   Vgl. S. 63
15   Siehe S. 137ff, 175

Integrationsagentur und Konfliktfeld

1   Yavuzcan, Stand und Entwicklung des islamischen Religionsunterrichts in Deutschland,
     in: Muslime in Deutschland, hrsg. von Antes/Ceylan, S. 171 (172)
2   Vgl. S. 228
3   Der Spiegel Nr. 49/2016, S. 52
4   Bundesamt für Migration und Flüchtlinge, Bundesamt in Zahlen 2017, S. 80
5   Migrationsbericht 2015 des Bundesamts für Migration und Flüchtlinge, S. 5; 15. Kinder-
     und Jugendbericht, BT-Drucksache 18/11050, S. 142
6   Statistisches Bundesamt Fachserie 1, Reihe 2.2, 2014, S. 29
7   Ebd., S. 27
8   Bildungsbericht 2018, S. 104
9   Vgl. hierzu im Einzelnen S. 270
10   Die Schulen wurden mit Ausnahme Hamburgs von den zuständigen Schulräten aus-
     gewählt – ohne Beteiligung der Bildungsministerien. Es ist davon auszugehen, dass die
     besuchten Schulen eine positive Selektion unter den Schulen darstellen – mit der Folge,
     dass das wahre Bild der Schullandschaft etwas negativer ausfallen würde als das hier ge-
     zeichnete. Kein Schulrat würde einem Journalisten den Besuch einer Schule empfehlen,
     an der es drunter und drüber geht.
11   Nicht verschwiegen werden soll, dass neuerdings eine Reihe lehrerkritischer Bücher er-
     schienen sind, unter anderem von Sigrid Wagner, Das Problem sind die Lehrer, 2019. In
     ihm wird unter anderem über »Inkompetenz, Neid und Machtmissbrauch« in Lehrer-
     zimmern geklagt und die Weinerlichkeit von angeblich überforderten Lehrern kritisiert,

die den falschen Beruf ergriffen haben, Die Zeit vom 16. Mai 2019, S. 57 mit weiteren Hinweisen.

12 Lorenz/Müller, Einstellungen von Lehrkräften zu Aspekten der Vielfalt: Deutschsein/ Religionspolitik/Muslime, in: Vielfalt im Klassenzimmer, S. 10 (22)

13 Ebd., S. 10 (17, 21)

14 Die folgenden Fälle sind dem Stern vom 18. August 2016 und einem Bericht des Berliner Netzwerkes gegen Diskriminierung und Islamfeindlichkeit (Inssan) entnommen, S. 56

15 Mansour, Generation Allah, S. 208

16 Bildung in Deutschland 2016, S. 204

17 Sachverständigenrat deutscher Stiftungen für Integration und Migration, Sonderbericht Segregation an deutschen Schulen, Zusammenfassung S. 4

18 Ebd., S. 8

19 Morris-Lange, Schule als Sackgasse?, S. 8

20 Süddeutsche Zeitung vom 16./17. September 2017, S. 14

21 Sachverständigenrat deutscher Stiftungen für Integration und Migration, Sonderauswertung Segregation an deutschen Schulen, S. 10

22 Stanat, Schulleistungen von Jugendlichen mit Migrationshintergrund, in: Herkunftsbedingte Disparitäten im Bildungswesen, hrsg. von Baumert/Stanat/Watermann, S. 67f. Nach Schweizer Studien beginnen negative Effekte auf den Lernerfolg bereits bei einem Anteil von 20 Prozent fremdsprachigen Schülern, ebenda, S. 58

23 IQB-Bildungstrend 2016, S. 244f

24 http://www.welt.de/politik/deutschland/article163919890/wanka-wi… gelesen am 23. April 2017

25 http://www.tagesspiegel.de/wissen/streit-um-zuwanderer-in-der-schu… gelesen am 24. April 2017

26 Presseerklärung vom 24. April 2017

27 Münkler/Münkler, Die neuen Deutschen, S. 255

28 Netzwerk gegen Diskriminierung und Islamfeindlichkeit (Inssan), Alternativbericht, Eine Auswahl an Fallbeispielen und Einzelberichten, S. 55f

29 Vgl. hierzu im Einzelnen S. 47f

30 Analyse der Radikalisierungshintergründe und -verläufe der Personen, die aus islamistischen Motiven aus Deutschland in Richtung Syrien und Irak ausgereist sind, Fortschreibung 2015, Gemeinsame Auswertung des Bundeskriminalamtes, des Bundesamts für Verfassungsschutz und des Hessischen Informations- und Kompetenzzentrums gegen Extremismus

31 Brettfeld/Wetzels, Muslime in Deutschland, S. 246; Yavuzcan, Stand und Entwicklung des Islamischen Religionsunterrichts, in: Muslime in Deutschland, S. 171 (173); vgl. zum Umfang des Unterrichts in Koranschulen S. 176

32 https://www.rbb-online.de/politik/beitrag/2017/07/lehrer-umfrage-aj… gelesen am 22. Juli 2017

33 http://www.tagesspiegel.de/berlin/anitsemitismus-an-berliner-schule… gelesen am 22. Juli 2017

34 BVerwG NVwZ 3/2012, 162 (166)

35 Wöllenstein, Von Kartoffeln und Kanaken, S. 78, 81

36 Ebd., S. 79f

37 Der Tagesspiegel vom 4. Februar 2017, S. 7

38 Haug/Müssig/Stichs, Muslimisches Leben in Deutschland, S. 196

39 Pollack, Wahrnehmung und Akzeptanz religiöser Vielfalt, S. 9

40 http://www.spiegel.de/lebenundlernen/schule/belm-in-niedersachsen… und http://www.ndr.de/nachrichten/niedersachsen/osnabrück_emsland… beide gelesen am 14. November 2016

41 http://www.spiegel.de/lebenundlernen/schule/schleier-urteil-schueler… gelesen am 8. April 2017 und Süddeutsche Zeitung vom 23. August 2016, S. 6

42 Hamburger Bürgerschaft, Drucksache 21/3668, S. 5

43 http://www.lifeinfo.de/inh1./texte/Salafisten_HH.html ... gelesen am 19. Februar 2015

44 Süddeutsche Zeitung vom 16./17. Dezember 2017, S. 13

45 Pressemitteilung des VBE vom 14. November 2016

46 http://www.zeit.de/gesellschaft/schule/2017-04/PISA-studie-zufrieden... gelesen am 20. April 2017

47 https://www.focus.de/familie/schule/dramatischer-brandbrief-an-regierung-lehrer-im-Saarland-schlagen-alarm_id_7979236.html ... gelesen am 31. März 2019;
    http://www.spiegel.de/lebenundlernen/schule/osterwieck/grundschullehrer-senden-hilferuf-mit-offenen-brief-a-1195056.html ... gelesen am 17. April 2019

48 https://www.haz.de/Hannover/Aus-der-Stadt/Uebersicht/Peter-Ustinov-Schule-fordert-mehr-Freiraum-vom-Lehrplan; Der Spiegel Nr.5 vom 26. Januar 2019, S. 58ff

49 https://www.tagespiegel.de/themen/reportage/gewalt-an-berliner-schulen-alleingelassen-die-rektorin-der-spreewald-schule/21082382.html ... gelesen am 30. März 2019

50 Vgl. hierzu im einzelnen Joachim Wagner, Gewalt an Schulen steigt dramatisch, Welt am Sonntag vom 22. Juli 2018, S. 6

51 Bergmann/Kliem/Krieg/Beckmann, Niedersachsensurvey 2017, S. 2, 5, 42, 50, 60f, 64f

52 Bergmann/Kliem/Krieg/Beckmann, Niedersachsensurvey 2017, S. 2 . Einschränkend ist zu erwähnen, dass nur die Hälfte der von den Befragten eingeräumten Straftaten in der Schule oder auf dem Schulweg begangen wurde.

53 Ebd., S. 60

54 Ebd., S. 42

55 Ebd., S. 2

56 Süddeutsche Zeitung vom 1. April 2019, S. 2

57 Bergmann/Kliem/Krieg/Beckmann, Niedersachsensurvey 2017, S. 2

58 Bergmann/Kliem/Krieg/Beckmann, Niedersachsensurvey 2017, S. 75f; nach dem Bildungsbericht 2018 sind knapp 7 Prozent der Schüler in den letzten zwei Wochen ein bis zwei Schultage dem Unterricht ferngeblieben, S. 107f

59 Ebd. 2017, S. 75

60 Bergmann/Kliem/Krieg/Beckmann, Niedersachsensurvey 2017, S. 77

61 Freimuth, Lehrer über dem Limit, S. 144ff

62 https://www.thejc.com/news/world/classmates-at-berlin-school-turn ... gelesen am 4. April 2017

63 http://www.tagesspiegel.de/berlin/berlin-Schoeneberg-juedischer-jun... gelesen am 24. April 2016; http://www.bild.de/regional/antisemitismus/opfer-aus-berliner...gelesen am 28. Mai 2017

64 taz vom 12. Mai 2017, S. 12

65 http://www.spiegel.de/politik/deutschland/antisemitische-welle-an-s ... gelesen am 2. April 2017

66 https://www.rb-online.de/politik/beitrag/2017/07/lehrer/-umfrage-aj ... gelesen am 22. Juli 2017

67 http://www.tagesspiegel.de/berlin/antisemitismus-an-berliner-schule ... gelesen am 22. Juli 2017

68 http://www.tagesspiegel.de/berlin/antisemitismus-in-berlin-du-jude/ ... gelesen am 13. Mai 2017

69 Zitiert nach http://www.zeit.de/gesellschaft/zeitgeschehen/2017-03/wuppertal-g... gelesen am 15. März 2017

70 Für die DITIB http://www.mopo.de /nachrichten/muemmelmannsberg-auf-den-spuren-von-hamburgs ... gelesen am 19. Februar 2015; zum Zentralrat http://islam.de/28526

71 http://www.zeit.de/gesellschaft/zeitgeschehen/2017/-03/wuppertal ... gelesen am 15. März 2017

72 BVerwG NVwZ 3/2012, 162

73 Haug/Müssig/Stichs, Muslimisches Leben in Deutschland, S. 184, 191

74   BVerwG NVwZ 1/2014, 81 (83). Diese Rechtsprechung wurde im Januar 2017 vom
     Europäischen Gerichtshof bestätigt, Süddeutsche Zeitung vom 11. Januar 2017, S. 1
75   http://www.tagesspiegel.de/berlin/franziska-giffey-nennt-befund-schockierend-haelf-
     te ... gelesen am 27. Februar 2015
76   Haug/Müssig/Stichs, Muslimisches Leben in Deutschland, S. 190
77   Uslucan/Yalcin, Abschlussbericht zum islamischen Religionsunterricht, S. 66, 123, 182
78   https://www.welt.de/vermischtes/plus174828989/schule-versagt-bei-integration-Leh-
     rerin-Ingrid-Freimuth-prangert-an.html ... gelesen am 24. März 2018
79   Süddeutsche Zeitung vom 16./17. September 2017, S. 14
80   Süddeutsche Zeitung vom 16./17. September 2017, S. 13
81   Esser, Integration und ethnische Schichtung, Zusammenfassung einer Studie für das
     Mannheimer Zentrum für Europäische Sozialforschung, S. 4
82   Hamburger Abendblatt vom 26./27. August 2017, S. 16
83   König, Schule vor dem Kollaps, S. 201f
84   Ingrid König, Schule vor dem Kollaps, Eine Schulleiterin über Integration, die Schatten-
     seiten der Migration und was getan werden muss; Ingrid Freimuth, Lehrer über dem Limit,
     Warum die Integration scheitert; Julia Wöllenstein, Von Kartoffeln und Kanaken, Warum
     die Integration im Klassenzimmer scheitert, Eine Lehrerin stellt klare Forderungen
85   Hamburger Abendblatt vom 26. September 2016, S. 15
86   http://schulforum-berlin.de/tag/foerderschule/Schulforum-Berlin ... gelesen am
     12. August 2017
87   https://www.morgenpost.de/bezirke/neukoelln/article214482091/500-Erzie-
     her-an-22-Grundschulen-starten-Hilferuf.html ... gelesen am 30.März 2019
88   https://www.focus.de/familie/schule/dramatischer-brandrief-an-regierung-leh-
     rer-im-Saarland-schlagen-alarm_id_7979236.html ... gelesen am 31. März 2019
89   Mansour, Genration Allah, S. 221
90   Mansour, Klartext zur Integration, S. 23
91   https://www.welt.de/vermischtes/plus174828989/schule-versagt-bei-integration-Leh-
     rerin-Ingrid-Freimuth-prangert-an.html ... gelesen 24. März 2018
92   Vgl. zu den Qualitätsverlusten auf Schulen mit hohem Ausländeranteil und bildungsfer-
     nen Elternhäusern S. 199ff

Alte und neue Feindbilder

1   Zitiert nach Süddeutscher Zeitung vom 24. November 2015, S. 6
2   Süddeutsche Zeitung vom 13. Dezember 2017, S. 1
3   https://causa.tagesspiegel.de/gesellschaft/antisemitismus/-unter-muslimen ... gelesen
     am 14. Februar 2018
4   Der Spiegel Nr. 51/2017, S. 36
5   Mansour, Generation Allah, S. 140
6   bazonline.ch/ausland/europa/diese-maenner-denken-deutsche-frauen-sind-schlampen/
     story/22916308 ... gelesen am 10. Oktober 2016
7   Zitiert nach dem Bericht des Unabhängigen Expertenkreises Antisemitismus BT-Druck-
     sache 18/11970, S. 89–91. Die Umfrage fand in Westeuropa in den Ländern Schweden,
     Dänemark, Niederlande, Großbritannien, Deutschland, Belgien, Frankreich, Italien,
     Portugal, Spanien, Griechenland statt. Im Nahen und Mittleren Osten und in Nordafrika
     wurden Bürger in den Ländern Algerien, Ägypten, Irak, Iran, Jordanien, Libanon, Ma-
     rokko, Saudi-Arabien, Türkei, Westbank und Gaza befragt.
8   Ebd., S. 40
9   https://www.nzz.ch/feuilleton/der-historiker-michael-wolffsohn-sieht-in-einer-radikali-
     sierten-minderheit-den-grund-fuer ... gelesen am 1. März 2018
10   https://derstandard.at/2000074678346/Die-Menschheit-hat-nachAuschwitz-nichts-ge-
     lernt ... gelesen am 19. März 2018; Antisemitismus 2.0 und die Netzkultur des Hasses, S. 4

11 Wegener, »…und diese Gerüchte stammen nicht von Nazis!«, Landesamt für Verfassungsschutz Hessen, S. 34
12 Ebd., S. 34
13 Süddeutsche Zeitung vom 1. August 2019, S. 5
14 BT-Drucksache 18/11970, S. 84
15 Ebd., S. 93
16 BT-Drucksache 18/11970, S. 119
17 Hamburger Abendblatt vom 12. Januar 2016, S. 3
18 Frankfurter Allgemeine Zeitung vom 29. Mai 124, S. 3
19 http://www.welt.de/poltik/article156658717/zentralrat-der-Juden-f … gelesen am 12. Mai 2017
20 Süddeutsche Zeitung vom 8. August 2016, S. 8
21 Zitiert nach Süddeutsche Zeitung vom 8. August 2016
22 http://www.faz.net/-gqz-8ivfn … gelesen am 10. Oktober 2016
23 http://www.faz.net/-gqz-8ivfn … gelesen am 10. Oktober 2016
24 Breuer, Liebe, Schuld & Scham, S. 12
25 Vgl. hierzu unter anderem Pokorny, Was uns prägt. Was uns eint, S. 87f; Religionsmonitor der Bertelsmann-Stiftung 2015, Sonderauswertung Islam, S. 5; Koopmans, Religious fundamentalism and out-group-hostility among Muslims und Christians in Western Europe, Discussion Paper, Wissenschaftszentrum Berlin SP VI, 2014, 101 March 2014
26 Hamburger Abendblatt vom 3. August 2016, S. 2

Die Bedeckung der Scham

1 Breuer, Liebe, Schuld & Scham, S. 26ff
2 Schröter, Halsschlagader, S. 344
3 Breuer, Liebe, Schuld & Scham, S. 25
4 Ebd., S. 33
5 Brettfeld/Wetzels, Muslime in Deutschland, S. 21; Pokorny, Was uns prägt. Was uns eint, S. 20
6 El-Mafaalani/Toprak, Muslimische Kinder und Jugendliche in Deutschland, S. 31
7 Hafez, Freiheit, Gleichheit und Intoleranz, S. 158, 183
8 Institut für Demoskopie Allensbach in der Frankfurter Allgemeinen Zeitung vom 12. November 2012, S. 5; Sonderauswertung Christentum und Islam, S. 15
9 Haug/Stichs, Muslimisches Leben in Deutschland, in: Christentum in Deutschland, S. 39 (56, 64)
10 Münkler/Münkler, Die neuen Deutschen, S. 252
11 Haug/Müssig/Stichs, Muslimisches Leben in Deutschland, S. 195; Pollack und andere, Integration und Religion aus der Sicht von Türkeistämmigen in Deutschland, S. 16
12 Haug/Müssig/Stichs, Muslimisches Leben in Deutschland, S. 205
13 BVerfGE 138, 296
14 Institut für Demoskopie Allensbach, Sonderauswertung Christentum und Islam, S. 16
15 Jahresgutachten 2016 Sachverständigenrat deutscher Stiftungen für Integration und Migration, S. 156
16 Lorenz/Müller, Einstellungen von Lehrkräften zu Aspekten der Vielfalt, in: Vielfalt im Klassenzimmer, S. 10 (17)
17 Süddeutsche Zeitung vom 15. März 2017, S. 1
18 Hamburger Abendblatt vom 11. März 2016, S. 28; http://www.focus.de/regional/muenchen/nach-niqab-streit-ich-kann- … gelesen am 1. September 2016
19 http.//www.br.de/nachrichten/oberbayern/inhalt/muenchen-muslima--… gelesen am 1. September 2016
20 Vgl. hierzu S. 101ff

21   http://ww.derwesten.de/region/sprakasse-neuss-verbietet-verschleie … gelesen am 1. September 2016

22   http://www.tagesschau.de/inland/deutschlandtrend-613.html … gelesen am 28. August 2016

23   Der Spiegel Nr. 34/2016, S. 6

Unscharfe Grenzen

1   https://www.tagesspiegel.de/kultur/duezen-tekkal-und-deidre-berger-im-Gespraech-der-ignorierte-voelkermord/13956032.html … gelesen am 10. Oktober 2016

2   Schröter, Die jungen Wilden der Ummah, S. 158

3   https://www.bild.de/bild-plus/regional/leipzig/leipzig-news/leipzig-kita-streicht-schweinefleisch-fuer-alle-kinder-63468492.bild.html … gelesen am 30. Juli 2019

4   http://www.derwesten.de/panorama/studentin-darf-nicht-mit-ganzko… gelesen am 1. September 2016

5   http://www.kn-online.de/Nachrichten/Schleswig-Holstein/CAU-Kiel-Studentin-kam-im-Niqab-zur-Vorlesung … gelesen am 15. Februar 2019

6   Rohe, Der Islam in Deutschland, S. 192; auch Schröter, Halsschlagader, S. 314

7   Buschkowsky, Die andere Gesellschaft, S. 216

8   http://www.welt.de/debatte/kolumnen/die-strenge-stausberg/article155584960/Der-Arzt-der-eine-Muslimin-nicht-behandeln-wollte.html … gelesen am 10. Oktober 2016 und Hamburger Abendblatt vom 6. März 2015, S. 14

9   http://www.rbb-online.de/politik/beitrag/2016/06/streit-handschlag- … gelesen am 8. Juli 2016

10 Süddeutsche Zeitung vom 17. Juni 2016, S. 5

11 Kambouri, Deutschland im Blaulicht, S. 75

12 Ebd., S. 125

Integrationshindernisse

1   http://www.zentralrat.de/26156.php … gelesen am 15. Februar 2015

2   http://www.zentralrat.de/26156.php … gelesen am 15. Februar 2015

3   Jahresgutachten 2016 des Sachverständigenrates deutscher Stiftungen für Integration und Migration, S. 119

4   Mazyek, Was machen Muslime an Weihnachten?, S. 289

5   Pressemitteilung vom 20. Februar 2019

6   Bild-Zeitung vom 4. April 2019

7   Der Spiegel Nr. 9/2019, S. 12

8   http://cicero.de/salon/islamologe-bassam-tibi-ich-kapituliere… gelesen am 24. Mai 2017

9   Süddeutsche Zeitung vom 22. Juni 2017, S. 6

10 Hamburger Abendblatt vom 12. Juli 2017, S. 5

»Das Trennende steht im Vordergrund«

1   Schröter, Halsschlagader, S. 330

2   Brettfeld/Wetzels, Muslime in Deutschland, S. 454

3   https://www.welt.de/politik/deutschland/article148744634/Staat-sche … gelesen am 11. Dezember 2016

4   https://www.welt.de/politik/deutschland/article148744634/Staat-sche … gelesen am 11. November 2016

5   https://www.welt.de/politik/deutschland/article148744634/Staat-sche … gelesen am 11. Dezember 2016

6   Schreiber, Inside Islam, S. 241
7   Ceylan, Die Prediger des Islam, S. 51 und 111
8   Schreiber, Inside Islam, S. 236
9   Ceylan, Die Prediger des Islam, S. 175
10   Schreiber, Inside Islam, S. 55
11   Der Spiegel Nr. 47/2016, S. 50
12   Schröter, Die Einführung des islamischen Religionsunterrichts an öffentlichen Schulen in Baden-Württemberg, S. 191

Mäßig erfolgreich

1   Vgl. hierzu Schröter, Die Einführung des islamischen Religionsunterrichts an öffentlichen Schulen in Baden-Württemberg, S. 24ff
2   Sachverständigenrat deutscher Stiftungen für Integration und Migration, Jahresgutachten 2016, S. 110
3   Die drei nicht repräsentativen Begleituntersuchungen sind nach derselben Methode vorgegangen. Alle haben im Jahresabstand drei Befragungswellen durchgeführt. Da die Ergebnisse in den Wellen zum Teil erheblich abweichen, sind im Folgenden Durchschnittswerte aus drei Befragungen ermittelt worden, um die Aussagekraft und die Verständlichkeit der Darstellung zu erhöhen. Dies allerdings nur, wenn die Zahlen keinen positiven oder negativen Trend abbilden.
4   Baier/Bergmann/Kliem, Die Entwicklung der Integration Jugendlicher mit türkischem Migrationshintergrund, unsere Jugend 71(4), 175ff
5   Uslucan/Yalcin, Abschlussbericht zum islamischen Religionsunterricht in NRW, S. 3
6   Uslucan, Islamischer Religionsunterricht – Erwartungen und Vorbehalte, S. 42
7   Schröter, Die Einführung des islamischen Religionsunterrichts an öffentlichen Schulen in Baden-Württemberg, S. 117
8   Baier/Bergmann/Kliem, Die Entwicklung der Integration Jugendlicher mit türkischem Migrationshintergrund, Unsere Jugend 71(4), 175 (181, 183). Die Studie beruht auf Umfragen von rund 9000 Neuntklässlern in den Jahren 2013, 2015 und 2017.
9   Ebd., S. 106f. Dass beide Institute zu denselben oder ähnlichen Ergebnissen kommen, liegt daran, dass sie mit denselben Datensätzen arbeiten. Sie werden hier trotzdem beide referiert, weil man Statistiken bekanntlich sehr unterschiedlich interpretieren kann.
10   Baier/Bergmann/Kliem, Trendstudie Niedersachsen 2013–2017, S. 175 (178), Bergmann/Kliem/Krieg/Beckmann, Niedersachsensurvey 2017, S. 106
11   Pollack und andere, Integration und Religion aus der Sicht von Türkeistämmigen, S. 13
12   Bergmann/Kliem/Krieg/Beckmann, Niedersachsensurvey 2017, S. 114
13   Uslucan/Yalcin, S. 36
14   Ebd., S. 38, 155
15   Vgl. S. 64ff
16   Ebd., S. 108, 173
17   Ebd., S. 56, 64, 90, 108, 150, 173
18   Ebd., S. 57
19   https://hpd.de/artikel/ergebnisse-17-shell-jugendstudie-132 … gelesen am 2. März 2019
20   Uslucan/Yalcin, Abschlussbericht zum islamischen Religionsunterricht in NRW, S. 28, 84, 145
21   Ebd., S. 28, 32, 84
22   Ebd., S. 33, 150
23   Wagner, Das wachsende Unbehagen am islamischen Religionsunterricht, in: Der politische Islam gehört nicht zu Deutschland, hrsg. von Linnemann/Bausback, S. 106 (116)
24   Vgl. hierzu Uslucan/Yalcin, Abschlussbericht zum islamischen Religionsunterricht in NRW, S. 63 und 119

25   Ebd., S. 119
26   Ebd., S. 60
27   Abdel-Samad, Integration, S. 151
28   Uslucan/Yalcin, Abschlussbericht zum islamischen Religionsunterricht in NRW, S. 4
29   Ebd., S. 46, 103, 163; Uslucan, Islamischer Religionsunterricht – Erwartungen und Vor-
      behalte, S.2 ff (36, 38, 40)
30   Uslucan, Ebd., S. 36, 38, 40
31   Die Zahlen wurden dem Verfasser zur Verfügung gestellt. Unklar ist, warum die Ergeb-
      nisse der IRU-Begleituntersuchungen und des Niedersachsensurvey 2017 bei der Identi-
      fikation mit Deutschland und bei Doppelidentitäten so stark voneinander abweichen.
      Mit dem geringen Anteil an Doppelidentitäten steht der Niedersachsensurvey 2017 im
      Widerspruch zu allen anderen empirischen Studien. Einen Teil der Abweichungen er-
      klärt möglicherweise die Tatsache, dass türkische und andere muslimische Schüler, die
      am IRU teilnehmen, religiöser erzogen werden und dadurch die Bande an die Herkunfts-
      länder bei ihnen enger sind als zu Deutschland.
32   Bergmann/Kliem/Krieg/Beckmann, Niedersachsensurvey 2017, S. 106 und mündliche
      Auskunft
33   Baier/Bergmann/Kliem, unsere Jungend 71(4), 175 (177)
34   König, Schule vor dem Kollaps, S. 49
35   Ebd., S. 51
36   Sachverständigenrat deutscher Stiftungen für Integration und Migration, Jahresgutachten
      2016, S. 111
37   Abdel-Samad, Integration, S. 72
38   Zitiert nach Abdel-Samad, Integration S. 72
39   Abdel-Samad, Integration, S. 235

Enttäuschende Fortschritte

1   Vgl. S. 11
2   Die Zeit vom 8. Dezember 2016, S. 76
3   Migrationsbericht 2016 des BAMF, S. 40
4   Jahresgutachten 2019, Sachverständigenrat, S. 104
5   Pollack und andere, Integration und Religion aus der Sicht von Türkeistämmigen in
      Deutschland, S. 9
6   Jahresgutachten 2019, Sachverständigenrat, S. 104
7   Migrationsbericht 2016, S. 44
8   Frankfurter Allgemeine Sonntagszeitung vom 6. August 2017
9   Süddeutsche Zeitung vom 16./17. September 2017, S. 13
10   Ebd.
11   Die Zeit vom 8. Dezember 2016, S. 76; Schwippert/Wendt/Tarelli, Lesekompetenz von
      Schülerinnen und Schülern mit Migrationshintergrund, S. 191 (196)
12   Presserklärung der Kultusministerkonferenz vom 13. Oktober 2017 https://www.kmk.
      org/aktuelles/artikelansicht/iqb-bildungstrend-201 ... gelesen am 13. Oktober 2017
13   Kristen, Schulische Leistungen von Kindern aus türkischen Familien am Ende der
      Grundschulzeit, in: Zeitschrift für Soziologie und Sozialpsychologie 28/2008, S. 230
      (240)
14   Schwippert/Wendt/Tarelli, IGLU 2011, Lesekompetenz von Schülerinnen mit Migra-
      tionshintergrund, S. 191 (199)
15   Haag/Böhme/Rjosk/Stanat, IQB-Bildungstrend 2015, S. 455f
16   Ebd., S. 457
17   Ebd., S. 457f
18   Ebd., S. 458f
19   Ebd., S. 475

20   IQB-Bildungstrend 2016, S. 264

21   Ebd., S. 272

22   Presseerklärung des Bundesministeriums für Bildung und Forschung vom 5. Dezember 2017 https://www.bmbf.de/de/stabile-Ergebnisse-bei-zunehmenden-herausfo ... gelesen am 5. Dezember 2017

23   Brettfeld/Wetzels, Muslime in Deutschland, S. 234

24   Ebd., S. 358

25   Bildungsbericht 2016, S. 174; IQB-Ländervergleich 2012 für Mathematik und naturwissenschaftliche Kompetenzen am Ende des Sekundarstufe I, S. 326; TIMSS 2015 Mathematische und naturwissenschaftliche Kompetenzen von Grundschulkindern in Deutschland im internationalen Vergleich, S. 317

26   IQB-Ländervergleich 2012 für Mathematik und naturwissenschaftliche Kompetenzen am Ende der Sekundarstufe I, S. 318

27   Ebd., S. 326

28   TIMSS 2015 Mathematik und Naturwissenschaften, S. 321f

29   Schwippert/Wendt/Tarelli, Lesekompetenz von Schülerinnen und Schülern mit Migrationshintergrund, in: Lesekompetenzen von Grundschülern im internationalen Vergleich, S. 191 (201)

30   Bos/Wendt/Köller/Stelter/Schwippert/Kasper, TIMSS 2015: Wichtige Ergebnisse im Überblick, S. 23

31   El-Mafaalani/Toprak, Muslimische Kinder und Jugendliche in der Schule, S. 29

32   Sauer, Integrationsprozesse, wirtschaftliche Lage und Zufriedenheit türkeistämmiger Zuwanderer in Nordrhein-Westfalen, S. 126

33   Ebd., S. 25

34   Lorenz/Müller/Lokhande, Ziel und Aufbau der Studie, in: Vielfalt im Klassenzimmer, S. 6

35   Jahresgutachten 2019, Sachverständigenrat, S. 105

36   Ebd., S. 108

37   Ebd., S. 106

38   El-Mafaalnai/Toprak, Muslimische Kinder und Jugendliche in Deutschland, S. 27

39   Beicht, BIBB-Report 18/2017, S. 18f

40   Beicht/Gei, BIBB-Report 3/2015, S. 12

41   Sauer, Teilhabe und Befindlichkeit, S. 28

42   Beicht, BiBB-Report 18/2017, S. 19

43   Ebd.

44   Beicht/Gei, BiBB-Report 3/2015, S. 10

45   Ebd., S. 12

46   Ebd., S. 15f

47   Beicht, BiBB-Report 18/2017, S. 27

48   Sauer, Teilhabe und Befindlichkeit, S. 29

49   Beicht, BiBB-Report 18/2017, S. 12

50   Beicht/Gei, BiBB-Report 3/2015, S. 10f

51   Sauer, Integrationsprozesse, wirtschaftliche Lage und Zufriedenheit türkeistämmiger Zuwanderer in Nordrhein-Westfalen, Tabelle H2-21web

52   Sauer, Teilhabe und Befindlichkeit, S. 28

53   Ebd., S. 29

54   Beicht, BiBB-Report 16/2011, S. 13

55   Beicht/Gei, BiBB-Report 3/2015, S. 12

56   Beicht, BiBB-Report 16/2011, S. 9

57   Beicht, BiBB-Report 18/2017, S. 24

58   Beicht, BiBB-Report 16/2011, S. 16

59   Beicht, BiBB-Report 18/2017, S. 24

60   Ebd., S. 8

61 Haug/Müssig/Stichs, Muslimisches Leben in Deutschland, S. 224
62 Becher/El-Menouar, Gelebte Geschlechterrollen, S. 152f; Seebaß/Siegert, Migranten am Arbeitsmarkt in Deutschland, Working Paper 36(2011), S. 7, 27
63 Becher/El-Menouar, Gelebte Geschlechterrollen, S. 153
64 Ebd., S. 158
65 IAB-Bericht 21.3.2014
66 Seebaß/Siegert, Migranten am Arbeitsmarkt in Deutschland, IAB-Working Paper 36(2011), S. 27
67 Haug/Müssig/Stichs, Muslimisches Leben in Deutschland, S. 231
68 Sauer, Teilhabe und Befindlichkeit, S. 37
69 Ebd., S. 37
70 Ebd., S. 39
71 Ebd.
72 Ebd., S. 42ff
73 Bergmann/Kliem/Krieg/Beckmann, Niedersachsensurvey 2017, S. 104
74 Jahresgutachten 2019, Sachverständigenrat, S. 118
75 Rohe, Der Islam in Deutschland, S. 96
76 Jahresgutachten 2019, Sachverständigenrat, S. 111
77 Peucker, Diskriminierung aufgrund islamischer Religionszugehörigkeit im Kontext Arbeitsleben, S. 23
78 Münkler/Münkler, Die neuen Deutschen, S. 106
79 Zusammenfassende Ergebnisse der PISA-Studie 2015, S. 6
80 IQB-Ländervergleich 2012 für Mathematik und Naturwissenschaften am Ende der Sekundarstufe I, S. 326
81 Jahresgutachten 2019, Sachverständigenrat, S. 106
82 IQB-Ländervergleich 2012, S. 326
83 IQB-Bildungstrend 2016, S. 272
84 Vgl. S. 185
85 Haug/Müssig/Stichs, Muslimisches Leben in Deutschland, S. 210ff; Becher/El-Menouar, Geschlechterrollen, S. 40ff
86 Abdel-Samad, Integration, S. 138
87 Stanat, Schulleistungen von Jugendlichen mit Migrationshintergrund, S. 54
88 El-Menouar, Muslime in Europa – Integriert, aber nicht akzeptiert?, Ergebnisse und Länderprofile, S. 6
89 Vgl. S. 119ff
90 Bergmann/Kliem/Krieg/Beckmann, Niedersachsensurvey 2017, S. 105
91 Zitiert nach Netzwerk zur beruflichen Integration von Migrantinnen und Migranten, Abbau von Diskriminierung im Arbeitsmarktkontext, Was ist erreicht? Was bleibt zu tun?, Dokumentation einer Fachtagung am 1. April 2014 in Berlin
92 Hamburger Abendblatt 25./26. März 2017, S. 1
93 Bildungsbericht 2016, S. 204
94 Vgl. https://www.zeit.de/gesellschaft/schule/2019-07/schulabbrecher-schulabschluss-schule-berlin-caritas-studie … gelesen am 18. August 2019
95 Die Zeit vom 17. November 2016, S. 3
96 Vgl. Bildungsbericht 2018, S. 104
97 Die Zeit vom 1. Dezember 2016, S. 89
98 Vgl. hierzu ein Überblick zum Forschungsstand bei Dumont/Neumann/Maaz/Trautwein, Psychologie in Erziehung und Unterricht 60 (2013), S. 163ff
99 Dumont/Neumann/Maaz/Trautwein, Psychologie in Erziehung und Unterricht 60 (2013), S. 163 (174); Stanat, Schulleistungen von Jugendlichen mit Migrationshintergrund, in: Herkunftsbedingte Disparitäten im Bildungswesen, S. 73. Eine andere Auffassung vertreten allein die OECD-Forscher in der PISA-Studie 2015: »Im Durchschnitt der Länder mit einem relativ hohen Anteil an Schülern mit Migrationshintergrund ist

nach Berücksichtigung der sozioökonomischen Schülerpopulation der Schule kein Zusammenhang zwischen dem Besuch einer Schule mit hoher Migrantenkonzentration und niedrigen Schulleistungen festzustellen.« Diese Auffassung leugnet die Leistungsunterschiede an solchen Schulen nicht, erklärt sie aber allein sozioökonomisch.

100 Die Zeit vom 1. Dezember 2016, S. 89
101 Die Zeit vom 8. Dezember 2016, S. 76
102 Die Zeit vom 8. Dezember 2016
103 IQB-Bildungstrend 2016, Zusammenfassung S. 26
104 Presseerklärung des VBE vom 16. Oktober 2017
105 Presseerklärung vom 29. November 2017
106 http://www.goettinger-tageblatt.de/Nachrichten/Hannover/Peter-Ustinov-Schule-fordert-mehr-freiraum-vom-Lehrplan ... gelesen am 12. Februar 2019
107 http://ww.faz.net/aktuell/beruf-chance/leherverband-beklagt-infla ... gelesen am 14. Dezember 2016
108 Hamburger Abendblatt vom 24./25. Juni 2017, S. 1
109 El-Mafaalani/Toprak, Muslimische Kinder und Jugendliche in Deutschland, S. 27
110 Brettfeld/Wetzels, Muslime in Deutschland, S. 234
111 Vgl. hierzu S. 127ff

Zwischenbilanz

1 Westfälische Rundschau vom 27. Oktober 2016, S. 1
2 Der Spiegel Nr. 49/2016, S. 61
3 Sauer, Teilhabe und Befindlichkeit, S. 39
4 Ebd., S. 41
5 Esser, Integration und ethnische Schichtung, Zusammenfassung einer Studie für das Mannheimer Zentrum für Europäische Sozialforschung, S. 5
6 Ebd.
7 Vgl. S. 76f, 197f
8 Vgl. S. 40
9 Vgl. S. 50
10 Vgl. hierzu Wagner, Richter ohne Gesetz, und Schirrmacher, Paralleljustiz im deutschen Rechtsstaat, in: Der poltische Islam gehört nicht zu Deutschland, S. 159ff
11 Vgl. hierzu S. 78
12 Vgl. S. 175
13 Vgl. S. 44, 184, 189, 192
14 Der Spiegel Nr. 34/2017, S. 47

Verflogene Illusionen

1 Jahresgutachten 2019, Sachverständigenrat, S. 4
2 Der Staatssekretär im Bundesinnenministerium Markus Kerber kommt auf rund 1,2 Muslime im Zeitraum 2011 bis 2015, Deutsche Islamkonferenz – eine Positionierung, in: Der politische Islam gehört nicht zu Deutschland, S. 181 (186)
3 Kerber, Deutsche Islamkonferenz – eine Positionierung, in: Der politische Islam gehört nicht zu Deutschland, S. 181 (186)
4 Süddeutsche Zeitung vom 3. November 2017, S. 5
5 Süddeutsche Zeitung vom 2. August 2017, S. 5
6 Marinic, Made in Germany, S. 10; http://welt.de/debatte/article156781355/Deutschland-ist-immer-noch-kein-normales-land.html ... gelesen am 10. Oktober 2016
7 Jahresgutachten 2019, Sachverständigenrat, S. 18f
8 Es gibt nur wenige Umfragen, die zu einem gegenteiligen Ergebnis kommen. Zum Beispiel das Integrationsbarometer des Sachverständigenrates deutscher Stiftungen für Inte-

gration und Migration (SVR). Für ihn hat sich das Integrationsklima zwar »geringfügig verschlechtert«, bleibt jedoch »stabil« im »positiven Sinne«, SVR-Integrationsbarometer, S. 4f

9   Jahresgutachten 2019, Sachverständigenrat, S. 137, 139
10   Leipziger Autoritismus-Studie 2018, S. 224f
11   Kurzusammenfassung der Studie Verlorene Mitte – Feindselige Zustände, S. 3f
12   IAB-Kurzbericht, 24/2016, S. 15
13   IAB-BAMF-SOEP-Befragung von Geflüchteten: Überblick und erste Ergebnisse, S. 37; IAB-BAMF-SOEP-Befragung, Geflüchtete machen Fortschritte bei Sprache und Beschäftigung, IAB-Kurzbericht 3/2019, S. 1
14   Ebd., S. 37
15   Der Spiegel Nr. 19/2017, S. 36
16   OECD-Studie März 2017, Nach der Flucht: Der Weg in die Arbeit, S. 20
17   Süddeutsche Zeitung vom 1./2. September 2018, S. 45
18   OECD-Studie März 2017, Nach der Flucht: Der Weg in die Arbeit, S. 20
19   IAB-Kurzbericht 3/2019, 1(8)
20   IAB-Kurzbericht 24/2016, S. 6
21   IAB-BAMF-SOEP-Befragung von Geflüchteten: Überblick und erste Ergebnisse, S. 37
22   Ebd., S. 57
23   IAB-BAMF-SOEP-Befragung von Geflüchteten: Überblick und erste Ergebnisse, S. 38; IAB-Kurzbericht 3/2019, 1 (8)
24   Ebd. S. 1 (10)
25   http://www.oecd.org/presse/deutliche-fortschritte-bei-der-integration-von-zuwanderern-herausforderungen-bleiben-aber-bestehen--16012019.html ... gelesen am 33. März 2019
26   IAB-Kurzbericht 3/2019, 1 (15)
27   Frankfurter Allgemeine Zeitung vom 24. Mai 2019, S. 13
28   Allgemeine Ressortforschung, BBSR-Online-Publikationen 21/2017, S. 6
29   https://www.haz.de/Nachrichten//Der-Norden/Uebersicht/Zugssperre-fuer-fluechtlinge-in-Salzgitter-wirkt ... gelesen am 26. April 2019
30   Presseerklärung des Bundesinstituts für Bau-, Stadt- und Raumforschung vom 17. Oktober 2017
31   BBSR-Online-Publikationen Nr. 21/2017, S. 68
32   Presseerklärung des WZB vom 5. Juni 2019
33   Morris-Lange, Schule als Sackgasse ?, S. 17
34   Morris-Lange, Ebd., S.17f
35   Hamburger Rechnungshof, Jahresbericht 2019, Rdnr. 211ff
36   Hamburger Rechnungshof, Jahresbericht 2019, Rdnr. 217
37   Vgl. hierzu auch S. 42ff, 178
38   Weishaupt, Kinderarmut und Migration, https://www.gew-hessen.de/themen/migration-bildung-fuer-Gefluechtete-und-seiteneinsteiger-innen/details/kinderarmut-und-migration/?tx_news_ ... gelesen am 30. März 2019
39   Morris-Lange, Schule als Sackgasse?, S. 8
40   Vgl. S. 202
41   Eigene Berechnungen
42   Bildungsbericht 2018, S. 26; vgl. zum Zuwachs an Kindern mit Migrationshintergrund in einzelnen Bundesländern S. 228
43   Helbig, WZB-Mitteilungen 162, 17(19)
44   Presseerklärung des WZB vom 23. Mai 2018; Helbig/Jähnen, WZB-Discussion Paper P 2018-001, S. I, II, 58f; Helbig/Jähnen, Wo findet »Integration« statt?, WZB-Discussion Paper P 2019, S. 10ff
45   Helbig, WZB-Mitteilungen 162, 17 (18). Der Anteil der Bekenntnisschulen liegt in Münster bei knapp 70 Prozent, in Düsseldorf bei 45 Prozent, in Köln bei 35 Prozent.

46 Helbig, WZB-Mitteilungen 162, 17f
47 Interview mit der Zeit vom 9. Mai 2019, S. 70
48 Göddecke-Stellman/Lauerbach/Lebert, Zuwanderung in die Städte, BBSR-Analysen Kompakt 9/2018, 1 (12)
49 Das Sprachniveau B1 nach dem »Europäischen Referenzrahmen für Sprachen« fordert, dass die »Person die Hauptpunkte verstehen kann, wenn klare Standardsprache verwendet wird und wenn es um vertraute Dinge aus Arbeit, Schule, Freizeit usw. geht. Kann die meisten Situationen bewältigen, denen man auf Reisen im Sprachgebiet begegnet.« A2 verlangt, dass eine Person »Sätze und häufig gebrauchte Ausdrücke verstehen kann, die mit Bereichen von ganz unmittelbarer Bedeutung zusammenhängen (z. B. Informationen zur Person und zur Familie, Einkaufen, Arbeit, nähere Umgebung). Kann sich in einfachen routinemäßigen Situationen verständigen ... «
50 Freimuth, Lehrer über dem Limit, S. 216
51 Palmer, Flucht, Islam, Integration, in: Der politische Islam gehört nicht zu Deutschland, hrsg. von Linnemann/Bausback, S. 194 (201)
52 http://www.migazin.de/2017/08/14/bamf-verfehlt-mehrere-Ziele ... gelesen am 4. November 2017
53 Ebd.
54 Palmer, Flucht, Islam, Integration, in: Der politische Islam gehört nicht zu Deutschland, hrsg. von Linnemann/Bausback, S. 194 (201f)
55 Der Spiegel Nr. 13/2019, S. 37
56 https://www.ndr.de/nachrichten/hamburg/protest-gegen-groessere-Schulen-in-Altona.maxbrauerschule104.html ... gelesen am 19. April 2019
57 Bildungsbericht 2018, S. 5
58 Leider sahen sich die Länder Hamburg und Sachsen-Anhalt in acht Wochen nicht in der Lage, den Fragebogen zu beantworten.
59 https://www.faz.net/aktuell/politik/an-grundschulen-herrscht-ein-fachkraeftemangel-15744581.html ... gelesen am 30. März 2019
60 https://www.berliner-zeitung.de/berlin/brandbrief-zu-quereinsteigern-kinder-koennen-schaden-nehmen-28826132 ... gelesen am 9. April 2018
61 Presserklärung vom 31. Januar 2018
62 Umfrage des Verfassers bei den Bundesländern
63 https://www.faz.net/aktuell/politik/an-grundschulen-herrscht-ein-fachkraeftemangel-15744581.html ... gelesen am 30. März 2019
64 Forsa-Umfrage zur Berufszufriedenheit von Schulleitern, S. 6
65 Presseerklärung vom 6. März 2019; https://www.faz.net/aktuell/poltik/an-grundschulen-herrscht-ein-fachkraeftemangel-15744581.html ... gelesen am 30. März 2019. Der Bildungsbericht 2018 führt den leichten bundesweiten Anstieg der Schülerzahlen »unter anderem auf die Teilnahme von Neuzugewanderten« zurück, S. 42.
66 https://www.faz.net/aktuell/poltik/an-grundschulen-herrscht-ein-fachkraeftemangel-15744581.html ... gelesen am 30. März 2019
67 Vgl. S. 218ff
68 Vgl. S. 123
69 https://www.volksstimme.de/sachsen-anhalt/zuwanderung-lehrer-aus-halle-schicken-haseloff-brandbrief ... gelesen am 31. März 2019
70 König, Schule vor dem Kollaps, S. 11
71 Forsa-Umfrage, S. 11
72 Ebd., S. 28
73 Vgl. eine Teilnehmerin der Runde: König, Schule vor dem Kollaps, S. 233ff
74 Das Verfahren zur Vorstellung Viereinhalbjähriger in Hamburg, Ergebnisse für das Schuljahr 2016/2017
75 Bericht über das Verfahren zur Vorstellung Viereinhalbjähriger in Hamburg, S. 34
76 Bildungsbericht Hamburg 2017, S. 89

77 Grundauswertung Einschulungsuntersuchung 2016
78 Jahresgutachten 2017 des Sachverständigenrates deutscher Stiftungen für Integration und Migration, S. 126
79 Berliner Institut für empirische Integrations- und Migrationsforschung, »Willkommensklassen« in Berlin, Mit Segregation zu Inklusion?, Dezember 2016
80 Jahresgutachten 2017 des Sachverständigenrates deutscher Stiftungen für Integration und Migration, S. 129
81 Vgl. S. 226ff
82 Jahresgutachten 2017 des Sachverständigenrates deutscher Stiftungen für Integration und Migration, S. 128f
83 Hamburger Rechnungshof, Jahresbericht 2019, Rdnr. 2014–2016
84 Hamburger Rechnungshof, Jahresbericht 2019, Rdnr. 1
85 Wöllenstein, Über Kartoffeln und Kanaken, S. 133
86 Ebd., S. 136
87 Ebd., S. 135
88 Die Welt vom 2. März 2018, S. 5
89 Hamburger Abendblatt vom 17. März 2016, S. 3
90 Die Zeit vom 16. Februar 2016, S. 16
91 https://www.unternehmen-integrieren-fluechtlinge.de/mitgliederbefragung-2018/; zwischen 2016 und 2019 hat die DIHK-Organisation 62 Millionen Euro in die Flüchtlingsintegration investiert
92 Jahresgutachten 2019, Sachverständigenrat, S. 165
93 Berufsbildungsbericht 2018, S. 58f
94 Matthes und andere, Ergebnisse der BA/BIBB-Migrationsstudie 2016, S. 27
95 Matthes, BIBB-Kongress 2018, Forum V
96 Hamburger Abendblatt vom 16. August 2018, S. 6
97 IAB-Kurzbericht 3/2019, 1 (9)
98 Bundesagentur für Arbeit, Fluchtmigration, Berichte: Arbeitsmarkt kompakt, Dezember 2018, S. 12
99 Die Zeit vom 17. November 2016, S. 35
100 Süddeutsche Zeitung vom 15. März 2017, S. 6
101 Bundesagentur für Arbeit, Fluchtmigration, Berichte: Arbeitsmarkt kompakt, Dezember 2018, S. 9
102 IAB-Kurzbericht 3/2019, S. 1 (11)
103 Brücker/Hauptmann/Vallizadeh, IAB Aktuelle Berichte 14/2015, S. 9
104 Ebd., S. 6
105 Worbs/Bund, BAMF-Kurzanalyse 1/2016, S. 5ff. Hier sind die Herkunftsländer Afghanistan, Eritrea, Irak, Syrien und Sri Lanka untersucht.
106 OECD-Studie März 2017; Nach der Flucht: Der Weg in die Arbeit – Arbeitsmarktintegration von Flüchtlingen in Deutschland, Zusammenfassung, S. 7
107 Brücker/Hauptmann/Vallizadeh, IAB Aktuelle Berichte 14/2015, S. 9f
108 IAB-Bericht 3/2019, 1(9)
109 Ebd., S. 10
110 Vgl. S. 224ff
111 Süddeutsche Zeitung vom 1. Februar 2019, S. 9

Fazit

1 Alexander, Die Getriebenen, S. 107
2 Vgl. hierzu S. 259
3 Palmer, Wir können nicht allen helfen, S. 44
4 Koopmans, Assimilation oder Multikulturalismus?, S. 31
5 Vgl. S. 76f, 198

6   https://www.tagesspiegel.de/politik/demokratieforscher-wolfgang-merkel-die-kanzlerin-hat-die-buerger-entmuendigt/12969090.html ... gelesen am 4. September 2018

7   Bergmann/Kliem/Krieg/Beckmann, Niedersachsensurvey 2017, S. 5

8   Vgl. S. 42ff, 188

9   Vgl. S. 168ff

10 Vgl. S. 42ff

11 Jahresgutachten 2019, Sachverständigenrat, S. 163

12 Vgl. hierzu S. 133ff

13 Sachverständigengutachten 2017 des Sachverständigenrats deutscher Stiftungen für Integration und Migration, S. 121

14 Vgl. S. 182ff

15 Bildungsbericht 2018, S. 20

16 Vgl. S. 175

17 Vgl. S. 209f

18 Vgl. S. 176

19 Vgl. S. 178

20 Vgl. S. 217ff

21 Der Spiegel Nr. 45/2018, S. 48

22 Bildungsbericht 2018, S. 14

23 Helbig, WZB-Mitteilungen 162 (2018), 17 (18)

24 Die Zeit vom 6. Oktober 2017, S. 68

25 Der Spiegel Nr. 45/2018, S. 49

26 Bildungsbericht 2018 , S. 26

27 Jahresgutachten 2019, Sachverständigenrat, S. 106

28 Hamburger Abendblatt vom 20. Okotber 2016, S. 10

29 Esser, Assimilation, ethnische Schichtung oder selektive Akkulturation?, Kölner Zeitschrift für Soziologie und Sozialpsychologie Sonderheft 48/2008, S. 81 (82)

30 Vgl. S. 27f

31 Vgl. hierzu S. 19ff

32 Gencer, Zwischen Integration und Ausgrenzung: Wie fühlen sich die türkischen Migranten in Deutschland?, in: Die Rolle der Religion im Integrationsprozess, S. 275 (286)

33 Süddeutsche Zeitung vom 13. Oktober 2016, S. 15

34 https://www.welt.de/politik/deutschland/article1627210105/fluechtli ... gelesen am 11. März 2017

35 Der Spiegel Nr. 19/2017, S. 34

36 Süddeutsche Zeitung vom 31. August 2018, S.2; Frankfurter Allgemeine Zeitung vom 23. Mai 2019, S. 21

37 Der Spiegel Nr.20/2019, S. 19f

38 https://www.zeit.de/politik/deutschland/2019-03/haushalt-laender-fluechtlinge-kuerzungen-olaf-scholz-armin-laschet ... gelesen am 3. Mai 2019

39 Bildungsbericht 2016, S. 206

Ausblick

1   Presseerklärung vom 19. Juni 2019

2   Süddeutsche Zeitung vom 29./30. Juni, S. 9

3   Jahresgutachten 2019, Sachverständigenrat , S. 28

4   Süddeutsche Zeitung vom 12. Oktober 2017, S. 1

5   Jahresgutachten 2017 des Sachverständigenrates deutscher Stiftungen für Integration und Migration, S. 13

6   Süddeutsche Zeitung vom 8. März 2019, S. 7

7   Vgl. unter anderem https:/www.welt.de/politik/deutschland/article169364209/Mehrheit-der-Deutschen-willl-Obergrenze-fuer-Fluechtlinge.html ... gelesen am 30. Mai 2019

8   So auch Koopmans, Assimilation oder Multikulturalismus?, S. 36
9   In diesem Sinne die Soziologin Necla Kelek: https://www.welt.de/politik/deutschland/
    article171008902/Familiennachzug-foerdert-Parallelgesellschaften.html … gelesen
    am 28. November 2017 und Ludwig Greven in der Zeit: http://www.zeit.de/deutsch-
    land/2017-11/familienachzug-jam … gelesen am 27. November 2017
10 IAB-Bericht 21/2014
11 OECD-Bericht März 2017, S. 19
12 Auskunft des Bundesministeriums
13 CSU-Landesgruppe im Bundestag, Deutschland nicht überfordern – Zuwanderung be-
    grenzen, S. 6
14 Zitiert aus einem Interview mit dem Verfasser
15 https://www.zdf.de/nachrichten/lage-in-syrien-nach-acht-jahren-buergerkrieg-100.html
    … gelesen am 15. Juni 2019
16 Diese Zitate stammen aus Interviews mit dem Verfasser
17 https://www.zeit.de/politik/ausland/2019-03/syrien-konferenz-un-eu-fluechtlinge-uni-
    cef-gerd-mueller … gelesen am 15. Juni 2019
18 Süddeutsche Zeitung vom 27. Februar 2019, S. 5
19 Vgl. S. 217ff
20 Jahresgutachten 2017 des Sachverständigenrates deutscher Stiftungen für Integration
    und Migration, S. 121
21 In Schleswig-Holstein Handlungsleitlinien zum Thema »Islam, Islamismus und Sala-
    fismus in Schulen«; in Berlin »Islam und Schule«; in Rheinland-Pfalz »Muslimische
    Kinder und Jugendliche in der Schule«; in Hamburg »Vielfalt in der Schule«; in Hessen
    »Religiös motiviertes Handeln bis hin zum Extremismus als Herausforderung für Schu-
    len – Erscheinungsformen, Auswirkungen und Maßnahmen«
22 »Demokratie als Ziel, Gegenstand und Praxis historisch-politischer Bildung und Erzie-
    hung in der Schule« in der Fassung vom 11. Oktober 2018
23 Vgl. S. 175f
24 Vgl. S. 207ff
25 Der Spiegel Nr. 52/2107, S. 51
26 Berufszufriedenheit von Schulleitungen, S. 6
27 https://www.news4teachers.de/2018/09/schule-am-limit-lehrer-demonstrieren-auf-
    grund-katastrophaler-Arbeitsbedingungen-vorangegangen-war-ein-brandbrief … ge-
    lesen am 3. März 2019
28 Horst Weishaupt, Kinderarmt und Migration, https://www.gew-hessen.de/themen/
    migration-bildung-fuer-gefluechtete-und-seiteneinsteiger-innen/details/kinderar-
    mut-und-migration/?tx___news … gelesen am 3. März 2019
29 Vgl. S. 21
30 Vgl. S. 160
31 Vgl. S. 24
32 Vgl. S. 168ff
33 Jahresgutachten 2017 des Sachverständigenrates deutscher Stiftungen für Integration
    und Migration, S. 163
34 Koopmans, Assimilation oder Multikulturalismus?, S. 194ff
35 Süddeutsche Zeitung vom 13. Dezember 2016, S. 11